华南农業大學 110周年校庆
110th Anniversary of South China Agricultural University

稻花香

DAOHUAXIANG

校友业绩录

XIAOYOU YEJILU

刘红斌　主编

《华南农业大学110周年校庆丛书》编委会　编

华南理工大学出版社
SOUTH CHINA UNIVERSITY OF TECHNOLOGY PRESS

·广州·

图书在版编目(CIP)数据

稻花香：校友业绩录/刘红斌主编．—广州：华南理工大学出版社，2019.11
 ISBN 978 – 7 – 5623 – 6150 – 3

Ⅰ. ①稻… Ⅱ. ①刘… Ⅲ. ①华南农业大学 – 校友 – 先进事迹 – 2009—2019 Ⅳ. ①K820.7

中国版本图书馆 CIP 数据核字(2019)第 230873 号

稻花香：校友业绩录
刘红斌　主编

出 版 人：	卢家明
出版发行：	华南理工大学出版社
	(广州五山华南理工大学17号楼，邮编510640)
	http：// www. scutpress. com. cn　E-mail：scutc13@ scut. edu. cn
	营销部电话：020 – 87113487　87111048（传真）
责任编辑：	谢茉莉　王倩
印 刷 者：	广州市人杰彩印厂
开　　本：	787mm×1092mm　1/16　印张：29.5　字数：629 千
版　　次：	2019 年 11 月第 1 版　2019 年 11 月第 1 次印刷
定　　价：	110.00 元

版权所有　盗版必究　印装差错　负责调换

《华南农业大学110周年校庆丛书》编辑委员会

名誉主任：李大胜　刘雅红
顾　　问：陈晓阳
主　　任：杨运东
副 主 任：钟　强　苏雄武
委　　员（排名不分先后）：
　　　　　杨志群　谢正生　张阳武　刘兴敏
　　　　　叶静华　刘红斌　姜　峰　刘月秀
　　　　　钟桂龙　蔡　颖　吴　敏　陈　源
　　　　　李　梅　吕剑红　黄文勇　郭　灼
　　　　　吴　斌　方文明　张　波　李俊良

《稻花香（校友业绩录）》编写组

主　　编：刘红斌
副 主 编：张阳武　吕剑红　黄文勇
编写成员（排名不分先后）：
　　　　　林伟强　刘春燕　夏靖娴　王　旗
　　　　　谢　霞　刘　锋　林宇健　曹茜茜
　　　　　林伟波　罗卿心　杨　征　陈　建
　　　　　刘继红　王　越　王丽萍　王　茹
　　　　　唐　依　姜　峥　李思思　段　晓
　　　　　叶　忱　李玉荣

序

2019年11月10日,华南农业大学迎来了她的百十华诞。

1909年,"广东全省农事试验场附设农业讲习所"开始招收学员。作为华南农业大学前身的她,自成立的那一刻起,就注定选择了一条与祖国同呼吸、共命运的艰难曲折的发展道路。她历经了中国封建社会末期的三千年未有之大变局,见证过新旧民主主义革命的洗礼,参加了新中国建设、投身到改革开放大潮中。她,一路走来,几经辗转、数易其名,但始终风雨无阻,薪火相传,不忘"立德树人"初心,牢记"强农兴农"使命。目前已发展成为以农业科学为优势、生命科学为特色,立足广东、面向全国,集农、工、文、理、经、管、法、艺等多学科协调发展的高水平教学研究型大学。目前,作为一所广东省高水平建设的重点大学,正朝着国家"双一流"大学的建设目标迈进。

在百十年的办学历史中,20多万华农莘莘学子从这里走向社会,开启了各自不同的精彩人生历程。他们有的潜心学问,甘坐冷板凳,在平凡的工作岗位上做出不平凡的贡献;有的怀揣梦想,主政一方,为国家的繁荣发展贡献智慧、挥洒汗水;有的埋头苦干、艰苦创业,不断为社会创造物质财富和精神财富。为庆祝母校百十华诞,颂扬校友们的业绩,学校于2019年3月专门成立了工作班子,着手编辑110周年校庆系列丛书。《稻花香(校友业绩录)》作为丛书的一个重要组成部分和百年校庆《稻花香(校友业绩录特辑)》的续辑,以不重复收录为原则,主要记录整理了百年校庆后近10年来的各类优秀校友的业绩。

本书收录的校友包括两部分。第一部分(详写部分)主要包括以下五个类型:一是包括院士在内的国家级各类杰出人才,省级拔尖人才;二是副省(部)级以上级别的领导干部;三是在业内有重大影响、对社会有重大贡献的贤达名流;四是上市公司等大型企业集团的负责人;五是国家级荣誉或奖项的获得者和省级教学研究项目一等奖的主持人。第二部分(略写部分,只作条目式介绍)主要包括三种类型:一是副厅(局)级领导干部;二是除省级教学研究成果一等奖主持人以外的其他省级荣誉或奖项的获得者(只列独立奖项或排名第一者);三是正高级职称获得者。

筚路蓝缕传薪火,百十华诞谱新章。我们希望本辑校友业绩录与前面三辑一样,作为学校办学历史的缩影和见证,能传承百年老校的优良传统和作风,彰显母校的办学实力和光荣使命,激励一代又一代的华农学子躬行践履、求真图新,朝着冲"双一流"的目标迈进,为强农兴农和祖国的繁荣富强做出应有的贡献。

目 录

科教英才 / 1

衷情水稻研究的育种专家………3
　　——记中国科学院院士林鸿宣研究员

儒林耕寸土　正气锡文章………8
　　——记中国工程院院士罗锡文教授

深耕水稻育性研究　永无止境………13
　　——记中国科学院院士刘耀光教授

精准农业航空事业的开拓者………16
　　——记国际著名农业航空应用技术专家兰玉彬教授

致病信号拦截者　群体感应研究开路人………20
　　——记群体微生物学家张炼辉教授

不忘初心　砥砺前行………25
　　——记"长江学者"刘雅红教授

大地的守护者………29
　　——记"国家杰出青年科学基金"获得者陈同斌研究员

心中有束光　追梦铸此生………33
　　——记"国家杰出青年科学基金"获得者冯耀宇教授

践行工匠精神　在平淡中出彩………37
　　——记"国家杰出青年科学基金"获得者刘健华教授

扬帆济沧海　踏浪凯歌行………40
　　——记"国家杰出青年科学基金"获得者秦启伟教授

"国家自然科学基金杰出青年科学基金"获得者杨增明教授………44

无悔的选择………45
  ——记"长江学者"黄国文教授

一个执着的研究者………50
  ——记"长江学者"王清文教授

热带、亚热带植物种质资源与基因组学研究的引领者………54
  ——记"何梁何利科学与技术创新奖"获得者高立志教授

乘风破浪　继往开来………60
  ——记"万人计划"领军人才雷红涛教授

从微软学者到智慧农业专家………64
  ——记加拿大工程院院士刘江川教授

艰难困苦玉汝成………67
  ——记"万人计划"领军人才聂庆华教授

从"木工"到木材"化学家"………71
  ——记"万人计划"领军人才彭万喜教授

与虫共舞三十年　一片冰心为科研………75
  ——记著名寄生虫学家肖立华教授

奋斗在水果生产机械化路上………79
  ——记"万人计划"领军人才杨洲教授

农业航空全息智能计算领域的践行者………83
  ——记著名农信采集专家、精准农业科学家韩宇星

"万人计划"领军人才何一鸣教授………87

一位年青学者的科研之路………89
  ——记"国家自然科学基金优秀青年基金"获得者、"青年长江学者"黄盛丰教授

扎根水稻研究　致力教书育人………92
  ——记水稻专家黄巍教授

学为人师躬耕不辍　行为世范芬芳兰芷………96
  ——记"国家自然科学基金优秀青年基金"获得者、"万人计划"领军人才刘玉兰教授

广东土壤污染修复接力者………100
  ——记"国家自然科学基金优秀青年基金"获得者罗春玲研究员

不忘初心　方得始终………104
  ——记"国家自然科学基金优秀青年基金"获得者沈永义研究员

目 录

不忘"根"的青年学者………108
　　——记"青年长江学者"田江研究员

勤勤恳恳的"华农人"………111
　　——记科研新秀夏瑞教授

未出土时先有节　已到凌云仍虚心………116
　　——记"国家自然科学基金优秀青年基金"获得者徐振林教授

创新创业教育践行者………120
　　——记"中青年科技创新领军人才"孙伟圣

不忘学农初心　争创鹅业辉煌………123
　　——记"新世纪百千万人才"施振旦教授

华农育我　我爱华农………126
　　——记"珠江学者"谢青梅教授

一生兽医人　一世兽医情………128
　　——记"新世纪优秀人才"袁宗辉教授

在教学、科研、党建中培育英才的全国"双带头人"………132
　　——记"新世纪优秀人才"陈乐天教授

潜心科研、教书育人的好教师………136
　　——记"新世纪优秀人才"郭垂根教授

探民族发展之道　求社会和谐之理………139
　　——记"全国优秀社会科学普及工作者"廖杨教授

扎根农村　心系民生………143
　　——记"珠江学者"谭砚文教授

生物固氮让生命之花更加绽放………147
　　——记"新世纪优秀人才"谭志远教授

比较医学研究在临床兽医学中的开拓创新者………151
　　——记"新世纪优秀人才"杨世华教授

抱乾守元　初心不改………155
　　——记"新世纪优秀人才""全国MPA优秀教师"张玉教授

不忘初心的逐梦者………159
　　——记"新世纪优秀人才""珠江学者"黄亚东教授

立德树人　桃李芳菲……164
　　——记"珠江学者"江青艳教授

从"发光材料"到"光学农业"的新跨越……168
　　——记"珠江学者"雷炳富教授

践行教育三十载　躬身兽医为临床……172
　　——记"珠江学者"李守军教授

红土地和产地环境保护的守护者……176
　　——记"珠江学者"李永涛教授

事业有路勤为径　踏实认真为教育……180
　　——记"珠江学者"亓文宝教授

教学科研硕果丰……183
　　——记"珠江学者"王弘教授

拳拳报国心　躬身科研及教育事业……186
　　——记"珠江学者"王俊教授

让中国的化学生态学研究走向世界的科学家……189
　　——记"珠江学者"曾任森教授

人民公仆 / 193

广西壮族自治区党委常委，
自治区人民政府副主席、党组成员严植婵……195

国家市场监督管理总局副局长孙梅君……196

河北省委常委、组织部部长，省委党校校长梁田庚……197

潜心兽医　投身农业……198
　　——记农业农村部国家首席兽医师李金祥

广东省政协副主席邓海光……202

花开西藏　润物无声……203
　　——记全国人大代表黄细花

不忘初心　为民代言的农业科技工作者……207
　　——记全国人大代表龙丽萍

目录

贤达名流 / 211

广东律师行业引领者………213
——记全国知名律师肖胜方

蚕桑科技追梦人………218
——记中国蚕学会理事长廖森泰

坐得住　走得稳　放得开………222
——记中国农业历史学会副理事长倪根金教授

羊城晚报报业集团党委副书记、总经理李和平………227

中国文化的传播使者………229
——记加拿大火花文化国际集团总裁吴宁东

eSupply Global 创始人兼 CEO 蔡燕标………233

启航华农　扬帆海外………234
——记华农七九农经校友邱毅光博士

实业盛商 / 239

企业社会责任的忠实践行者………241
——记温氏集团董事长温志芬

田园牧歌立华梦………245
——记江苏立华牧业股份有限公司董事长兼总裁程立力

一切为了药品的安全………249
——记湖南尔康制药股份有限公司董事长帅放文

水产饲料的辛勤耕耘者………253
——记广东粤海饲料集团股份有限公司董事长郑石轩

医疗家具新市场领航者………254
——记广州市仪美医用家具科技股份有限公司董事长李勇

中国汽车行业的逐梦人………257
——记实业家凌兆蔚

"小蛇"吞"大象"的传奇故事………261
——记佛山金盛卢氏集团有限公司董事长卢列

现代企业集团的亲历者………264
——记广州一建建设集团首任董事长尹穗
广东现代农牧科技领跑者………267
——记广东旺大集团股份有限公司董事长钟世强
深圳市怡亚通供应链金融平台 CEO 助理莫伟强………271
不忘初心　终成大器………272
——记华胜集团创始人、董事长周大军

社会殊荣 / 277

科技种田间　农民挂心里………279
——记国务院特殊津贴专家谢江辉研究员
不忘初心　追求卓越………283
——记全国优秀教师章家恩教授
农林经济理论研究的守望者………287
——记全国先进工作者罗必良教授
和土壤"对话"的女科学家………290
——记中共十九大代表廖红教授
一个不忘初心的师者………293
——记国家级教学名师曹广福教授
从一颗荔枝里瞥见天地………297
——记国家科技进步奖二等奖获得者李建国教授
"养猪强国"的践行者………300
——记国家科技进步奖二等奖获得者吴珍芳教授
苦守初心追明月　勤耕不辍求创新………305
——记国家科技进步奖二等奖获得者徐汉虹教授
为了稻花的飘香………309
——记全国五一劳动奖章获得者张桂权教授
咬定青山不放松　任尔东西南北风………312
——记广东省科学技术奖一等奖获得者张细权
她与共和国一起成长………316
——记全国先进工作者曾玲教授

目 录

小肥料大学问　改造肥料质量为先………319
　　——记全国优秀科技工作者樊小林教授

心系教研为国贡献………323
　　——记全国五一劳动奖章获得者黄继红教授

春蚕到死丝方尽　蜡炬成灰泪始干………327
　　——记国家级教学名师蒋爱民教授

一手出品种一手出论文的大豆育种家………331
　　——记国务院特殊津贴专家年海教授

科研专家　育人有方………335
　　——记国家科技进步奖二等奖获得者孙远明教授

坚定执着　微生物科研一线写担当………339
　　——记国家有突出贡献中青年专家朱红惠研究员

深耕细作　教书育人………343
　　——记国家教学成果奖二等奖获得者张永亮教授

二十载有机品牌路　一片初心乡意浓………347
　　——记全国种粮大户标兵陈长贵

中国服装设计领域的佼佼者………352
　　——记全国五一巾帼标兵金惠教授

坚守基层阵地　助力农技推广………355
　　——记全国农业先进工作者林伟秋研究员

在时间上育花的人………360
　　——记全国巾帼建功标兵刘文

殚精竭虑除虫害　天涯海角写春秋………365
　　——记全国五一劳动奖章获得者彭正强研究员

土壤污染防治研究专家………368
　　——记国务院特殊津贴专家吴启堂教授

采撷浩瀚农史典籍中的花朵………370
　　——记国务院特殊津贴专家周肇基教授

执着坚守　匠心制茶………375
　　——记国务院特殊津贴专家邹广田

地球"三极"归来者………380
　　——记新时代最美法律服务人（律师）、全国优秀律师毕亚林

积极进取、锐意创新的南粤蔬菜守护者……384
　　——记国务院特殊津贴专家冯夏研究员
治虫有方的植物检疫和生物防控专家………387
　　——记国务院特殊津贴专家胡学难研究员
扎根森林沃土　攀登科技高峰………390
　　——记广东省高等教育优秀教学成果奖一等奖获得者李吉跃教授
广东现代农业职业教育的探索者………394
　　——记广东省农业技术推广奖一等奖获得者李志伟教授
问渠那得清如许　为有源头活水来………398
　　——记"广东特支计划"教学名师林丕源教授
广东省社工教育和实务的开拓者之一………402
　　——记中国优秀社工人物张兴杰教授
致力于自主研发与产业推广的农机人………406
　　——记中国青年科技奖获得者王在满副研究员
追逐繁星的"孩子"………410
　　——记国家天文台兴隆站科普主管袁凤芳

条目式介绍 / 415

农学院………417

林学与风景园林学院………424

园艺学院………425

兽医学院………426

动物科学学院………427

资源环境学院………429

海洋学院………431

生命科学学院………432

工程学院………433

食品学院………435

水利与土木工程学院………436

材料与能源学院………437

目 录

数学与信息学院、软件学院………439

电子工程学院………440

经济管理学院………441

公共管理学院………446

人文与法学学院………446

外国语学院………448

艺术学院………449

马克思主义学院………450

体育教学研究部………450

测试中心………450

图书馆………451

群体微生物研究中心………451

编后记………453

稻花香

校友业绩录

科教英才

衷情水稻研究的育种专家
——记中国科学院院士林鸿宣研究员

林鸿宣，1960年生，海南文昌人。1983年获华南农学院（现华南农业大学）学士学位，1986年和1994年分别获中国农业科学院研究生院硕士和博士学位。2009年当选为中国科学院院士。现为中国科学院上海生命科学研究院植物生理生态研究所研究员。

长期从事水稻重要复杂性状的分子遗传机理研究，在水稻产量性状以及抗逆性状的遗传机理与功能基因研究方面取得了一系列创新性成果。发现了多个控制水稻产量性状和抗逆性状的重要新基因，并深入阐明了它们的功能与作用机理，加深了对作物性状分子遗传调控机理的认识，为该领域的发展做出了突出贡献，同时为作物分子育种提供了多个具有自主知识产权的重要基因。2007年获上海市自然科学奖一等奖，2010年获何梁何利科学与技术进步奖，2012年获国家自然科学奖二等奖。

稻花香
校友业绩录

海南学子　圆梦华农

1960年11月，林鸿宣出生于海南东昌农场，他的父母在农场里以种橡胶谋生。偏逢三年自然灾害，物资极为匮乏，他们过着一段现在的年轻人难以想象的日子。林鸿宣在初中住校时，为了省钱，每周都从家里带点咸鱼干和椰子干，伴着食堂五分钱的冬瓜汤，再弄点饭，就这样凑合着吃一周。

在"文化大革命"期间，学校基本停课，林鸿宣白天劳动，晚上在煤油灯下看书。正是这样的求学经历，锻炼了他独立、能吃苦的能力。林鸿宣说道："那时也没什么目标，但是就想为国家做点贡献。"而读好书，才能更好地为国家做贡献。就这样，渴望读书、想读好书的想法在年轻的林鸿宣心里深深扎了根。

在农场出生的林鸿宣，与农业有着难解难分的缘分：从农场小学、农场初中、农场高中，再到农业大学。有人说，林鸿宣是从海南茅草屋走出来的院士。说起当年在农场学校求学的经历，他记忆犹新："我们当年的学校，教室都是低矮潮湿的茅草房，最怕的是台风季节，又怕风吹，又怕漏雨。就连高中时的教室，也是篾条编的泥巴墙。"最让他梦牵魂绕的是那盏煤油灯。"那时，我们每天晚上就围着一盏小小的煤油灯学习。"煤油燃烧发出的冲人气味，他似乎感觉不到，"在当时的环境下，只要可以读书，就是最大的满足"。

1978年，林鸿宣第一次高考落榜。然而，他并没有因此气馁、放弃。苦读一年后，他终于在1979年考上了梦寐以求的大学——华南农学院，进到农学系作物遗传育种专业学习。当被问及为什么报考这个"冷门系"时，林鸿宣提及有两个原因，一是自己在农场长大，从小接触各种植物；二是十几岁的他对遗传学这门神秘的学科充满了兴趣，这一点尤为重要。中学生物课本上只鳞片爪的知识，已经无法满足他的求知欲。如愿考入华农，让他有机会去揭开遗传学的神秘面纱。林鸿宣的心里朴素而真挚："珍惜时间，更加刻苦学习。"在当时，考上大学，就等于拿到了一辈子的铁饭碗，因此有一些人有"船到码头车到岸"的想法，把时间更多地放在了学习以外的事情上。林鸿宣却没有受到丝毫影响，"那时候觉得时间非常宝贵。晚自习是肯定要去的，周末都是在教室或者图书馆度过。"

投身水稻研究事业

1983年7月，林鸿宣获得华南农学院学士学位。在本科就读期间，他找到了"水稻"这一科研生涯中的终身伴侣。"觉得它真的很重要，每天的粮食嘛。"少年立志，历久弥新。林鸿宣虽然已经不用在煤油灯下苦读，但在煤油灯下燃起的那份志向，宛

如神话传说中的铜灯盏,愈拭愈新。林鸿宣选择了"水稻性状的遗传"作为本科毕业论文选题,指导教师是曾世雄教授。从此,他与水稻结缘,也开启了水稻遗传机理研究的新篇章。

为了学到更多的水稻遗传育种学知识,林鸿宣决心继续深造,四年不懈的努力让他一举考入中国农业科学院研究生院,进入杭州中国水稻研究所深造。1986年7月林鸿宣毕业于中国农业科学院研究生院,获作物遗传育种专业硕士学位。后到中国水稻研究所工作,先后任助理研究员、副研究员。1991年,工作数年的林鸿宣依旧想继续深造,而那时闵绍楷和熊振民两位恩师又成为水稻研究所的博士生导师,于是他毅然决然地报考他们的在职博士。1994年7月,林鸿宣毕业于中国农业科学院研究生院,获作物遗传育种专业博士学位。本硕博三个时期的毕业论文,林鸿宣都以水稻为研究对象,而且集中在作物遗传育种方向上。

日本深造　归国奉献

为在水稻领域继续深造,林鸿宣曾两赴日本求学。1995年10月,他赴日本国际农林水产研究中心从事博士后研究,主要研究水稻耐盐性的分子遗传。至1996年9月回国,在中国水稻研究所任副研究员。次年8月,再赴日本,在国立农业生物资源研究所参加水稻基因组计划项目(RGP)做博士后研究,研究水稻重要性状功能基因。

2001年2月,林鸿宣入选中国科学院"百人计划",他提前结束国外博士后研究,应聘回国,担任中科院上海生科院植物生理生态研究所水稻遗传与功能基因研究组组长。记者曾经问他,新世纪之初,在日本做博士后的他,为何毅然决然地选择了提前结束在日本的研究,转而申请"百人计划"回国研究水稻?他的回答是:"当年到日本是为了学新的技术、新的知识,更好地回到祖国做贡献。虽然说科学不分国界,但还是切实想为祖国做事情。"

回国后,林鸿宣立马筹建实验室、招收研究生、购买仪器。中科院给予了他很大帮助。他曾感慨道:"中科院办事效率很高,想买什么都可以,在招研究生方面也很灵活,没多久实验室就建好了。"林鸿宣还记得当时的激动心情:"终于可以组建自己的团队,踏踏实实地开展科研工作了。"对于回国后的研究方向,林鸿宣也考虑了很久,最后他放弃了在日本主要研究的水稻抽穗期性状分子遗传,而是将重点放在水稻耐盐、抗旱和产量重要性状的遗传机理研究上。水稻是重要粮食作物,其抗逆、产量等性状有待进一步提高,而常规育种方法效率较低,采用遗传学等方法寻找控制这些性状的QTL(或基因)将有助于提高育种效率。林鸿宣笑着说道:"这个研究方向对我国的意义更大,而且这是我的优势,我做水稻遗传比较在行。"

在林鸿宣看来,研究水稻一定得下田和水稻亲密接触,观察它们的生长性状,只在实验室做是绝对不行的。"性状是很重要的，必须要一步一步地观察。"所以在每年夏天最热的时候，上海农场的农田里就会出现林鸿宣师生们忙碌的身影。冬天便是去他的家乡海南岛下田，因为海南冬天气候好，水稻可以多种一季，可以加快实验速度。很多学生都没下过田，下田的时候，有些学生甚至中暑了，但依旧坚持着。在说起学生时，林鸿宣脸上不自觉地流露出了欣慰的笑容。"成千上万株水稻，我们要一株一株地做标记。从定位基因到解析出它的功能，中间要花费六七年时间。"就这样，他带领研究组不断地下田实验材料，观察性状、采样，回到实验室后再不断地做实验。如此往复，年复一年。他和团队一直坚信，只要打好科研基础，踏踏实实做一定会出成果。

2005年，林鸿宣作为参与者，采用图位克隆方法成功分离克隆了控制水稻耐盐性状的数量基因（QTL）SKC1，深入阐明了该基因的生物学功能和耐盐作用机理，相关论文刊登在《自然—遗传学》（*Nature Genetics*）上。这是国际上首次成功克隆农作物抗逆QTL。鉴于该成果的重要性，同期杂志上还发表了该编辑部所邀请的著名植物抗逆分子生物学家对该工作进行专门介绍和评论的文章，在国内外学术界产生较大影响。随后，林鸿宣小组的研究成果便如雨后春笋般冒出，一发不可收。

2007年，林鸿宣团队关于水稻耐盐复杂数量性状的遗传机理及其应用研究，获上海市自然科学奖一等奖。他带领研究组利用大粒与小粒品种构建群体，成功分离克隆了控制水稻粒重的基因（GW2），为阐明作物产量性状的遗传机理提供重要新线索，为作物高产育种提供重要新基因。相关论文2007年发表于《自然—遗传学》，同期杂志还发表了由著名相关学者撰写的专门介绍和评论的文章，指出"玉米和小麦中也发现GW2同源基因，GW2的发现是提高粮食作物包括水稻、玉米、小麦产量的重要一步"。GW2基因正在被育种家用于作物育种研究。

2008年，林鸿宣团队从"海南普通野生稻"中成功克隆控制株型的关键新基因PROG1，其作为转录因子对株型发育起重要调控作用。该研究阐明了水稻株型驯化的遗传机理，同时为高产株型育种提供重要新基因。相关论文2008年刊登于《自然—遗传学》上。

2009年，林鸿宣团队克隆另外一个水稻耐盐基因OsHAL3，发现OsHAL3受到光的双重调控，光既能抑制它的表达，又使它的三聚体解聚而丧失功能。相关论文2009年发表于《自然—细胞生物学》（*Nature Cell Biology*）上。随后，他们进一步完善研究系统，克隆了另外一个水稻抗旱耐盐相关基因，新型转录因子DST，并揭示了一种调节作物抗旱耐盐的分子调控新机制。这项研究成果加深了人们对作物抗逆性状遗传调控机理的认识，同时也为作物抗逆分子育种提供了具有自主知识产权的重要新基因。相关成果2009年发表于《基因与发育》（*Genes & Development*）上。

荣膺中科院院士

2009年，林鸿宣当选为中国科学院院士。面对"院士"这份荣誉，他却显得十分低调，他说："主要说明我们的工作得到了学术界的认可，而功劳是大家的，是整个研究组的工作得到了公认，这才是最让人高兴的。"在他看来，这份功劳，应该属于研究组的每一个人："这么多年来，我们研究组一直密切协作；同心同德、共同进步。这种荣誉不是属于我个人，而是属于大家的，这些工作凝聚了全组成员的智慧和汗水。"

对于林鸿宣而言，30多年坚守不移的，除了孜孜以求的学习与钻研精神，还有矢志报国的拳拳之心。当笔者问及他当了院士后的想法和心愿时，他想了想说道："百尺竿头，更进一步。继续带着学生们下田观察水稻、研究水稻。争取能在水稻研究方面多做点工作，把调控耐盐、抗旱和增产性状的基因弄清楚，这样将来就可以用分子设计来培育品种了，也能扩大我们国家水稻研究在国际上的影响。"他说这一行要干一辈子，有朝一日能看到水稻因自己的科研成果而增产，这辈子就感觉很满足、很幸福。林鸿宣至今已为国家培养了几十位博士，他们大多数目前都已在国外做博士后，其中不乏普渡大学等全球知名高校。

每当谈到国内的水稻研究时，林鸿宣总是会露出欣慰的笑容："整个国家都很重视水稻领域的研究，发展比较快。因此在这个领域，我国的有关研究成果是可以拿到国际上比一比的。"这个"比一比"，道出了中国水稻研究在国际上的先进水平，也道出了林鸿宣的自信："被评为院士是新的起点，应该比以前做得更好，要为中国在国际水稻研究界立起更高的地位。"

淡泊质朴 心系桑梓

林鸿宣生活淡泊，白天在所里工作，到了晚上6点多回到离研究所很近的家中吃饭，7点多再次回到办公室，日日如此。他说："晚上学生也在，我也就过来了，他们有问题也能问我。而且晚上这儿很安静，我也能多思考科研问题、看看文献、写写东西。我很喜欢实验室。这样的生活已经习惯了。"

林鸿宣对家乡海南怀有深厚的感情。虽然自己做的是基础科学，无法直接为海南做点什么事情，但是他依然表示，自己要努力为国家做好水稻基础研究，从而将来在惠及全国的同时惠及海南。采访结束时，他还对海南的青少年给予殷殷寄语："有知识最重要，读书是很好的努力方向。多掌握，多积累，既可以改变人生，也可以为国家做贡献。"

(文/陈源 孔琴)

儒林耕寸土　正气锡文章

——记中国工程院院士罗锡文教授

　　罗锡文，1945年生。1970年7月毕业于华中工学院（现华中科技大学）无线电技术专业，1970年7月至1979年8月在贵州省铜仁县农机厂工作，1979年8月至1982年6月在华南农学院（现华南农业大学）攻读农业机械化专业硕士。1987年4月晋升为副教授，1992年5月晋升为教授，1993年12月批准为博士生导师。1987年10月至1988年7月在美国弗吉尼亚理工大学和州立大学进修。1988年8月至1989年7月在美国肯塔基大学进修，1992年6月至1996年5月任华南农业大学农业工程系主任、工程技术学院院长，1996年5月至2006年5月任华南农业大学副校长。现任南方农业机械与装备关键技术教育部重点实验室主任，是华南农业大学农业机械化工程国家重点（培育）学科带头人，农业机械化及其自动化国家特色专业、农业机械学国家精品课程和农业机械学国家级教学团队负责人。兼任中国农业机械学会理事长、中国农业工程学会常务副理事长、全国农业航空产业技术创新战略联盟理事长、全国农机化科技创新战略咨询专家组组长、农业部农机化科技创新专业组种植机械化组组长、农业部第二和第三届水稻生产机械化专家组组长、农业部主要农作物生产全程机械化推进行动专家指导组组长。

苦乐童年

1945年初冬，湖南株洲，在一个叫简家冲的地方，出生了一个男孩，他的父亲给他起名为罗锡文。因父亲在株洲镇的邮局工作，母亲带着罗锡文三兄弟和两个姐姐在乡下生活。

"双抢"时天还没亮，罗锡文就跟着母亲下田拔秧，天亮了回家吃过早饭又下田插秧，插累了，他站起来伸伸腰，妈妈在一旁说："小孩子有什么腰，赶快插！"当时他就想，什么时候不需要人插秧就好了。

作凼沤肥、耙田、插秧、踩田（除草）、车水、收获和晒谷子，这些活罗锡文都干过（今天称之为耕整、种植、田间管理、收获和干燥五个环节）。如果仔细观察，会发现罗锡文左手无名指比正常的手指要短约两毫米，那是在一次水稻收割时他和姐姐比赛，结果左手的无名指尖被锋利的镰刀连着指甲割下一小块。农田劳作的繁重艰辛，使他萌生了长大后一定要努力改变这种辛苦种田状况的想法。

孜孜求学

1958年至1964年，罗锡文在株洲三中完成了初中和高中的学习。中学老师给他留下了很深的印象，他说，当时的老师很注重启发式教学，因此，50多年后，他还记得当年老师讲课时的情景和一些内容，如化学老师讲的洗衣服只能用冷水不能用热水泡的道理。

1964年，他考入华中工学院无线电技术专业。当时大学教学非常重视实践环节，注重培养学生的动手能力，他省吃俭用装了一台半导体收音机，像宝贝一样随身带了几十年。

1979年，罗锡文被华南农学院录取为硕士研究生，师从著名农机专家邵耀坚教授。邵教授非常注重启发学生的思维和培养学生的动手能力，试验土槽就是在他的指导下，由罗锡文、张泰岭和区颖刚三位学生设计的，在贵州加工后运回广州。建成的土槽可进行多种农机试验，这也是今天华南农业大学土槽实验室命名的由来。

1987年，罗锡文踏上了赴美国求学的道路，在美国弗吉尼亚理工大学和肯塔基大学进修。两年间，他学到了很多美国农业工程的先进理念和技术，开展了采用微波技术测量土壤强度和采用γ射线技术测量土壤容重的研究，在美国ASABE期刊上发表的论文被引用几十次。

稻花香
校友业绩录

铜仁记忆

1970年大学毕业后,罗锡文满怀憧憬准备进入无线电领域工作,但命运似乎与他开了个玩笑,他被分配到了贵州省铜仁县农机厂工作。从无线电到农业机械,巨大的专业反差并没有使他气馁,而是促使他以极大的热情拥抱生活。他说,1970年至1979年,在农机厂的9年,对他一生有着非常重要的影响,他也因此与农机结缘。9年间,他不仅与工人们结下了深厚的情谊,还学到了很多知识,积累了很多宝贵的实践经验。

在工厂的9年中,罗锡文干过很多工种。他干的第一个工种是在铸造车间将100多斤重的铁块或焦炭从地面挑到三层楼高的冲天炉加料口旁,对于刚走出大学校门的他来说,这实在是太难了,他建议造一个皮带运输车,车间主任同意后,他和几个工人很快就加工制作了一台皮带运输车,从此,他和工人都不用挑铁块了。他说,这可以算是他的第一个小革新。他干的第二个工种是抬铁水包,就是将刚熔化的1400多摄氏度的铁水抬到铸造砂型边。100多斤重的铁水包两个人抬,300多斤重的铁水包4个人抬。这个活不但很累,而且很危险。他又设计了一种轨道车,将工人们从这种危险中解救了出来。他在工厂先后参加过和面机、拉管机、铸管机、冲床、摩托快艇、发电机、插秧机和薯类打浆机等十多种机器的试制。车间里的机床,包括车床、钻床、铣床、刨床、滚齿机和磨床他都开过。

9年中,罗锡文多次被评为厂先进工作者,还被评为铜仁县的劳动模范。1978年,他研制的锦江18型担架式机动喷雾机获得了贵州省科技大会奖,这是他获得的第一个科技奖项。

砥志研思

"耕牛退休,铁牛下田,农民进城,专家种田",这是罗锡文对农业机械化的诠释,也是他的心愿。

对于自己钟爱的农机事业,罗锡文这样评价:"农业是国民经济的基础,农业机械化是永恒的事业,我能为我国农业、农民和农业机械化事业做点事情,即使是从'天上掉到田里'(罗锡文原来学的是无线电技术,现在从事的是农业机械化技术,所以熟悉他的人开玩笑说他是从'天上'掉到了'田里'),我也永不后悔。"

为了获得第一手数据,无论是寒风凛冽,还是炎炎暑日,赤脚站在田中,亲自操作机器,是罗锡文最真实的写照。为了优化水田耕整机驱动轮设计,1991年至1992年,15个月中他十三次去湖南做试验;2013年,他八次去新疆进行水稻精量穴直播机试验。他的学生说:"每次做试验,罗老师都会卷起裤脚,赤脚下田。"罗锡文说:"只有两只脚踩在泥中,才能判断你设计的机器下田后的作业情况,才会知道应该怎样改进。不下田,我们设计不出最好的机器。"正是这份务实求真的科研精神和甘于奉献的三农情怀,激励他在农机科研中不断进取并取得了多项成果。20 世纪 70 年代,他研制成功担架式机动喷雾机,获贵州省科学大会奖;80 年代,他研制成功甘蔗深松机,可使甘蔗增产 20%,含糖量提高 2~3 个百分点;90 年代,他研制成功电磁振动式水稻精量播种机,提高了播种精度。

罗锡文的研究领域从农田精准平整、水稻精量直播、水田高地隙宽幅喷雾、再生稻收获、农业机械导航到农业航空技术等,涉及水稻生产的耕种管收环节。他带领团队研制成功的同步开沟起垄精量穴播、同步开沟起垄施肥精量穴播和同步开沟起垄喷药/膜精量穴播的"三同步"水稻精量穴直播技术和水田激光平地技术居国际领先水平;研究成功的农业机械导航与自动作业系统突破了十大关键技术,取得了 3 项创新成果;他积极推进我国农业航空的发展,牵头成立了全国农业航空产业技术创新战略联盟。他的科研成果获国家技术发明奖二等奖 1 项;省部级科技奖 15 项;发表论文 350 余篇;授权发明专利 70 余件。2017 年,"水稻精量穴直播技术与机具"成果获国家技术发明奖二等奖,在 2018 年 1 月 8 日举行的国家科学技术奖励大会上,习近平总书记与他亲切握手。2018 年,在我国改革开放 40 周年之际,中国农业机械工业协会授予罗锡文"中国农机工业功勋奖章",广东省农业农村厅授予他"广东农机化改革开放 40 年杰出人物"。2019 年,在落实习近平总书记"大力推进农业机械化、智能化"重要论述暨纪念毛泽东主席"农业的根本出路在于机械化"著名论断发表 60 周年之际,他被评为"中国农业机械化发展 60 周年杰出人物"。

罗锡文积极参加对农业机械化发展战略和政策的咨询工作,向国务院有关部门提交的关于我国农业全程全面机械化和农业航空的两份建议得到了时任国务院副总理汪洋同志的批示;他提出的我国农业机械化要"明确三步走战略目标,坚持两项发展原则,落实三项重点任务"(3-2-3)的发展思路得到了农业农村部有关领导的肯定。

诲人不倦

罗锡文治学严谨,一门教了多年的"传感器原理及应用",他仍认真备课,一丝不苟,精益求精,将每堂课都当作第一次上讲台,教材上一节课的内容他要在备课本上写上近 10 页,不漏掉任何一个细节。在教学内容安排上,既忠于教材又不拘于教材,既讲授传统的经典理论和必须掌握的基本知识,又介绍本课程的最新进展和发展趋势。他不断探索教学内容的更新和教学方法的改革。特别是将自己的科研成果引入课堂,通过科研促进教学,既丰富了教学内容,又拓宽了学生的视野。

罗锡文是"农业机械学"国家级精品课程教学团队、国家农业机械化及其自动化

稻花香
校友业绩录

本科特色专业建设教学团队的带头人和农业机械化工程国家重点（培育）学科的学术带头人。他主讲了 10 多门有关农业机械的课程，获国家教学成果二等奖 1 项，广东省教育教学成果一等奖 3 项，广东省教育教学成果二等奖 2 项；他还主编了《农业机械化生产学（下册）》等教材和专著 6 部。被评为国家级教学名师和全国教育系统劳动模范。

罗锡文极为重视人才培养，以培育新一代农机科研人为己任。他说："用新方法解决新问题是创新，用新方法解决老问题也是创新。"他强调只有在创新思维的驱动下，才能设计出先进的农业机械。因此，他非常注重对学生创新思维的培养。他常常给学生提出一些有创意的问题，让学生先谈自己的想法，然后逐步启发学生的思维。他至今指导了 11 名博士后、57 名博士生和 64 名硕士生。其中 1 人获广东省优秀博士后奖，1 人获全国优秀博士学位论文奖，1 人获全国优秀博士学位论文提名奖，7 人获华南农业大学优秀博士学位论文奖，7 人获华南农业大学优秀硕士学位论文奖，18 人被评为华南农业大学优秀研究生和广东省南粤优秀研究生。

罗锡文也非常重视教学科研团队建设，在他的指导下，一批青年教师成了农业工程学科的骨干教师，其中 1 人获广州市青年科技创新奖，1 人获 2008 年霍英东教育基金会第十一届高等院校青年教师奖，2 人被评为广东省高等学校"千百十工程"省级培养对象，9 人被评为广东省高等学校"千百十工程"校级培养对象。

罗锡文曾担任国务院农业工程学科评议组召集人和教育部农业工程类专业教学指导委员会负责人，他关心、支持和指导国内农业工程学科的建设，为推动我国农业工程学科建设做出了重要贡献。

罗锡文院士以务实、创新的科研精神，为我国农机事业的发展做出了重要贡献；以严谨、求真的治学和育人态度，言传身教，为我国培育农机人才；以实际行动诠释了华南农业大学的"丁颖精神"；这必将鼓舞、激励更多的华农人砥砺前行，再创辉煌！

（文/陈源）

 科教英才

深耕水稻育性研究　永无止境

——记中国科学院院士刘耀光教授

　　刘耀光，植物遗传学家，华南农业大学教授，亚热带农业生物资源保护与利用国家重点实验室副主任。1954年3月生于广东省韶关市。1981年毕业于华南农学院（现华南农业大学），1988年获日本香川大学硕士学位，1991年获日本京都大学博士学位。1996年6月至今在华南农业大学任职。1997年获"国家杰出青年基金"，2002年受聘教育部"长江学者"特聘教授，2004年获全国"五一"劳动奖章，2006年获全国师德标兵称号，2012年入选广东省"南粤百杰"，2014年获"全国优秀科技工作者"称号，2017年当选中国科学院院士。

稻花香
| 校友业绩录 |

2010年前，刘耀光就在水稻育性研究方面揭示了包台型细胞质雄性不育（CMS）及育性恢复机理，建立了自己的学术名片，但他并不满足于阶段性成果、固步自封，而是数十年如一日，坚持在这个领域潜心研究。历经多届研究生的接力，多次研究方案的调整，刘耀光带领团队终于在2013年阐明了三系杂交稻应用最广泛的野败型CMS不育发生与育性恢复的分子遗传机理，首次提出了"植物CMS/RF系统不同层次的核质互作控制不育与育性恢复"的分子模型。接着，他又通过追溯细胞质不育基因WA352的起源进化机制，提出CMS基因经过"多次重组—原基因形成—序列和拷贝数变异—功能化"的起源进化模型。

在杂交稻应用上，水稻种间及亚种间籼粳杂种具有强大的杂种优势，但杂种不育现象限制了远缘杂种优势的利用。刘耀光先后阐明了水稻籼粳亚种间杂种不育基因Sa和Sc的分子作用机理：率先发现Sa由两个基因SaF和SaM组成单一复合遗传座位的现象，该成果推动后续杂种不育位点的分子克隆，引起了国际同行的极大关注。之后，他继续攻关其他杂种不育基因座Sc的作用机理，发现其通过结构变异和拷贝数变异的遗传分化控制杂种不育。

工欲善其事，必先利其器。在基因工程技术发展日新月异的今天，刘耀光紧跟先进技术的发展前沿，开发了多项新技术，加速植物基因功能研究和作物育种进程。他在原先可转换人工染色体（TAC）基础上，进一步完善开发了大片段和多基因组装转化载体系统TGS Ⅱ，成为代谢通路基因工程等多基因复杂性状遗传改良的有效工具。刘耀光团队利用该系统，把花青素和虾青素代谢途径整套基因转化水稻，首次培育出

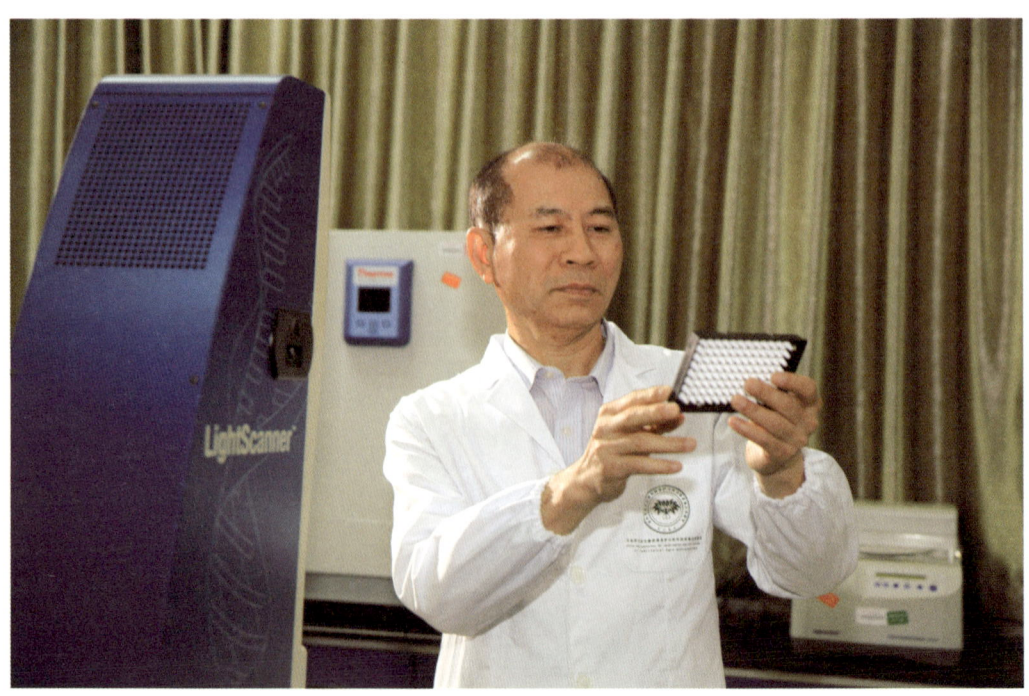

营养强化水稻种质"紫晶米"和"赤晶米",为我国开发、储备了一批营养价值高、色彩丰富的水稻新种质,大大地推动了植物合成生物学和作物生物强化研究领域的发展。他还开发了高效基因组编辑系统 CRISPR/Cas9 和与之配套的"一站式"在线软件包 CRISPR-GE。这些工具已被国内外广泛应用,对植物科学、农业科学和生物技术的发展起到重大的推动作用,并产生重大的社会效益和经济效益。

经过前期的长期积累,近十年来刘耀光可谓厚积薄发,其研究成果连续发表于《自然遗传学》(Nature Genetics)、《植物生物学年鉴》(Annual Review of Plant Biology)、《细胞研究》(Cell Research)、《自然传播学》(Nature Communications)、《分子植物学》(Molecular Plant)等一系列国际高端学术刊物上。他连续多年入选中国高被引学者名单。相关成果被写进国际高校教材《植物生理与发育》(Plant Physiology and Development)和国内教材《遗传学》(李再云/杨业华主编)中。他团队的成果先后获得广东省自然科学一等奖、大北农科技创新奖、大北农基因工程奖、国家自然科学二等奖。正是国家对其科研业绩及学术道德的高度认可,刘耀光于 2017 年当选为中国科学院院士。

面对成绩和荣誉,刘耀光表示:"科学是不断发现、不断探索、无止境的过程。目前的荣誉是对自己坚持科研的一种认可,并不是最终目标。"

(文/华南农业大学生命科学学院)

精准农业航空事业的开拓者

——记国际著名农业航空应用技术专家兰玉彬教授

　　兰玉彬，男，1961年出生，吉林省农安县人。国家特聘专家、教育部"海外名师"、广东省"珠江人才计划"领军人才，欧洲科学、艺术与人文学院院士、格鲁吉亚国家科学院外籍院士、国际精准农业航空学会主席。分别于1982年、1989年本科、硕士毕业于吉林工业大学农业机械工程专业，1989年赴美攻读博士学位，1993年在德州农工大学获得博士学位并从事了2年的博士后研究；1995—2005年分别在美国内布拉斯加州大学和佐治亚大学福谷分校从事研究和教学工作，2005—2014年在美国农业部南方平原研究中心担任高级工程师，专门从事农业航空应用技术研究；2012年入选国家特聘专家，2014年5月作为高层次引进人才全职入职华南农业大学，被聘为教授和博士生导师。现担任国家精准农业航空中心和111基地主任及首席科学家。

兰玉彬教授是国际农业航空应用技术领域的著名专家，归国前就受聘担任国内多家科研院所的客座教授或研究员，近10年来致力于推动中国农业航空技术的研究、应用与国内外学术交流，针对我国农药过量施用、污染环境并危及食品安全的问题，响应国家农药减施的战略要求，不遗余力在国内宣传推广农业航空植保技术，推动国内产学研合作及该技术的深入研究，对国内植保无人机的研究和应用推广做出了重大贡献。

积极推动国内外学术交流

归国前，兰玉彬受聘兼任国内中国农业大学、吉林大学、农业农村部南京农业机械化研究所、国家农业信息化工程技术研究中心等十多个高校和研究院所的客座教授或研究员，并通过国家863计划等项目开展农业航空技术的交流与合作研究；通过他的联系，其工作的美国农业部农业航空研究团队已先后接纳了国内教学科研单位的两百多名学者及学生的访问及进修；2008年至2018年他组织了每两年一次的"精准农业航空国际学术会议"，已在美国、中国连续举办了6届，该会议现已成为国内外农业航空领域知名的国际学术交流论坛；此外，协助中国农业工程学会等组织筹办航空施药国际学术研讨会5次；归国后，他作为主要推动者，2015年1月联合农业农村部南京农业机械化研究所等单位成立了中国农业工程学会农业航空分会，他担任分会常务副主任委员；2017年5月联合安阳全丰航空植保科技有限公司等数十家农业航空企业和科研院所成立了国家航空植保科技创新联盟，并担任常务副理事长。分会、联盟和学术会议为国内各农业航空产学研单位的技术交流、联合攻关等起到了组织、凝聚和牵线搭桥的作用。

推动国内开展农业航空的研究

2014年以来，兰玉彬曾先后向科技部、农业部等部门提交了"开展农业航空关键技术创新研究"等多个立项建议，对推动航空施药技术列入"化学肥料和农药减施增效综合技术研发"国家重点专项起到了积极作用；2016年兰玉彬组织国内39家产学研优势单位申报并获批主持国家重点研发项目"地面与航空高工效施药技术及智能化装备"，项目研究总经费达9600万元，该项目的实施，推动了国内植保无人机装备与技术的全面研发；他自2010年在国际上首次提出"精准农业航空"的思想和技术路线后，率先开展基于航空遥感农情分析的"精准施药"技术的研究和实践，归国后大力宣传并践行"精准施药"理念，通过主持的国家项目和广东省多个重点项目来引导企业和研究院所的研发方向以实现"农药减施"，引领了国内农业航空技术的发展方向，对国内植保无人机的自动化、智能化发展起到了积极的推动作用。2018 年 7 月，他主持的国家重点研发计划项目在河南省安阳市向农业部国家重点专项管理部门及国内相关行业的专家进行了"农业航空"成果现场汇报，展示了项目装备技术的自动化与智能化成果，得到了与会专家和领导的高度赞扬，《农民日报》以"农业航空植保：向按需施药、精准喷洒升级"为题对此进行了专题报道。

宣传推广植保无人机技术的应用

自 2012 年起，兰玉彬在国内各高校、学术年会等重要学术论坛做农业航空报告超过 60 余场；归国后与广州极飞科技有限公司、安阳全丰航空植保科技有限公司、北大荒通用航空公司、深圳高科新农技术有限公司、广西田园生化股份有限公司、美国陶氏杜邦等 20 余家国内外农业航空知名企业和农药企业签订产学研合作协议，开展航空植保技术研究，自 2014 年以来持续 5 年在国内 15 个省进行了无人机航空施药联合试验示范 60 余次；2016 年 10—12 月与 2018 年 3—5 月两次受农业农村部农业机械化管理司委托，在全国开展了植保无人机购置补贴的可行性调研分析和 6 个省市购置补贴试点工作评估分析工作，并撰写了专题调研报告，对国家出台植保无人机的扶持政策提出了分析和政策建议，推动了国家植保无人机扶持政策的出台。这些工作对植保无人机在国内的应用推广起到了极大的作用。

推动国内农业航空研究平台建设

2015—2016 年，兰玉彬组织团队申报并获批建设广东省科技厅"国际农业航空施药技术联合实验室"与广东省教育厅"农业航空应用技术国际联合实验室"等两个省级国际农业航空技术联合实验室；他建立并领导的实验室 2016 年申报并被科技部认定为"国家精准农业航空施药技术国际联合研究中心"；2018 年申报并获批科技部国家外专局与教育部的"国家精准农业航空应用技术研究学科创新引智基地"；近年来他协助南京农机所等单位建立了"中美施药技术联合实验室"、国内首个农业航空专用风洞实验室等研究平台；2014—2018 年，他在华南农业大学主持建设并投入应用的具有国际一流水准的农业航空专用高低速复合风洞，为国内农业航空研究水平的提升提供了硬件支撑。

鉴于兰玉彬对推动中国农业航空领域发展所做出的重要贡献，2016 年 3 月，中国科学技术协会授予他"全国农业航空技术学科首席科学传播专家"称号；2015 年 11 月，荣获中国农业工程学会农业航空分会授予的"杰出贡献奖"；2016 年 6 月，被《科学中国人》杂志评选为"科学中国人（2015）年度人物"；2016 年 11 月，被中国

产学研合作促进会授予"中国产学研合作促进奖";2016年12月,被《中国农村科技》杂志评选为"2016年度影响力人物";2017年6月,在深圳召开的由30多个国家参加的世界无人机大会上,他被授予"全球无人机贡献奖",该奖每年在全球范围内仅评选5名;2018年8月,在国家农业航空产业创新战略联盟年会上,他被授予"中国农业航空发展贡献奖";2018年12月,被全国无人机协会合作互助联盟及深圳无人机行业协会联合授予"中国无人机行业引领推动奖"。他被行内公认为中国农业航空的引领者,被媒体赞誉为"带领我国的农业航空飞上新高度"。

(文/国家精准农业航空施药技术国际联合研究中心)

致病信号拦截者
群体感应研究开路人

——记群体微生物学家张炼辉教授

张炼辉，男，1957年生，广东梅州人。1982年于华南农学院（现华南农业大学）林学专业本科毕业，1985年获华南农业大学植物病理专业硕士学位，1993年获澳大利亚阿德雷德大学微生物学博士学位。先后获得广州市荣誉市民（2018年）、美国微生物学院院士（2017年）、中国侨界贡献奖－创新团队（2016年）、国家重点基础研究项目（973项目）首席科学家（2014年）、国家"千人计划"特聘专家（2012年）、广东省科研创新领军人才（2012年）、新加坡科技局科技转化旗舰奖（2009年）、教育部长江计划讲座教授（2006年）、新加坡国家科学奖（2005年）、新加坡国立大学"杰出研究员奖"（2002年）等荣誉，现为华南农业大学群体微生物研究中心主任、广东省微生物信号与作物病害防控重点实验室主任。

张炼辉致力于微生物学和植物病理学研究 30 余载,被认为是微生物群体感应研究领域的奠基者之一,也是群体淬灭防治微生物病害新理论的建立者。

归国返校, 爱校情深信号的释放者

回校前,张炼辉已是国际著名研究机构——新加坡分子和细胞生物学院微生物群体感应实验室主任和首席科学家,并任新加坡国立大学兼职教授多年。毫无疑问,新加坡有着更为先进的实验设备、优渥的学术待遇和国际化的学术氛围,但他毅然决然地选择了归国返校,他的理由简单而深情:"我在澳大利亚学习工作了十年,在新加坡工作了十多年,我该为自己的国家做一点事了!母校培养了我,我也该出一份力回报母校!"2011 年,他正式成为华南农业大学的一名教授。尽管从 2006 年开始,他作为兼职教授、"长江学者"讲座教授已经回校讲学、合作科研攻关,但真正回归阔别 23 年的母校还是感慨万千,往事像放电影一样连续地闪进脑海:1978 年初到华农读书时,那张只得了 5 分(满分为 100 分)的英语摸底考试试卷;1982 年读硕士期间,那辆因到广州各大高校查找课题有关最新进展及实验方法而骑烂的自行车;1988 年,即将赴澳大利亚阿德雷德大学读博前给学生上的最后一堂课……

稻花香

校友业绩录

回校后，在国家和学校相关领导的大力支持下，张炼辉精准把握国家对粮食安全、食品安全和环境安全的重大战略需求，聚焦微生物病原通信系统和病害绿色防控，取得了系列原创性研究进展和社会效益，研究成果获得同行专家的高度认可。他不仅在科研岗位上兢兢业业，同时还利用自己在国外科研领
域的良好人脉关系，积极推进地区和学校人才引进培养、合作攻关和推动我国群体微生物前沿科研研究；2012年他协调校内多个单位组建"广东省微生物信号及作物病害防控重点实验室"并担任实验室主任；2013年7月他协助引进广东省"群体微生物基础理论与前沿技术创新团队"，团队引进美国科学院院士2人，美国微生物学院院士3人；2014年他联合国内8家科研单位包括华南农业大学、中科院微生物研究所、中国农科院饲料研究所、浙江大学、山东大学、南京农业大学、广西大学和河北农科院生物所30位科研工作者申报获批国家973项目"微生物通讯系统与病害防控基础"，实现了华南农业大学主持国家973计划项目零的突破；2016年2月，为切实推进学校高水平大学建设，加强群体微生物领域基础研究和原始创新实力，促进微生物学科及相关学科的发展，推动微生物学科进入ESI全球排名前一百，他牵头创建华南农业大学首个二级科研单位"群体微生物研究中心"，并担任中心主任；2018年他组织广东省内外10家科研机构60名学者申报获批广东省重点领域研发计划项目"热带亚热带农业微生物种质资源研究与选育"，并担任项目负责人。

教书育人，华农师道信号的传递者

"自己的作品就像自己的孩子一样，必须认真严谨地对待！"本科阶段的李秉滔教授对待教育研究的认真态度深深地影响着张炼辉。

"必须要全面了解研究领域的发展和前沿问题，这样才能开阔视野，活跃思维。"张炼辉从指导他本科毕业实验的刘有美老师那里学习到了阅读文献的重要性，并养成了阅读大量文献了解最新研究进展的习惯。

"我有两个研究方向的课题，你可以选择你感兴趣的大胆去做！"张炼辉从硕士导师林孔勋教授那里学会了尊重学生兴趣，鼓励自由创新的科研精神。

教书育人，诲人不倦，张炼辉在传道授业的道路上从未忘记恩师们的教诲，他身体力行地传承华农教师教书育人的优良传统，即使工作再忙，他都坚持通过课堂、每

两周的实验总结汇报会、邮件、微信等各种方式及时为学生指点迷津。张炼辉经常最早来实验室工作，最晚才下班回家，繁重的工作量也从未阻断他培养人才的初心，"细致严谨""执着仁厚"是学生们对他最深的印象。2016年，张炼辉按学校规划面向硕、博士生组织教学团队开设"分子生物学——应用于植物保护学科"课程，但由于硕士生和博士生基础和能力不一致，硕士生普遍反映课程难度较大，而博士生则反映部分内容与以前所学知识重复，为保证教学质量和效果，他积极向学院和学校相关部门建言献策，建议优化调整课程设置，并组织两个教学团队于2017年面向硕士生和博士生分别开设"分子生物学基础"和"高级分子生物学"课程。他对待教学科研严谨敬业的态度深深影响着一批又一批年轻的教师。

为培养青年科研教学人才，张炼辉不遗余力地为年轻教师"建桥铺路"，目前，他带领的研究团队自主培养了国家"青年千人计划"学者1名、广东省杰出青年2名、广东省青年珠江学者1名、广东省特支计划青年拔尖人才1名、广东省珠江新星青年拔尖人才2人、广东省"千百十工程"人才1名、广州市珠江新星3名，研究团队于2016年获中国侨界贡献奖，为教育国际化以及科研与世界接轨储备了一支有良好实力和影响力的人才队伍。同时，为进一步加深国际合作与交流，为学校和国家培养更多国际化科研人才，2018年张炼辉牵头与美国华盛顿大学签订"华南农业大学－华盛顿大学共建群体微生物国际联合实验室"合作协议，为青年教师和学生打开了微生物科学研究的世界之窗。

执着科研，微生物群体感应信号的破译者

在新加坡组织的国际生物学家专家的评审中，同行专家这样评价他：一个非凡的科学家，微生物群体感应的世界级专家，开创了微生物研究的新领域。张炼辉之所以能够赢得如此赞誉，源于他在群体淬灭及群体感应方面取得的一系列突破性成果：

1993 年，发现及鉴定了农杆菌控制致病基因转移的 AHL 类信号，并首次提出该类信号是广泛存在于微生物界的调控机制，为一年后其他科学家提出群体感应（quorum sensing）的概念提供了基础。

2000—2003 年，带领团队首次发现并鉴定了两类分解 AHL 群体感应信号的水解酶。

2001 年，带领团队首次用转基因植物证明了通过阻断群体感应通信系统防治病害的可能性，并首次提出群体淬灭（quorum quenching）防治病害的新概念。

2008 年，带领团队首次报道了黄单胞菌 DSF 群体感应信号的通信网络蓝图，为后续研究提供了依据。目前，DSF 家族信号已成为另一类广泛存在于微生物界的调控机制。

2013 年，带领团队首次报道了集成型群体感应系统（integrated quorum sensing system），为群体感应开辟了新的研究领域。

2017—2018 年，带领团队首次证明阻断调控真菌有性配合的通讯系统可以有效防控真菌病害，为群体淬灭病害防控策略拓宽了应用范围。

"找到这些在细菌中广泛存在并参与调控不同生物功能的信号，我们就有可能拦截破坏这些信号，从而防控病害。"尽管有着破译者拦截者的身份，但张炼辉的这个回答一点不具英雄色彩。还是美国科学院院士 Steven Lindow 对他在 2001 年 Nature 上发表的证明群体淬灭理论文章的评价更能揭示其研究的意义："本文首次证明阻断植物病原细菌胞间通信可以防病，此发现对防治植物和人类的细菌病害有极大意义。"群体淬灭是一种新的绿色病害防控策略，对于减少农药污染、减少抗生素使用方面将有广阔的应用前景。

目前，张炼辉累计发表论文 150 余篇，文章获广泛引用，是中国高被引学者之一（Elsevier，2018）；获国际国内专利授权 10 多项，其中 4 项已转让。同时，他担任多家国际刊物编辑，包括 *Annual Review of Microbiology*，*MPMI* 和 *Science in China Serial C：Life Science* 等。

（文/叶忱）

不忘初心　砥砺前行

——记"长江学者"刘雅红教授

刘雅红，女，1966年5月出生于黑龙江省泰莱市，博士，教授，博士生导师。华南农业大学校长，国家杰出青年基金获得者，教育部"长江学者奖励计划"特聘教授，广东省"珠江学者"特聘教授，广东省高等学校"千百十工程"国家级培养对象，国务院学位委员会兽医学学科评议组成员，兼任中国畜牧兽医学会常务理事，中国畜牧兽医学会兽医药理毒理学分会常务副理事长，国家农业部兽药评审委员会委员等。1985—1993年本科和硕士就读于东北农业大学，1996年在华南农业大学获得兽医药理学与毒理学博士学位，之后分别在美国北卡罗来纳州立大学兽医学院、美国密歇根大学药学院从事访问学者和博士后研究。2003年晋升为教授。主持"十三五"国家重点研发计划专项、国家自然科学基金重点项目、国家自然科学基金重点国际合作研究项目、"十一五"科技支撑计划重点项目、科技部重点领域创新团队和教育部长江学者创新团队等各类科研项目50余项。获国家科技进步二等奖1项、省部级科技奖励6项。在 Nature Microbiology，Trends in Microbiology，MBio，Journal of Antimicrobial Chemotherapy，Antimicrobial Agents and Chemotherapy 和 Veterinary Journal 等国内外知名学术期刊上发表文章197篇，被SCI收录近120篇。获国家二类新兽药证书1个，获授权发明专利10项。主译国际专著《兽医药理学与治疗学》，组建了"国家兽医微生物耐药性风险评估实验室"等多个科研平台。

稻花香

校友业绩录

知艰难　偏迎上

"20世纪80年代的时候，我们国家整个兽医行业，无论社会地位还是工作环境，都是很辛苦的。那个时候也没有多少人愿意学，当时我觉得越是艰苦的、没人关注的行业，越是需要更多的人来学习和研究，所以选择了兽医这个行业，我之所以能够坚持下来也是这个行业需要。作为一个兽医工作者，我有责任、有义务为这个行业的发展做出我自己的贡献。"刘雅红是这么说的，也是这么做的。1985年，年少的她进入东北农业大学兽医系学习。看到国内兽医行业发展较慢、亟需大量人才，彼时的她便在心里种下了要投身兽医行业、为整个行业的兴盛而奋斗的种子。1993年，刘雅红考入华南农业大学兽医药理学与毒理学专业，攻读博士学位，师从我国兽医药理学科的奠基人冯淇辉教授。导师在平凡的岗位上几十年如一日，鞠躬尽瘁、任劳任怨，深深地感染了她，让她更坚定了努力为兽医行业做出自己贡献的决心。

刘雅红1996年毕业留校以来，一直孜孜不倦地投身于学科建设和实验室建设中，勤勉敬业、毫无怨言。2009—2015年，她担任兽医学院院长期间，主管学院的科研及学科建设工作，高瞻远瞩地对兽医学科进行了远景规划，取得了众多突破性成绩。对于本专业来说，刘雅红在教学、科研各方面都做得非常出色，硕果累累。2014年7月，刘雅红被任命为华南农业大学副校长，主要负责行政、人事、科研等工作，分管校长办公室、人事处（人才交流中心、人才工作办公室）、科学技术处，工作兢兢业业，卓有成效，好评如潮。

先做人　再成才

"所有进到我实验室的学生，我给他们上的第一节课就是教他们如何做人、如何和大家团结相互帮助，教导他们要有一颗爱心、有一颗宽容的心，能够关心我们的国家，关心社会。我希望我们的学生，首先做一个好人，然后做好事。其次，如果他们有过硬的专业本领的话，一定是对社会、对国家有用的人才。"这是刘雅红在培养学生方面的主张。对于学生们，她总是以德为先，胸怀大局和全局的意识。她一直教导学生，对生活要热情、对工作要认真、对科研要负责。在学习当中，刘雅红与学生们亦师亦友，她告诫学生一定要有创新性的思维，科学研究最终要服务于临床实践。而在生活中，她与学生也像是家人，无论在何时何地，学生们有什么样的困难，总会第一个想到向她寻求帮助。

刘雅红在培养兽医人才方面非常具有自己的主见和建议，她不仅通过加强学校与企业之间的联络，使得培养的人才更加贴近于国内生产的需要，同时也培养了大量的

精英人才进入美国的高校中学习，培养的学生质量得到国际同行的认可。在刘雅红的直接指导下，许多研究成果已在国内外知名学术期刊上发表。

存高远　做实事

"三农问题"一直受到党中央、国务院的高度关注和重视。发展畜禽健康养殖，促进养殖业可持续发展，保障动物源食品安全和公众健康，是解决我国"三农问题"与构建和谐社会的迫切需求。多年来，刘雅红一直围绕兽用抗菌药物药动-药效同步模型研究、动物及动物性食品中病原耐药性风险评估及控制以及兽药和添加剂的生态毒理学研究开展科研攻关，主持国家杰出青年科学基金、"十三五"国家重点研发计划项目、NSFC重点项目、NSFC重点国际合作项目以及"十一五"科技支撑计划重点项目等各类科研项目50余项；带领团队先后获得广东省自然科学基金"创新团队"、教育部长江学者创新团队、农业部科研杰出人才及创新团队、科技部重点领域创新团队，共同组建了我国第一个国家兽医微生物耐药性风险评估实验室及多个省部级科研平台，为兽医药理学的教学和科研奠定坚实的基础。刘雅红先后获得国家"杰出青年科学基金"、教育部"长江学者"特聘教授等奖励和称号。

作为团队的领导者，刘雅红具有科学的洞察力和敏锐力，她以超前的眼光带领团队探索一个又一个科学难题，并将科研成果运用于解决兽药残留、抗菌药物耐药性等问题，为保障我国畜牧业的可持续发展、动物性食品安全、生态环境安全和人类公共卫生安全出谋献力。她带领团队研制的动物专用"沃尼妙林"新药获得了国家二类新兽药证书并联合企业产业化，研究成果获得广东省科技进步一等奖，弥补了国内多年鲜有二类新兽药的境遇，提升了我国兽药行业的竞争力。她带领团队系统开展了多种重要病原菌对喹诺酮类耐药性和耐药机制的一系列创新性研究，其成果有助于控制喹诺酮类药物在畜牧、养殖等方面的不合理应用，减少细菌耐药性的形成与传播，具有重要的理论及实际意义，并获得2014年广东省科学技术奖（自然科学）二等奖。在粤港澳大湾区建设的新时代下，刘雅红带领团队积极地将创新发展融入国家重大战略需求之中，积极融入大湾区建设，致力于服务大湾区，为农牧业发展贡献一份力量。

木兰身　须眉志

休言女子非英物。2018年12月28日，大家都被一条新闻刷屏了："刘雅红任华南农业大学新校长！"刘雅红是华南农业大学建校109年以来首位女校长，这是对她任副校长期间所取得的成果与进展的坚定认可。成为这样的"第一"，对于刘雅红而言，是荣誉，更是责任。她表示，在新的领导岗位上，一定会按照中央及省委省政府的要求，

稻花香

校友业绩录

履行好校长的职责，始终在思想上、政治上、行动上，与以习近平总书记为核心的党中央保持高度一致，以坚定不移的决心推进学校综合改革，推进学校在更高层次的全面发展。

毛主席说："道路是曲折的，前途是光明的。"在过去的几十年里，华农一直在不断突破，成果斐然。现今，在争创"双一流"高校的环境中、在粤港澳大湾区建设的机遇下，华农作为首批粤港澳高校联盟成员高校，刘雅红积极推进学校与各方的合作，希望依托学校学科特色及人才、科技优势，充分发挥华农优势作用，与各地全面深化合作，携手共同推进大湾区建设。不忘初心，砥砺前行，我们期待一个更强、更优、更美的华农！

（文/夏菁　方亮星）

大地的守护者

——记"国家杰出青年科学基金"获得者陈同斌研究员

陈同斌,男,中科院二级研究员,国家杰出青年基金获得者,中科院"百人计划"入选者,"新世纪百千万人才工程"国家级人选。兼任国际水协会(IWA)污泥管理专业委员会委员(国际堆肥专家)、中国水协会委员、全国农业技术推广中心科技委员会委员、中国土壤学会环境专业委员会副主任、中国生态学会污染生态专业委员会副主任、北京市土壤学会副理事长、北京市农学会副理事长等职,任 Journal of Environmental Sciences,《环境科学学报》《土壤学报》等16种SCI刊物和国内学报编委。

1980年考取华南农学院(现华南农业大学)土壤与农业化学专业,1990年在中国农业科学院研究生院获博士学位。1992年在中国科学院地理研究所完成博士后研究工作,先后到丹麦哥本哈根大学、香港浸会大学从事客座研究。1996年起任研究员、博士研究生导师。主要从事土壤环境质量与健康、环境修复和土壤环境化学研究。主持制订了中华人民共和国国家标准(GB4284—2018)《农用污泥污染物控制标准》,主持和参与城乡建设部、环保部《城镇污水处理厂污泥处理处置产业政策》《城镇污水处理厂污泥处理处置技术规范》等污泥系列标准的制定和咨询。曾主持863计划、973计划(前期专项)、国家攻关计划、国家自然科学基金重点项目、中科院重点项目等30多项国家和省部级项目。发表学术论文200余篇(SCI收录论文25篇、EI收录论文40余篇),主编论(译)著8册,申请和获得发明专利17项(已授权12项),获得软件版权2项,获部级科技进步奖1项。

自主研发国际领先堆肥设备

对于我国许多城市而言，城市污泥就像顽疾，没有太好的处理办法，偷倒事件屡屡发生。

如何对城市污泥更好地进行无害化处理和资源化利用，陈同斌及其团队在这方面付出了近20年的时间。陈同斌认为，城市污泥的受关注程度还远远不够，但问题的严重性早已超过普通人的想象。仅北京每天产生的城市污泥都已达到3000吨。城市污泥是在污水处理过程中产生的半固态或固态物质，主要是人的粪便和尿液中的有机物和生物菌体。

2007—2008年，陈同斌牵头的调查小组对全国144个城市的市政污水处理厂的污泥泥质进行了调查，这是全国第一次如此大范围的相关调查。

"我国城市污泥泥质的特性，决定了外来的技术难以完全适合国内市场。"陈同斌告诉《中国科学报》记者，他们将调查结果与欧美国家的城市污泥泥质作比较发现，我国污泥泥质的有机质含量偏低，这和我国排水系统的设计有关，雨水和污水都混合在一起处理，雨水会带来很多地表的泥沙，污泥的有机质比率就降低了。"也有一些城市尝试采购欧美国家的干化处理设备，但从目前的结果来看也并不理想。"陈同斌说。因为我国污泥含泥沙，坚硬的二氧化硅会造成干化装置中的管道损坏，就好比在用一张砂纸不停地打磨机器一样，因此这条路也难以走通。

由于处理难度大，一些城市将未处理的污泥随意堆放现象严重，使得污泥二次污染问题成为一种环境公害。在陈同斌看来，随着城市化进程的加速和经济的发展，城市污泥问题会逐步演变成重大环境问题和社会热点问题。作为科研"国家队"，他们有必要做一些前瞻性研究和技术储备。

针对我国城市污泥的特点和引用国外技术"不灵"的现状，陈同斌及其团队在国际上率先开发出具有自主开发的CTB智能化控制堆肥处理及资源化安全利用的成套技术和设备。先后在河北秦皇岛、河南漯河、深圳、天津于桥、山东寿光等地建立有机废弃物无害化、资源化工程。先后主持6个大型污泥生物处理工程项目，其中最大的污泥处理工程的污泥处理规模达到10万吨/年，最早的污泥处理与资源化工程已经稳定运行4年多时间，直接服务人口达1500多万。并建立日处理300吨造纸污泥的自动控制快速堆肥技术示范工程。

"这套技术我们'雇佣'了微生物来帮忙。"陈同斌说，"这套技术的步骤，首先是根据具体的好氧发酵（堆肥）环境，将一定比例的调理剂与城市污泥混匀。这套工艺看上去非常复杂，因为能实时在线监控发酵过程中的工艺参数变化、臭气产生和排放、监控适合微生物繁殖的生存条件，还能应对停电等突发状况。但操作起来很简单，操作人员不用一直坐在屏幕前监控，按几个键后就可以等待处理了。就像 iPhone 一样，机器本身所含的技术和设计工艺都非常复杂，但与中科博联的合作非常令人满意，我们将整套工艺制作成了'傻瓜化'设备。"

这种处理办法可以大大减少占地面积和缩短污泥发酵时间，原本需要 40—60 天的堆肥时间被缩减到 14—20 天，从而大幅度降低投资成本和占地面积，彻底解决恶臭污染这一行业共性难题。

陈同斌认为，一项发明从原理变为工程技术，一套技术从概念构思到产业化应用，需要走非常复杂曲折的道路，需要长期的积淀和时间的磨炼。他希望 CTB 工艺能为解决我国污水处理行业发展的瓶颈提供好的思路。

突破砷污染土壤植物修复的关键技术

长期以来，人们提到环境保护，首先想到的是水、大气、噪声和固体废物等，对土壤环境保护则相对陌生。人们没有意识到，土壤既是污染物的汇，也是污染的源，对植物、空气、地下水、地表水都会有很大的影响。近年来由土壤污染引发的多次食品安全事件和水体二次污染，才使人们终于意识到土壤污染是继大气和水污染问题后必须予以高度重视的重大环境问题。

陈同斌是我国污染土地修复工程领域的主要奠基人。他在还无人关注土壤污染问题的 20 多年前就开始致力于土壤环境保护。他说："既然大部分人都不愿意去做这个事，那么我觉得总要有人把这个责任、这个义务承担起来。"这一路上，陈同斌遇到无数来自同行、政府和公众的质疑。这滋味不好受，但也是他早已预料到的事，他用巧妙的方法解决了这一路上会遇到的问题。到现在，当人们把目光投向土壤环境保护，陈同斌早已是这个领域公认的权威。

陈同斌提出运用植物将砷"吸"出来的办法。可没有人知道是否真有这样的草，更不知道它是什么样子、在哪里。陈同斌通过跨学科思维，一步步推理，将搜索范围越缩越小，花了几年时间，筛选了 100 多种植物，终于找出这棵名为"蜈蚣草"的"吸毒草"，成为解决我国砷污染土壤植物修复的关键技术。因在植物修复和固体废弃物资源化领域中做出重要贡献，2003 年，他荣获"国家杰出青年基金"。

陈同斌及其团队在湖南郴州市建立了我国第一个植物修复示范工程，并先后在云南省红河州和广西河池市等地开展产业化示范工作，采用基于正负电子对撞机的同步辐射（SR）等新技术手段，对超富集植物中砷的微区分布和价态变化等重要理论问题进行了深入研究，初步揭示了超富集植物对砷的富集机理；绘制了北京市土壤重金属含量图和污染风险预警分区图，建立了区域性（北京市）土壤重金属监测和风险评价方法和信息系统，揭示了北京市土壤重金属区域分异规律和土地利用对重金属积累的影响；主持开展了我国南方金属矿山开采对土地环境质量与食物链影响的系统调查研究，并初步揭示其污染和危害的现状、区域分异与成因；对土壤和食物链中砷的环境行为开展了近20年的系统研究，在砷的土壤环境化学及环境生物地球化学方面做出了重要学术贡献。

（文/周凯文　吴启堂）

心中有束光　追梦铸此生

——记"国家杰出青年科学基金"获得者冯耀宇教授

冯耀宇，女，山西翼城人，博士，教授，博士生导师。华南农业大学兽医学院院长。"国家杰出青年基金"获得者，科技部重点领域创新团队负责人，国家百千万人才工程和有突出贡献的中青年专家，"万人计划"科技创新领军人才，国务院特殊津贴专家；兼任教育部重点实验室以及基金委生命科学部多类别项目会评专家，中国动物学会原生动物学分会、中国动物学会寄生虫学专业委员会、中国畜牧兽医学会家畜寄生虫学分会常务理事。

在 Clin Microbiol Rev，Emerg Infect Dis，PLoS Neglect Trop Dis，J Clin Microbiol 等主流刊物发表SCI论文100余篇。主编专著 Biology of Foodborne Parasites。是 Front Microbiol，Parasitol Res 等SCI期刊的编委。2014—2018年蝉联Scopus中国高被引学者榜单。

以梦为马　不负韶华

冯耀宇儿时的梦想是做一名医生,这个梦想源于她亲爱的奶奶。1969年4月,冯耀宇出生于山西省的一个普通农村家庭。和那时的许多孩子一样,迫于生计的父母根本无暇顾及她的成长,年幼的她在爷爷奶奶陪伴下长大。后来年事渐高的奶奶得了重病,受限于当时低下的医疗水平,奶奶饱受疾病的折磨。年幼的冯耀宇对此悲伤不已,但却毫无办法。自此,成为一名医生的愿望在她的心里萌芽并愈发强烈。很多时候,梦想总会在现实面前败下阵来。在高考填报志愿的时候,冯耀宇的学医选择遭到了父亲的极力反对,理由是学医是一件困难且漫长的道路。不得已的她选择了与医学非常接近的微生物学。这次选择,也注定了让冯耀宇与病原微生物学以及后来的寄生虫学结下了不解之缘。

1986年至1993年,冯耀宇在南开大学度过了她的本科和硕士生涯。两千多个日日夜夜,冯耀宇一直潜心学习,开阔视野,养成习惯,沉淀人格。这段秣马厉兵的时光,给冯耀宇后来的科研工作奠定了坚实的知识储备和专业技能。2000—2006年,冯耀宇分别在新加坡国立大学和美国疾病预防控制中心开展了水源性和食源性人兽共患病原寄生虫学的学习和研究。众所周知,水是人类和动物赖以生存的源泉,水质安全关系着每一个人和动物的生命健康。而诸如隐孢子虫和贾第虫在内的水源性病原寄生虫则是一类被重点监测和防控的水质安全指标。据世界卫生组织(WHO)统计,发展中国家80%的疾病和人类1/3的死亡归根于水。基于此,冯耀宇在学成之后毅然回国,从事水源性病原微生物和人兽共患寄生虫的研究工作。从此,冯耀宇的肩上多了一份沉甸甸的责任和使命。

数年科研　无私奉献

冯耀宇数十年如一日,潜心科研,不辞辛苦。为了追溯病原传播特征和得到更加详实的科研资料,她的足迹曾遍布上海、青海、广东、广西、海南等全国大部分地区的养殖场和水源地。从每一份生活污水、河水和粪便样品中探寻人兽共患病原微生物的踪迹。数十年来,累计检测样品两万多份。冯耀宇对于科研的态度热情而执着,她所带领的科研团队致力于隐孢子虫、贾第虫、微孢子虫和环孢子虫等人兽共患肠道寄生虫的研究,坚持服务行业社会所需,为我国的水源和畜禽养殖安全做出了巨大的贡献。

冯耀宇长期从事食源性和水源性人兽共患寄生虫病原的病原生物学、分子流行病学和比较基因组学研究。主要成绩包括:完善了隐孢子虫的宿主特异性规律,为隐孢子虫和其他病原的溯源奠定了基础；提出了人兽共患隐孢子虫虫种的扩散与养殖业相关的论点，并解析了动物-人的直接传播在隐孢子虫病在发展中国家人群中传播的重要性；提出了遗传重组导致高毒力优势亚型产生的观点，并定位了毒力基因区域。这些成果为人兽共患病传播的控制、水源保护措施的制定以及药物和疫苗的研制奠定了理论基础。

冯耀宇在研究中建立的一些分子流行病学方法得到同行认可和采纳。建立了区分反刍动物隐孢子虫虫种的快速方法和几种新发虫种的分型工具，使研究它们的人兽共患传播成为可能；发现了41个虫种/基因型的宿主来源及其虫种的宿主特异性规律，结合建立的对水样中隐孢子虫溯源的经济实用方法，使对原水中隐孢子虫的溯源在理论和实践上成为可能；对污水中病原分型快速解析疾病传播动态的方法，被多国学者采纳并用于暴发病的调查；从粪样中直接纯化卵囊、富集DNA的方法，使隐孢子虫全基因组测序的广泛开展成为可能。

半生授道　亦师亦友

尽管繁重的科研工作让冯耀宇几乎放弃了所有的周末和假期，但作为教师的她仍然承担了研究生和本科生的包括"环境分子生物学技术原理及应用"和"分子生物学原理及应用"等众多课程。她认为教书是一件非常有意义而又让她感到骄傲的事情。她总能将自己丰富的学识和见闻与课程相结合，让晦涩难懂的专业知识变得通俗易懂。在面对研究生和本科生等不同受众群体时，她的授课方式也会作相应调整。对于本科生的教学，她更多的是利用自己的经验和见解，让本科生去接触和探索科研的大门，并鼓励和引导他们对科研产生兴趣。而对于研究生，冯耀宇则常常采取举一反三、引水入渠的教学模式，为研究生拓宽科研思路，指点科研方向。

师之所存，道之所存。相比于传授专业知识，为学生树立正确的人生观和价值观同样重要。冯耀宇总会在授课之余，为大家讲一些做人的道理、做事的准则。她时刻关心着学生的生活问题，闲暇之余，她会公开或单独地为学生解决一些生活和情感上的困难和困扰。也正因此，许多学生与她建立了非常深厚的师生感情。对于学生来说，她更像一位知心大朋友。

巾帼本色　不让须眉

科学研究犹如苦行僧的修行，没有谁可以不经历百般磨难就能轻轻松松走到最后、获得真理。作为一名女性科学家，冯耀宇在这场修行中付出了更多。这来自于她对科研事业的执着和热爱，以及她绝不服输的性格。冯耀宇已记不清自己多少次在周末和

稻花香
校友业绩录

假期里还在忙碌着团队的建设、项目的申请和实验的进展；多少次在凌晨或深夜，还奔走于去外地参加学术交流和会议的路上。在初来华南农大的时候，冯耀宇和她的团队面临着人员短缺、科研暂停、实验仪器不到位、实验室布局需要重新规划等问题，然而她没有丝毫抱怨和退缩，而是努力克服各种困难，在短短几个月的时间里完成了整个实验平台的重建工作。苦中作乐、不畏艰难显示了冯耀宇积极的工作态度，无论在科研工作中遇到怎样的挫折，她总能够及时调整心态，在繁杂的因素中剥茧抽丝，找到解决问题的最佳方法。在冯耀宇的影响下，她的科研团队里出现了一批像她一样的"科研娘子军"。她们巾帼不让须眉，已然迅速成长为相关科研领域的中流砥柱。

褪去女性科学家的身份，回归家庭的冯耀宇像其他普通女性一样，也会面临柴米油盐酱醋茶的日常生活。她的丈夫也是一位科学家，而女儿则正在一所寄宿学校读书，永远的忙碌似乎成了他们家庭的常态。一家人常常很久说不上一句话，见不到一次面。尽管如此，冯耀宇一直在努力地扮演好一名妻子和母亲的角色。忙里偷闲的时候，她总会跟丈夫和女儿聊一聊天，做上一顿可口的饭菜，似乎每到这个时刻，冯耀宇才会暂时从坚强的外表之下回归到女性的本质，感受着家庭带来的温馨和慰藉。

冯耀宇在2013年曾获评上海市"三八红旗手"的荣誉称号。能够获此殊荣，与她多年来展现在科研和生活中的那种坚忍不拔、勤奋钻研、勇于创新、追求卓越的特质息息相关。作为一名新时代女性，这在当今社会上是难能可贵的，这对于大多数人是一种榜样，更是一种力量。

作为一名优秀的科研工作者，冯耀宇时刻铭记并承担着科研人的责任与义务；作为一名出色的教师，她孜孜不倦地为学生指引着前行的方向；作为一名新时代女性，她以优雅、知性的特质散发着时代的光芒。

践行工匠精神 在平淡中出彩

——记"国家杰出青年科学基金"获得者刘健华教授

刘健华,女,1973年生,汉族,华南农业大学兽医学院教授,博士生导师。国家杰出青年基金获得者,"万人计划"领军人才,广东省特支计划"百千万工程领军人才",全国兽药残留与耐药性控制专家委员会委员,国家兽医微生物耐药性风险评估实验室副主任。1996年本科毕业于中国农业大学,2001年在中国农业大学取得博士学位。博士毕业后进入华南农业大学博士后流动站,于2003年出站留校任教。

潜心科研　推动学科发展

21世纪初，国内兽医领域对细菌耐药性问题鲜有关注，在导师陈杖榴教授的前瞻性指引下，刘健华在博士后工作阶段开始对这一重要问题产生浓厚兴趣，并长期专注于该领域开展研究。通过多年来对国内动物源细菌耐药性的持续监测，她发现动物源大肠杆菌对黏菌素耐药性有升高的趋势，尤其在2013年末，上海某家猪场的大肠杆菌对黏菌素的耐药率高达60%，她敏锐地意识到"可能已产生了容易传播的质粒介导的黏菌素耐药机制"，通过组织研究团队对该问题进行攻关，果然发现了可水平转移的质粒介导的黏菌素耐药基因 mcr-1，确证了其功能，并发现携带该基因的接合性质粒极易传播扩散，从机制上解释了国内黏菌素耐药性升高的原因，且相关研究成果于2015年11月以共同通讯作者发表在国际权威期刊 *Lancet Infect Dis*（IF=27.516）。这一发现丰富了耐药性形成理论，在国际上引起强烈反响，引领带动了相关领域的研究热点，文章被引用2000多次，并直接影响到WHO、欧洲药品管理局及日本对抗菌药物管理政策的调整，促成我国农业部下发《停止硫酸黏菌素用于动物促生长》的〔2428〕号公告，显著降低了国内动物和医学临床肠杆菌对多粘菌素类药物的耐药水平，为保护多黏菌素"最后一道防线"药物的有效性做出了重要贡献。同时，通过多年的研究工作积累，她建立了动物源耐药菌库，并在国内率先开展了动物源细菌耐药性传播机制的研究，发现耐药基因主要通过质粒在不同宿主以及动物、环境和人之间传播，有些耐药质粒甚至呈国际流行趋势，揭示了由质粒介导的耐药基因传播机制在重要抗菌药的耐药性升高和多重耐药菌产生中的重要作用。系列研究成果进一步提升了我国在细菌耐药性研究领域的国际影响力，为控制细菌耐药性发展做出了贡献，并推动了兽医药理学科的发展。

多年的坚持和努力，结出了累累硕果，刘健华以第一作者或通讯作者在 *Lancet Infect Dis* 等国际刊物上共发表SCI论文46篇，累计影响因子超过250，*Web Science* 他引2500多次，50次以上的有10篇，单篇他引最高达1500多次；其中2篇论文被作为"新发现"推荐到"F 1000 Prime"，2篇入选为ESI高被引论文，1篇入选为2016年中国百篇最具影响国际学术论文；获教育部高等学校科学研究优秀成果奖科技进步一等奖1项和广东省科技进步二等奖1项，并获得首届盛彤笙兽医科学奖——杰出青年学者奖。

教书育人　践行立德树人

作为研究生导师，刘健华清楚地认识到，自己除了是一位科研工作者，更是教书育人的老师。她秉承立德树人的理念，长期坚持认真培养、逐人落实、严格把关的原则，注重对学生进行学术伦理道德的教育和科研创新精神的培养。她十年如一日地扎根细菌耐药性领域的研究，努力向学生传承陈杖榴教授等老一辈科学家们锲而不舍、精益求精、"十年磨一剑"的精神。在工作中，刘健华以身作则，与学生并肩作战，身体力行地给学生做好表率作用，让学生们也深刻体会到，取得成绩是来之不易的，必须要执着、有付出，要有不被外界打扰的坚强定力。她与学生总是保持着亦师亦友的关系，一方面在科研方法和思路上随时给学生以引导，另一方面与学生相互陪伴、共同成长。

刘健华要求学生实实在在做人、踏踏实实做学问，要有实事求是、严谨认真的科学态度，遵守学术道德和规范，同时也要关心国家大事，关注行业动态和科学前沿，做对社会有帮助，对推动人类进步、社会发展有贡献的事情。她积极创造条件，培养学生的自我创新能力。她鼓励学生思考、质疑，教导学生要敢于挑战权威和常理，擅于抓住细节，着眼于小的异常，勇于探索，才能有所突破。她要求学生规范实验记录，详细记录试验进展和具体细节，并及时总结，以便于及时发现问题。对于研究生的每月总结、科技论文和毕业论文，文章的逻辑结构、词句的加工润色以及格式规范，她都是严格把关。她尊重学生、关注学生的身心健康，维护学生自尊心，及时发现学生的心理需求并加以疏导，在学生取得哪怕一点点进步时，也会给予赞许和鼓励；对于实验上遇到困难的学生，会及时与他们讨论调整研究方案，鼓励学生不要放弃，毫不吝啬地给予更多的关爱与信任。同时，她还注重培养学生合作交流意识，支持研究生参加学术会议，并积极为研究生争取与国外境外高校合作研究和联合培养的机会，拓宽学生的科研视野和思路，以及新的研究方法和技术。

"学为人师，行为世范"，刘健华以严谨治学的态度影响着她的学生，为学校培养了一批批优秀的研究生和本科生，目前指导和协助指导硕士研究生55人（已毕业40人）、博士研究生13人（已毕业8人）。其中1人获全国百篇优秀博士论文提名奖，1人获广东省优秀博士论文奖，3人获广东省优秀硕士论文奖，2人获广东省优秀学生称号，1人获广东省"南粤优秀研究生"称号，4人获校优秀博士论文奖，16人获校优秀硕士论文奖，41人次以第一作者发表SCI论文。她还鼓励本科生积极参加科技创新项目，并且多个项目获得广东省和华南农业大学资助，多名本科生以第一作者发表核心期刊论文和SCI论文。

16年的兢兢业业，16年的默默奉献，从青年到中年，从青丝到白发，刘健华将"修德、博学、求实、创新"的校训铭记于心，砥砺于行。未来，她将继续秉承严谨治学的态度，紧紧围绕立德树人、科研创新的根本任务，努力在教学、科研等方面实现新的突破，为人才培养和学科发展贡献自己的力量！

扬帆济沧海　踏浪凯歌行

——记"国家杰出青年科学基金"获得者秦启伟教授

秦启伟，男，河南省上蔡县人，二级教授，华南农业大学海洋学院院长，国家杰出青年基金获得者，国家现代海水鱼产业技术体系病毒病防控岗位科学家，国际著名学术期刊 *Fish & Shellfish Immunology* 副主编。中国科学院"百人计划"学者、全国优秀科技工作者、新世纪百千万人才工程国家级人选，享受国务院政府特殊津贴。历任新加坡国立大学热带海洋科学研究所研究员（A级）及海洋病毒学实验室主任、中山大学教授及博士生导师、中国科学院南海海洋研究所海洋生物研究室主任、中国科学院海洋生物资源可持续利用重点实验室主任。曾任国家基金委第十一和十二届生命学部学科评审组专家、国家基金委地学部学科评审组专家、国家科学技术奖励评审委员会委员、国家留学基金委评审专家、教育部高等学校科学技术奖评审专家；现任中国海洋湖沼学会理事、中国水产学会理事、广东海洋协会副会长。连续多年获得中国科学院优秀导师奖。

中西合璧　练就一身硬功

秦启伟出生于华夏文明的发祥地——河南省，自小聪慧勤奋，追求真理。1986年从北京师范大学生物学系生物学专业毕业，获理学学士学位，其后在河南师范大学生物学系水产专业任助教和讲师。1991年毕业于武汉大学动物学专业获理学硕士学位，同年进入中国科学院水生生物研究所水生生物学专业攻读博士学位，三年后获理学博士学位。1994年至1997年就职于中国科学院南海海洋研究所，先后担任助理研究员、副研究员，其间1996年以访问学者的身份赴英国威尔士大学海洋学院进行交流合作研究。1997年至1998年，在日本国际科学技术交流中心及日本国立水产养殖研究所免疫研究室任博士后特别研究员。1998年至2004年，在新加坡国立大学热带海洋科学研究所任研究员（A级）、课题组长（PI）及海洋病毒学实验室主任。2004年至2005年，任日本学术振兴会（JSPS）特邀研究员（JSPS Invitation Fellow）及东京海洋大学访问教授。

早在1998年之前，新加坡的科研人员已经发现了石斑鱼的"昏睡病"，并怀疑该病是由病毒引起的，但始终无法找到病原。秦启伟在日本完成博士后研究到达新加坡之后，迎难而上，潜心研究，利用细胞培养技术从患病石斑鱼中分离出了一种新的高致病性的病毒性病原，并将其命名为"新加坡石斑鱼虹彩病毒（SGIV）"，目前该病毒已被国际病毒分类委员会确认为一种新的病毒。该病毒感染率高，致死性强，可造成石斑鱼90%以上的高死亡率，给石斑鱼等海水养殖业造成巨大经济损失。

秦启伟在海外工作期间，条件优越，待遇丰厚。但他并没有心安理得地享受优渥的物质条件，而是时时刻刻想念着养育自己的祖国和曾经共同拼搏的同行同事及亲人。"征夫怀远路，游子恋故乡"这句古诗就是对他眷恋故土的真实写照。

上下求索　倾注一腔热情

人才资源是第一资源，中国要建设科技强国，迫切需要一批能够突破关键技术、发展高新产业、带动新兴学科的战略科学家和科技领军人才，除了自己培养，也要通过各种渠道从海外引进。2004年，中山大学实施海外引进"百人计划"人才项目，出动高层领导前往新加坡等世界各地诚邀一代学子回国壮大祖国的科研队伍，秦启伟便是响应祖国召唤踊跃回国的其中一员。他被聘为该校生命科学学院海洋生物学专家和生物化学与分子生物专业教授、博士生导师，以及有害生物控制与资源利用国家重点实验室学术带头人。

2009年，秦启伟入选中国科学院引进人才"百人计划"，受聘该院南海海洋研究

稻花香
校友业绩录

所研究员、博士生导师、海洋生物研究室主任以及中国科学院海洋生物资源可持续利用重点研究室主任。

2016年,秦启伟出任华南农业大学海洋学院首任院长,坚持面向国际海洋科学发展前沿,响应国家"海洋强国"的战略思想,积极建设粤港澳联合实验室,致力于打造具有热带亚热带鲜明区域特色的海洋科学研究中心和人才培养基地,满足我国现代化海洋生物产业、水产养殖业以及海洋与渔业转型升级要求,为海洋经济社会发展输送高素质的专业人才。

秦启伟非常重视人才的培养,真心爱护自己的学生,总是尽最大努力给学生提供优良的学习生活环境,通过"走出去"的办法,扩展学生视野,增强研究技能。先后把学生送到北京师范大学、中国科学院长春应用化学研究所等国内高校院所,甚至是新加坡、日本等国外高校学习交流,收到了很好的培养效果。树人先树德,秦启伟始终觉得所谓人才,必须先成为一个优秀的人然后才是有才能的人,坚持把培养学生的品格放在第一位。在做学问上,更是要求严格,坚持组会制度,掌握每一个研究生的进展,对他们取得的成绩予以鼓励,对他们出现的问题耐心指导,并没有因为自己繁忙的工作就忽视对学生的亲自指导。他坚持言传身教原则,处处以身作则,不会一味地对学生进行说教。秦启伟培养的学生屡次获得国家奖学金、中国科学院院长特别奖、刘瑞玉奖学金、朱李月华奖学金和地奥奖学金等荣誉。严师出高徒,桃李满天下。如今,秦启伟的学生活跃在国内外科研院所海洋生物领域,演绎人生,各领风骚。

工作中,秦启伟发现,在我国南方沿海广东、海南、福建及台湾等地也普遍存在新加坡爆发的鱼类病毒,这是养殖石斑鱼过程中最主要的病原之一。他认为,鱼生病了也不会说话,几乎一经发病就很快死亡,如果是病毒性疾病几乎不可能救回来。鱼病最重要的是预防、控制,而防控的前提就是要确定致病病原,掌握其感染致病机理,然后针对性地研究开发出特异性的检测手段、高效预防疫苗和免疫增强剂等。中国是一个养殖大国,产值产量占据水产品总量的70%以上,然而,随着海水养殖规模的日益扩大和集约化养殖方式的不断推广,病害已成为严重制约水产养殖业健康可持续发展的瓶颈。因此,秦启伟的研究重心始终放在海洋生物病害防控上,在海洋鱼类病毒学、鱼类细胞和分子免疫学、海洋环境微生物学、基因组学等领域取得了一系列创新型成果。几年来,他带领科研团队解析了石斑鱼虹彩病毒的全基因组信息,在国内自主建立了规模更大的海洋鱼类组织细胞库,突破了国内鱼类新病毒分离培养的技术难关。在国际上首次报道了海洋病毒编码的microRNA,发现了SGIV感染引起海洋鱼类细胞死亡的新机制,应用前沿技术如单粒子示踪和原子力显微镜等,在活细胞水平阐明了SGIV侵染宿主的方式和动力学过程。针对石斑鱼虹彩病毒和神经坏死症病毒等重要病原,筛选获得了高效特异的核酸适配体,可用于构建新型的早期病毒检测产品。克隆和鉴定了一批新的海洋鱼类抗菌和抗病毒功能基因,在细胞水平验证这些蛋白的

抗菌抗病毒功能。研制出了高效的抗病毒疫苗，已经从 GMP 车间实验室投入到田间实验阶段。目前，已在 *Journal of virology*，*Small*，*Apoptosis*，*Journal of General Virology*，*Fish and shellfish immunology* 和 *Frontiers in immunology* 等国际知名期刊发表 SCI 论文 100 余篇，连续 5 年在 Elsevier 中国高被引学者榜单中榜上有名。此外，秦启伟坚持产学研一体化建设，带领团队在广东汕尾、湛江、阳江等地与当地企业合作，建设了规模庞大的高效海水健康养殖创新示范基地，针对石斑鱼等名贵鱼类的工业化循环水高效养殖模式、良种培养、病害防控、营养饲料等的关键共性技术开展大规模的"产学研"研究，其中石斑鱼工业化养殖的成活率已从原来的 60% 提高到 90%。

行走在江河湖海，致力于海洋生物资源和可持续利用研究；投身教育事业，甘为人梯，乐于奉献，这就是秦启伟教授。

（文/王劭雯）

"国家自然科学基金杰出青年科学基金"获得者杨增明教授

杨增明，男，1962年8月生，甘肃省兰州市人。博士，华南农业大学兽医学院教授。国家自然科学基金杰出青年科学基金获得者，教育部长江学者特聘教授，国家"新世纪百千万人才工程"国家级人选。曾担任国务院学位委员会学科评议组成员、中国动物学会细胞与分子显微技术分会理事长及中国动物学会生殖生物学分会副理事长。1989年在东北农业大学动物组织胚胎学专业获得博士学位，此后在中国科学院动物研究所、美国北卡罗来纳州立大学、美国贝勒医学院及美国堪萨斯大学医学中心从事博士后研究。1998年获得国家自然科学基金杰出青年基金资助，2000年获聘教育部长江学者奖励计划特聘教授。2004年入选国家"新世纪百千万人才工程"国家级人选。

主要研究及成果如下：

从事哺乳动物胚胎发育及胚胎着床方面的研究，对于前列腺素相关分子以及白血病抑制因子相关分子进行了较详细的研究，筛选获得了一批胚胎着床及蜕膜化相关的分子，并对这些分子的调节及功能进行了较系统的研究，相关研究成果已在SCI期刊发表论文80余篇。其主编的《生殖生物学》一书由科学出版社2005年出版后获得广泛好评，第二版于2019年5月出版。

从事鸡胚胎干细胞方面的研究，在1992年首次分离获得鸡胚胎干细胞，相关的研究成果共获得三项美国专利，并已转让给相关的生物技术公司，产生了一定的经济效益；在从事猪精液冷藏工作方面，比较系统地研究猪精液在不同温度保存条件下的精子存活率、顶体完整率、自发获能率以及渗透液变化等，为猪精液的低温长期保存提供了宝贵数据。

所从事的相关研究已获得10余项国家自然科学基金面上项目及3项国家自然科学基金重点项目的资助，以及美国CONRAD基金会的资助。现在主持国家重点研发计划《母胎界面分子事件与病理妊娠》，总经费1860万元。

无悔的选择

——记"长江学者"黄国文教授

黄国文，男，1956年出生，广东饶平人。1992年获英国爱丁堡大学"应用语言学"博士，1996年获英国威尔士（卡迪夫）大学"功能语言学"博士，1995年起任中山大学外国语学院教授，1996年起担任中山大学"英语语言文学"博士生导师，2013年入选教育部"长江学者"特聘教授。

2016年起任华南农业大学外国语学院院长、教授、博士生导师，是"语言生态学"博士点带头人，华南农业大学生态语言学研究所所长。现任国际生态语言学学会（IEA）中国地区代表，中国英汉语比较研究会（国家一级学会）副会长，中国英汉语比较研究会英汉语篇分析专业委员会主任，广东外国语言学会会长，CSSCI来源期刊《中国外语》主编，国际期刊 *Functional Linguistics* 联合主编，国际期刊 *Journal of World Languages*（Routledge）联合主编，M. A. K. *Halliday Library Functional Linguistics Series* 功能语言学丛书（Springer）联合主编；先后担任国内外23家期刊的编委或顾问。2011—2014年任国际系统功能语言学学会（ISFLA）执行委员会主席。

稻花香
校友业绩录

选择与"被选择"

"选择"在黄国文的一生中有非常重要的意义。他曾告诉学生，他小的时候家庭条件和生长环境比较差，没有机会读应该读的书。这一特定的因素使黄国文养成了一生爱读书的习惯。1974年他放弃当时生活条件还算好的县政府的工作，来到广州读书。在那个年代，知识分子被看作是"臭老九"，社会地位比较低，但黄国文毅然要去上大学读书。他曾这样说，出生的家庭条件和环境比较差是命运决定的，是自己无法左右的"被选择"，但后来的很多路子是自己经过选择走出来的。选择需要思考，需要有思辨；孔子说："学而不思则罔。"事实证明，黄国文的很多选择造就了他的成功。

人生的四次选择

第一次选择是1988年去英国读书前夕，当时黄国文给多所英国的大学写信联系攻读博士学位事宜，收到答复并愿意接受他的有剑桥大学和爱丁堡大学，最终他选择了爱丁堡大学。后来有些人知道他当时有机会去剑桥大学读博士而没有去，为他感到可惜，但他对当初的选择无怨无悔。这是因为，他当时的研究兴趣是应用语言学，而爱丁堡大学就是应用语言学的发源地。

第二次选择是1993年11月的一天晚上，当时黄国文在纽卡斯尔大学做研究。威尔士大学的Robin Fawcett打来长途电话，热情邀请黄国文去他那里做研究助理。黄国文没有马上答应，因为他觉得Lesley Milroy教授对他很好，纽卡斯尔大学给他的工资（是他当博士生时的津贴的六倍）比威尔士大学所能给他的津贴要多一倍多。此外，他太太当时还在纽卡斯尔的University of Northumbria攻读硕士学位。但是，与Fawcett的将近两个小时的谈话使他看到了更光明的前途。因此，他选择去威尔士大学攻读第二个博士学位，潜心研究系统功能语言学。这是因为，他对系统功能语言学情有独钟，他1986年完成的硕士论文就是以这个理论作为论文的理论框架。

第三次选择是1996年从英国回来后。黄国文有了爱丁堡大学的应用语言学博士学位和威尔士大学的功能语言学博士学位。黄国文当时很清楚，要做出成绩只能选择一个研究方向，否则就会变成样样皆通，样样稀松。就接触的时间长短和中国研究的人数来说，应用语言学无疑应该是首选的，但他最终还是选择了系统功能语言学。正因为这个选择，黄国文在国际系统功能语言学研究界有一定的名气，还曾担任中国功能语言学研究会会长（2003—2015）和国际系统功能语言学学会执行委员会主席（2011—2014）。

第四次选择是从中山大学来到华南农业大学，开拓生态语言学（语言生态学）研究。生态语言学也称"语言生态学"（Linguistic Ecology, the Ecology of Language），研究的是关于语言与其环境的相互关系和相互作用问题，包括研究语言的生态因素、语言与生态的关系。从文献上看，可以研究语言的自然环境，也可以研究语言的心理环境，还可以研究语言的社会环境。从本质上说，黄国文是个功能语言学研究者，他注重语言的社会属性，所以他做的生态语言学研究是从语言的社会环境出发的，也是以它为归宿的。语言的本质有其生态特征，语言是社会现象，它在人类社团中的角色是由生态因素决定的。生态语言学的研究从本质上说是跨学科研究，或者说是交叉学科的研究，黄国文认为它的发展前景不可低估。

情系华农　果结生态

2016年初，黄国文应邀加入了华南农业大学外国语学院，开启了生态语言学（语言生态学）研究的旅程。

在黄国文的努力下，华南农业大学成立了国内第一个生态语言学研究所，成功申请了二级学科"语言生态学"博士点，组织了首届生态语言学国际会议。

2016年至2018年期间，黄国文以华南农业大学为署名单位发表了40多篇学术论文，其中在境外发表的有8篇，在国内发表的有33篇被"中国知网"收录；国内发表的论文中有20篇刊登在核心期刊（南大核心、北大核心）上。

稻花香
校友业绩录

2017年黄国文申请到农业部"十三五"规划教材《中华农耕文化英语教材》(中国农业出版社)(农科(教育)函〔2017〕第379号);2018年申请并立项"中华农业科教基金会"的教材建设项目《中华农耕文化系列教程》教材建设"(NKJ201801007)。

北京大学资深教授胡壮麟高度评价黄国文是"我国生态语言学的领路人"。

国际生态语言学学科奠基人 Alwin Fill 在探讨录中提到:"很高兴看到中国成立一所这样的专门研究中心。据我所知,该研究中心即将在中国召开首届国际生态语言学研究大会。"

2017年起,黄国文教授被推选为国际生态语言学学会的唯一一个中国地区代表。

选择的意义

黄国文这样说过,他到华南农业大学开拓生态语言学研究,应该是冥冥之中的事。他来自农村,最终应该回到大自然去,走近农业,到自然生态中磨炼自己。过去这些年,他一直用 M. A. K. Halliday 的语言学理论来探索问题,尤其是中国典籍翻译问题和生态语言问题。

黄国文曾指出,对有志于从事生态语言学研究的学者,要"思,以生态为本;行,以生态为道"。这样,人们就可随时随地从生态语言学的视角审视他们的一切行为(包括他们的言语),因此他们与大自然就更加贴近,语言研究与生态环境就更加和谐,他们就会感到越来越幸福。

黄国文这些年所构建的"和谐话语分析"模式已经被越来越多的同行所关注和认可,例如,国际生态语言学学会主席、英国格罗斯特大学生态语言学教授 Arran Stibbe 多次提到黄国文的和谐话语分析构想:"有必要创造出适应中国语境的生态语言学形式,并将中国传统思想的感悟直接融入其理论和实践的框架中。"为此,黄国文教授与其他学者共同建构了和谐话语分析框架。"不同于批评话语分析和积极话语分析,这两

者都局限于人类社区团体的范围,着眼于人与人之间的关系;和谐话语分析的目的在于实现不同层面的和谐,尝试探究语言在人类与其他物种以及物质环境之间在维持生命的相互影响中的作用,并探讨如何通过语言的选择来理解、调整、维持和加强特定社会中的关系。这突出了语言的使用在解决生态问题中的重要性。"

黄国文加入华南农业大学后所开拓的生态语言学研究,已经越来越受到国内外同行的关注。他对这个研究课题信心十足,他说:"可以预测,在不久的将来,会有越来越多的人更加关注语言与自然、语言与生态的关系。这样,生态语言学也将会成为语言学研究的一门显学。"

(文/陈旸)

一个执着的研究者

——记"长江学者"王清文教授

王清文,男,1961年生,黑龙江省拜泉县人。华南农业大学材料与能源学院教授。全国"五一劳动奖章"获得者,中国复合材料学会天然纤维复合材料专业委员会主任委员,中国林学会木材科学分会副主任委员,中国林业百科全书木材科学与技术卷副主编。长期从事木材与木质纤维复合材料相关教学科研,在木材阻燃、木材改性和木塑复合材料领域的三项研究成果获国家科学技术奖。研究方向是丛生竹先进材料及速生林木材高效利用。

1985年从大连工学院（现大连理工大学）应用化学专业硕士毕业后，王清文到东北林学院（现东北林业大学）工作，从事有机化学教学与阻燃材料研究。10年的林家铺子工作和生活，他的兴趣点从精细化学品渐渐地转移到了木材的利用。20世纪90年代初，日本专家关于将木材转化为塑料的研究成果令他兴奋不已，于是他指导学生开始研究木材无浆造纸——通过酯化反应将木材全组分转化为塑性材料，进而热加工成型制备塑料纸等新材料，从根本上革除严重污染环境的制浆工艺。如果成功，这可能是20世纪的重大发明！然而，结果发现木材的酯化反应难以充分进行，尤其当原料的尺寸较大时木材中发生酯化反应的羟基数量是很有限的。有机化学、高分子化学的理论应用于木材受到了挑战，合成高纯度酯类香料的成功经验也不灵了，看来作为一类天然有机材料的木材真是不简单，这应了木材学家李坚教授那句话："我们对于木材的内幕尚知之甚少。"王清文在懵懂与幻想中走近林业工程领域，庆幸的是他没有知难而退，而是投身李坚教授门下攻读木材科学与技术专业博士学位，从此结缘木材，从事木材阻燃、木材改性和木塑复合材料研究。

钻研木材阻燃技术　　为火安全提供保障

1996年，在导师的建议下王清文选择木材阻燃作为博士论文研究课题，一方面是为了完成李坚教授主持的木材阻燃技术引进科研项目，为产业提供急需的先进技术；另一方面鉴于木材阻燃机理众说纷纭、莫衷一是的现状，木材阻燃基础理论研究值得投入。木材阻燃是一门通过添加化学药剂（木材阻燃剂）而将可燃性木质材料转化为难燃材料的技术科学，该项目的目标就是引进当时国际上最先进的木材阻燃剂技术，对于大量使用木质材料的建筑安全防火意义重大。然而真正领先的技术是难以买到的，因为人家只卖阻燃剂产品而不卖其生产技术，因此自主研发木材阻燃剂便成为项目的核心任务。剖析国外木材阻燃剂样品的成分，检索分析其专利文献，去用户企业与相关研究机构考察调研，并进行大量验证实验，他通过这一系列的工作形成一个判断：木材阻燃剂的阻燃性能优异，在当时是最好的，然而在合成方法、应用技术方面有缺陷。于是，他研发了新型木材阻燃剂FRW（木材阻燃剂的合成方法，专利号ZL97118353.8），该阻燃剂通过化学动力学控制方法取代国外专利的热力学控制法合成了高纯度的中间体GUP，其效率高达后者的10倍，并具有产品酸碱性温和、溶解性好、工艺稳定、溶剂循环利用无三废、装置投资少、运行成本低等突出优势。针对建筑与室内装饰用木材总类多、渗透性不同尤其是变异性大而难以进行均匀的阻燃处理难题，建立了可满足不同使用要求的修正满细胞法木材阻燃浸渍处理技术。针对木材阻燃基础理论中的重大问题，提出并系统论证了硼酸对木材阻燃作用的化学机理，纠正了硼酸对木材的阻燃作用是物理覆盖机理的传统认识；提出并系统论证了木材阻燃

FRW 的催化成炭阻燃机理，并通过 20 余年来的系列研究，将催化成炭阻燃机理推广至其他磷氮硼复合木材阻燃剂体系，成为木材阻燃研究的理论基础。李坚主持的项目"新型磷氮硼复合木材阻燃剂的合成方法"获 2002 年度国家技术发明二等奖，王清文的博士论文"新型木材阻燃剂 FRW"获 2004 年度全国优秀博士学位论文。

潜心木塑复合材料　开辟木质纤维资源高效利用新途径

2001 年，从高效利用木材加工剩余物、秸秆等木质纤维资源，以及解决废旧塑料"白色污染"资源化再生利用问题出发，王清文组织启动了木塑复合材料研究。木塑复合材料是以木质纤维材料和热塑性聚合物材料为主要原料，通过熔融复合成型冷却定型而制备的复合材料，其物理力学性能优良，防水防潮，防腐防蛀，环境友好，可循环利用，作为绿色建材和典型的生态环境材料在园林景观、建筑装饰、家居工程、运载工具等领域应用广泛，前景广阔。其团队通过多年来持续不断的系统研究，解决了木塑界面相容性、熔体流变规律、聚合物结晶、木塑复合材料构效关系等系列基础理论问题，以及木质纤维定向制备与表面改性、废旧塑料及其混合物的再生改性、木塑高效挤出成型工艺与装备、木塑功能化、木塑连接、多元复合高性能木塑材料、木塑门窗等系列关键技术问题，提出了木塑复合材料一步法连续挤出成型工艺和两步法挤出成型工艺，组织制定木塑复合材料及其制品技术标准。科研成果"木塑复合材料挤出成型制造技术及应用"获 2012 年度国家科技进步二等奖，"高性能功能化木塑复合材料制造关键技术与应用"获 2018 年度黑龙江省科学技术（发明）一等奖。

执着研究木材改性　大幅度提高木材利用价值

2006 年，王清文受地板企业委托研发单板塑合木用于实木复合地板的高硬度表板，启动了木材改性研究。木材改性，也称之为木材功能性改良，是一类通过物理的、化学的、生物的方法对木材进行结构成分修饰，弥补其缺陷，提高其性能乃至赋予新的功能，从而大幅度提高其品质，是速生人工林资源实木化高效利用的重要途径，常用的木材改性方法有树脂浸渍改性、乙酰化改性、高温热处理改性、压缩密实化改性等。塑合木也是一种木材改性方法，它是将乙烯基单体或者低聚物注入木材细胞腔中，然后引发聚合固化而制成的，它充分利用了木材的多孔性特点，在基本不改变木材细胞壁结构和优异性能的情况下，能大幅度提高木材的硬度，提高装饰性，用于高档木制品生产。组织团队发明的塑合木制备方法及专用装备（一种乙烯基单体塑合木的制备方法，专利号 ZL200710072699.2；塑合木生产用真空加压浸注和/或热固化罐，专利号 ZL200710072688.4），将挥发性单体 MMA 的利用率从国际水平的 70% 提高至 95%。相

关成果"基于木材细胞修饰的材质改良与功能化关键技术"获2017年度国家科技进步二等奖,这是我国木材改性研究获得的第一项国家科学技术奖励。

常有人问王清文,最近在做哪方面的研究?他的回答几乎是不变的,因为近二三十年来他的研究重点没有离开过木材阻燃、木材改性、木塑复合。为什么一项科学研究能够持续十多年乃至数十年?或者说几十年过去了研究还有新意吗?他的回答是,对于以可再生资源的利用为出发点和落脚点的科学研究,其研究方向将是长期的,其研究内容将随着老问题的解决、新问题的出现和新需求的提出而不断变化,历久弥新。科学研究要坚持问题导向,回应社会需求。满足社会的科技需求既是研究者的使命,也是推动学术创新科技进步的根本动力。

(文/华南农业大学材料与能源学院)

热带、亚热带植物种质资源与基因组学研究的引领者

——记"何梁何利科学与技术创新奖"获得者高立志教授

高立志，男，1968年生。博士，华南农业大学基因组学与生物信息学研究中心主任，博士生导师，二级教授。中国科学院特聘研究员，原国家大科学装置中国西南野生生物种质资源库副主任、植物种质资源与基因组学研究中心主任。2008年入选中国科学院"百人计划"，获得"引进国外杰出人才"的择优支持，并入选首届"云南省引进高端科技人才计划"；2009年入选人力资源社会保障部等七部委联合设立的"新世纪百千万人才工程"国家级人选；2011年被遴选为云南省委联系专家，入选云南省委首批"百名海外高层次人才引进计划"，并荣获"何梁何利科学与技术创新奖"；2012年享受国务院政府特殊津贴；2013年入选科技部推进计划中青年科技创新领军人才；2016年入选中组部万人计划科技创新领军人才；领衔的"热带作物种质资源与基因组学"云南省创新团队于2017年得到认定；2017年入选"云岭英才计划"。担任 Nature, Science, PNAS, Nature Plants, Genome Research, Genome Biology 等20多个重要国际刊物的论文审稿人；担任 BMC Evolutionary Biology（2010— ）的副主编；任 Frontiers in Plant Genetics and Genomics 等5个刊物编委；主持或参加完成了近30个国家和省部级重要项目。在 Nature, Science, PNAS 等国际主流刊物上发表论文100多篇。

二十多年潜心研究和保护我国珍贵的野生稻种质资源

我国是世界公认的栽培稻的起源中心之一。那些孕育了栽培稻的野生稻种年复一年、默默地生长在中国南方的池塘、沼泽中和山坡上，直到今天。普查表明，中国的三种野生稻——普通野生稻、药用野生稻和颗粒野生稻广泛地分布于广东、广西、海南、云南、江西、湖南、福建和台湾。如此丰富多样而广泛分布的野生稻种质资源为全世界所瞩目，蕴藏着栽培稻在驯化过程中丢失的许多优异基因，是未来水稻遗传改良取得突破的宝贵材料。高立志在硕士研究生阶段师从我国著名的禾草分类学家孙必兴、胡志浩教授，在禾本科植物的分类学与系统演化上受到了良好的训练，也深深地爱上了广布全球、养活人类的禾本科植物。适逢导师中国科学院洪德元院士前瞻性地部署稻属植物的系统进化植物学与保护生物学研究方向，他自1994年开始在中国科学院植物研究所攻读博士学位至今，跋山涉水，与同事们一道对我国三种野生稻近400个自然生境开展了全面的野外调查和取样，获得了包括全国野生稻濒危状况的第一手资料，首次明确了"普通野生稻濒危程度最高，药用野生稻和颗粒野生稻分别次之"的濒危状况；抢救性收集了2000多份野生稻活体种质，构建了代表我国不同生态地理分布约4000多个个体的DNA库；率先利用等位酶和微卫星标记对三种野生稻共92个居群的2000多个个体开展了大规模的群体遗传学和保护遗传学研究。高立志深谙野生稻种质资源的重要性，他获得博士学位后，在中国农业科学院继续师从我国著名的植物种质资源学家、中国工程院董玉琛院士，在1997年和1999年两次获得瑞典国际科学基金会（IFS）荣誉研究基金的支持下，首次检测了国家种质库和野生稻圃中保存的稻种资源遗传变异的丰富度，评价了我国野生稻异位保存的效果，为我国野生稻原生境保护体系建设与稻种资源的进一步收集保存提供了重要的理论依据。鉴于他对中国野生稻群体遗传学与保护生物学的优异成绩，1999年他被联合国粮农组织下属的国际植物遗传资源研究所（IPGRI）（现名为Biodiversity International）遴选为Vavilov-Frankel研究员，前往美国华盛顿大学，在美国科学院前副院长Barbara A. Schaal院士的指导下，率先开展中国普通野生稻的群体遗传学和原生境保护策略的研究。取得的研究成果在 *Molecular Ecology*，*Theoretical and Applied Genetics* 等国际著名刊物上发表，共20多篇相关论文被本领域国际主流刊物发表的论文广泛引用，大大地深化了我国和国际上对野生稻群体遗传变异和保护策略的认识，为事关我国和世界水稻育种与稻米安全的野生稻资源的研究、保护和利用做出了卓越的贡献。

高立志和合作者还选用在水稻基因组上有广泛代表性的微卫星位点对水稻两个亚种和野生祖先种进行了分析。通过Bayesian方法建立的理论模型分别对籼稻和粳稻进行了群体遗传学的参数估算，结果表明在驯化过程中粳稻比籼稻经历了更严重的瓶颈

稻花香
校友业绩录

效应，导致粳稻的遗传多样性更多地丢失，特别地发现这种遗传多样性的丢失在两个亚种之间存在着显著的正相关。基于这一结果，他对目前广为接受的水稻多系独立起源假说提出质疑，提出了籼稻和粳稻至少部分地来自同一野生祖先群体的非独立驯化假说。研究结果还暗示了在驯化过程中两个亚种之间可能存在着基因组渗入。这一工作揭示了亚洲栽培稻的起源与驯化机制可能远比原来的认识复杂。有别于以玉米为模式的"一个祖先种，一个作物"的作物起源与驯化的认识，大大地推动了代表"一个祖先种，多个作物"模式作物的起源与驯化的研究，对水稻比较功能基因组学研究的深入开展和优异野生稻新基因的发掘利用具有重要的意义。其研究结果作为一个新的"研究亮点"发表在国际著名的遗传学刊物 Genetics（2008，179，965－976）上。

首次构建稻属 AA－基因组物种的比较基因组学图谱

高立志于2006年底被中国科学院昆明植物研究所国家大科学装置"中国西南野生生物种质资源库"从美国引进后，创建了"植物种质资源与基因组学研究中心"的人才团队，主导购置了5000多万元的基因组学与生物信息学实验平台，卓有成效地推动了"植物种质资源与基因组学"学科在我国西南的建设与发展。他回国后干的第一件大事就是购买了中国第一台二代高通量测序仪 Solexa GA Ⅱ。随后，他带领团队历时8年，克服了首次建库和全基因组测序的技术难题，低成本、自主地首次在国际上完成了稻属 AA－基因组5个物种（尼瓦拉野生稻、非洲栽培稻、短舌野生稻、展颖野生稻和南方野生稻）核基因组的测序，通过基因组拼接、注释与分析流程的搭建与研发，获得了较高质量的基因组参考序列。在基因组水平上获得了稻属近缘植物基因组与基

因变异与进化的式样以及物种形成遗传基础的崭新认识，诠释了亚洲栽培稻及其野生祖先种与非洲栽培稻及其野生祖先种的在亚洲和非洲的不同适应性进化历史，揭示了亚洲栽培稻相对于其他近缘物种基因组与基因的变异与进化规律。该成果于 2014 年 11 月 3 日在线发表于美国《国家科学院刊》，次日我国国务院官网列为新闻要闻，在国内外引起了强烈的反响。继上述研究成果，他带领团队又马不停蹄地完成了高度杂合的普通野生稻和长雄蕊野生稻精细图谱的绘制。迄今为止，与水稻育种利用密切相关的稻属 AA 基因组 8 个物种基因组图谱宣布全部完成，在国际上首次构建了多达 8 个水稻及其近缘物种的比较与进化基因组学研究框架，为我国和世界水稻科学家高效地发掘利用野生稻种质资源提供了坚实的科学基础与强大的研究平台，奠定了我国科学家在稻种资源与基因组学领域的世界领军地位。

高立志带领的团队还致力于水稻杂种不育、多倍体水稻育种和野生稻优异新基因资源的发掘与利用研究并取得了重要进展。他带领的研究团队与刘向东教授合作，历经 5 年，对同源多倍体水稻的多倍化与 DNA 甲基化关系的表观遗传学研究取得重要进展。该成果于 2015 年 12 月 1 日在线发表于美国《国家科学院刊》，首次为多倍化事件发生后水稻基因组进化受表观遗传修饰影响的研究提供了重要的理论基础，大大地促进了多倍体水稻育种和野生稻优异新基因资源的发掘与利用研究。

七载成功破译全球首个茶树基因组

茶树起源于我国的云南、四川等地，如今被种植在全球超过 380 万公顷的土地上。茶之所以广受欢迎，除了有迷人的香气和令人愉悦的滋味，还因为茶叶中含有许多对人们健康有益的特征性成分。但一直以来，业内对于茶叶的香气、风味和品质的遗传学基础以及茶树为什么可以在全球扩散种植等问题知之甚少。在世界三大著名饮料植物中，咖啡和可可的基因组相继被欧美等国家和地区完成了测序，唯独茶树基因组迟迟未被破译。基于野生稻基因组测序的项目经验，2010 年高立志领衔的研究团队首次在国际上启动了茶树基因组计划。然而，茶树是一种高度自交不亲和的植物，当时用短读长测序技术对这样高杂合、高重复和基因组庞大的植物基因组测序极其具有挑战性，组装工作极其困难，非常容易出错。高立志团队历时 7 年最终攻克了难题，首次在国际上成功地破译了茶树基因组，揭示了茶叶风味、适制性以及茶树全球生态适应的遗传学基础。相关论文首次在植物学顶尖期刊 *Molecular Plant* 发表并引起了强烈的反响，被 CCTV（新闻联播）、CNN、华盛顿邮报等国内外重要的新闻媒体报刊采访、报道或转载，以科技为品牌确立了中国在世界茶业的领先地位，入选中国茶行业 2017 年十大新闻事件，上述相关的研究结果在 2019 年 *Nature Outlook on Tea* 做了特别报道。除了开展茶叶风味形成的基因组学基础及其健康功效的系统深入研究，他带领的研究团队近十多年来致力于茶树、油茶、山茶花、金花茶和茶梅的比较功能基因组学的创新性研究,对分类学上极其困难、进化上非常有趣而产业价值又十分巨大的山茶属植物开展进化基因组学、群体基因组学、植物分类学、系统发育基因组学、保护基因组学研究与发掘利用并已取得了长足的进展。

领衔植物基因组学和生物信息学研究

近20年来,高立志通过与基因组学、分子进化与生物信息学领域国际知名的专家、教授合作,利用基因组学和生物信息学手段瞄准国际前沿的诸多重要科学问题开展深入而系统的研究,对基因重复、转座子、小RNA、基因组结构变异等方面取得了一系列有重要国际影响的原创性成果。例如,他们的研究首次较为客观地认识了基因重复发生的速率,揭示了重复基因产生后被过去研究者忽视的基因转换现象及其进化机制;研究成果发表在2004年的 *Science* 后引起了极大反响,迄今已被国际顶尖刊物作为重要文献引用160多次,被几乎所有的国际遗传学顶尖综述性刊物(如 *Nature Reviews Genetics* 等)重点介绍引用,其科学意义业已产生了重要的影响,并还将激发大量的后续研究。他带领的团队进一步通过对拟南芥、水稻、杨树、大豆、高粱和玉米的基因组序列与功能数据的分析,发现基因的特征决定有花植物重复基因的保留,发现保留的重复基因可以被分为三类:第一类可能被剂量平衡所选择,第二类可能与重复基因的亚功能化相关,第三类可能由重复基因的新功能化所决定。上述研究成果于2014年发表在 *Plant Physiology* 上,有助于重复基因在全基因组重复后进化命运的众多进化模型争议的解决。他与研究团队历时5年的研究成果颠覆了学界对植物叶绿体基因组的认知——发现整个叶绿体基因组都是可以转录的,该项成果发表在国际期刊《科学报告》上后引起了国内外植物界的高度关注;2016年8月5日【CCTV13】新闻频道"朝闻天下"栏目对该研究成果做了采访报道。历时2年,他参与了中国科学院战略研究系列报告《创新2050:科学技术与中国的未来》的编研,负责完成了"2050生物质资源科技领域发展路线图战略研究报告"中的"生物质能源植物基因资源与基因组学"。

近年来,高立志瞄准国家对热带、亚热带野生植物基因资源的重大战略需求,不遗余力地投身于热带、亚热带重要植物的种质资源与基因组学研究,立足于我国西南和华南、面向东南亚,带领研究团队在橡胶树、芒果等及其野生近缘植物中取得了长足的进展并已在国内外日益产生重要影响。历时5年,他带领团队根植西双版纳、与云南省热带作物科学研究所合作,又完成了世界上第一个高质量的、达到染色体水平的橡胶树基因组,首次开展橡胶树起源与驯化的研究,获得了胶乳的生物合成途径的崭新认识。目前,高立志利用在美国学习与工作期间对人与灵长类基因组变异的研究基础，通过国内外团队的广泛密切合作，积极带领团队开拓我国热带、亚热带重要药用植物的基因组学与精准医学研究。

近 6 年来，高立志致力于我国最为重要的中药三七等全球人参属植物的研究，首次完成了三七基因组计划，解析人参皂苷的生物合成途径与分子进化机制，开展重要生物活性成分抗肝纤维化的药物基因组学研究。目前正在对卫矛科植物明星中药雷公藤和著名南药美登木开展多组学研究，旨在揭示它们抗风湿免疫、抗肿瘤代谢化合物多样性的生物合成途径，发掘利用有生物活性成分的新颖先导化合物并开展全球人群人体适应性的研究。

乘风破浪　继往开来

——记"万人计划"领军人才雷红涛教授

雷红涛，男，1973年出生，陕西渭南人，华南农业大学教授，博士生导师。1993年考入西北农林科技大学（原西北农业大学）学习食品科学，后考取华南农业大学研究生学习食品化学。2003年考取华南农业大学博士学习食品安全。2009年到英国贝尔法斯特女王大学做博士研究。2010年到新疆喀什进行为期一年的援疆工作。2015年至今担任华南农业大学食品学院院长。入选国家"万人计划"创新领军人才、国家创新人才推进计划中青年科技创新领军人才、"广东特支计划"科技创新领军人才，广东省"千百十"工程省级培养对象，兼任农业部农产品贮藏保鲜质量安全风险评估实验室（广州）副主任、广东省食品质量安全重点实验室副主任，*Chemical and Biological Technologies in Agriculture*（Springer）副编辑，《食品科学》编委。主持"十三五"国家重点研发计划项目、国家自然科学基金重点项目、行业公益（农业）项目、广东省自然科学基金团队项目等多项。

1993年，刚打完高考战的雷红涛同大多数高考生一样正填写着自己的志愿。因为当时家乡掀起了果树栽培的热风，他便将西北农业大学（现西北农林科技大学）园艺系果树专业作为第一志愿。但最后却被调剂到了食品专业（当时专业名叫"农产品贮藏加工"），他与食品的缘分就此结下。

大学毕业时，面对就业还是继续深造读研的问题，雷红涛从自己的兴趣方面考虑，发现自己更喜欢读书，便选择了继续深造读研究生。对于为何选择出省来到华南农业大学读研，他表示广东作为改革开放的前沿，是一个令人向往的地方。华农不仅又大又漂亮，食品专业在我国也处于前列。

研究生毕业之后，雷红涛发觉在校从事教学研究更符合自身的性格和兴趣，于是留校工作。2003年他在职读博士，2006年获得博士学位。

躬行万里路

2009年，雷红涛获得国家留学基金提供的经费到海外留学，在英国的贝尔法斯特女王大学做博士后研究一年。此次留学经历，对雷红涛最大的收获是不仅开阔了视野，而且还促进了许多国际合作，这些对他后续的工作有很大的帮助。当时他与俄罗斯莫斯科大学的一个教授是舍友，基于所建立的良好关系，华农与莫斯科大学进行了多个合作项目。回国后他申报了多个国际合作基金用于国际合作交流项目。除此之外，食品学院与多个海外高校的联合办学项目、研究生交换项目，以及跟加拿大合作联合俄罗斯一同申报的"一带一路"国家政府间合作项目，也都是得益于前期的合作。

2011年，广东对口支援新疆政府。政府组建一支博士服务团到当地经济落后的地区做志愿者。作为一名年轻且实力出众的博士，雷红涛受学校委派前往新疆生产建设兵团农三师工业局援疆一年。这是他第一次出校工作，工作领域的变化让他了解了当地政府工作和企业的情况。

令雷红涛感触最深的是人们对新疆的热爱，不管是当地人还是大四毕业生去做志愿者而后选择留下的人，他们扎根边疆，服务边疆，尽管常常有暴恐事件发生。对他们来说夜晚执勤并不辛苦，并且已经把它当成了一种生活习惯。他们对这片土地深沉的热爱感染了雷红涛。工业局的同事们在新疆生活了一辈子，面对艰苦的生活，不稳定的社会情况，他们没有选择退缩，而是勇敢地往前走。他们脚踏实地，艰苦奋斗，不计个人得失的工作态度也同样感染了雷红涛，"这个地方对人的熏陶，一生受用"。

咬定青山不放松

雷红涛的科研道路是一个从懵懂逐渐变成一种习惯，再当成是一种现实职业的过程。起初他对科研没有一个很清楚的认识和志向，是在学习的过程中不断尝试、摸索，慢慢地将其变成一种习惯。他认为很多改变和发展都是在工作中继续学习，慢慢形成一些自我认识、自我发展的方向。

近年来，雷红涛主持或参与了许多科研项目，其中让他印象最深刻的是三聚氰胺快速检测试纸。在当时国内国际都没有快速检验三聚氰胺的试剂，他与几位同学和老师，甚至还有国外的同行一起探讨交流，花费了许多精力。但实验进程有些坎坷，刚开始没有任何现实的方案，后来在团队同心协力并不断的摸索钻研下，这个研究最终得以成功。此实验给他最大的感悟是，一个人的科研工作难度系数大，需要多方面的力量来协助，科研人员需要拥有团体意识。

但做实验是一个漫长的过程，不仅辛苦还会遇到许多挫折，实验经常会出现做不出或者达不到理想的现象。对于做实验感到枯燥或想半途而废该如何克服，雷红涛表示他会找一些方式适当地调节自己，比如跟朋友、同学聊天来放松自己。但他表明做科研更多的还是要坚持不懈，要有毅力。他说很多事情不是天生就具备的，都是慢慢形成的，要将其形成一种习惯，习惯便成自然。

2014年雷红涛成功入选广东省科技创新领军人才。之后凭着他的刻苦努力、勇于探索、创新进取和斐然的科研成绩，于2018年入选第三批国家"万人计划"科技创新领军人才。

入选"万人计划"对雷红涛来说，既是一种荣誉，也是一种鞭策。工作成就到了一定程度时，才有资格申报国家"万人计划"以及其他人才培养计划。入选成功是对他前期工作的认可。有了这个"帽子"，接下来的路怎么走？众多声音之中，不乏"有今天的成就已经不容易，保持就可以了"之类的论调。对此，雷红涛给出了他的答案："既然有了这个'帽子'，就要做出更多的成绩和贡献，要不断创新，才对得起国家的支持及同行和社会的认可。这更多的是一种责任，是一种鞭策。"创新是空气，是生命力，是永不止息。

乘风破浪　不忘师恩

一支粉笔教希望，两鬓粉末是沧桑。当谈到恩师孙远明教授时，雷红涛表现出对孙教授无比的尊敬。孙教授不仅是雷红涛的硕士导师，也是他的博士导师，现在他们在一个科研团队里一起工作，一起做实验。孙远明对团队的建设和发展起到了领路人的作用。雷红涛从他身上学会如何做科研、如何为人、如何处事。孙远明不仅对他们的科研团队发展做出贡献，更是在担任食品学院院长期间使学院的影响力和学科排名的发展达到了历史的高度。雷红涛认为，学院今天的发展都是在孙远明以及更早的几位院长前辈努力的基础上取得的。2015年雷红涛从孙远明手上接过食品学院院长一职，

食品学院仍继续向前进步着。

独立踏实　走向成功

雷红涛如今很少进入实验室，更多的是作为一名人民教师教书育人。当谈到最注重培养学生哪方面的素质时，雷红涛表示，作为一名老师，除了让学生德智体美劳全面发展之外，更要培养他们独立的思维、独立的工作能力。要想做到独立，一方面需要知识的积累，阅读大量的文献，对自己所研究的领域信息要有充分的掌握和认识。另一方面，要主动积极地去钻研，有问题要学会与老师和同学沟通，向同行请教。同时，要学会跟其他人合作。如今单打独斗式的研究模式已经无法适应进入高度融合、多学科高度交叉的社会科学发展新阶段，要想有创新性成果，就必须抱团发展。雷红涛提倡要经常与同学、同行合作，跟老师、跟周围的人来往。

雷红涛认为做事情必须要踏踏实实。想要壮志凌云，就要脚踏实地。他追崇天道酬勤，如同他的办公室墙壁上挂的四个大字"当勤精进"一样，勤奋刻苦，不懈努力。做事情要坚持，认准了一个方向坚持做下去才可能做出成就。

千里始足下，高山起微尘。成功从来就不是唾手可得的。雷红涛的成长道路充分诠释了其成功的真谛：踏实、独立、坚持、积累。雷红涛和他的同事们也将在学术的海洋中不断乘长风破万里浪，继续绘就属于他们的大画卷。

（文/赵姗　叶碧霞）

从微软学者到智慧农业专家

——记加拿大工程院院士刘江川教授

刘江川，男，重庆人，1999年在清华大学计算机系获学士学位，2003年在香港科技大学获博士学位。2004年起在加拿大西蒙·弗雷泽大学计算机学院任教，2016年受聘于华南农业大学资源环境学院。研究领域包括计算机网络和多媒体的各个方面，从计算科学理论到系统设计、开发和优化的实际问题；专长于计算机网络与多媒体系统、云计算、大数据、无线传感器网络和点对点网络、社交网络、在线游戏等领域的基础研究、技术开发与行业应用。在过去十多年里取得了丰硕的成果：已发表学术论文252篇，其中国际期刊论文102篇、国际会议论文150篇，与国内外工业界广泛合作，开发出多个业界领先的产品。2019年当选加拿大工程院院士。

专注边缘计算　获得国内外学界高度认可

刘江川于 1999 年以优等荣誉毕业于清华大学计算机系，本科期间因培训国家信息学奥赛代表队的贡献受到中国科协和国家教委的联合表彰。毕业后赴香港科技大学学习（香港科大 MED 大陆研究生留学计划首批正式成员），于 2003 年获得博士学位，并以博士期间的研究工作获得 2003 年香港青年科学家奖，同年加入香港中文大学计算机系任助理教授。他于 2004 年加入加拿大西蒙菲沙大学（Simon Fraser University）计算机学院。

刘江川是香港地区第一位微软学者（2000 年），并获得 2009 年加拿大国家自然科学与工程委员会（NESRC）DAS 奖。他也是 2015 年 E. W. R. Steacie 纪念奖获得者，这是 NESRC 给予加拿大青年教授的最高奖项，每年在所有自然科学与工程领域仅授予 6 位获奖者，刘江川是自 1965 年设奖以来第六位华人获奖者，也是计算机科学方向自 1996 年后的首位华人获奖者。

刘江川是国际电子电器工程师学会 IEEE 会士（IEEE Fellow），并在 IEEE 网络汇刊、移动计算汇刊、大数据汇刊、多媒体汇刊等担任编委。他还是中国通信会议 ChinaCom' 2012 的共同主席。

刘江川撰写的论文获得过国际电子电器工程师学会 IEEE INFOCOM 2015 的经典论文奖（Test of Time Paper Award，该奖项授予过去 10～12 年间最具影响力和引用次数最高的 INFOCOM 文章。获奖的 Coolstreaming 论文发表于 INFOCOM' 05，其总引用次数已超过 2000 次），美国计算机学会 ACM SIGMM 的两个旗舰论文奖：ACM TOMCCAP Nicolas D. Georganas 最佳论文奖（2013 年）和 ACM 多媒体最佳论文奖（2012 年）。

刘江川指导的博士毕业生曾四次获得中国国家优秀自费留学生奖学金。六名博士毕业生或博士后在加拿大、美国、瑞典及中国香港地区担任大学助理教授或副教授等教职，四名博士毕业生在复旦大学、华中科技大学、西北工业大学等国内高校担任助理教授或副教授等教职。

智能计算机　助力农业现代化

刘江川的研究领域包括多媒体系统与计算机网络、云计算、社交网络、在线游戏、大数据和智能计算、新能源系统数据分析和优化、物联网和点对点网络等，并在这些领域发表 130 余篇国际期刊论文和 140 余篇国际会议论文，总引用数高达 12000 次。他和华南农业大学资源环境学院的胡月明教授和李波教授在这些方向有着持续的学术合作关系。

稻花香
校友业绩录

2016年以来，刘江川和华南农业大学的团队进行全面和深入的合作，特别是在土地大数据分析和移动土壤监测方面。主持了知名国际期刊《无线通信与移动计算》(*Wireless Communications and Mobile Computing*) 的物联网特刊；在广州主办了综合性的国际会议 SMART X 2017，收到稿件近160篇，参会人数近百人。为资源环境学院的教职工和研究生做了三次大型报告，并协助建立了土地科技中心，研发了国内第一个耕地质量监测移动实验室（车）。耕地质量动态监测是耕地保护的基础，通过实时/准实时监测耕地质量变化，可及时、准确、全面地反映耕地质量和生态健康现状及发展趋势，为掌握耕地"家底"、提升耕地质量、改善耕地生态环境提供依据。耕地质量影响要素中包括地形要素以及土壤要素，现阶段耕地质量监测过程地形要素监测多基于普查成果资料、地形图以及当地国土部门数据等已有资料，数据时效性低；而土壤信息多基于实验室化学分析，检测样本少、成本高、耗时费力和速度慢。耕地质量监测移动实验室通过集成GNSS/无人机、土壤和水环境快速检测、无线传感器网络、智能视频等移动观测设备，能够快速获取耕地质量等级指标及重金属污染等生态环境指标，实现对耕地质量变化的关键要素的高精度动态监测，大幅提高耕地质量监测工作效率，已在山西、重庆、广西等省市自治区推广应用。

（文/张瑞）

艰难困苦玉汝成

——记"万人计划"领军人才聂庆华教授

聂庆华，男，1975年生。博士，华南农业大学教授、博士生导师。现任华南农业大学动物科学学院副院长。兼任广东省家禽业协会秘书长、广东省遗传学会副理事长、全国动物遗传育种学会常务理事等。先后入选教育部新世纪优秀人才（2013）、科技部中青年科技创新领军人才（2015）以及万人计划科技创新领军人才（2017）。在 *Cell Death Different* 等学术期刊发表论文80余篇，引用次数超过1000次。参编教材（专著）3部。主持国家基金国际合作项目等课题20余项，获授权发明专利6项，制定地方标准2项，获广东省科学技术一等奖等科研奖励5项。

稻花香
校友业绩录

出身寒门　梅花香自苦寒来

1975年12月，聂庆华出生于安徽省潜山县汪岭村的一个农民家庭。自小家庭清贫，父母含辛茹苦拉扯大三个小孩，为赚取学费，父亲拉过板车，做过苦力，做过剃头匠。再苦再累，父母亲也没有放弃过对孩子的教育。所谓功夫不负有心人，兄弟二人先后考上大学，哥哥聂献忠获得南京大学博士学位，目前任浙江省社会科学院研究员。弟弟聂庆华也顺利被华中农业大学畜牧专业录取。

大学期间，老师们严格要求，聂庆华所在的93畜牧1班学风优良，人才辈出，迄今为止仅30人的班级培养出近20名博士和5名教授，其中不乏杰出青年等国家级人才。受益于母校良好的学术熏陶，聂庆华考取华南农业大学动物遗传育种与繁殖专业，一路读到了博士，成为全国知名优质鸡育种专家张细权教授的第一名博士研究生。博士期间，聂庆华争分夺秒，围绕生长轴重要基因调控家鸡生长开展了系统深入的研究，取得了瞩目的研究成果，先后在动物科学、遗传学主流杂志上发表4篇SCI论文，在校期间获得广东省"南粤优秀研究生"（博士）荣誉。因表现优异，2004年7月，聂庆华博士毕业后顺利留校，从此开启了家禽遗传育种的科研生涯。

十年磨剑　宝剑锋从磨砺出

我国畜禽育种起步晚、基础弱，生猪、白羽肉鸡、蛋鸡、奶牛等重要品种长期依赖进口。为了打破畜禽种业被欧美发达国家长期垄断的不利局面，保证我国种业安全和肉蛋奶的自给自足，亟待开展畜禽育种的自主创新研究。留校任教后，聂庆华一直专注于家禽遗传育种研究工作。15年来，优异的学术业绩伴随着个人成长，2005年破格晋升副教授，2010年12月未满35周岁便顺利晋升教授，2011年被遴选为博士生导师。2013年入选教育部新世纪优秀人才，2015年入选科技部中青年科技创新领军人才，2017年入选国家万人计划科技创新领军人才。

聂庆华尤其重视产学研结合，深入育种实践，为家禽产业发展贡献自己的力量。2016年至今兼任广东省家禽业协会秘书长、广东遗传学会副理事长、全国动物遗传育种学会常务理事等职务。自2008年起带领团队先后建立了隐性白等分子检测技术并向育种企业提供技术服务。为国家级核心育种场等数十家企业提供分子检测服务，样本数逾10万个（次）。基于这些分子育种技术，温氏集团等企业成功培育出天露黄鸡等8个国家级品种。同时，他兼任企业科技特派员，积极参加科技下乡活动、扶贫和乡村振兴活动。此外，与珠海市裕禾农牧、清远清农等多家公司形成长期育种合作，帮助企业培育新品种。

高屋建瓴　中外合作创新篇

国内畜禽育种一直滞后于欧美发达国家，走出国门，开展国际合作，学习国外先进的遗传理论以及育种技术尤为重要。聂庆华率领的研究团队在国际合作方面始终走在同行前列。2019年初，他邀请了美国科学院院士Pfaff教授来进行课题组考察，双方就正在进行的科研项目进行了细致的交流，并对后续开展的合作项目确定初步意向。与此同时，鉴于其博士后黎镇晖的出色工作，Pfaff院士对他伸出了前往美国洛克菲勒大学访学的橄榄枝。

为了给课题组注入新鲜的血液，提高研究生的英语水平，拓展研究生的科研视野，聂庆华还招收了多名国际留学生及博士后。目前，团队拥有来自苏丹的海外杰青学者Abdalla博士、来自埃塞俄比亚的博士生Endashaw，博士生贾新正已在美国爱荷华州立大学访学一年，陈彪博士已在美国田纳西州立大学访学一年，罗威博士正在英国诺丁汉大学访学，陈小兰博士即将前往世界名校英国爱丁堡大学深造。这些出国学习的博士生大大促进了课题组科研水平的提升，并带动了课题组其他同学从事科研的积极性。

如此紧密的国际交流，得益于聂庆华多年以来未雨绸缪奠定的坚实基础。为了更好地了解国际最新学术动态，学习外国先进的科学技术知识，聂庆华曾先后到美国和英国进行访学，获得国际同行的认可和信任。2005年12月，他前往非洲肯尼亚国际家畜研究所（ILRI）进行合作科研，并在那里跟Olivier Hanotte教授建立了坚实的合作关系；2010年12月至2011年12月期间，聂庆华到美国爱荷华州立大学Susan J. Lamont教授团队做访问学者，每天两点一线，即使是传统的春节，他依旧留在实验室和导师讨论研究进展，访学期间发表了多篇高水平合作论文。2017年12月至2018年6月，作为高级访问学者到英国诺丁汉大学Olivier Hanotte教授课题组学习基因组与生物信息学技术。此外，2015年至今担任国际学术期刊Sci Rep编委，同时受邀为数十个国际学术期刊审稿，并在国际会议中多次做主题发言，在家禽遗传育种领域有着重要的国际影响力。长期的努力耕耘终于开花结果，2017年，聂庆华主持申报并获批了与国际农业研究磋商组织（CGIAR）合作的国家自然科学基金国际（地区）合作与交流项目。

春风化雨　桃李不言自成蹊

聂庆华不仅是一位杰出的科研工作者，也是一名优秀的人民教师。留校至今，他每年承担"动物遗传学"等课程的教学工作，坚持为本科生授课，课堂上注重理论联系实践，授课风趣幽默，使得学生兴趣浓厚，经常被聂老师"圈粉"，很多本科生慕名前来到他的课堂听他讲课，其指导的本科生黄卫玲、余家奥、熊晴晴、莫家伟等无一不为班级学霸、顺利保送读研。2016年获得华南农业大学"教书育人"先进个人。

目前，聂庆华已培养了28名硕士研究生、3名博士研究生和2名博士后。培养的博士后Abdalla入选科技部"国际杰青"计划，为学校首创；博士后黎镇晖以第一作者在 *J Cachexia Sarcopenia Muscle* 期刊（IF = 12.511）发表了高水平论文，并成功主持获批国家基金青年项目。培养的博士生贾新正在第35届国际动物遗传学会（ISAG）上包揽 Excellent Poster Award 和 Travel Bursry Award 两个奖项，是当届唯一获奖的中国年轻学者，目前还被聘为佛山科技学院青年研究员，2018年成功获得国家基金资助。硕士生胡永胜获得广东省优秀硕士学位论文。此外，聂庆华培养的研究生中，2人获得博士研究生国家奖学金，2人获得硕士研究生国家奖学金，多人次获得广东省优秀学生及校内优秀学位论文的荣誉。

赤子之心　快乐工作

聂庆华总是谦逊低调，但是在有些事情上还是挺"骄傲"的。他常笑称："我应该是教授里篮球打得最好的，教授里买菜次数最多的。"一句话，把酷爱运动、热爱生活的形象表现得淋漓尽致。作为群主，他创建了一个"5V5"的篮球群，群内聚集了学院的篮球爱好者，成员包括老师、本科生、研究生，甚至很多毕业的学生都经常回学院参与其中。在球场上，不管什么身份，都是平等关系，即使是他自己的导师或者领导，他也不会"放水"的。偶尔有球品不好的学生，还会被他踢出群。他经常说："打球和做研究一样，要以德为先，不急功近利，不损人利己，要有团队合作的精神。"学生们戏称，要想读聂老师的研究生，首先要学会打篮球。他的偶像就是篮坛常青树詹姆斯，学生特意从美国带回来的詹姆斯相框一直放在他的办公桌上，聂庆华无论顺境逆境都迎难而上的精神深深感染着他的每一个学生，激励着无数学子在科研和生活的道路上坚持不懈，永不言败。

身体是革命的本钱，只有健康的体魄，乐观的心态，才能快乐工作，这也是聂庆华一直践行的理念。自始不忘初心，继续在家禽育种业自主创新的道路上砥砺前行！

（文/徐海平）

从"木工"到木材"化学家"

——记"万人计划"领军人才彭万喜教授

彭万喜,男,1974年生,中共党员。2006年6月于华南农业大学博士毕业。现任河南农业大学二级教授,博士生导师,河南省林木生物质高值化工程技术研究中心主任,联合国国际生态生命安全科学院院士。享受国务院政府特殊津贴。入选国家"万人计划"领军人才、国家百千万人才工程、科技部创新人才推进计划、教育部新世纪优秀人才支持计划。担任中国林产工业协会木材保护与改性产业分会副理事长、中国林产工业协会活性炭分会副理事长、中国科技产业化促进会农业研产销一体化服务联盟专家委员会副主任委员、全国林业生物质材料标准化技术委员会委员、International Association of Wood Anatomists 会员等。

获国家科技进步二等奖(R02)、国家技术发明二等奖(R02)、中国青年科技奖、湖南省科技进步一等奖(R01)、教育部科学技术进步一等奖(R03)、中国产学研合作创新成果一等奖(R01)、中国轻工业联合会技术发明一等奖(R03)等13项。主持国家自然科学基金(3项)、国家948计划、日本学术振兴会、教育部科学技术研究重点、湖南省战略性新兴产业重大科技成果转化等20多项课题,参加国家973计划等10多项,以第一/通讯作者发表论文122篇,其中SCI收录81篇,JCR一区25篇,ESI高被引论文2篇;出版专著4部、教材1部;已授权发明专利56件,其中第一发明人32件,已转化17件;鉴定/认定科技成果7项。

稻花香

校友业绩录

21岁进大学，彭万喜开始与"木"结缘。当别人在研究和应用间摇摆，他心无旁骛，一头扎进科研，催生出33项国家发明专利；在追求速效的时代，他盯住安全和环保，最终引领了市场潮流。

从"木工"到木材"化学家"

木材加工是门技术活儿，哪需要什么科学？书生气的彭万喜经常碰到类似的诘问。起初，他自己也是这么想，他说："进了大学才知道，木材加工并不等于传统的'木工'，里面其实有很多科学技术问题值得研究。"

1995年9月，彭万喜进入中南林学院（现中南林业科技大学）木材加工专业学习。研究生阶段，在李存年教授指导下，他开始研究松木脱脂新技术。正是从这样一门看似很窄的领域里，他逐渐摸到了门路。

"木材化学是单独研究木材的各个组分，主要为制浆造纸工业服务，而实木化学是以木材作为整体来研究的，主要研究木材加工和使用中的化学问题。"彭万喜在发表于2004年的一篇论文中建议，以木材抽提物的研究为连接点，打破实木化学和木材化学的界线，实现两学科的交叉。

"作研究论文不是目的。做出实实在在的成果，以成果转化和应用推动行业发展，进而使老百姓从中受益，这才是最重要的。"彭万喜说。

妙法解除甲醛排放之忧

近年来，人造板在室内装修中被大量使用。木材人造板所用胶黏剂在使用过程会长期排放甲醛气体，成为污染室内空气、威胁居民健康的一大"杀手"。不独木制品如此，沙发、席梦思床垫中填充的海绵也大量使用甲醛作防腐剂。

"虽然材料在出厂时都出具了合格报告，但甲醛排放量实际上已很接近国家标准限量值上限。当一个房间里装了很多这样的材料时，甲醛总量就很可能超标。"彭万喜说。

目前常见的办法是活性炭吸附，但吸附量有限，且并不能阻止甲醛释放。应对高释放期长达5年之久的甲醛，必须寻找一种新的阻止其排放的方法。

"既要将甲醛排放完全消除，还要不带来新的污染源。"彭万喜介绍，此外还要求材料容易获取，并保持低成本，以满足产业需求。他想到了使甲醛"固化"的办法，将甲醛"锁死"在木材里。

寻找理想的化合物是最艰辛也是最重要的工作之一。为了寻找一种能与甲醛发生反应使其瞬间固化，而且分子量小、易挥发、难分解的化合物，"我们失败了不下上万次。"彭万喜说。

现在，这种液态甲醛"固化剂"药品已问世。使用时，只需把瓶盖拧开，在房子里搁上个三四天，任其挥发，就能浸入木地板、墙面、天花板、衣柜、沙发里，与其中的甲醛发生瞬间化学反应，将其悉数固定，再也"跑"不出来。

"过去新房子至少得放上好几个月才能入住。现在，夏天只需通风三四天，冬天也只需要一个礼拜，就能放心入住了。"据介绍，固化后的甲醛不仅稳定性很好，而且不会产生其他任何的毒副作用，100平方米的房子处理用的药品成本只需50块钱。凭借该成果，彭万喜荣获湖南省科技进步奖一等奖。

"巧合"中诞生的不燃木

与甲醛固定剂的研发经历不同，曾获国家科技进步奖二等奖的"无烟不燃木基复合材料技术"最初来自一项偶然的发现，彭万喜称之为"巧合"。

攻博期间，彭万喜所在课题组的广州某合作企业老总，有一次去郊外散心，他坐在山头抽烟时无意中发现，扔在地上的烟头几秒钟便很快熄灭了。回来后，心中不解的老总立即把情况告知彭万喜和他的博士生导师李凯夫教授。

会不会有一种特殊材料阻碍了烟头的燃烧？凭着敏锐的科研意识，彭万喜与项目组其他成员前往那座山头调查，寻获了一种矿石，并将其带回实验室分析。发现其中含有的一种无机化合物成分，的确具有阻燃的作用。就这样，阻燃材料的研究进入了他的视野。

博士毕业后，彭万喜回母校工作，与吴义强教授一道开展这项研究，希望将阻燃材料与木材加工相结合。

不过，要将无机矿物质融入木材中难度很大，"当时我们也没有别的招，只能把市面上所有的胶黏剂全部买来，一个个验证，一个个排除，做了好几年。"经大量筛选和试验，终于摸索出一种"冷固化"胶黏剂及成型技术，成功地将这种无机材料与有机材料合成，掺和在了胶黏剂里。

据彭万喜回忆，该成果拿去鉴定时，一开始有评委建议不用"无烟不燃"的说法，改用"高阻燃"。项目组现场展示一块样品的阻燃效果，在众多专家的注视之下，放在煤气灶上连续灼烧了1个小时，"手摸在板材背面上都不感觉烫"。这是根据国际上消防队从火灾发生到赶到现场的最快时间所制定的标准，普通阻燃剂只要求达到延缓燃烧15分钟。

巧妙构建木本资源化模式

木本植物资源是碳储库、能量库，还是人类的水库、钱库、粮库，更是人类永续可用的再生自然资源库。中国山区森林植被丰富，但对木本植物资源功效缺乏深度认知，尚未形成高值化产业，出现"绿色贫穷"。

彭万喜带领团队深入中国武陵山、伏牛山、太行山等腹地，采集野生植物，经过提取、分子鉴定、功效发掘等过程，发现许多植物具有特效，例如千金榆木抽提物对肝癌细胞具有高毒性，癌细胞死亡率高达82%；发明循环回流提取方式，创建木本植物资源高值化关键技术，研制出木本蔬菜、木本淀粉、化妆品、精油、生物医药等高附加值产品，将根、杆、枝、叶、果的全部利用，从木本植物中挖掘出了"绿色黄金"，实现了林产品"按吨卖"向"按克、毫克销售"模式的转变，颠覆传统轮伐间伐模式，构建不砍树就能产生巨额效益的可持续林业经济模式，从而极大提高了农民收入，激发造林护林积极性，显著减少了森林大面积砍伐，有效避免了水土流失，净化了空气，降低了大气PM2.5污染，阻断了雾霾天气生成，对于改善生态环境、美化生存条件、提升人民生命质量具有重要价值。

鉴于彭万喜在森林生态建设与木本植物资源化模式创新的杰出贡献，2019年4月25日，他被授予"联合国国际生态生命安全科学院院士"称号。

（文/华南农业大学材料与能源学院）

与虫共舞三十年 一片冰心为科研

——记著名寄生虫学家肖立华教授

肖立华，男，1962年生。博士生导师，国家特聘教授。1978—1982年入读湖南农业大学，获学士学位，1985年获中国农业大学硕士学位，1990年获美国缅因大学博士学位，1991—1993年在美国俄亥俄州立大学兽医学院从事博士后研究，1994—2017年在美国疾控中心的新发和人兽共患传染病中心从事寄生虫与寄生虫病的研究工作。2018年回国全职受聘于华南农业大学。在寄生虫学和微生物学等国际期刊上发表论文400多篇，主编英文专著2部。其论文被引用21000余次（H指数为74），2012年获美国寄生虫学会的杰出成就奖（Henry Baldwin Ward Medal），2018年入选Web of Science全球高被引学者榜单。是Clinical Microbiology Reviews（IF = 21.0），Frontiers in Microbiology（IF = 4.0）和 Parasitology Research（IF = 2.6）的副主编，及6份国际期刊的编委，同时还担任美国康奈尔大学、澳大利亚莫道克大学和国内多所著名大学的客座教授。

为肯定肖立华在隐孢子虫研究领域的卓越贡献，美国总统奖获得者Ronald Fayer教授以他的名字命名了一个新的虫种（Cryptosporidium xiaoi），该虫种名称目前被广泛引用。

稻花香
校友业绩录

为虫所困　与虫结缘

20世纪六七十年代的中国，处于一个百业待兴、艰难发展的时代。受限于当时的卫生条件和医疗水平等因素，肖立华所在的农村和中国其他地方一样，时常面临着疾病横行，无药可医的局面。寄生虫感染在当时中国的人群中间非常普遍，年少的肖立华也不可避免地遭受了不止一种寄生虫所带来的危害和威胁。

肖立华已记不得是怎样被蛔虫所感染，但与经历过蛔虫感染的大多数人一样，他能够清晰地回忆起蛔虫在体内移行以及排出体外的过程，那种感受使人心觉恐怖又厌恶。与寄生虫的另一段交集也让他记忆犹新，在被蛔虫感染的同时，疟原虫的不期而至对于他来说无疑是雪上加霜。在接受确诊和治疗之前，由疟原虫引起的严重的反复发烧和寒颤，让他的身体经历了前所未有的挑战。相比前两种体内寄生虫，跳蚤的叮咬过程似乎显得更加直观，人们甚至可以清晰地看到跳蚤在人和人、人和动物以及动物之间来回跳动的场景。肖立华在少年直至青年求学时代，都曾受到过跳蚤和疥螨的攻击。造成寄生虫如此泛滥的原因有很多，其中最主要的原因可能就是包括蛔虫、疟原虫、跳蚤和隐孢子虫等在内的寄生虫大多属于人兽共患病原。而在当时的中国农村，人们习惯养一些猪、牛、羊等家畜作为额外的经济和食物来源。

寄生虫固然可怕，但最让人恐慌的莫过于当时的人们对疾病的无知、对现代医学的误解、对公共卫生的忽视以及对科学知识的匮乏，这在当时的中国却是一个非常普遍的现象。肖立华的母亲就曾告诉他关于疟疾的原因，是他无意撞见了蛇的交配所致。这让肖立华在很长一段时间里对蛇都心存忌惮，避之若浼。这或许算不得是一个谎言，因为这种对于疾病的"合理"解释在当时乃至现在，都被很多人接受且笃信着。正是这些由寄生虫带来的十分糟糕的经历和困扰，让肖立华与寄生虫结下不解之缘，在年少时代就立志要从事人兽共患寄生虫学的研究，以帮助更多的人和动物免受疾病之苦。

虚心求学　不忘初心

1978年，得益于当时的高考改革政策，肖立华考入了湖南农业大学兽医专业。大学期间，作为寄生虫课代表的他对寄生虫学产生了更加浓厚的兴趣。结合少年时代的亲身经历，肖立华尤其执迷于包括蛔虫在内的诸多寄生虫复杂的生活史，以及其在宿主体内如迷宫般的移行路线。硕士研究生期间，肖立华师从著名兽医寄生虫学家周源昌教授，开展牛羊线虫的流行病学研究。兴趣使然，入学第一年，肖立华就在郑建咸

教授的指导下仔细检查了实验室数千个寄生虫样本,尽管寄生虫的形态学鉴定艰难且乏味。在接下来的硕士学习生涯里,他常常每天花费超过 10 个小时的时间,在显微镜和解剖镜下对形态各异的寄生虫进行鉴定和诊断,甚至结婚当日他还在实验室观察标本。这些通过心血和努力沉淀下来的基础知识,在之后的寄生虫研究中,为他带来了莫大的帮助。

20 世纪 80 年代,国内的现代兽医技术特别疾病诊断技术,相比于发达国家仍然有着不小的差距。肖立华认识到只有接受更高层次的学习和培训才可以成为称职的研究人员。因为当时的国内几乎没有兽医寄生虫学博士点,肖立华 1987—1993 年间在美国缅因大学和俄亥俄州立大学继续进行寄生虫学的学习和研究。在漫长的求学过程中,肖立华以勤奋严谨、虚怀若谷的学习态度奠定了坚实的基础和专业知识储备,这使得他在以后的科学研究中能够做到博观约取、厚积薄发。

潜心科研　服务社会

肖立华长期从事人兽共患寄生虫的病原生物学、分子流行病学和环境生态学研究,并且是重要的人兽共患寄生虫 – 隐孢子虫分子流行病学领域的创建者。他的主要研究成果包括:①建立了隐孢子虫的命名标准,命名了隐孢子虫的 8 个新种和 40 多个基因型;②建立了多种隐孢子虫分子检测工具,其中基因分型工具被本领域内 70% 文献采用,在疾病暴发调查方面发挥了重要作用;③提出了隐孢子虫及相关病原具有宿主适应性的理论,在此基础上建立了原水和饮用水中隐孢子虫和贾第虫的溯源工具,并被国际水协会作为水中病原检测的标准方法;④提出了人兽共患隐孢子虫虫种的扩散与集约化养殖业相关的理论,并解析动物 – 人的直接传播在隐孢子虫病流行病学的重要性;⑤运用新一代测序技术对隐孢子虫及相关病原进行全基因组测序,并基于此建立了全球唯一的隐孢子虫病主动监测网络系统 CryptoNet;⑥在基因组水平上,揭示了隐孢子虫高毒力和宿主适应性的遗传决定因素,为开展抗隐孢子虫病药物和疫苗的研制奠定了基础。以上工作为控制人兽共患病的传播、保障食品和水质安全、解决重大公共卫生问题奠定基础。

春风化雨　青蓝相继

肖立华作为著名的寄生虫学专家,在潜心科研、服务社会的同时,更是不忘对科研的传承、对新人的培养。繁忙的工作之余,他时刻关心着国内相关领域的发展,曾

稻花香
校友业绩录

先后多次通过讲学和学术报告的形式，将自己多年的科研心得和专业技能倾囊相授。此外，肖立华还接收 20 多名国内博士生和科研人员进入他的实验室，学习先进的科研理念和技术。在他的帮助下，国内诸如冯耀宇教授和张龙现教授的科研团队在人兽共患肠道原虫的研究方面均达到国际先进水平。肖立华也十分重视研究生培养，时至今日，经他亲自指导的研究生已达数十人。在科研上，肖立华总是对学生毫无保留，悉心指导，他要求学生在开题之前一定要做到对研究的背景、方法、目的和意义了然于胸。在培养学生的科研态度方面，肖立华更是以身作则，言传身教。他十分重视学生的科研态度，要求学生要树立严谨和求真的科研观念，坚决杜绝科研造假和抄袭的行为。

桃李不言，下自成蹊。这是对肖立华的真实写照。

奋斗在水果生产机械化路上

——记"万人计划"领军人才杨洲教授

杨洲，男，1972年生，山西省襄汾县人。1991年9月就读于山西农业大学农业机械化专业，1993年7月加入中国共产党，1998年6月获山西农业大学工学硕士学位，2001年6月获华南农业大学工学博士学位。2001年7月留校任教，2003年晋升为副教授，2004年遴选为硕士生导师，2007年晋升为教授，2008年遴选为博士生导师。2009年3月至2010年3月在澳大利亚南昆士兰大学、悉尼大学做访问学者。2010年被列入广东省高校"千百十工程"省级培养对象，2013年入选科技部"中青年科技创新领军人才"，2014年被列为广东省高校"千百十人才培养工程"国家级培养对象，入选国家"万人计划"科技创新领军人才。2015年被评为"全国十佳农机教师"。2005年7月至2019年5月，历任工程学院院长助理、副院长、院长，2017年4月至2019年5月任华南农业大学副校长，2019年6月起任嘉应学院校长。

稻花香
校友业绩录

投身农机化事业

杨洲1991年9月考入山西农业大学,至1998年6月硕士研究生毕业,一直都在农业机械化专业学习,通过7年的学习和研究,他看到中国农业机械化的发展还是很慢,仍需要更多的理论知识和专业技术来促进中国农业机械化的发展。怀揣着为农业机械化贡献一份微薄之力的梦想,1998年9月,他考取华南农业大学农业机械化工程专业博士,2001年6月,博士毕业后留校,踏上了农业机械化研究征程。

求真务实 开展研究

我国水果生产种类丰富、总面积和总产量大,但大部分地区水果生产比较分散且多种植在丘陵山区,机械化程度很低。近年来,我国主要针对大宗粮食作物生产的机械化投入,对水果生产机械化方面的刺激和投入不足。对于杨洲来说,这是他科研路上会遇到的"对手"。作为农业部"水果生产装备创新团队"的带头人和国家香蕉产业技术体系果园生产机械化岗位科学家,杨洲表示,省力增效是研制果园机械的一个主要目标。

我国水果品种繁多,每种水果的种植与收获的时间、方式也各有不同。杨洲首先想到的是要解决水果产业急需的共性关键技术与装备这一难题,于是,他以岭南特色水果生产为研究重点,带领团队基于产业装备需求与发展进行系统深入的研究,研制出一系列水果生产机械,既节省了劳动力,减轻了果农劳动强度,劳动生产率和资源利用率也得到了提高,有效推动了岭南水果生产机械化的发展。

杨洲及其团队广泛收集和了解国外先进的水果生产机械化技术与装备,2009年至2010年,杨洲在澳大利亚做访问学者期间自费前往澳大利亚多个州的柑橘、荔枝、香蕉产地实地调研,后到日本、韩国及我国台湾地区实地调研柑橘生产机械化。他在实地调研并了解中国主要水果产区的地形地貌特征后,系统分析了中国水果产业发展现状和研究动态,将国内外水果生产条件、机械化作业环境和装备技术做了细致的对比,按照"围绕产业链,构建技术链,部署创新链"的研究思路与发展策略,提出了促进水果产业发展方式转变的机械化发展战略与专项建议。

"南生橘,北生枳",但俚语里的真理成因并不仅限于南北方的环境与水土,想要水果产量好,更要品质好,施肥也是其中的关键之一,但是传统的人工挖穴、开沟施肥的劳动强度大,效率低。杨洲带领团队从应用基础研究入手,首先构建了开沟器与土壤 SPH 粒子模型，优化确定了开沟刀的结构形式，设计了排肥器结构，进行了 EDEM 离散元动力学分析，试验研究了施肥机性能影响因素，研制出了便携式电动挖穴机、轻简型轮式挖穴机、开沟机等轻简型果园施肥机械，大大减轻了果农开沟、挖穴的劳动强度。

施药也是果园生产的重要环节。为进一步提高果园喷雾机的雾化质量，杨洲及其团队成员对风送式喷雾机的在线混药技术进行了研究，开展了风辅喷雾结构设计，集成静电喷雾技术开发了果园轻型喷雾车；研制出了山地果园管道恒压喷雾装备，对系统管网进行了优化，不仅改善了喷雾质量，而且使用药量也大大减少。

为了减轻人工运送水果的劳动强度，杨洲及其团队又创新开发了蕉园电动滑车式运送系统，构建了交叉式轨道运送网络；构建了运送系统动态数学模型，提出了运送物品防摆控制方法，从理论到试验都对蕉穗串联多质量运送系统的动力学特性和稳定性控制机理进行了研究。杨洲及其团队创新索轨融合方式，设计了山地果园悬挂式钢索牵引运送系统，并对关键部件的结构再度优化；基于拉格朗日方程和哈密尔顿方程，建立了索轨融合系统动力学模型和行进链索动力学模型，创新分析了链式系统的多边形效应影响。

为了解决水果贮藏及运输过程中的腐烂、损坏等现象，杨洲对岭南水果进入"冷链"的关头"预冷"进行了研究。他经过系统研究强制通风预冷的冷风温度、风速、风量物料比等主要参数后，得出了荔枝、龙眼最佳通风预冷风速、合理风量物料比等关键参数。值得一提的是，其研制的水果压差预冷装置，还可对参数进行动态智能调节。

杨洲及其团队的水果生产机械化探索之路不仅节省了劳动力，减轻了从业人员的劳动强度，还为水果产业的高质量发展乃至经济、社会及生态效益的改善都添上了浓墨重彩的一笔。其研制的"山地果园运送装备研制与应用"获得广东省农业技术推广奖一等奖，"山地果园索轨运送装备技术及应用"获得 2018 年度广东省优秀科技成果奖。获授权发明专利 50 多件，发表论文 100 多篇，出版《山地果园运送装备》等专著 3 部。杨洲 2013 年入选科技部"创新人才推进计划"中青年科技创新领军人才，2014 年入选广东省"千百十人才培养工程"国家级培养对象和国家"万人计划"科技创新领军人才，2015 年被农业部评为"全国农业科研杰出人才"，2016 年被广东省农业厅聘为"广东省农业智能装备与全程机械化共性关键技术创新团队"首席专家，2017 年被农业部聘为"全国农机化科技创新专家组林果与设施园艺工程专业组"组长，2018 年被教育部聘为农业工程类教学指导委员会副主任委员，2018 年当选中国农业机械学会第十一届理事会副理事长、热带亚热带作物机械化创新联盟理事长。

稻花香
校友业绩录

敬业奉献培养人才

教书育人是高等院校的重要职能，也是高校教授的基本职责。在大学读书期间，杨洲便品学兼优，曾被评为山西省"三好学生"、广东省"南粤优秀研究生"、全国"三好学生"。

"我始终认为，敬业是做好教师工作的前提和基础。敬业不仅仅体现在热情，还必须有过硬的业务能力。"杨洲一方面在专业教学上苦下功夫，另一方面积极开展教改研究，努力提高教育教学水平。2012年被评为广东省"南粤优秀教师"，2015年被评为全国"十佳农机教师"。他既是学校"农业机械化及其自动化"省级专业综合改革试点项目的负责人，也是首批上线中国大学精品资源共享课程"农业机械学"的负责人。他主持完成了多项广东省高等教育教学改革工程项目，在国内率先开展了农业工程类专业认证标准的研究，其主要参与完成的"以产业发展为导向的农业工程类专业建设研究与实践"获得了2014年国家级教学成果二等奖；主持的"基于素质链的工科专业实践教学模式研究与实践"获得了2018年第八届广东省教育教学成果奖二等奖。

研究生既是杨洲团队的重要研究力量，也是其重点培养的专业人才。杨洲从2004年开始招收研究生，至今已招收了硕士研究生38人，博士研究生15人（含叙利亚留学生1人），其中已毕业36人，大部分进入农机管理或技术服务部门，为农机化事业的进一步提质增效输送了新鲜的血液。

投身教育、科研是责任，是使命。真挚强烈的责任意识和用心务实的工作作风是杨洲在教学、科研甚至管理上不断取得成绩的"助推器"。一个有责任意识的老师，在人生的道路上也一定会有所作为。在科研与教学的坎坷之途中，杨洲始终如一。

（文/段洁利）

农业航空全息智能计算领域的践行者

——记著名农信采集专家、精准农业科学家韩宇星

韩宇星，女，1983年生，黑龙江省哈尔滨市人。2002—2006年就读于香港科技大学电子工程专业，取得学士学位；2011年在美国加州大学洛杉矶分校电子工程专业取得博士学位。2008—2009年、2011—2012年分别担任美国高通公司和美国思科公司研究员；2012—2014年、2014—2016年分别出任NetView Technologies和TCP Engines Inc研究科学家。2016年底，以"杰出人才"身份被引进回国担任华南农业大学工程学院教授、博导，是国家"千人计划"青年项目专家、广东省杰出青年基金获得者。长期从事精准农业与农业工程中复杂网络中的数据通信、传感器网络和自组织网络的协议和算法、多媒体处理、图像视频处理、大数据的传输、无人机遥感作业等方向的基础研究和应用研究。

开创农业航空新分支——基于全息智能计算的农业航空

韩宇星 2016 年回国后，积极投入农业航空相关领域研究工作中。她加入了由华南农业大学工程学院兰玉彬院士领衔的国家精准农业航空施药技术国家联合研究中心。作为研究中心的骨干成员，她首创提出基于全息智能计算的农业航空的概念，并与所培养的研究生共同组建了农业航空全息智能计算实验室。

将全息智能计算技术应用于农业航空，主要是因为它可以解决农业航空遥感影像信息精准获取的若干技术瓶颈。精准农业航空作为精准农业的领头兵，利用遥感（remote sensing，RS）、全球定位系统（global positioning system，GPS）、地理信息系统（geographic information system，GIS）等技术为发生病虫害问题或者需要检测植物生长态势的地块开出一剂处方图，装载农药的植保无人机根据处方图的规划开展喷施作业，完成病虫害的防治工作。基于卫星或无人机等的航空遥感技术是农业航空信息获取的关键环节，但由于硬件受限和拼接算法的不完善，所获取的农业航空遥感影像存在的单幅片段化与空间分辨率有待商榷等技术缺陷。全息智能计算通过多焦段融合、超高分辨率全景图像拼接等先进技术可以弥补农业航空遥感的不足。韩宇星通过构建一种基于复眼相机的全息智能计算超高分辨率农业航空遥感系统，在植保无人机平台上搭建四路以上、多分辨率的相机代替传统的单目、单一分辨率的相机；通过研发的一套针对农业遥感视频图像的高分辨率、多焦段的拼接算法，将无人机获取的多张单幅遥感图像拼接成一幅高分辨率的、多焦段的农田全景图像。让农民可以足不出户，利用复眼相机特有的优势将近处物体放大至远处观察而达到所谓的全像视觉，从而掌握大范围作物的生长态势、病虫危害程度等农情信息，帮助农民增产增收。

具备深厚扎实的研究基础

基于全息智能计算的农业航空系统涉及并融合了复眼计算视觉技术、视频增强技术、图像及视频拼接、视频编解码技术、网络传输技术、病虫害或植株生长态势特征检测识别及目标跟踪技术等多个研究学科，必须具备扎实的研究理论与实践基础。韩宇星通过多年的刻苦学习与工作积淀，共发表 67 篇 SCI/EI 论文，其中 SCI 论文 40 篇，最高影响因子为 6.735，他引总数为 438，获得已授权的美国专利 3 项、授权中国专利 3 项，申请国内外发明专利 10 余项，获得国内外科技奖项 10 余项。此外，她还担任世界虚拟现实论坛中国区主席、世界传媒论坛中国区主席、《国际精准农业航空学报（IJPAA）》编辑，她的多项科研成果分别在美国与中国产业化，被华为、三星、中国移动、IBM、Ustream 等多家国内外公司选用。

2016年2月,基于全球著名行业测评结构 Frost & Sullivan 的评估,韩宇星凭借研究成果 Frost & Sullivan 全球科技应用——视频编转码系统,荣获全球最佳技术奖。

2017年4月11日,韩宇星在"新浪潮新活力全球虚拟现实峰会"上,荣获"2016年度新锐技术"奖。

2018年3月27日至30日,2018年国际数据压缩会议(IEEE Data Compression Conference,DCC 2018)在美国犹他州盐湖城召开。韩宇星的论文《基于凸优化的光场编码码率控制算法》(Convex Optimization based Bit Allocation for Light Field Compression under Weighting and Consistency Constraint)荣获本年度该会议最佳论文奖。这是国内单位历史上首次、亚洲学术机构近20年来首次获得此项奖励。

2018年4月13日,韩宇星参加日内瓦国际发明博览会,她的科研成果"A Universal Low-latency Real-time Optical Flow Based Panoramic Video System for VR/AR"在此次博览会上获得金奖。该发明技术可以在保证视频质量的前提下,有效节省带宽资源,降低存储需求,提高回传速率,节省能耗。适用于构建农业无人机遥感图像采集系统,可见光及多光谱的遥感图像采集,图像的校正及拼接,搭载安卓设备的微小型无人机进行农田图像的实时采集与传输,进行作物长势、病虫害检测以及田间管理等领域。特别是在精准农业数据采集和农业无人机领域的航空遥感技术中,为精确采集作物生长情况等信息的新型传感器、作物生长状况地面遥感监测、作物病害重防治

遥感系统等方面提供了技术支持。

2018年6月24日，韩宇星的研究成果《基于光流的低延时实时3D全景拼接系统》在2018世界无人机大会上，赢得世界无人机联合会、深圳市无人机行业协会的高度认可，荣膺国际级奖项殊荣。

2019年4月13日，韩宇星的最新研究成果《低延时实时复眼多焦段计算成像系统》在日内瓦国际发明展上再次被瑞士联邦政府、日内瓦州政府、日内瓦市政府、世界知识产权组织评为金奖。

近年来，韩宇星还多次率队参加国际性的论坛会议并作主题报告，如"2018年世界VR产业大会""2018年世界虚拟现实论坛（WVRF）"等。其中，由工信部、江西省人民政府联合主办的"2018世界VR产业大会"在南昌市召开，大会设立专柜展示韩宇星的技术成果，这一系统旨在为现有VR内容制作的诸多问题提供一套完整的解决方案，该系统是世界上第一套基于光流的4K30fps实时全景视频拼接系统，使得进行VR全景直播成为可能，极大地方便了全景视频的拍摄和制作。应法国大使馆邀请，该系统曾作为由法国大使馆主办的2017中法夏至音乐节的唯一VR直播合作伙伴并获得好评。除此之外，应主办方邀请，该系统也是2018年蒙特勒爵士音乐节的VR直播合作伙伴。

研究成果惠及各行各业

针对农业领域内植保无人机作业时拍摄遥感图像存在的不足，韩宇星提出了一种基于复眼视觉的全息智能计算农业航空遥感系统。该系统在成功开发后将具有很广的应用前景。在农业领域内，该系统不仅可以修正传统遥感平台搭载相机拍摄的图像缺陷，还可以提高精准农业的"精"特点的要求，更可以以更小的误差为病虫害的防治工作或者早期检测与评估植株的生长态势工作提供更加精准的决策建议。通过建立一个大视场下的农作物成长虚拟现实视景，帮助农民摆脱恶劣的农耕环境，精准获取农情信息并做出相应决策，从而实现增收增效。在其他领域包括农业、工业、智能交通、家庭与健康、环保、教育、娱乐等各行各业，结合特定行业特点，改善系统参数与算法编程，都可以在某些方面得到具体的应用。比如，复眼多焦段的拼接融合技术可以应用在农情监测与识别方面，完成实时预览、放大的交互功能。

（文/汪进鸿）

"万人计划"领军人才何一鸣教授

何一鸣，男，1981年生，广东广州人。2004年7月在广东财经大学资源环境与旅游地理学院（旅游管理）获得管理学学士学位；2007年7月在广东财经大学经济与统计学院（国民经济学）获得经济学硕士学位；2009年12月在华南农业大学经济管理学院（农村产业经济与制度经济）获得管理学博士学位，毕业后留校任教至今。现为国家农业制度与发展研究院教授、博士生导师。2015年入选第二届国家特支"万人计划"青年拔尖特支计划、广东省特支人才"青年文化英才"计划。

主要学术成绩如下：

在人才培养计划方面：入选国家"万人计划"青年拔尖人才项目、广东省特支人才项目。

在学术专著方面：出版个人专著3部，在 Man and Economy：The Journal of Coase Society 和 Energy Economics 等学术期刊公开发表论文百余篇，ESI收录2篇。

在课题立项方面：主持国家特支计划项目、国家社科基金重点项目《优秀文库》、国家自然科学基金青年项目、国家社科基金中华外译项目、国家社科基金青年项目、国家留学基金委公派留学访问学者项目、教育部社科基金青年项目、广东省软科学面上项目、广东省自然科学基金博士启动项目、广东省普通高校人文社会科学研究一般项目、广东省社会科学联合会粤港澳关系研究项目以及广东省重点文科研究基地招标项目和广东省教育厅重大攻关项目共20余项。

在学术奖励方面：获得国家社科优秀成果奖，2013年广东社会科学学术年会优秀论文一等奖，2014年广东社会科学学术年会优秀论文三等奖，2012年全国经济管理类博士后学术论坛优秀论文二等奖，2010—2011年度广州市哲学社会科学优秀成果三等奖，2014广东省农村经济学会优秀农经著作三等奖。

何一鸣在国际上创新性地提出："异质性佃农管制模型"和"制度经济地理学范式"两大理论体系。

"异质性佃农管制契约理论"方面：在1991年诺贝尔经济学奖得主Ronald Coase创立的制度经济学权威杂志 Man and Economy 上推翻了Cheung教授在1968年提出的"佃农理论"（该期杂志主要庆祝佃农理论创立50周年）。

"制度经济地理学范式"方面：立足于分析生于斯的粤港澳大湾区的城乡资源消费

问题，研究成果已发表在能源经济学领域的国际专业杂志 *Energy Economics* 上。类似成果最终归纳在 *Institutional Economic Geography Paradigm* 一书中，该书中文版已经入选 2016 年国家哲学社会科学成果文库，成为当年农业经济管理领域唯一入选的专著。该书在 2017 年入选国家社科基金中华外译项目，并与德国 Spinger 出版社签约在 2019 年全球发行。

（文/国家农业制度与发展研究院收集整理）

一位年青学者的科研之路

——记"国家自然科学基金优秀青年基金"获得者、"青年长江学者"黄盛丰教授

黄盛丰，男，1979年生，广东广州市人，中山大学生命科学学院教授、博士生导师。2001年本科毕业于华南农业大学，获植物遗传育种和生物技术双学士学位。现任中山大学有害生物控制与资源利用国家重点实验室课题组长。主要从事水生动物的比较免疫学和信息基因组学研究。主持承担863重点项目课题和自然科学基金课题4项，参与973计划和国家重大研发计划3项。发表SCI论文40多篇，在 Cell，Genome Research，Nature Communications，PNAS，Bioinformatics 和 Journal of Immunology 等知名期刊上发表论文20多篇。取得多项国内发明专利，发布了多个算法软件和数学模型。

兼任广东省生物化学与分子生物学会理事，担任 Journal of Immunology 和 Fish & Shellfish Immunology 等期刊审稿人。

稻花香
校友业绩录

黄盛丰出生于广州市郊的一个农民家庭，1997年以优异的成绩考入华南农业大学农学系的植物遗传育种专业，因兴趣使然，又选修了生命科学学院的生物技术专业。之后分别在张桂权教授和崔大方教授的指导下，完成了2篇学位论文，发表了1篇中文研究论文。期间，他在张教授实验室系统地学习了分子遗传学和基因组学，并在崔教授实验室接触了生理学和分类学知识，初步领会这两门新兴学科的前景，为他在研究生阶段的选题与研究工作打下坚实基础。

本科毕业后，黄盛丰以优异的成绩考入中山大学生命科学学院，师从徐安龙教授，开始了研究生生涯。初期，他专注演化基因组学研究，得益于良好的数理统计和计算机知识背景，获得很好的工作进展，取得了硕博连读资格。后期，他赴法国Université Pierre et Marie Curie的Arago实验室作短期访学（2006年4—7月），跟随Hector Escriva教授，利用有"活化石"之称的文昌鱼进行演化发育学研究，掌握了相关实验技术。回国后，他帮助实验室建立了文昌鱼的免疫功能研究平台，然后从功能基因组学的角度，利用文昌鱼等模式生物研究人类适应性免疫的起源，取得了一系列成果。比如他推翻了免疫系统从简单演化到复杂的传统观点，证实脊椎动物适应性免疫的前身是高度复杂的天然免疫。相关成果发表在 *Genome Research* 等知名期刊上，得到 *Nature* 等学术媒体的专题评述，并且荣获广东省优秀博士论文奖。

黄盛丰研究生毕业后，留在中山大学生命科学学院任教，2008年聘为讲师，2010年升为副教授，2014年破格提为教授。期间，他参与的国际佛罗里达文昌鱼基因组计划，主持了中国白氏文昌鱼基因组测序项目，在生物信息学领域和比较免疫学领域均有建树。他开发的算法软件HaploMerger，发表在基因组学顶尖期刊 *Genome research* 上，被国际同行评价为"（当时）唯一可用和实用的高杂合度基因组组装工具"。他修正了文昌鱼演化停滞的传统观点，揭示爆发式基因组快速演化是推动脊椎动物早期起源的关键因素，提出脊椎动物祖先的复杂天然免疫是发生在基因组整体爆发式演化的大背景之下。相关成果发表在 *Nature Communications* 等知名期刊上，先后获得中国免疫学会青年学者奖、广东省科学技术一等奖（2009年；第4完成人）和国家自然科学奖二等奖（第2完成人，项目名称"脊椎动物免疫的起源与演化研究"）。

2014年后，黄盛丰的研究更多地聚焦在比较免疫学上，以文昌鱼、七鳃鳗和斑马鱼等水生模式动物为研究对象，从基因组入手，探索新型免疫分子的作用机制与功能演化，取得了一些突破。他发现了一类全新的、基于新型蛋白结构域ApeC的病原模式识别受体，发表在美国科学院院报 *PNAS* 上；发现了科学家数十年来不断寻找的RAG转座子，证实人类抗体重排机制的转座子起源假说。该研究发表在 *Cell* 期刊上，获得了学界广泛关注，来自 *Cell* 期刊的专题评论称赞这一发现是"G. O. D.（generation of diversity）之奇迹的证据"。这些成果还入选中国科协 2016 年度中国生命科学领域十大进展，获得中国药学会科学技术一等奖（第 2 完成人）和广东省科学技术一等奖（2019 年；第 3 完成人）。

目前，黄盛丰转向从单细胞组学、免疫组学和宏基因组学入手，研究水生动物黏膜免疫与健康生长的关系。作为地道的"土鳖"科研人，二十多年的求学与科研道路并不平坦，但始终秉承"一分耕耘、一分收获"努力前行，这也许是他在华南农业大学获得的最重要品质。

（文/刘春燕）

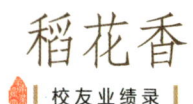

扎根水稻研究　致力教书育人

—— 记水稻专家黄巍教授

　　黄巍，华南农业大学教授，主要从事水稻重要农艺性状和生物节律的相关性研究。1997年考入兰州大学，后保送进入郑国锠院士的实验室学习细胞生物学，硕士毕业后考入中国科学院上海生命科学研究院植物生理生态研究所林鸿宣院士实验室攻读博士学位，从事水稻重要农艺性状的功能基因组研究。曾获中科院院长奖、明治乳业生命科学奖。入选中央组织部第十一批"千人计划"青年人才。

水稻是我国种植面积最大、产量最高的粮食作物，全国60%人口以水稻为主食。随着我国耕地减少、水资源短缺和污染的加剧，上述研究对于保障我国粮食安全更具有重要的现实意义。但水稻的农艺性状的数量性状研究有一般人难以想象的辛苦，主要是水稻数量性状的研究受环境影响非常大，而且研究所需周期长，耗费的精力多，这些研究要从田间地头中的播种、插秧、测产做到实验室试管中分子机制检测，从田间水稻人工去雄杂交做到电子显微镜下微观研究，这些工作不仅需要有研究人员经过全面系统的科研训练，还需要认真细致，更要有毅力和极强的抗压能力，所以水稻功能基因组研究一直是水稻研究中的难点和挑战。为了保证数据的准确，从播种插秧开始，所有工作都需要研究者亲力亲为。面对这样的工作，很多研究生选择了退却，有的研究生仅一周的时间就受不了工作强度和压力，选择退学打道回府，而黄巍选择留下接受挑战。在读博士的后期，他推迟了手术，克服了包括肾脏严重积水等各种困难，最终圆满地完成了工作。和另一位研究人员合作，在国际上首先克隆控制水稻粒宽和千粒重的主效 QTLGW2 并阐明了功能，相关结果以论文形式发表于 *Nature Genetic*。作为具有自主知识产权的重要新基因，对 GW2 的研究具有重要的理论意义和实际应用价值，特别是将大粒品种 GW2 的等位基因通过分子育种的方法导入优质栽培稻品种黄华占中，田间测产的结果已证明可以显著提高黄华占水稻的产量，这验证了 GW2 基因在作物分子育种中的潜力。文章发表后，杂志主编特别邀请国际著名遗传学家 Matsuoka 教授在同期杂志撰文评论并推介，此文迄今为止被 SCI 论文正面他引数百次，并被自

稻花香
校友业绩录

然中国作为亮点高度评价。此外，他还参与了林鸿宣院士多个研究项目，承担了包括水稻重要株型建成基因 PROG1 和抗盐主效 QTL SKC1 的部分工作，以上成果均发表于国际顶级杂志 *Nature Genetics*。为此，黄巍获得包括中科院院长奖、明治乳业生命科学奖等多项奖励。

黄巍在国外的代表工作是研究拟南芥生物钟的分子机理，生物钟是生物体为了适应由于地球自转而产生的昼夜交替等环境周期性的变化而进化出的一套调控生命机制。生物钟使动植物极大增强了对环境的适应能力，研究成果在农业领域对于增强植物的环境适应性，改造农作物种植的地域性局限和提高产量和品质等方面有重要意义。前人曾经提出过一个拟南芥生物钟核心循环的模型，统治了植物生物钟研究十数年。经过仔细研究，黄巍敏锐地发现这一模型的不合理之处，决定挑战这一著名的模型。挑战别人的理论不是一件易事，特别是这个理论是由国际著名科学家提出并被广泛接受的，这需要勇气，还需要严谨推理和实验结果。经过不懈的努力，黄巍提出了一个全新的拟南芥生物钟核心循环的模型，颠覆了这一长期统治植物生物钟研究 10 余年的重要模型，终结了围绕植物中第一个发现的生物钟反馈调节环路多年的学术争论，这个模型为进一步了解生物钟如何调控植物基本生长发育，如何促进植物适应环境变化铺平了道路。不仅如此，这项研究还扩展了小麦、大麦和水稻等作物的开花机制和育种的相关知识。该研究成果发表于 2012 年 *Science*，并被杂志编委推介，国际同行多次在高水平杂志上撰文综述。该文章发表后被 Faculty 1000 等学术评价机构和国际主流媒体高度评价。

作为少数能在国内外不同类型和研究方向实验室都能做出顶级科研成果的科研工作者，黄巍入选中央组织部第十一批"千人计划"青年人才。

黄巍2014年入职华南农业大学后，积极加入本科生教学，为国家理科基础科学研究及教学人才培养基地即"丁颖创新班"主讲遗传学，其课堂轻松活泼的风格深受学生好评。因为生物学实际上是一门实验科学，黄巍专门为本科生设计和开设了一门生物学实验技术的介绍课程"现代遗传学实验技术"。近年来，有超过30位本科生在黄巍的实验室进行毕业论文设计实验，他亲自指导本科毕业论文的学生中，有多名本科生被保送到清华、北京大学及中科院上海生命科学院继续深造，有数名学生直接被海外名校研究生录取。

此外，黄巍还多次为本校研究生讲解最新的遗传学进展。黄巍从事的是植物生物节律的分子机制研究，虽然生物钟研究被授予2017年诺贝尔生理学奖，但却是属于偏向基础的小众科研，黄巍以此为契机，依靠"珠江学者讲坛"和本校的研究生论坛，为本校和其他学校的年轻学者讲解生物钟，通过介绍历年诺贝尔奖获得者的科研经历和贡献，由浅入深地讲解了生物节律的重要概念、研究方法以及在微生物、动物和植物中的研究进展，同时结合自己的科研经历，说明生物钟在农业上的应用前景。为了促进华南农业大学生物钟和遗传学的研究，黄巍邀请国际著名植物生物钟研究的专家英国约克大学植物系主任Seth Davis来华南农业大学讲学，邀请国内的生物钟研究专家徐小冬教授，美国Noble Foundation的遗传学葛良法博士，国家青年千人、湖北五四青年奖章获得者张江教授到学校来交流和讲学。

黄巍还应邀义务为中学生做遗传学和生物节律研究的科普活动，为广州市骏景中学的学生深入浅出地讲解遗传学和生物钟，受到所在学校师生的热烈欢迎。

研究之余，黄巍还担任广东省海外留学青年联谊会理事、广东留学人员联谊会理事、广东省青年联合会常务委员，为地方经济及科研发展献计献策。

（文/华南农业大学生命科学学院）

学为人师躬耕不辍
行为世范芬芳兰芷

——记"国家自然科学基金优秀青年基金"获得者、"万人计划"领军人才刘玉兰教授

刘玉兰，女，1975年出生，湖北天门人。1997年毕业于武汉食品工业学院，获学士学位；2000年毕业于华南农业大学，获硕士学位；2003年毕业于中国农业大学，获博士学位；2003年7月进入武汉轻工大学工作，2011年晋升为教授。现为武汉轻工大学动物科学与营养工程学院教授（二级），动物营养与饲料科学湖北省重点实验室主任。国家自然科学基金优秀青年科学基金获得者（2014），入选第二批国家"万人计划"领军人才（2016）、享受国务院政府特殊津贴人员（2016）、国家百千万人才工程（授予"国家有突出贡献中青年专家"）（2015）、科技部中青年科技创新领军人才（2014）、教育部新世纪优秀人才支持计划（2010）等。主持国家自然科学基金项目6项。发表学术论文120余篇，其中以第一或通讯作者发表SCI论文50余篇。应邀担任30余SCI期刊的审稿专家，是 Journal of Animal Science and Biotechnology, Frontiers in Microbiology 和《动物营养学报》等多个期刊的编委。获湖北省青年科技奖，湖北省科技进步一等奖、二等奖和武汉市自然科学优秀学术论文一等奖等奖励10余项，国家发明专利10余项，编著6部。

科教英才

躬耕不辍　潜心育人　做学生创新思维的引路人

刘玉兰自 2003 年进入武汉轻工大学工作以来，一直承担着本科生"动物营养学""饲料添加剂""动物科学专业外语"和研究生"高级动物营养学"等课程教学工作。她把"以学生为本"的思想深入贯彻到日常教学之中，把学生的成长与成功看作是对自己最大的肯定。她说："培养学生是我最大的责任，学生是我最大的骄傲，桃李满天下，是我这辈子最大的梦想。"

为了让学生学到过硬的专业知识，刘玉兰十分注重课前准备，始终坚持学术自由和学术规范相统一。每一章节，她都要认真分析重难点所在，并查阅大量相关文献，将本学科的最新研究进展、生产实践一线的知识与书本知识有机结合起来，并及时更新教科书上一些过时的观点。在课堂上，她激情四射，课堂气氛活跃；课后，她经常询问学生的听课感受，进而调整讲课进度、内容和难度。她还将多年科研经历所积淀的学术思想融入教学实践中，注重培养和提高学生的科学思维能力。她经常把本学科的前沿资料发给学生，甚至将一些目前国际上尚未定论富有争议的研究结果来和学生讨论，开阔他们的思维，增加他们对学科前沿的了解。课间她常常和学生谈自己科研的内容、研究进展和将来的研究计划，提高学生对科学研究的兴趣。她还沿用自己在读书时候的一个传统，就是让学生每两个星期举行精读一篇本专业领域最前沿的学术论文，制作成英文版的幻灯片，上台做学术报告，由科研团队的老师、研究生和本科生进行现场点评、提问。通过这个活动，同学们不仅养成了严谨的学习和工作的态度，自身的综合素质也得到了锻炼。

淡泊名利　蕙质兰心　做学生锤炼品格的引路人

"人格之于人，恰如花香之于花。"人格高尚的教师才能在平凡岗位上干出一番成绩来。刘玉兰有着高尚的道德情操，多年来，始终坚持教书和育人相统一，以党员标准严格要求自己，身体力行教师的职业道德，加强师德修养，着力将教师道德要求转化为个人的内在品质。

为了更好地与学生交流，刘玉兰总是利用各种与学生面对面的机会，针对学生中存在的一些不好的现象，不断勉励他们要自强自省，提醒他们要养成良好的学习习惯，要树立正确的思想观念和高远的志向目标。她经常以自己的经历和身边的故事为例，与学生们探讨如何正确地做人、做事。她的这些付出得到了学生们的普遍称赞，这些学生在毕业后，还不断打电话给她，有请她提建议做参谋的，更多的就是表达感谢之意。每年三四月份，当学生考研成绩公布之后，刘玉兰变得异常忙碌。总有一大群学

稻花香
校友业绩录

生围绕在她周围，询问她如何报考导师、如何选研究方向、如何复试，她总是不厌其烦地为每个学生进行精心地指导，甚至经常动用自己本科、硕士、博士和留学期间结识的广泛的社会关系，为学生联系推荐导师。

刻苦钻研　孜孜不倦　做学生科研学习的引路人

教书育人既是一项光荣的事业，又是一项艰巨的任务。"要想给学生一杯水，自己首先要有一桶水"。她深知"科研是源，教学是流"的道理，她始终认为教学质量提高的根本是教学内容和学术思想的不断创新，而教学内容和学术思想的不断创新又必须以科学研究为依托。如果你问她，在科研上取得成功的奥秘在哪里？她会告诉你："专注、执着、刻苦和永不言败"。从博士阶段开始到现在，她整整花了十五年的时间奋战在同一个研究方向上，吃饭、睡觉、做梦都在琢磨这件事儿。

作为武汉轻工大学畜牧学科的学术带头人，刘玉兰可谓是典型的科研先锋。2003年到武汉轻工大学工作之初，为了尽快启动自己的科研工作，她在经费没有到位，甚至项目没有完全确定的情况下，自垫2万多元买试验材料，带着学生一起购买鸡笼、安装鸡笼、自己设计安装取暖设施，以致双手皮肤全部破裂也全然不顾。正是凭着年轻人特有的拼劲和冲劲，在怀孕8个月、身体严重不适的情况下，她还备战整夜准备

材料，以出色的临场表现、良好的学术背景和较为突出的学术水平打动评委，成为学校 2005 年唯一入选武汉市青年科技晨光计划的人才。在日后的工作中，刘玉兰一直笃信"天道酬勤"的信条，利用寒暑假和课余时间，在不耽误教学的情况下潜心科研，超额的付出也带来了超额的回报：先后 6 次获得国家自然科学基金项目，主讲的 3 门本科生、2 门研究生的专业课先后获得学校教学质量一等奖、二等奖；是武汉轻工大学历史上第一个国家自然科学基金项目获得者（2005 年）、第一个"国家优青"获得者（2014 年）……曾经是参与国家 973 项目 70 多名课题组成员中最年轻的专家（2004 年）；发表学术论文 120 余篇，以第一或通讯作者发表 SCI 论文 50 余篇，研究成果受到国内外同行广泛关注和认可；指导研究生四次获湖北省优秀硕士论文奖，指导本科生多次获得省优秀学士论文奖。

产研协作　服务社会　做学生奉献祖国的引路人

多年来，刘玉兰从事畜牧学科动物营养与饲料科学领域的科研工作，一方面，在实验室以仔猪为模型将营养学研究深入到细胞、分子水平，其研究成果多次发表在本学科国际最高水平的专业杂志上，并获得多个学术奖项，得到国际国内同领域专家的高度评价；另一方面，她经常深入生产企业，深入农村养殖户，走进条件较差的养殖场，伴着猪鸡，闻着粪臭，探索实践，致力于将科学研究与产业需求相结合，致力于将科研成果转化为生产力，提升企业管理水平与产品科技含量。刘玉兰常说："尽管我们是教授，实验室是主阵地，但这个专业就是与猪鸡打交道，养殖场才是我们的主战场。发表高层次论文获得科技奖励很重要，但将这些真正应用到养殖实践中，解决当前大家关心的实际问题，提升行业科技应用水平才更重要。"

刘玉兰先后与湖北、上海和广东等地多个企业一起，开展产研协作，将知识创新与应用研究有机衔接，开发了多个新产品系列，使企业技术管理与产品科技含量大幅提升，帮助了企业，提升了自己，取得了很好的社会经济效益。她本人也先后获得"第十届湖北省青年科技奖"、湖北省科技进步一等奖和二等奖，并入选科技部中青年科技创新领军人才。

"唯有玉兰花先发，俏立枝头气正豪。"刘玉兰不仅是我国中青年科技工作者的领军人才，同时也是莘莘学子的人生引路人。她十年如一日，在对学生、对教育、对科研的无私奉献中，在一点一滴的默默践行中，诠释着她那如玉兰花般"洁白无瑕品自高，甘为食药香魂在"的伟大师德。为师者，幸福如斯！

（文/武汉轻工大学党委宣传部）

广东土壤污染修复接力者

——记"国家自然科学基金优秀青年基金"获得者罗春玲研究员

罗春玲，1978年生，女，山东省东营市利津县人。2006年毕业于香港理工大学，获博士学位。2006—2010年，先后在香港理工大学、密歇根州立大学从事博士后研究工作。2010年入选中国科学院海外杰出人才引进计划（"百人计划"），2013年获国家基金委"优秀青年基金"，2015年在"百人计划"终期评估中获"优秀"，2016年入选广东省特支计划科技创新青年拔尖人才，2017年到华南农业大学资源环境学院中英研究中心工作，同年，入选中组部"万人计划"青年拔尖人才。研究方向是"基于污染物监测和控制的生物地球化学"，具体包括：重金属污染土壤的植物修复、有机污染物的生物降解以及土壤功能微生物的生态学研究。主持国家基金4项，包括重点基金1项，发表SCI论文100余篇，论文他人引用2000余次。获教育部自然科学奖二等奖1项，国家发明专利5项。

明确了重金属污染土壤的螯合诱导植物修复的作用机制

螯合诱导植物修复技术在移除土壤中的重金属方面显示了很大的优势和潜力，尤其是对铅（Pb）等移动性差、缺乏超积累植物品种的重金属元素。通过近10年的研究，罗春玲领导的研究团队阐述了螯合剂的主要作用是与土壤中的重金属螯合、增加了土壤重金属的可溶性；而重金属［Pb、铜（Cu）］是以金属－螯合剂复合物的形式在植物根系结构的破坏处通过被动运输的方式进入根系输导组织，进而在蒸腾拉力的作用下，重金属-螯合剂复合物被动向地上部运输，并在植物地上部积累。澄清了对植物根系结构起破坏作用的主要是有毒重金属离子，而不是螯合剂的作用。游离态重金属（Pb、Cu）比螯合态对植物具有较高的毒害。在此基础上分别提出了高效率和低环境风险的螯合剂诱导植物修复技术体系：①结合热处理的螯合剂诱导强化植物修复重金属污染土壤修复的技术体系；②减少螯合剂诱导植物修复过程中重金属淋滤的技术措施—可生物降解螯合剂及高生物量深根系植物的联合作用。

揭示了复合污染土壤持久性有机污染物（POPs）的植物吸收机理

植物根系的直接吸收是POPs进入植物体并通过食物链传递的重要途径。POPs的植物吸收及迁移能力主要取决于POPs的辛醇－水分配系数（log Kow）和植物的蒸腾流系数。普遍认为，只有适度疏水性物质（0.5＜log Kow＜3）才能够被植物根系吸收并向地上部转移，而高度疏水性物质（log Kow＞5.0）则主要富集在植物根系表面，难以进入根系细胞。但是，在实际土壤环境中，往往是多种不同类型的污染物共存，如重金属和持久性有机污染物共存等，在此情形下，植物对POPs的吸收过程是否会因土壤污染特征及植物生理状态的改变而发生变化？该吸收和转运过程是否涉及POPs的生物转化？这一问题，尚缺乏可靠的实验观察和证据。

罗春玲团队通过对多溴联苯醚（PBDEs）和多氯联苯（PCBs）的研究发现：在铜离子作用下，植物根系受损，导致根系细胞电解质渗漏率增加，BDE209（8.18＜log Kow＜8.27）、BDE47（5.87＜log Kow＜6.16）、PCB95（log Kow＝6.13）和PCB136（log Kow＝6.22）等疏水性化合物可通过被动渗透进入植物根系细胞，并往地上部迁移；而未经铜离子破坏的植物根系，POPs则主要吸附于根系表面，PCB95和PCB136均呈现出显著的手性分馏现象，表明正常的植物根系细胞膜的选择透性，阻断了POPs向植物体内的转运，且PCBs在根系环境下发生了具手性选择性的生物作用。人为破坏植物根系实验，进一步验证了POPs往地上部的迁移量随着根系细胞破坏程度增加而增加。研究表明：一旦植物根系细胞受损，细胞离子通道被打开，大量POPs便可被动渗透进植物根系，进而向植物地上部转移。植物对POPs的吸收转运，主要是以被动方式进行的。因此，植物生理状态改变，可以打破POPs在植物根–土壤界面的分配平衡，对复合污染土壤–植物系统中疏水性有机污染物的归趋，不能简单地用单一化合物理化参数（如log Kow）进行预测。这一发现对理解重金属–POPs复合污染的植物效应和复合污染土壤的修复，均具直接指导意义。

发展了适用于环境浓度POPs的核酸–稳定同位素探针（SIP）技术体系

DNA–SIP技术多被应用于高浓度有机污染介质中有机物的生物降解研究。这不仅增加了实验成本，更无法探查天然未被污染环境或者低浓度污染环境中有机污染物的降解功能菌。有毒有机污染物的存在会使许多微生物不能良好生长，从而降低物种多样性，因此未被污染土壤可能会有比污染土壤更丰富的微生物物种。罗春玲团队分别以甲苯、联苯和菲为模型化合物，通过对离心速度、离心时间、离心后分馏层数和PCR等操作的具体参数进行优化整合，辅以非同位素标记的标准DNA为回收指示物，成功建立了适用于鉴定低浓度苯系化合物（BTEX）、PCBs和多环芳烃（PAHs）污染土壤中三类污染物降解功能菌的DNA–SIP技术，该方法实现了采用部分同位素标记底物开展SIP研究的可能，大大节约了开展相关研究的实验成本，拓展了SIP的应用空间。同时，针对DNA–SIP技术只能探查到相对丰度较高的功能微生物，较难适用于^{13}C–DNA中丰度较低的微生物（<0.1%）探查的缺陷。利用磁性纳米颗粒介导分离（MMI）技术对活性细胞的分离和富集作用，将MMI与DNA–SIP技术联用，发展了MMI–SIP，有效提高了DNA–SIP对复杂环境中功能微生物识别的分辨率和准确性。

联合应用DNA–SIP、高通量测序、和宏基因组技术，该团队发现了多种新型BTEX、PCBs和PAHs降解菌，揭示了其降解机制。对长期使用生物固体的农田土进行研究，发现来自TM7门的一微生物物种直接参与了甲苯的降解。这是首次关于该门物种有芳烃降解功能的报道。该发现为研究该门微生物的代谢功能起到了很好的推动作用。通过对电子垃圾污染土壤植物根际土的研究，首次报道了不可培养细菌DA101具有降解PCBs的能力，获得并解析了1个PCBs降解操纵子结构，揭示了PCBs的降解机制和该操纵子的水平转移能力。基于四核苷酸指纹特征分析，成功证明了操纵子来自于Ralstonia。该研究在成功鉴定功能微生物，揭示其降解机制的同时，为功能基因起源分析提供了新途径。不仅深化了PCBs污染土壤微生物修复的理论基础，为功能微生物的探查和功能基因的资源化利用亦提供了新思路。对松树根际土壤的研究，揭示了PAHs代谢核心中间产物水杨酸对苯并芘（BaP）环境行为的影响存在地理空间特异性。证实了水杨酸能够改变土壤中降解BaP的功能菌，发现了新型多环芳烃双加氧酶基因

PAH-RHDα-M（KM267486），揭示了 BaP 环境行为与降解功能基因之间的关系。发现具有高效降解 PAHs 能力的菌在特定体系中并不发挥降解功能，并且不同降解阶段功能菌的组分变化较大，表明强化特定土壤中功能微生物的作用，是提高污染物土壤生物降解效率的关键；同时也解释了为何外源添加高效降解菌未必能取得好的生物修复效果，为生物修复调控提供了理论依据。

厘清了根际效应和根系分泌物在原位根际修复 PAHs 过程中所起的作用。应用原位根际 SIP 技术，对根系分泌物在原位根际 PAHs 降解过程中的作用，进行了探究。结果显示，菲和 BaP 分别在 9 天和 42 天完全降解，与非根际土壤相比，根际效应明显提高了菲和 BaP 的生物降解效率（15%～35%）。在土壤中添加根系分泌物没有促进菲的降解，但是 14 天后却促进了 BaP 的降解。根系分泌物的添加显著改变了污染土壤中的微生物群落结构和功能基因的种类，增加了降解基因的数量。由此推测，根系分泌物在添加初期，由于新鲜碳源的输入，可能不会提高污染物的降解，但是由此引起的功能微生物群落和功能基因的改变，会逐渐影响污染物的降解。本研究厘清了根际效应和根系分泌物在原位根际修复 PAHs 过程中所起的作用，为 PAHs 污染的原位植物修复提供了理论依据。

成功实现了 PAHs 原位功能微生物的探查和分离，并成功应用于根际修复。通过对石油污染水体中参与菲降解过程功能微生物种群进行原位探查，并将探查结果与室内培养分离实验结果相对照，成功确认、分离出一株在污染水体中原位降解菲的高效菌株 *Acinetobacter tandoii* sp. LJ-5，并解析出其对菲的降解是通过 β-ketoadipate 途径/机制进行的。该项工作为原位功能微生物的探查和分离确认，提供了一个成功的技术范例。进而将 LJ-5 菌其应用于石油污染土壤的原位根际修复，发现该菌株大大促进了污染土壤中 PAHs 的降解，其作用机理是该菌株不仅自身参与了 PAHs 的降解，同时它改变了土壤中 PAHs 的降解功能菌的群落结构。

（文/罗春玲）

不忘初心　方得始终

——记"国家自然科学基金优秀青年基金"获得者沈永义研究员

沈永义，男，1981年3月生，福建漳州人。本科毕业于中国科学技术大学。硕士、博士毕业于中国科学院昆明动物研究所。获得中国科学院优秀毕业生、中国科学院院长奖、中国科学院百篇优秀博士生论文、云南省科学技术奖一等奖，入选中国科学院青年创新促进会、"香江学者计划"等。现为华南农业大学兽医学院研究员、博士生导师。主要研究领域为病原溯源和进化机制，生物信息学等。以第一作者/通讯作者发表高水平SCI学术论文36篇，包括 Nature（两篇）, Nature Communications, PNAS 等国际一流刊物。单篇最高影响因子40.14，单篇最高SCI引用次数258。四篇论文入选ESI高被应用论文，两篇论文被 The Faculty of 1000 Biology 收录，一篇论文被 Nature China 收录和评价。

农家子弟　缘系中科院

沈永义1981年出生在福建漳州市诏安县一个农民家庭，他当年的高考成绩足以考取清华、北大。但由于考虑到生活成本，他后来选择了中国科学技术大学。为了生活费，他大部分时间都用在勤工俭学和外出打工。他的大部分同学毕业后选择出国留学，但考虑自身经济情况，他选择了在中国科学院昆明动物所读研。在读研的阶段，他再不需要勤工俭学，心思都用在科研上面，在硕博连读期间，取得很好的研究成果，入选中国科学院优秀毕业生，获中国科学院院长奖、中国科学院百篇优秀博士生论文等奖励。并被中科院昆明动物所遗传资源与进化国家重点实验室破格聘为副研究员，是昆明动物所建所以来第一个破格副研究员。

传奇博士后　冲锋疫情前线

2013年中国华东地区爆发人感染H7N9新型禽流感的疫情，死亡率非常高，引起人民群众的恐慌。期间，沈永义正在香港大学做博士后研究，研究方向是蝙蝠病毒。由于H7N9是新型流感，没有疫苗，感染后高达70%～80%的死亡率（早期死亡率很高），所以周围很多同事都不希望去疫区开展研究。回忆起这段时光，沈永义说："这种情况让我心情非常沉重。我主动跟港方的导师管轶教授说，我们是做新发传染病研究的，我们港大的实验室是国家新发传染病的重点实验室，也是世界卫生组织（WHO）禽流感的标准实验室之一，现在新疫情来了，我们不能袖手旁观，其他人不乐意去，我可以去疫区开展这个研究。"于是，当天沈永义就准备好所有实验用品，第二天就奔赴浙江开展研究。由于研究及时，很快找出了感染人的H7N9禽流感的进化源头，研究论文不仅发表在顶级科学期刊 Nature 上，还为疾控政策的制定起到指导作用。

沈永义博士后期间发生的另外一件事情更加充满了传奇色彩。中东新冠状病毒（MERS-Cov）爆发后一直没能找到动物源头，死亡率比SARS还高很多，扩散到多个国家，后来扩散到了韩国，并有一例输入性病例进入中国。MERS对中国面临的威胁迫在眉睫。如果不对该病毒开展研究，掌握第一手资料，万一该疫情进一步扩散到中国，那么国家将会非常被动。

于是，沈永义立刻动身赶赴北非（埃及）和中东（沙特）。到达目的地后，沈永义在当地合作机构的带领下，立刻马不停蹄分析疫区的环境，采集当地常见的动物标本，探讨可能的病毒源头。

在埃及开展研究期间危机四伏。当时埃及的局势非常不稳定，政权更迭，社会动荡。开罗的街头到处都是持枪军警和装甲车。埃及的合作机构本来建议中国的研究者等到局势稳定后再来,但为了及时取得样品,沈永义仍然只身前往。一次他在野外采样的时候,突然被一队身份不明的武装分子持枪劫持了。这些武装分子让他们排成一排在沙漠的太阳底下晒着,并持枪站在他们身后斥问他们从哪里来的、做什么的。当沈永义向武装队长说明来意并被证实没恶意后才得以离开。几个小时惊魂虽然有惊无险,然而为了找出 MERS 病毒的源头,他还是没有退却,选择继续留在埃及开展工作。

最终沈永义一行研究人员的努力得到了丰厚的回报。他们发现单峰驼携带多种冠状病毒,包含人的冠状病毒和 MERS 病毒。而且不同世系的 MERS 病毒还发生重组,重组的病毒世系导致了韩国 MERS – Cal 病毒的爆发。这些研究成果进一步揭示了 MERS 病毒的来源,有助于各国对该疫情的疾控。他的相关学术文章发表在了顶级期刊 Science。

感恩导师　坚定科学信仰

谈到对自己影响最大的老师,沈永义提到了他的博士生导师张亚平院士和博士后研究的导师管轶教授。沈永义称赞张院士是一个非常敬业的人:"他每天早早来到实验室,深夜才离开实验室。而且周末和节假日也不休息。从张院士这边,潜移默化让我们做事情的时候很认真和敬业。"在学术上,张亚平院士一直鼓励学生去探索新的研究内容。"在生活上,张院士还像父亲一般在为人处世等其他方面给我指导。"沈永义说,因为自己性格比较刚硬,以及长期以来一直在比较单纯的学术环境中成长,所以在跟外界接触上的处事经验上有所欠缺,处事太单纯和理想化,因此经常也会遇到一些本来可以避免的麻烦,"每当遇到困难的时候,张院士都会悉心教导我怎么跟外面打交道来避免这些麻烦。"

管轶教授是沈永义赴香港大学开展博士后研究的导师。沈永义评价管轶教授非常严谨、睿智,是一个做事果断、对专业充满热情的科学家,"他做事情雷厉风行,而且为了科学问题,不惜得罪其他人来坚持他的观点。当年 SARS 期间,他也是冒着极大的生命危险来寻找病源,最终发现果子狸是直接的元凶,这对该疫情的控制起到关键作用。我从他身上学到一个科学工作者应当坚持自己的科学观点,而不是为了一些利益或者为了不得罪人去搞糊糊,以及一个传染病工作者在遇到新疫情的时候,不能只顾着自己安危,而是把职责和职业使命牢记在心"。

赶超变异　期待预测病原变化

传染病传播性、危害很大,每次爆发对人民群众生命财产都造成极大的损失。目前,病毒性疫病主要通过疫苗免疫的方法来控制。然而病原一直在变异,导致疫苗对变异后的病原不起作用，因此疫苗需要不断更新。当前往往需要等到病原变异后，发生新的疫情，然后才去开展流行病学调查，找出新病原，再来研发针对性的疫苗，这就使得疫苗更新的速度始终落后于病原变异。沈永义一直研究病原变异的机制，以及变异的原因和规律，通过构建模型来模拟变异过程，以期在不远的将来可以通过模型来预测病原可能的变化路径，进而使得疫苗研制和疾控政策走在病原变异之前。他满怀憧憬地说："这是一条很艰难的研究方向，但只有所有的措施走在病原变异之前，才能最好地控制疫情。"

（文/胡奇　马浩平）

不忘"根"的青年学者

——记"青年长江学者"田江研究员

田江，1976年生，男，中共党员，贵州省织金县人。1994—2004年先后在华南农业大学完成了本科、硕士、博士阶段的学习；2005年，在美国普渡大学从事豆科作物根系养分高效分子机制的博士后研究工作；2007年，在美国罗格斯大学从事草坪草根系耐热机制的博士后研究工作；2008年，引进华南农业大学资源环境学院根系生物学研究中心，受聘为副研究员，2015年受聘为研究员。主要从事植物营养的教学和科研工作。近10年来，在 New Phytologist 和 Plant Physiology 等国内外著名杂志上发表论文42篇，其中SCI收录论文35篇；获得国家授权发明专利3项；参编外文专著1部。曾荣获农业部"中华农业科技奖"一等奖、教育部"长江学者奖励计划青年学者"、国家基金优秀青年项目、广东省特支计划"科技创新领军人才"和广州市"珠江科技新星"等奖励和称号。

跳进"农门" 品"茶"开始

田江出生于织金县城的普通家庭,母亲是小学教师,父亲从事农资销售,家里还有两位哥哥。当田江还在读小学的时候,两位兄长已经考上了全国有名的理工科大学,这为年少的田江树立了学习的榜样。从初中的普通班到高中的重点班,经过六年的努力,田江以优异的成绩被华南农业大学录取,跳进了"农门",选择了茶学专业。刚入校时,由于对专业的认识不足,田江的内心充满失望和彷徨。经过老师们的帮助,以及与同学们的交流,田江认识到了农业发展的重要意义,领悟到只有珍惜现在,努力拼搏,才能开拓未来。调整心态后,田江在大学四年间对学习的热情从未松懈。他努力学习课本知识和实验技能,成绩在班上一直保持前列,多次获得了校奖学金。由于成绩突出,他还获得了选修第二专业的机会。同时,为了弥补自己对农业认知的不足,田江利用暑假走向田间,从田间地头,从农作物的播种和收获中,增进了对农业的了解,增强了从事农业研究的兴趣和自豪感,坚定了继续攻读农学硕士的决心。

开启奋"豆"的寻"根"科研之路

本科毕业后,田江如愿以偿考上了本校作物遗传育种专业的硕士研究生,在杨跃生研究员的指导下,从事关于植物细胞工程的学习和工作。通过杨老师的悉心培养,田江熟练掌握了大豆组织培养的相关理论和技术,为日后的科研工作打下了坚实的基础,也从此开启了他的大豆科研之旅。在攻读硕士研究生期间,杨老师为人谦逊的品格、渊博的学识以及对科研的挚爱在田江心里留下了深刻的印象,更激发了他为农业生产问题深入探索的热情。田江也有更多机会接触到本校杰出的农业科学家,不仅被他们的学识渊博所吸引,还被他们身上表现出的对农业科学的挚爱所感动。因此,硕士毕业以后,田江选择了继续攻读作物遗传育种的博士学位。他也非常幸运地遇到了博士生导师严小龙教授。在严小龙教授和廖红教授的共同指导下,田江开始了大豆和菜豆根系磷高效生理和分子机制方面的研究,踏上了豆科作物养分高效的"寻根"之路。在两位老师言传身教的悉心指导下,田江明白了"根深叶茂"的内涵,以及遗传学和植物营养学等学科交叉的重要性。在攻读博士学位期间,两位老师将田江选派到香港中文大学生物技术学院林汉明教授的实验室开展博士论文的合作研究。在香港中文大学,田江有机会学习到蛋白纯化和质谱技术等先进的理论和技术知识,拓宽了研究思路。返回学校后,他结合自己所学,帮助课题组优化了植物根系酸性磷酸酶纯化的方法,为课题组在豆科作物酸性磷酸酶适应低磷胁迫的研究建立了重要的研究平台。

博士毕业后,在严老师和廖老师的推荐下,田江赴美国普渡大学植物营养分子生

稻花香
校友业绩录

物学家 Raghothama 教授实验室从事博士后研究工作，主要开展大豆和菜豆根系磷高效分子机制的研究。田江非常珍惜这次学习机会，每天由宿舍到实验室，几乎过着"两点一线"的生活，有时甚至在实验室通宵达旦地工作。通过与实验室的其他科研人员的密切合作，他在半年内完成了大豆和菜豆根系的四个基因表达文库的构建和筛选，并提出低磷胁迫响应的基因，*IDS4 – like*（后来命名 SPX）可能是植物磷信号中的重要调控因子（Tian 等，Planta，2007）。这为日后研究大豆和菜豆根系磷高效的分子机制奠定了基础。

结束普渡大学的研究工作后，田江在美国罗格斯大学黄炳茹教授实验室继续从事草坪草根系耐热分子机制的博士后研究工作。刚到黄教授实验室完成项目交接后一周，他就向黄老师汇报了三套实验方案，并在不到两个月时间里就完成了前期项目遗留的实验，保证了相关论文的顺利发表。田江对科研的热情和执著，受到了黄教授的青睐。

薪火传承　积极进取

2008 年，田江重新回到了培育他多年的母校华南农业大学，成为根系生物学研究中心一名教学科研工作者。在根系生物学研究中心建立了蛋白质组学研究的相关平台，围绕豆科作物根系协同适应酸性土壤逆境的分子和遗传机制，重点解析了低磷胁迫响应蛋白/基因的功能，在作物根系分泌紫色酸性磷酸酶的机制、根系磷信号调控网络等方面取得一系列的成果，受到了国内外相关专家们的关注。同时，作为一名高校老师，田江深知教书育人的重任，他不仅指导本科生和研究生的科研工作，而且常鼓励学生们树立远大的理想，脚踏实地，努力奋斗，为农业科学研究的发展贡献力量。近 22 年的校园生活，田江从一个懵懂学生到授业解惑的老师、从百年老校优秀知识文化的被熏陶者到传播者，他铭记老一辈学者的谆谆教诲，继续奋勇拼搏，成为"根深叶茂"的实践者。

（文/田江）

勤勤恳恳的"华农人"

——记科研新秀夏瑞教授

夏瑞，1982年生，湖南益阳人。华南农业大学教授，博士研究生导师。美国弗吉尼亚理工大学园艺学博士。先后在美国特拉华大学植物与土壤科学系、唐纳德·丹佛斯植物科学中心从事博士后研究工作。2016年入选国家重点人才计划，并于同年6月回到华南农业大学园艺学院工作。长期从事非模式植物小分子RNA的生物合成机制及调控机理研究工作，已在 Nature Communication，Genome Biology，The Plant Cell 和 Molecular Biology and Evolution 等学术刊物发表SCI论文30余篇。目前主要利用生物信息学、基因组学及分子生物学等手段，围绕无患子科植物花性别决定机制以及南方主要果树花果发育调控等生物学问题开展研究。

义无反顾　热爱科研

2000年9月，夏瑞以超出当年一本线约50分的好成绩被华南农业大学园艺专业提前录取。四年的本科学习中，夏瑞一直秉承农村孩子艰苦奋斗、踏实肯干的本性，学习刻苦，成绩优异，多次获得先正达农业奖学金、陈励文奖学金等学生奖学金。他思想上也积极向上，大二期间加入中国共产党，担任学院分团委副书记，参与大量的学生管理工作，多次获得优秀党员和优秀学生干部等荣誉称号。本科毕业后，夏瑞顺利考入园艺学院攻读果树学专业硕士，师从华农著名果树学专家、国家科技进步二等奖获得者李建国研究员。当时，李建国课题组正处于从果树生理学研究向分子生物学研究的转型阶段，各种实验技术都在摸索和优化当中，夏瑞凭着一股"愣头青"的干劲，自学分子生物学等专业知识，不断摸索分子生物学实验技术，最终突破实验中的难题和技术瓶颈。夏瑞高质量地完成了硕士论文，相关研究方法分别发表在《果树学报》和《园艺学报》上。这对于当时的硕士研究生而言是非常不错的成绩，他因而被评为广东省"南粤优秀研究生"。

硕士毕业后，夏瑞来到广东省农业科学院果树研究所工作，主要从事柑橘方面的研究。两年的一线工作让夏瑞感受到由于技术的落后，广大农民还是无法改变千百年来"靠天吃饭"的现状。他立志要进一步提升自己，学习更多更深的专业知识。经李建国导师引荐,他获得了一个去美国攻读博士学位的机会,但需要通过托福英语考试。为了改变自己英语不够扎实的现状,又不耽误白天的工作,他每天早上五点钟起床读英语背单词,上班途中在摇摇晃晃的公交车上学习英语,通过不懈的努力,他顺利拿到了去美国弗吉尼亚理工大学攻读园艺学博士学位的录取通知书。

身在海外 心系祖国

2009年8月10日,夏瑞登上飞往美国的飞机,远渡重洋开启留学之旅。看着渐渐模糊的陆地,他许下承诺:"我的祖国,等着我回来吧!"面对这来之不易的机会,他在学业上不敢有丝毫的懈怠,然而海外的求学之路却并非一帆风顺。出国半年后,夏瑞的国外导师出现意外,他需重新选导师和研究课题,之前的准备工作和研究结果"一键归零"。这突如其来的打击并未将夏瑞击倒,他快速调整自己并投入到新研究课题中。由于新的课题需要做大量数据分析,夏瑞只能自学生物信息学和编写分析程序,每天对着电脑显示器工作八小时以上,眼冒金光不放弃,屡次失败不气馁。凭借着骨子里的韧劲,夏瑞仅用了两年多的时间就完成了新课题里所有研究内容,并取得非常优异的成绩。相关研究成果分别发表在 *Genome Biology* 和 *Plant Cell* 上,他成为所在美国农业部研究中心成立三十多年来在植物学顶级杂志 *Plant Cell* 上发表研究论文的第一人。

凭借博士期间取得的优异成绩,夏瑞获得了回国内高校工作的机会。与此同时,国际植物小分子RNA领域知名专家 Dr. Blake Meyers 也向他抛来了"橄榄枝",邀请他加入其课题组从事博士后研究。夏瑞回顾自己三年多的博士学习经历,认识到自己虽然在科学研究上有所突破,但是在课题设计、合作交流以及课题组管理等方面知之甚少。最终,夏瑞决定继续深造,进一步全方位锻炼自己,他先后在美国特拉华大学和唐纳德·丹佛斯植物科学中心进行研究。丹佛斯中心不愧为世界著名的植物研究中心之一,夏瑞被其优良的研究设施与高效和谐的研究氛围所折服,他心想如果在中国能有这类先进的研究机构该多好。

身在异国,夏瑞时刻心系祖国,他看到了祖国飞速的发展,意识到科技创新对国家竞争力的巨大影响。他没有忘记自己许下的承诺,这七年里,他一刻都不敢懈怠,夜以继日,用知识武装头脑,因为他要缩短回家的路。

学成归来 报效祖国

功夫不负有心人,机会终于来了。2016年1月,夏瑞凭借自己扎实的科研功底和丰硕的科研成果入选国家级人才项目,并于2016年5月回国加入母校工作,立志为母校的建设添砖加瓦。刚回国的半年时间里,夏瑞以实验室为家,迅速投入紧张的实验室建设工作中。从实验室的设计与施工,各种仪器的购置与安装,到生物信息数据分析平台的搭建,夏瑞无不亲力亲为。除了吃饭睡觉,他几乎把全部时间都耗费在实验室和办公室里。

夏瑞一直保持着奋力前行、永不懈怠的精神状态,他总是说:"赶紧趁着自己年轻,多静下心来,踏踏实实地干一番。"他对工作充满激情,一旦认准目标就义无反顾努力钻研。在回国短短的三年时间里,夏瑞的课题组就以华南农业大学为第一单位发表了一系列高水平文章,并得到国家重点研发计划、国家自然科学基金面上项目等多个项目的支持,已基本完成五年首聘合同要求的工作量。

在做好自身科研的同时,夏瑞也非常关心学院的发展。为了提升学院的学术交流氛围,他积极向学院献策,采取"要走出去,先请进来"的方式,加强国内外学术交流活动。从2018年到现在,由他协调组织的"园艺前沿"学术报告会已承办25期,对学院科研氛围的提升起到积极的推动作用。

以爱为魂 以德育人

作为一名教师，夏瑞时刻铭记教书育人的使命。他不断总结课堂教学经验，努力构建师生互动，充分调动学生学习的自觉性和积极性，取得了良好的教学效果。在学生心目中，夏瑞是个亦师亦友的好老师，他从心底里爱着每一位学生，坚信每个学生都是好苗子，要积极行之有效地因材施教。三年来，所带课题组坚持每周小组会、双周大组会、不定期联合组会，并和每位课题组成员定期讨论，尊重学生的看法，开展批评与自我批评，共同成长，共同进步。

夏瑞担任园艺学院第一届园艺"丁颖创新班"（2016级）班主任期间，身体力行带领每位学生弘扬"丁颖精神"，培养勤奋刻苦的学习态度，树立明确的学习目标，营造良好的学习氛围。他用心设计了形式多样的特色主题班会，并与每位学生进行单独的十分钟"面对面"交谈，用自己积极向上的心态和严谨的治学理念感染每一位学生。在夏瑞的带领下，2016级园艺丁颖班成长为一个充满活力、锐意进取、努力学习、团结友爱的班集体，夏瑞被评为2016—2018年度校级"十佳班主任"。

在2018年全校师生开学典礼上，作为教师代表，夏瑞做了激情慷慨、感人肺腑的发言。他用自己的亲身经历激励新生要学会思考、不断认识自我；要努力学习，积累知识；要勇于担当，学会自律；要积极向上，传递正能量。

"饮其流者怀其源，学其成时念吾师"，夏瑞心系学生，以爱为魂，以德育人，在学生中有着极高威信和感召力。他不仅是同学们崇拜的科研大牛，也是亦师亦友的好老师。"唯正己可以化人，唯尽己可以服人"，夏瑞用心用情用功书写着教师这份神圣而光荣的职业！

（文/徐婧）

未出土时先有节　已到凌云仍虚心

——记"国家自然科学基金优秀青年基金"获得者
徐振林教授

　　徐振林，教授。2000—2011 年先后在华南农业大学完成本科、硕士和博士阶段学习，2011 年 7 月—2013 年 12 月在中国科学院华南植物园从事博士后分子生物学研究工作，现在华南农业大学任教，为华南农业大学食品学院副研究员、校特聘教授以及 SCI 期刊 *J. Environ. Sci. Health*，*Part B* 编委。主要从事食品及环境中小分子化学有害物检测技术研究与应用，主持国家自然科学基金、中国博士后基金特别资助项目、广东省科技计划等课题 10 多项。

　　在国际权威期刊发表 SCI 论文 40 多篇，申报专利 30 多项，获授权 16 项。广东省自然科学杰出青年基金获得者，广东省特支计划科技创新青年拔尖人才，广东省高等学校优秀青年教师计划入选者。

从严律己　做到最好

徐振林和食品结缘充满巧合。当年他高考填报首选志愿并非食品专业，最后却被华南农业大学的食品专业录取。大学期间，他渐渐发现食品是一个很值得研究的方向，于是他便继续留下来读研，开始了他的科研之路。他坦言道，他个人并不是很喜欢科研，因为科研很辛苦，也很枯燥。但因为是他自己选择的方向，所以他还是竭尽全力、恪尽职守，把枯燥乏味的科研做到了最好。

当时，徐振林承担了导师一个国家自然科学基金项目研究，主要开展魔芋葡甘聚糖化学改性方面的研究，并获得了一些实验结果。在导师的建议下，他将其整理后进行发表。一开始，徐振林把论文投到国内比较好的一个中文期刊《农业工程学报》。但是，他在投稿不久后阅读英文文献时，发现了有一些和他论文结果很类似的文章都发表在 SCI 期刊上。这时，他产生了一个大胆的想法："我能不能把实验结果也写成英文文章发表在 SCI 期刊上面呢？这样更方便同行业的分享和交流！"

接下来，徐振林便全力为英文文章的撰写付出行动。很快，他就遇到了第一个困难——语言障碍。当时的他英文水平不是很好，为了能顺利完成翻译，他只能从一篇又一篇的文献中进行学习，并且依葫芦画瓢，最终从不同文献中拼凑完成了论文的翻译。第一个困难艰难地解决之后，第二个困难接踵而至，就是投稿。由于经验的缺乏和语言沟通的障碍，投稿更为艰辛。在长达一个多月的时间里，他每日都坐在电脑前，不断研究怎样投稿，力求得到更多关于国外的投稿流程的细节和注意事项。

"只要功夫深，铁杵磨成针。"经过一日复一日的努力和坚持，终于，徐振林成功投出了他的第一篇英文文章。但这样长期的连续工作，致使他落下了颈椎病。在这一次的投稿经历之后，他便朝着投英文核心期刊这个目标和方向进行努力。随着他刊登的文章越来越多，与各国同行的交流越来越紧密，他的研究成果也越来越被食品科研领域所看重。他说道："我始终是觉得，对自己的要求要高一点。想要得到 80 分，你必须按照 100 分的标准要求自己，目标就相对比较容易实现了。"

投身科教　尽职尽责

在读博士期间，徐振林的研究方向从食品加工与食品化学方面转到了食品安全。当时，他的导师孙远明教授觉得随着食品产业的迅速发展，食品安全问题将会不断凸显，因此从 2003 年左右便开始逐渐转向食品安全监测方向的研究。于是，徐振林跟随着导师一同开始研究食品安全监测，做食品安全快速检测技术的研究及相关产品的开发。这些技术和产品可以在食品加工、运输或流通环节对食品安全进行检测，防止有害食品流入市场。对于研究食品安全监测，徐振林觉得这是一份很有社会意义的工作。由于我国农业生产以小农户分散经营方式为主，食品生产主体90%为中小企业，常规大型仪器检测方法难以满足实际检测需求。因此，发展低成本、便携、快速的检测方法在我国是迫在眉睫的启示。徐振林说，从事科研以来，"996"工作模式只不过是每日常态，即使在节假日，他也会随时随地进行科研工作，在家里也常会看文献和改论文。可见，他对工作充满着使命感和责任感。

除了科研，徐振林在治学方面也相当出色。他的做事原则是"要么不做，要做就尽可能做好"，因此，在科研和教学方面，他都不留余力，力求尽善尽美。尽管身上背负着重担，他也不会耽误教学进程。他认为，科研和教学是大学老师都必须要做的两件事，教学离不开科研，因为教学内容要不断更新，这部分内容可以来自于科研。他会花很多时间进行备课，为了能更加从容地面对课堂。同时，他会尽可能地在课堂上更新一些知识点，在讲课之余，与学生讨论近期发生的食品安全案例，让学生不仅能收获到课本的知识，也能培养关于食品方面的社会感知力。

在与学生的相处中，徐振林的总体原则是平等。因为他也是刚从学生身份转变过来，所以对学生也不会太严格，都是比较自由。一般来说，学生进入徐振林的课题组后都是先跟师兄师姐熟悉环境。他会要求研一学生多阅读文献，然后撰写综述。他认为，撰写综述对培养学生查阅文献、归纳总结以及写作能力会有很大的帮助。其次，在论文选题方面，他会先尊重学生的想法，然后再根据实际需要进行安排。倘若遇到一些本身不是很喜欢食品和做科研的学生，他并不放任自流，而是循循善诱："如果你能把不喜欢的事情做得很好，那么有一天你们毕业出去遇到你喜欢的事情，你一定能做得更好。"不仅如此，徐振林还会要求他的学生做出成果后，一定要发表文章，作为研究生阶段的一个目标，也方便同行之间进行最新成果共享。他心中一直有个信念，就是如果朝着一个比较高的目标前进，那么一定会成功。

绵绵情谊　谆谆期盼

徐振林从本科开始，就与华南农业大学结下不解之缘。十九个春夏秋冬如同白驹过隙，他也早已完成了从勤勤恳恳的学生向兢兢业业的教师兼科研工作者的身份的转变。但从一方书桌到三尺讲台，也有东西是从未改变的，那就是他和华农深厚的情谊。

徐振林坦言，他能有今日之成就，是华农给了他广阔的平台和坚实的支撑，不仅如此，他在华农十几年，早已与华农的师生结下深厚的情谊，谈一句离别虽易，但深刻入脑海的羁绊难舍。纵使他曾有机会可以离开华农，但他深知"滴水之恩当涌泉相报"，便毅然决然地选择了留在母校发光发热。一路走来，徐振林在华农遇到了许多的良师益友，特别是他的导师孙远明教授以及他所在的团队。

徐振林就是这样一个年轻有为、不骄不躁、重情重义的人才。头角峥嵘的他一直虚怀若谷,勤勉工作。面对他人的赞美,他总是会报以腼腆的微笑回应,并不因此而傲。作为华农培养出的众多耀眼群星中的一分子,他的优秀事迹和品格将会不断地感染华农的莘莘学子,激励他们不断前行,创造新的辉煌!

(文/陈家琪 陈泳怡 戴梓桥)

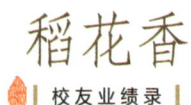

创新创业教育践行者

——记"中青年科技创新领军人才"孙伟圣

孙伟圣，男，1982出生，山东临沂人。博士，正高级工程师，硕士生导师。国家科技部中青年科技创新领军人才、浙江省151人才工程第一层次培养人员。1999—2006年就读于华南农业大学，先后获得学士、硕士学位。2006年考取中国林业科学研究院木材工业研究所博士研究生，2009年获得博士学位。博士毕业后，全职加入浙江久盛地板有限公司（后更名为久盛地板有限公司），先后担任研发总监、院士专家工作站常务副站长、企业研究院院长和副总经理等职务。2015年7月，正式入职浙江农林大学，任特聘教授；2017年5月至2018年5月担任木材科学与工程专业负责人；2018年4月任浙江农林大学集贤学院（荣誉学院/创新创业学院）副院长/副书记（主持工作）。同时，兼任国家木竹产业技术创新战略联盟专家委员、全国人造板标准化技术委员会委员、全国木材标准化技术委员会委员、中国林学会木材科学分会委员。

投身企业生产一线　　成为首位全职博士

2009年7月,当绝大多数博士毕业生被各大高校和科研所伸出的橄榄枝招揽走时,孙伟圣却毅然放弃了科研机构的邀请,选择加入一家民营地板企业——浙江久盛地板有限公司,成为我国木地板产业第一位全职博士。"我是个喜欢挑战的人,想要去企业搞产品开发,将所学运用到企业实践中去,将产品推广到千家万户中去。如果有朝一日能在朋友家见到自己亲自研发的产品,我觉得自己的价值真正得到了实现。"这就是孙伟圣投身产业一线的初心。

当时,在经历了2008年的金融危机,国际、国内经济形势非常严峻,地板行业已经进入整合期,而且在木地板这个传统行业,科研人员的前途、福利、生活质量似乎都不能和大型科研机构相比。"在面对科研机构和企业两个选择的时候,我咨询了很多老师、同学和朋友,他们十个人里面有九个支持去科研机构,原因很简单,就是稳定。"回想起当时做决定的情景,孙伟圣说:"后来我还是选择了去企业。当时的想法其实也挺简单,因为成功的人一定是少数的,因此,首先你要是少数派,才可能成功。"对于"稳定工作",孙伟圣博士是这么看的,"没有绝对的稳定,也没有绝对的不稳定。是否稳定和工作本身无关,而是取决于自己的努力。在企业里干了一辈子,取得很大成就的人有很多;在事业单位里捧着'金饭碗',一生碌碌无为人也不少。虽然不知道在企业里会发展成什么样子,但是我坚信只要自己不是特别笨,能吃苦耐劳,而且没有什么不良嗜好,一定会发展得很好。"为了"学以致用"的朴素追求,为了成功,孙伟圣选择了做少数派,毅然决然地只身来到南浔,就职于浙江久盛地板有限公司,担任研发总监,主要从事产品开发和技术创新工作。南浔是有名的"中国木地板之都",全国60%以上的地板产自南浔,孙伟圣加盟浙江久盛地板有限公司被认为是南浔木地板行业人才引进工作的一个里程碑,为博士生就业走出了一条新的道路。

聚焦产品科技创新　　引领产业创新发展

"装地暖,怕高温释放甲醛,用久盛实木地暖地板。"大家在国内很多高铁站以及新闻媒体上经常看到的这句广告词,广告中的实木地暖地板就是孙伟圣带领团队所开发的。在久盛地板有限公司工作的六年期间,孙伟圣从一个"一心只读圣贤书"的学者变身成为企业技术创新专家,并带领企业研发团队创造多项成绩:建立了行业内第一家院士专业工作站,主持承担行业内第一个由企业承担的国家"十二五"科技支撑计划项目、顺利完成国家"863"计划项目,参加多项国际、国家标准起草工作,成功开发实木地热地板、阻燃木质地板等多项新产品,获授权发明专利7项,实用新型专利 31 项,为企业创造经济效益近 10 亿元,在推动企业转型升级过程中发挥了重要作用,特别是实木地热地板的成功开发,奠定了后来企业转型升级的重要产品支撑。孙伟圣在企业工作期间所践行的"搭建平台、整合资源、优化团队、集成创新"十六字方针,为从事企业创新工作的后来者提供了鲜活案例,树立了产学研合作标杆,引领了木地板产业科技创新发展。孙伟圣本人也被评为科技部中青年科技创新领军人才、中国林产工业协会地板行业科技创新领军人才,这也为他能够重归高校奠定了基础。

致力创新创业教育　　培养卓越拔尖人才

短短五年时间,孙伟圣就从公司的研发总监晋升为副总经理。正当孙伟圣的事业蒸蒸日上时,他再次做出了令人难以理解的决定:放弃企业高薪,投身教育事业。在企业从事产品研发的过程中,孙伟圣慢慢发现自己对产品创新特别感兴趣,同时也有一定优势,这也为后面从事创新创业教育工作埋下了伏笔。做了副总经理的孙伟圣心里经常这样想:"如果在企业里发展,未来最大的收获可能就是实现财务自由,但是那并不是我最想要的。自我价值实现,才是最终的目标。我觉得我必须去找寻另一个挑战,开启事业之门,实现自己的人生价值。"当时,孙伟圣在和家人讨论是否离开企业的时候,他说:"今年我 33 岁了,如果再过两年,工资待遇更高了、孩子也大了,我可能也就不会再折腾了,这辈子也就这样了,我想再挑战一次。"辛苦六年得到的晋升,经营六年积累下的人脉,磨砺六年换来的回报,在追求人生价值实现面前,显得都不重要,孙伟圣毫不犹豫,再次归零,又踏上了一段新的人生征程。

机缘巧合之下,孙伟圣受到浙江农林大学工程学院金春德院长的邀请,作为国家级高层人才引进,金院长问在待遇方面有什么要求,他说:"在待遇方面,我没什么特别要求,学校能给什么就给什么,只要能够让我从事创新创业工作就行。"2015 年 7 月孙伟圣来到浙江农林大学任教。2017—2018 年担任木材科学与工程专业负责人期间,带领专业团队顺利通过了 SWST 国际专业认证(全国第 2 个),主持了国家重点研发计划课题 1 项,获批教育部"新工科"建设项目 1 项。2018 年 4 月,孙伟圣接受学校组织安排,出任学校荣誉学院、创新创业学院的主持工作副院长、副书记,主要负责拔尖创新人才培养和全校创新创业教育工作。

"教育才是最高危的行业,我们的错误是孩子们用他们的人生作为代价;教育又是回报最高的行业,我们的付出是孩子们用他们的成就作为回报",孙伟圣博士将教育作为终身事业,带领着孩子们,向着理想,向着自由,昂首阔步,走在创新创业的大道上,守正创新,追求卓越。

(文/华南农业大学材料与能源学院)

不忘学农初心　争创鹅业辉煌

——记"新世纪百千万人才"施振旦教授

施振旦，男，1964年生，江苏省常州市人，教授，博士生导师。1985年毕业于南京农业大学畜牧专业，获学士学位；1992年毕业于新西兰林肯大学，获理学博士学位。1993—2011年在华南农业大学畜牧系（现动物科学学院）工作。现任江苏省农业科学院畜牧研究所副所长、家禽研究室主任，二级研究员。2009年入选新世纪百千万人才工程国家级人选，2012年入选江苏省"双创人才"，2013年享受政府特殊津贴，第十届广东省政协常务委员。

稻花香
校友业绩录

施振旦20世纪80年代从南京农业大学畜牧专业毕业后，考上北京农业大学的硕士研究生并赴新西兰留学。他在留学归国后选择广东这个改革开放的前沿阵地，于1993年加入华南农业大学畜牧系，从事动物繁殖学方向的教学和科研工作。

在华南农业大学工作期间，施振旦从《广东省畜禽品种志》一书中了解到，广东的鹅都在秋冬季产蛋，而在春夏季停产。这样的季节性产蛋繁殖习性，不仅降低鹅的繁殖性能，更加造成了产业难以全年均衡生产。他尝试将留学期间学习的鹿和羊的繁殖季节调控知识应用到解决广东鹅种的季节性产蛋的问题上，从此与我国的养鹅产业结下了不解之缘。

施振旦充分发扬理论联系实际的学风，深入基层与农民交流互动，将理论知识与生产实际情况有机结合，精心设计了关键光照技术、抗热应激鹅舍等成本低廉、简单实用的技术。该技术在鹅场应用很短时间内就获得了成功，不仅使鹅在夏季反季节产蛋繁殖，而且产蛋性能比常规提高了50%左右，经济效益更是常规生产的3～5倍。鹅反季节繁殖技术很快在广东全省推广应用，并在2008年获得了广东省科技进步一等奖。

鹅反季节繁殖的推广应用，促进了广东鹅产业的快速发展，新的问题也随之而生。许多鹅场反映反季节种蛋的受精率和孵化率不断下降，甚至造成了严重的经济损失。针对这一书本中从无记载的新问题，施振旦又带领研究生到各地农户处调研，找到造成下降的原因是与农民为追求经济效益不断扩大养殖规模和养殖密度有关。规模化高密度养殖造成广东的"鹅—鱼"综合生产模式中鱼塘水体富营养化、有害肠道杆菌和细菌内毒素污染问题。在确认这一问题后，施振旦又针对性地研发了控制水体有害菌和内毒素污染的新技术，并到广东省内各养鹅主产区巡回办班，为养鹅农民和饲料厂家推广新技术。该环境控制技术应用后不仅使反季节繁殖的生产性能提到新高，还成功开展了体型大、排粪多、污染重的狮头鹅的反季节繁殖生产。反季节生产的狮头鹅苗价格高到80元/只，母鹅的全年净利润达500元/只。巨大的经济效益又推动了狮头鹅的反季节繁殖和广东省养鹅业的新一轮发展。

从2009年开始，施振旦加入了国家水禽产业技术体系，其科研工作拓展到全国的养鹅业发展。他的家乡江苏省也是我国的鹅养殖和消费大省，鹅产业发展也受到季节性繁殖的困扰。为了帮助家乡人民发展现代化鹅产业，施振旦一开始也将广东的反季节繁殖技术应用到江苏企业，然而却未获得成功。进一步分析江苏扬州鹅的季节性产蛋规律，发现其与广东的短日照繁殖鹅种不同，属于长日照繁殖鹅种。施振旦因此感觉到需要全面掌握南北方各鹅种的产蛋季节性规律，才能针对性地做好各鹅种的反季节繁殖生产。为此他走访了全国各地的鹅保种场、企业、农户和孵化场，收集了8个鹅种在自然状态下的全年产蛋数据，绘制了产蛋率的季节性变化曲线，在世界上首次将南北鹅种划分为三种长短日照繁殖类型。与此同时，他组织了一个"产学研"团队，

研发以扬州鹅为代表的北方长日照繁殖鹅种的反季节繁殖技术。经过前后三年的艰苦奋战，吸收国内外光照调控畜禽繁殖性能的研究进展，研发集成了效果最佳的光照技术、高效通风抗热应激技术、饲养饲喂技术，使扬州鹅的反季节繁殖产蛋性能从45个蛋提高到70～75个蛋，从而将种鹅生产的经济效益提高4倍左右。

施振旦在鹅繁殖季节的调控和技术研发推广工作，多次被邀请参加国际学术会议做特邀报告，也被英国科研宣传的杂志 *Research Features* 专题报道介绍。鹅反季节繁殖技术被江苏省和农业部列为主推技术，其应用效果也多次在中央电视台播放介绍，目前已经被推广到全国的十多国省区，全年产生经济效益30多亿元，大大推动了我国养鹅生产的经济效益、养鹅业的转型升级和农民的增收脱贫。他的研究获得2008年广东省科技进步一等奖、2018年江苏省农业技术推广一等奖。

人生有涯而学无止境。站在乡村振兴新的历史起点，在全面克服鹅季节性繁殖问题基础上，克服鹅的就巢习性以进一步提高产蛋繁殖性能、进一步提高鹅种蛋的孵化性能、有效防控雏鹅痛风病泛滥和大量死亡，成为促进鹅产业兴旺、实现高质量可持续发展的新课题。对此，施振旦认为仍然需要勇于担当时代赋予的责任，继续发扬理论联系实际的学风，与勇于创新、敢闯敢干的广东农民和产业紧密合作，不断攀登鹅产业发展的新高峰。

（文/华南农业大学动物科学学院）

华农育我　我爱华农
——记"珠江学者"谢青梅教授

谢青梅，女，博士，教授，博士生导师，广东省高校"珠江学者"特聘教授、广东省第十二次党代会代表、广东省家禽产业技术体系首席专家。

1993年9月入读华南农业大学动物科学系畜牧专业，1995年加入中国共产党。1999年获华南农业大学预防兽医学硕士学位，2011—2012年在美国农业部农业研究中心禽病与肿瘤研究所和美国密歇根州立大学访问学习。2000年4月至今在华南农业大学动物科学学院工作。2000—2003年担任动物科学学院政治辅导员，2011—2019年6月担任动物科学学院副院长，现兼任广东省动物病毒载体疫苗工程技术研发中心主任，广东省畜禽健康养殖与环境控制企业重点实验室副主任，中国畜牧兽医学会禽病学理事、动物微生态学分会常务理事、世界家禽学会会员。

谢青梅在华南农业大学动物科学学院动物健康养殖学科从事畜禽疾病防控技术研究，近年来共承担"动物免疫学""兽医生物制品"等 4 门本科生课程，"分子免疫学""动物微生态与肠道健康"等 4 门研究生课程；主持或主要参与省部级、国家级教学改革项目 10 项，发表教学改革论文 13 篇；获得全国农业专业学位研究生实践教学成果一等奖 1 项、广东省教学成果一等奖 2 项、二等奖 1 项和华南农业大学教学成果一等奖 6 项；参编教材 1 部；主持了 5 个国家级、省部级教学科研平台的全面工作。独立指导研究生 40 多人，2012—2019 年培养的研究生连续 8 年 15 人次获得国家奖学金，6 人获得广东省和校级优秀硕士学位论文，1 人获得广东省优秀研究生称号。指导大学生科技创新国家级、省级项目 4 项，获全国技能竞赛三等奖 1 项、省级技能大赛一等奖 2 项、二等奖 1 项。连续 18 年担任班主任工作，其中所带 99 级 2 班曾获"全国先进班集体"等荣誉称号，2015 级温氏班获得"广东省红旗团支部""先进班集体"等荣誉称号。独立培养硕士研究生 47 人，博士生 7 人，博士后 3 人。

近五年来，承担国家"十三五"重大科技项目、863 计划、国家自然科学基金等课题 25 项，主持科研经费 1600 多万元。发表学术论文 200 多篇，其中 SCI 收录论文 96 篇（其中第一作者或通讯作者发表 SCI 论文 66 篇，且以主要共同作者在 *Nature* 杂志上发表 SCI 论文 1 篇），还担任 *JVM*，*BJV* 等国际期刊的特邀编委，*PS*，*SR*，*VJ*，*JVM*，*Vaccine* 等近 10 个国际期刊的审稿人。申请国家发明专利 24 件，获授权专利 14 件。曾获得广东省科学技术三等奖、广东省农业技术推广一等奖等科研成果奖励 9 项，多项研究成果在全国推广应用。《南方日报》以"带着科研成果，走进基层一线"为主题报道了她的教学科研事迹。

由于教学科研业绩突出，谢青梅曾获"全国巾帼建功标兵""南粤优秀教师""广东省畜牧兽医杰出科技工作者""广州市优秀女科技工作者""华南农业大学优秀共产党员""华南农业大学教书育人奖""十佳班主任""十佳导师"等荣誉称号。

（文/华南农业大学动物科学学院）

一生兽医人　一世兽医情

——记"新世纪优秀人才"袁宗辉教授

　　袁宗辉，男，1958年生，湖北天门人。1988年7月博士毕业于华南农业大学兽医药理与毒理专业。现任华中农业大学二级教授，博士生导师，西班牙皇家兽医科学院外籍院士，国家兽药残留基准实验室（HZAU）、华中农业大学国家兽药安全评价实验室、农业部兽药残留检测重点实验室、农业部畜禽产品质量安全风险评估实验室（武汉）主任，华中农业大学兽药研究所所长，动物医学院兽药科学系主任。

选择兽医　选择开创一门事业

作为恢复高考后的第一届考生，袁宗辉注定了要与华中农业大学兽医专业结下不解之缘。

面对这个看似陌生又艰苦的专业，袁宗辉没有选择退缩与抱怨，相反，他怀着"既来之，则安之"的想法，如饥似渴地汲取知识。在经过四年的本科阶段学习后，袁宗辉不仅获得了扎实的兽医学基础知识，还对兽医药理学有了更加深入而系统的认知，并对其发展前景充满信心。

本科毕业后，他毅然报考研究生，并最终如愿以偿，留在了母校进行硕士阶段学习。他从恢复高考后的第一批本科生到第一批硕士生，后又成为我国第一名兽医药理学及毒理学博士直到出国留学继续进修，袁宗辉经历了一穷二白的兽医行业"创业期"到成长期。在袁宗辉步入兽医研究大门时，正值刚刚改革开放，能够支持袁宗辉进行科研的条件尚不完善。"我们做实验所需的动物、相关设备、器皿、试剂，都得自己去市场和商店购买。每个数据都要付出艰苦的努力。"袁宗辉回忆道。在极其艰苦的科研条件下，袁宗辉越发觉得想要使科研水平更上一层楼，改善研究条件迫在眉睫。1994年，袁宗辉回到本科和硕士学习过的母校——华中农业大学工作，通过与团队成员不懈的努力，华中农业大学兽医药理学学科焕然一新，科研条件从国内外名不见经传到如今在国际上都屈指可数。

为兽药残留控制贡献智慧

作为一名兽医，离不开与兽药打交道。兽药在兽医工作以及相关研究中可谓举足轻重。兽药的不合理使用会导致残留、耐药性等问题，严重危害消费者健康。面对一度严峻的兽药残留问题，袁宗辉认为，检测是发现、追溯和处置兽药残留的最有效手段，从源头控制是防止问题食品流入餐桌的最有效方式。而从养殖场到消费者一系列全程控制的关键技术研发，就是袁宗辉认为保证动物源食品安全的"重中之重"。

二十年来，袁宗辉带领的团队先后建立了国家兽药残留基准实验室（华中农业大学）、国家兽药安全评价实验室、农业部兽药残留检测重点实验室、农业部畜禽产品质量安全风险评估（武汉）、武汉市动物性食品残留检测工程技术研究中心、华中农业大学兽药研究所等科研机构。袁宗辉依托所建的平台，针对抗菌药残留筛查过程中缺乏高通量筛查技术、动物的可食性组织中多种残留物的提取、食品中的兽药残留的有效控制等重难点问题，与团队成员经过不懈的努力，发明了"痕量多组成分残留物的恒温和加速容积萃取"等创新技术，开创了国际首创的乙酰甲喹及其主要代谢物的定量分析方法及快速筛选检测方法，研制了残留物的标准品 27 种，建立了定量/确证分析方法 59 种，发明快速检测的核心试剂 62 种，创制基于抗体的高效检测试剂盒 36 个，为有害残留的风险管控提供了可靠的办法。

袁宗辉承担科研项目 100 多项，获得发明专利授权 75 项，申报物种保藏 46 项，产品注册备案 17 项。获得国家技术发明二等奖 1 项，省部级科研奖励 10 余项。主持制订（修订）农业行业标准项目 80 余项，建立兽药残留检测方法国家标准 48 项。对于国家兽药残留监控和检测标准的制订，兽药最大无作用剂量、日许量、安全浓度、最高残留限量、休药期等食品安全核心标准的建立，有不可磨灭的贡献。建立起动物可食性组织（产品）以及饲料中常用抗菌药、抗寄生虫药、违禁药、霉菌毒素的定量和确证法，共 70 多种。这些标准成为国家兽药残留监督执法的强有力手段，在国家兽药残留监控计划、应付突发事件和内外贸易中广泛使用，保障了食品安全，维护了社会稳定。糖皮质激素类和 β–受体兴奋剂类等定量/确证检测的国家标准，有力保障了北京 2008 夏季奥运会及残奥会、上海 2009 世博会、广州 2010 夏季亚运会及残亚会、上海 2011 世界游泳锦标赛、深圳 2011 夏季大运会的食品安全，还对运动员兴奋剂的科学检测、促进公正比赛等也做出了巨大的贡献，并为我国在国际上赢得了良好的声誉。

带领中国兽医药理及毒理走向世界

在袁宗辉的兽医之路上，除了学习国外的先进科学技术，他也在积极致力于为中国的兽医走向世界而努力。在兽药残留与食品安全、抗菌药耐药性等领域，袁宗辉及其团队先后与美国、法国、比利时、西班牙、以色列、西班牙等国的科学家保持长期合作关系。袁宗辉先后 16 次以中国代表团成员（或团长）身份，参加国际食品法典大会、食品中兽药残留法典会议和国际政府间抗菌药耐药性特设大会。

2013 年，袁宗辉当选联合国粮农组织（FAO）和世界卫生组织（WHO）食品添加剂与污染物联合专家委员会（JECFA）委员。袁宗辉的当选，为我国直接参与参加国际兽药和食品添加剂的风险评估和食品安全标准的制订提供了更多机会，为我国在世界食品法典舞台上赢得了发言权和国际地位和声誉。

2014 年 6 月，鉴于袁宗辉取得了国际公认的学术成就和专业影响，西班牙皇家兽医科学院全体院士一致选举他为西班牙皇家兽医科学院外籍院士，这是西班牙科学院所能给予外国科学家的最高荣誉。袁宗辉是我国畜牧、兽医和水产养殖领域科学家中获得外籍院士称号的第一人。

2017 年，袁宗辉当选国际食品法典委员会（CAC）有关抗生素耐药性两个法典文件电子工作组的共同主席。2017 年和 2018 年，袁宗辉率领我国代表团出席了 CAC 抗微生物药耐药性政府间工作组（TFAMR）会议，参与讨论和制订《最大限度减少和控制抗微生物药物耐药性操作规范》和《食源性抗微生物药物耐药性综合监测指南》这两个国际食品法典。中国代表团在会上多次发言,有理有据地充分表达和阐述我国对抗微生物药物耐药性的《减控操作规范》和《综合监测指南》两个国际标准方面的意见和关切,受到与会国家和国际组织的重视。提出的意见和建议也多次被采纳并写入大会最后报告,极大地提升了我国在国际食品法典标准制定中的话语权和参与度。

一生兽医人,一世兽医情,袁宗辉以其兢兢业业的科研态度和国家荣誉感,在兽医科研和工作中不断做出新的成就,不断为我国兽医行业增砖添瓦,见证并参与了我国兽医药理学和毒理学从弱到强的建设过程。从研制开发一系列兽药残留检测试剂填补国内外空白,到建立健全一系列国家和国际标准,袁宗辉帮助中国兽医行业在国际上获得越来越大的话语权和越来越高的地位。

(文/华南农业大学兽医学院)

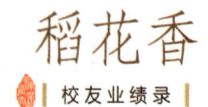

在教学、科研、党建中培育英才的全国"双带头人"

——记"新世纪优秀人才"陈乐天教授

陈乐天，男，广东省乐昌市人。教授，博士生导师。1996 年和 2000 年分别获暨南大学理学学士、硕士学位，2003 年获华南农业大学农学博士学位。2010 年获日本奈良先端科学技术大学院大学生物学博士学位。2003—2010 年在日本从事博士后研究工作，在水稻抗病信号转导分子机理的研究中取得重要成果。2010 年底回国转型从事水稻杂种优势利用关键性状的分子机理研究。现已在 *Annu. Rev. Plant Biol.*，*Cell Host Microbe*，*Nat Commun*，*Mol. Plant*，*Plant Cell* 等学术刊物发表 SCI 论文 40 余篇，累计影响因子 280 多点，论文引用次数超过 2200 次；申请发明专利 8 项。2012 年入选教育部"新世纪优秀人才"，2016 年入选广东省"珠江学者"特聘教授。2016 年获中国侨界创新人才贡献奖，2017 年获广东省丁颖科技奖。现任亚热带农业生物资源保护与利用国家重点实验室副主任，中国植物学会植物细胞生物学专业委员会的委员，广东省植物生理学会、遗传学会常务理事。

2010年7月，陈乐天作为海外高层次引进人才全职回到学校任教。回国九年来，他立足本职工作，严格自律，锐意进取，在教学、科研及党建等多个方面做出了突出业绩。一篇篇科技论文、一本本获奖证书、一项项科研基金，激发了一个个青年学子探索未知世界的信心和勇气，照亮了年轻人的成才之路，也体现了一名高校人民教师的先锋模范本色。

潜心教书育人的"金牌"老师

出生于粤北山区草根家庭的陈乐天深知知识改变命运的重要性，他在求学道路上曾受到恩师的帮助和提携，最终通过读书改变命运，成为一名科技工作者和大学教授。因此，他常说："行善莫过于助力青年学子成长成才。"言出必行的他希望自己能像恩师那样把一份爱心传递下去，让更多来自草根家庭的学子通过知识改变自身和家庭的命运。怀着这份初心，陈乐天回国后主动承担了2门本科生双语课程和1门研究生核心课程的教学任务，教学质量连续多年位列学院前三甲。大学生管理通常主要是高校辅导员的职责，陈乐天为了帮助学生成长，先后担任2010级植物科学类丁颖实验班和2014级生物科学1班的班主任，投身到本科生管理一线。他定期走访学生宿舍，找学生谈心，为学生排忧解难。他真诚的爱心和负责的工作赢得了学生的爱戴和认可。他所带的班级班风正、凝聚力强、学习气氛浓，成为学院和学校的标杆，尤其是2010级植物科学类丁颖实验班创下了高达4.03/5.00班级年平均绩点，英语四级通过率100%，连续两年荣获华南农业大学"优秀班集体"。

为了激发大学生的科研热情和潜力，陈乐天以科技竞赛项目为抓手，指导大学生参加全省、全国乃至全球的各类科技竞赛项目，并荣获多个奖项。2013年和2014年，陈乐天带领学生以微生物为对象，先后获得国际基因工程机器设计大赛的亚洲区金奖和全球金奖。2016年，他与祝钦泷副研究员联手以难度更大的植物为研究对象，以"利用水稻生物反应器合成超级抗氧化类胡萝卜素"为主题开展科技创新。经过了两年的精心准备，创造出能在胚乳特异性表达虾青素的虾青素大米（aSTARice）。该参赛项目最终从全球300多支参赛队伍中脱颖而出，一举摘得全球总决赛季军、首届"植物合成生物学最佳成就奖""最佳新应用项目奖""最佳教育和公众参与奖"，成为该赛事十多年来单次获奖项目最多的亚洲高校队伍，为祖国争得了荣誉。经他指导的三届39名iGEM队员，有37人最终进入了美国、英国和加拿大等著名高等学府攻读研究生。

鉴于陈乐天在教书育人方面的突出表现，他被评为广东省"南粤优秀教师"、广东省"百名优秀德育教师"，荣获"感动广州的教师"提名奖，以及华南农业大学"优秀班主任"、"十佳班主任"和"三全育人"等荣誉称号。

稻花香

校友业绩录

勤奋治学　服务"三农"的科研能手

陈乐天所在的水稻育性发育科研团队是华南农业大学亚热带农业生物资源保护与利用国家重点实验室的核心科研力量。该团队以科学家特有的敏锐性和前瞻性，瞄准水稻杂种优势利用技术瓶颈相关性状所蕴含的重大基础科学问题，提前布局、分工合作，经过多年攻坚克难，从分子水平克隆了多个调控水稻育性、杂种亲和性的关键基因，取得了一系列原创性重要科研成果，为我国粮食安全的可持续发展做出了突出贡献。

在"丁颖精神"的熏陶下，陈乐天对科研充满了激情，躬身垂范，长期处于"白加黑"的工作模式，以极大的工作热情积极投身农业科学基础研究。他率先克隆亚洲稻与非洲稻种间杂种不育基因，完整解析了亚非种间不育的分子基础，同时创造了籼粳稻亚种间和亚非稻种间杂种亲和材料，为远缘杂种优势利用奠定了基础，并为解决杂交稻生产中不育系"包颈"问题（穗子无法抽出叶鞘而不能结种子），提供了新的解决方案，为我国粮食安全的可持续发展提供了理论基础和技术支撑。

陈乐天在指导本科生、硕士生、博士生及博士后开展不同层次科学研究的过程中，通过言传身教、行为世范，让他们体会科研的艰辛和乐趣，激发青年学子对科学的热情，引导他们走上科研之路。在实验室，陈乐天坚持引导学生做诚信科研的表率，避免急功近利、急于求成；推动建立容错机制，形成潜心研究、挑战未知的创新文化和宽容失败、鼓励争鸣的学术氛围；让大家围绕既定的科学目标和任务，心无旁骛、长期深耕农业科学应用基础研究，培育重大原创性成果。回国后，陈乐天获得省部级以上课题资助12项，其中国家基金面上项目4项，重点研发项目课题2项；在 Annu Rev Plant Biol、Nat Commun、Mol. Plant 等国际著名学术期刊发表论文35篇；申请国家发明专利8项。先后荣获广东省丁颖科技奖、中国侨界创新人才贡献奖、大北农科技奖基因工程奖（第4）、广东省科学技术一等奖（第10）等。

无私奉献　党建育人的支部书记

作为一名基层共产党员和支部书记，陈乐天总是为人师表，身先士卒，处处作表率。为了充分发挥教工党支部的战斗堡垒作用，陈乐天提出以科研团队为基础，开展教工—研究生—本科生党支部的"三级联动"帮扶共建工作模式。在科研中，鼓励研究生党员勇挑重担，啃硬骨头；在实验室日常管理中，让党员学生多承担公共事务，以锤炼党性、建立大局观和强化服务意识。为了帮助支部研究生、博士后和青年教工的发展，陈乐天经常帮助他们修改学术论文、基金申请书或答辩材料。在他的带领下，该党支部的年轻教工也展现出奋发向上的精神面貌,近年来,支部青年教工党员的科研成果数量和质量不断提高。支部的 8 名博士后均获得国家博士后基金,并有 7 人获得国家青年科学基金;有 3 人被评为学校"优秀共产党员"。其团队研究生以第一作者发表学术论文(著)35 篇,其中 SCI 论文 30 篇;6 人获得研究生国家奖学金。

经过多年的努力,支部共建取得了可喜成效:研究生党支部和教工党支部双双被评为学校"先进党支部";陈乐天所带的科研团队 2018 年也被评为"广东省五四青年奖章集体"称号;2018 年陈乐天成功入选全国高校百名"双带头人"教师支部书记工作室负责人。在陈乐天的指导下,共建研究生第一党支部也顺利入选全国高校"百名研究生样板党支部"行列,帮扶的本科生第一党支部则成为校级"本科生样板党支部"。

陈乐天作为一名高校基层党员教师,通过自己的辛勤劳动,在教学、科研和党建三条战线上结出累累硕果,赢得广大师生的尊重和认可,成为服务"三农"的高校教师典型代表,其满满的正能量和高尚的师德师风正引领众多青年学子,走上了自信、自强、自立的科研道路,成为我国科教事业未来的生力军。他用爱心、激情、奉献诠释着高校教师教学育人、科研育人、党建育人的非凡人生。

(文/华南农业大学生命科学学院)

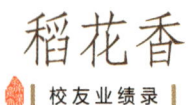

潜心科研、教书育人的好教师

——记"新世纪优秀人才"郭垂根教授

　　郭垂根，男，1976年生，湖南人。华南农业大学材料与能源学院教授，博士生导师。近年来主持国家自然基金面上项目2项、林业公益重大项目课题1项，广州市科技计划项目1项，国家重点研发计划等项目10余项，在国内外重要期刊上，发表50多篇学术论文，SCI论文30余篇，专利5项，出版著作1部，参编1部，获国家科技进步二等奖1项，2013年入选教育部"新世纪优秀人才支持计划"。

厚积薄发　潜心科研

出色的科研成就，来自于他在学习阶段与木材结下的深厚缘分。2000年，郭垂根从东北林业大学化学专业毕业，获得学士学位；2002年从哈尔滨工业大学毕业，获得应用化学硕士学位；2003年至2007年，又继续在东北林业大学攻读生物材料工程博士学位。2012年至2014年，在中国林业科学研究院木材工业研究所做博士后研究。2015年1月至2016年1月，他又以公派访问学者的身份赴美国华盛顿州立大学深造。多年的专业学习，为他奠定了扎实深厚的科研根基。自2003年开始从事木塑复合材料界面相容性研究，合成适用于木塑复合体系的新型界面相容剂，明显改善了木塑复合材料的界面性能，为木塑复合材的性能调控提供理论依据；自2008年开始从事阻燃木材与涂饰方面的研究，重点开展木材浸渍处理技术、木材阻燃和表面涂饰工作。近年来，他主持国家自然基金面上项目2项、林业公益重大项目课题1项，广州市科技计划项目1项，国家重点研发计划等项目10余项，主持项目经费500多万元，参加国家科技支撑计划课题等重大、重点课题多项；同时在国内外重要期刊上，发表50多篇学术论文，SCI论文30余篇，专利5项，出版著作1部，参编1部，获国家科技进步二等奖1项，教改论文5篇。

稻花香
校友业绩录

严于修身　勤于治学

"学高为师，身正为范"。"师者，所以传道、授业、解惑也！"这两句话一直是郭垂根坚守的信念。他不仅在自己的科研工作上严谨踏实，同时在学生的培养上也付出了许多心血，是一位严格要求自己和学生、关注学生发展的优秀教师。郭垂根自2008年开始招收硕士研究生，尽管当时条件有限，但他仍在  努力为学生提供良好科研平台的同时，注重学生科研能力的培养，第一届毕业生考取了哈尔滨工业大学博士，毕业后顺利进入青岛大学任教，其他几届毕业生，也成为企业的中坚力量，这得益于他平时对学生的高要求及良好科研能力的培养。他经常带着学生参加行业学术会议，开阔他们的眼界，让学生见到同行、了解行业研究现状。同时也注重对学生理论知识的培养，部分学生刚阅读英文文献时，会有犯难的情绪，郭垂根就经常找学生面对面交流，告诉他们如何掌握利用英文文献的能力。

与此同时，郭垂根自己也保持着每天阅读英文文献的习惯。对于新同学，他会展示师兄师姐们取得的成绩，这对学生来说是一种激励：为了取得一定的科研成绩，就要不断努力学习。还有很重要的一点，他经常采用"5+2""白+黑"的工作模式，牺牲自己的休息时间，每天早早到单位，在实验室进行科研工作，晚上通常工作到10点多，时刻用自己的言传身教引领学生成才。他的严于修身、勤于奉献，给学生树立了良好的示范，让学生对待自己的科研也不敢掉以轻心，每个人对实验都不敢马虎，经常早来晚走，实验室形成了良好的学术氛围。此外，学生在实验中随时遇到问题，随时就可以请教老师，得到解答，在一定程度上也使学生的科研水平得到了很大的提高。

多年来，郭垂根工作兢兢业业，无私奉献，为人才培养、科学研究、学科建设等付出了辛勤的努力。作为教学工作的领头人、学生们的良师益友、科学研究的带头人、学科建设的组织者，他用奉献引领，用成绩激励，用细节打磨，努力恪守和践行着一名教师的操守和准则，树立了人民教师的良好形象。

（文/华南农业大学材料与能源学院）

探民族发展之道　求社会和谐之理

——记"全国优秀社会科学普及工作者"廖杨教授

廖杨，男，1972年出生，壮族，广西金秀人，民族学博士，兰州大学民族学出站博士后，美国普渡大学社会学系、中国宗教与社会研究中心访问学者（2013年8月—2014年8月）。现为华南农业大学公共管理学院社会学三级教授、副院长，公共管理硕士研究生导师及MPA、MSW导师；教育部新世纪优秀人才；中国社会学会理事；教育部长江学者通讯评审专家，霍英东教育基金通讯评审专家，国家哲学社会科学通讯评审专家库专家，教育部人文社科基金项目通讯评审专家，广东省哲学社会科学规划基金项目评审专家；广东省政府重大行政决策咨询专家库专家，广州市政府重大行政决策论证专家；全国农业硕士专业学位研究生研究指导委员会农村发展领域分委员会委员；全国优秀社会科学普及名家等。主持完成国家社科基金青年项目1项，主持在研国家社科基金一般项目1项，主持完成省部级基金项目6项；发表论文120余篇，出版学术专著4部、教材1部；科研成果曾获省部级社会科学研究优秀成果奖二等奖3项、三等奖3项，省级优秀社会科学普及作品1项。

稻花香

校友业绩录

民族情怀　年少心动

廖杨的家乡在广西金秀瑶族自治县，该县是新中国成立后建立的第一个瑶族自治县。从小看到不同民族的服饰和装束，听到不同的语言，廖杨对民族文化及其差异表现出较为浓厚的探究兴趣。在高中的第一个学期末，全国人大原副委员长费孝通先生参加完广西壮族自治区成立三十周年庆典活动之后，赴金秀大瑶山考察。金秀瑶族自治县的中学生手持鲜花，夹道欢迎，此后，廖杨开始关注金秀大瑶山的故事和费孝通的学术人生。1992年，廖杨以县文科"状元"身份被广西师范大学历史学系的历史教育本科专业录取。

大学期间，廖杨先后加入了学校民俗学会成为理事、担任民俗学会副会长、担任大学生科学技术协会、科普部部长兼民俗学会会长，主编民俗学会的油印刊物《粤西风》。独立撰写的《试论马君武青年时期革命思想的转变》发表在《广西社会科学》的《学术论坛》上，当时他刚年满22周岁。

此后，廖杨追求学术的热情日益高涨。1995年参加了在广西武鸣召开的"陆荣廷学术研讨会"，1996年在《广西民族研究》第1期发表论文《辛亥革命与广西的风俗改良》。由于成绩优秀（本科四年的综合测评名列全班100人的第五名），他被学校免试推荐到兰州大学攻读民族学硕士研究生。出于对民族社会的关注，他以"壮族瑶族的传统文化与太平天国运动"为题完成本科毕业论文，答辩时被评为优秀，后来分《太平天国运动的人类学考察》上下两篇发表在台湾的《广西文献》上。

问学西北　从一而终

1996年8月，作为广西师范大学的定向师资，廖杨只身赴兰州大学读研。三年期间他只回家过了一次春节，其余两次都留守学校。三年的读研生活单调而充实，廖杨养成了"读书—思考—调研—写作"的习惯，也练就了"以读书、思考、调研带动写作，以写作推动读书、思考、调研"的基本功。三年期间，他在CSSCI和中文核心期刊发表了15篇学术论文，硕士学位论文《中国少数民族的形成与演化问题研究》先后分4篇论文分别发表在《广西民族研究》和《贵州民族研究》上。读研期间，廖杨曾两次荣获学校笹川良—教育基金优秀研究生奖学金一等奖和一次优秀研究生干部荣誉称号。

1999年，在导师杨建新教授指导下攻读民族学博士学位。读博期间，廖杨发表了24篇学术论文，其中一半以上的论文发表在现今的CSSCI和中文核心期刊，并有多篇被中国人民大学复印资料《民族问题研究》全文转载。2001年，成功申请和主持了国

家社科基金青年项目"港澳台的族群社会与文化研究",时年 27 周岁。由于成果突出,廖杨于 2001 年 11 月被评为宝钢教育基金优秀学生(博士生),兰州大学文科研究生首次获此殊荣。

廖杨既结合工作单位的学科实际,又考虑到导师特长和学科学位点优势,以"中国西北古代少数民族宗法文化研究"为题,完成了 30 万字的博士学位论文。该文在外审和答辩中获得多数专家的肯定和好评,并在答辩通过两年后(2004 年 6 月)被评为兰州大学优秀博士论文,推荐参评全国百篇优秀博士学位论文。

2004 年,廖杨以自己承担导师主持的教育部人文社科重大攻关项目的子课题——广西壮族自治区民族关系与宗教问题研究为题,成为兰州大学民族博士后流动站的首位进站博士后。2008 年 6 月完成出站报告,10 月正式出站。经过十多年的努力,廖杨问学西北,终于成就了硕士、博士、博士后的梦想。

廖杨的硕士、博士、博士后都跟从同一导师,这种"从一而终"的求学和工作经历,被有些人视为不会拓展学术资源和扩大人脉的"谈资"。与那些"打一枪,换一炮",本科、硕士、博士、博士后不断"转场""换专业""选导师"的人相比,廖杨的学术资源和学术流派确实单一,不善钻营,但学术研究的最高境界,不正是"清心寡欲"地自由探索么?

执教岭南　放眼世界

1996 年 7 月至 2008 年 10 月,廖杨在广西师范大学工作了 10 多年时间,2002 年晋升为副教授，2005年晋升为教授。他主讲中国古代史、民族学通论、人类学与现代生活、中国—东盟的民族宗教概观等本科课程，以及民族学人类学理论与方法、民族学人类学民俗学经典名著选读、旅游人类学专题、经济人类学专题、宗教学人类学专题等硕士研究生课程，在中国少数民族史、民族学、人类学、民俗学、旅游管理、专门史等专业指导了18名毕业研究生。2003年10月至2008年10月，他先后担任广西师范大学社会文化（历史文化）与旅游学院副院长，分管学院科研、研究生和实验室建设工作，兼任校学术委员会委员、社科联常委、学报编委会委员等职务。2005年入选广西高校百名中青年学科带头人、2007年入选教育部新世纪优秀人才、2007年被遴选为广西新世纪"十百千人才工程"第二层次人选、2008年获得霍英东教育基金高校青年教师基金资助。

2008年，廖杨从兰州大学民族学博士后流动站出站后到华南农业大学工作，任公共管理学院社会学教授（2011年1月被聘为三级岗教授），2010年10月，入选广东省高校"千百十人才工程"省级培养对象。2016年4月起，任公共管理学院副院长，分管本科教学和实习基地建设工作。

廖杨致力于教改探索和实践，现已主持完成校级教改重点项目1项、一般项目1项，省级教改重点项目1项、一般项目1项；主持校级和省级质量工程项目各2项；主持校级研究生教育创新计划项目3项、省级研究生示范课程1门。主持申报并荣获校级教学成果一等奖2项、二等奖1项，教育部全国高等学校社会学类教学指导委员会优秀教学成果三等奖1项。2011—2019年指导毕业硕士研究生12人，在读硕士研究生12人。

2013年8月至2014年8月，廖杨受国家留学基金委公派美国普渡大学社会学系做访问学者。留学归来，他在人才培养、科学研究、教材编写和课程开发等方面，都体现了立足本土的全球视野。

由于长期耕耘于民族学、人类学、宗教学等相关领域，近年来又融通于社会学和公共管理学科，廖杨在民族-宗教问题、族群认同与民族关系、港澳台区域公共治理、城中村社会变迁以及社会政策与社会治理等方面形成特色和相对优势，专长于与民族、宗教、文化等密切相关的公共政策与社会治理研究。从本科到硕士、博士、博士后到访问学者，从华南到西北，再到华南、海外，他转换的是时空场域，不变的是从实求知。从西北内陆到华南沿海，从民族地区到国际大都市，从国内到国外再到国内，民族、宗教与社会和谐一直是廖杨放眼世界追求的学术命题。

由于教学、科研工作认真，业绩突出，廖杨先后荣获全国社会科学普及名家（2012）、校级优秀共产党员（2015）、校级"三全育人"工作先进个人（2018）等称号。

（文/王茹）

扎根农村 心系民生

——记"珠江学者"谭砚文教授

谭砚文，男，1967年生，山东淄博人，教授，博士生导师。华南农业大学农业经济管理学科带头人，广东农村政策研究中心常务副主任，国家木薯产业技术体系产业经济岗位科学家，广东农村经济学会副会长。2006年博士论文入选"全国百篇优秀博士论文"；2011年入选教育部"新世纪优秀人才奖励计划"，获聘广东省高校特聘教授"珠江学者"；2015年荣获第十三届全国大学生挑战杯"优秀指导老师"；2018年荣获"南粤优秀教师"称号。先后主持包括国家自然科学基金项目、国家社科基金项目、教育部哲学社科规划后期资助重点项目、农业部软科学课题、广东省教育厅人文社科重大攻关项目在内的各类课题50余项；发表学术论文70余篇、出版专著4部、副主编教材2部。曾获广东省哲学社会科学优秀成果奖一等奖（1项）、二等奖（2项），教育部高等学校科学研究优秀成果奖三等奖（1项）。

稻花香
校友业绩录

弃商从学　人生转折

谭砚文本科毕业于青岛建筑工程学院机械系，1989 年获工学学士学位。毕业之后 10 年一直在商界摸爬滚打，从外贸企业基层做到中层，期间还被派往罗马尼亚工作 2 年。回国后继续在外贸企业工作，同时还担任了曾是全球知名的特大型纺织企业——比利时索芬娜纺织集团的驻华代表。

经过两年时间与纺织企业、棉农的接触和交流，谭砚文对棉花及其市场的了解越来越深入，并且对棉花产业产生了极为浓厚的兴趣。为了弄清楚我国棉花产业问题，几经周折，谭砚文最终选择了攻读博士学位的道路。凭借自己多年的社会经济工作经验和良好的英语基础，经过半年多的复习和准备，谭砚文终于考进了华中农业大学经贸学院，师从专门研究农产品市场与国际贸易的李崇光教授。3 年的努力钻研，让谭砚文逐渐从一名商人蜕变为学者，在校期间就在《中国农村经济》上发表了文章，其博士论文《中国棉花生产波动研究》更是获得了"全国百篇优秀博士论文"。

博士毕业后，谭砚文来到了华南农业大学农林经济管理博士后流动站从事研究工作，师从温思美教授。正是在博士后流动站工作的两年时间里，谭砚文感受到了华南农业大学这所百年老校与华中农业大学不同的治学风格，并心生向往。罗必良教授、傅晨教授、江华教授等为代表的一大批老农经教授对学术孜孜不倦的追求深深感染了谭砚文，尤其是温思美教授做学问需要"悟"的道理，令谭砚文茅塞顿开，从此开启了另一段勤苦的学术之路。

钻研不息　心系民生

博士后出站之后，谭砚文一直关注我国的农产品市场与贸易、农业支持政策等问题，并始终关注着一些重大事件对我国农业及农村生活的影响。谭砚文认为，如果自己的研究成果能够得到社会的认可，得到政府部门的采纳，这就意味着自己的科研成果对于推动经济发展、社会进步做出了一定贡献，这也是社科工作者科研成果的价值体现，是最令人感到快乐的事。

2007 年在"滑准税对中国棉花市场的影响分析"学术报告中，谭砚文提出的有关结论被新华社记者以内参的形式上报，得到了时任国务院总理温家宝同志的高度重视，并指示有关部门进一步研究，谭砚文还专门向国家发改委有关领导进行了汇报，推动了滑准税政策的改革和完善。在 2010 年部分农产品价格上涨过快时，谭砚文先后通过《新华网》《国际金融报》《羊城晚报》等有关媒体发表对市场运行和价格走势的判断，引导生产者及消费者理性对待市场的波动。2010 年 11 月 5 日，谭砚文在佛山集成控股有限公司作了"棉价疯涨的影响因素及市场前景预测"专题报告,准确地分析了棉花价格将会在2010年12月或者2011年3月份下降,这对纺织企业、棉花流通企业、棉花生产合作社等有关单位及时采取措施,避免棉花价格大幅下跌造成巨大损失,防止我国棉花价格暴涨暴跌给我国棉纺行业造成危害起到了一定作用。2013年,在承担国家自然基金委主任基金项目子课题"影响我国农产品价格形成机制的政策评价"期间,谭砚文带领团队多次赴广西百色、广东惠州、云浮、河源、山东淄博等地,调研水稻、玉米、生猪、蔗糖等生产、市场、调控政策的实施情况,即时形成成果上报国家自然基金委,多项政策建议被原农业部农村经济研究中心采纳,并写进了2014年中央1号文件,其中包括"取消棉花临储政策""科学确定重要农产品储备功能和规模""鼓励多元市场主体参与大宗农产品政策性收储""打击农产品进出口走私行为"等。

扎根农村　为民代言

"扎根农村,为民代言"是谭砚文的工作信条。2014年11月,谭砚文担任广东农村政策研究中心副主任,他充分发挥中心智库的作用,为各级政府提供政策决策咨询。谭砚文强调:中心的科研工作,一定要始终贯彻习总书记提出的四个意识。其中,尤其要强调中心每项课题的政治意识。我们承接的各级政府委托课题,都是政治任务,都要认真对待,出色完成。

在谭砚文带领下,其研究团队对近几年来的农村改革发展中的重点、难点、热点问题进行了跟踪调研,取得了一系列成绩。2015年,中心承担了省委改革办委托的对

稻花香

校友业绩录

全省农村土地承包经营权确权登记颁证工作绩效评估课题，评估报告得到了时任广东省省长朱小丹同志的批示。2017年4月，由谭砚文教授领衔、陈志国博士主持完成的"广东省法律顾问进村（居）制度改革评估报告"得到了中共中央政治局委员、广东省原省委书记胡春华同志的重要批示。这两项课题都得到了广东省委改革办的高度评价。在广东省委改革办的结题函中指出：检查评估团队的辛勤劳动，有力推动了省委改革任务的落实，为全省全面深化改革做出了贡献。2019年4月，谭砚文教授团队提交的《乳源县西京古道沿线乡村振兴发展存在问题及政策建议》，得到广东省副省长许瑞生"华南农业大学师生建议意见有针对性和操作意义"的批示。

甘为人梯　言传身教

"春蚕到死丝方尽，蜡炬成灰泪始干"是谭砚文的从教信念。言传身教，树人德智。谭砚文始终将德智培养作为教学的重要环节，给研究生上的第一课就是关于"思想的重要性"。"心正才能身正，身正才能心修，只有思想达到一定境界，才能在未来有所作为，为国家贡献自己的力量"，谭砚文将导师教给他的"悟"字传授给每一个学生，他希望每一个学生对生活、学习有所感悟，"悟生道、谦得教"。谭砚文教导学生，无论何时何地，都要保持谦逊的姿态，要好好珍惜学校提供的良好学习环境和机会，认真地向每一个人学习，这样才能在学术上有所造诣。来自丁颖班的学生们表示，谭砚文不仅教会了他们如何写论文、如何做研究，更教会了他们如何观察社会、如何思考人生。

"事情要么不做，要做就要做到极致"。谭砚文以自己的工作态度，感染着身边每个学生，其办公室也成了学生们的"驻扎地"和"练兵场"，大家在这里逐字整理材料、修改文稿。他的学生曾华盛回忆道：近500个日夜，谭砚文教授带领着挑战杯团队，无论是对问题的慎思、方法的运用、句式的表达，甚至是答辩环节的准备，都跟学生们一起力争做到不出一丝纰漏。一个作品，谭砚文提出了100多次较大幅度的修改意见。正是在这种精益求精的工作态度下，他培养的学生在各大学术竞赛中都获得了较为突出的成绩。自2009年始，谭砚文连续8年指导本科生参加创新、创业项目及各类竞赛，指导学生获得国家级创新实验项目3项、省级创新实验项目5项；先后指导本科生10支队伍，50余人获奖，包括全国大学生"挑战杯"竞赛特等奖1项，广东省大学生"挑战杯"竞赛特等奖2项、一等奖2项、二等奖2项，广东大学生创业计划竞赛银奖等。谭砚文也于2015年荣获全国大学生"挑战杯"竞赛优秀指导老师。谭砚文以实际行动为党和国家培养了众多优秀的"三农"研究后备人才。

（文/曾华盛　陈春桦）

生物固氮让生命之花更加绽放

——记"新世纪优秀人才"谭志远教授

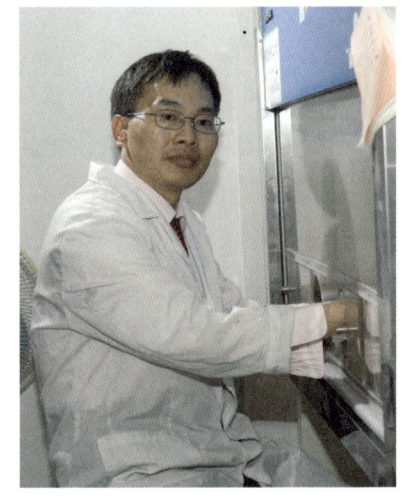

谭志远，男，1968年生，中共党员，湖南衡阳人，教授，博士生导师。1987年至1994年本科及硕士毕业于西北农林科技大学，1997年博士毕业于中国农业大学。1997年至2003年间先后在中国科学院遗传与发育生物学研究所、德国马普陆地微生物研究所和不莱梅大学做博士后工作，2003年至今在华南农业大学农学院任教，主要从事生物固氮研究工作。其间，于2009年到美国斯坦福大学和卡耐基研究所做高级访问学者；2004年至2006年入选广东省"千百十工程"省级培养对象；2007年入选"教育部新世纪优秀人才支持计划"，同年获第十届"挑战杯"全国大学生课外学术科技作品竞赛"优秀指导教师"；2010年入选广东省第二届突发事件应急管理专家；2017年获得广东省农业技术推广奖二等奖（排名第2）；2018年获广东省科学技术奖三等奖（排名第2）。获国家发明专利16项。

稻花香
校友业绩录

学农是生命中的一次邂逅

1987年是谭志远教授命运的转折年，那年恰逢他高中毕业参加高考，在考语文写作文时，他将头托在桌子上构思作文怎么写，不知不觉间居然在考场上睡着了，一直睡到考试结束，监考老师大声喊时间到，方才知道自己睡着了，当时他已记不清作文写了没有，一头懵，这样一件非常不可思议的事情恰恰发生在他的身上，也给后人留下了一个大笑话。而且这事情直接影响了他对高考成绩的估分，认为上重点大学无望了，重点志愿也不想填报，班主任老师鼓励他，坚持让他要填报一个，就是在这种状态下谭志远稀里糊涂地就填报了当时他本人都不喜欢的农业领域的西北农业大学，那年在湖南省是第一次招生。高考成绩公布当天，他的成绩高出了重点分数线20多分，获知成绩的那刻他自悔地哭了一场。招生办的人见到此情况不明就里地就安慰他说："同学没有考好明年可以再来呀。"谭志远答道："不是没有考好，是考得太好了。"他很清楚这下肯定被西北农业大学录取了。等拿到录取通知书的时候，有人又笑话他说："搞农业跟你父母学习就好了，他们搞了一辈子农业了，还要去上什么大学呀。"冷暖自知，通知书都还没握热，他直接又被人一盆凉水从头冲到脚。

上了大学后，通过学习才发现大学的课程很多，内容丰富，不是简单的农民犁地耙田的事情，而是学习了植物学、植物生理学、作物营养、测土配方施肥、土壤根系微生物的群落结构等很多让他感兴趣的知识。经过老师们一段时间的教育和帮助，他懂得了既来之则安之，干一行、爱一行的道理，渐渐地他爱上了农业，并努力朝之奋斗，考硕士、考博士、做博士后。

发表一个新种就是一次惊险和喜悦

谭志远在硕士期间，参加了中国农业大学陈文新院士主持的国家"八五"重点项目（1992—1996）"我国三北地区豆科植物根瘤菌资源和分类研究"，第一次接触豆科植物根瘤菌及生物固氮研究工作。氮素在自然界中有多种存在形式，数量最多的是大气中的氮气。除了少数原核生物以外，其他所有的生物都不能直接利用氮气。据估算，每年生物固氮的总量占地球上固氮总量的70%～90%。可见，生物固氮在地球的氮循环中具有十分重要的作用。氮素在农作物生产中占有重要营养地位，尤其是生物固氮，是支撑绿色农业持续发展的最佳途径。如何发现和挖掘自然界存在的高效固氮菌资源，变成了谭志远对未来农业的追求目标。

为了采集和挖掘到新的高效固氮菌资源，就需要到人迹罕至或者人类没有干扰的地方，采集稀有的或者前人不曾深入研究的固氮菌材料。谭志远发表的16个新种，每

一个新种的诞生，都是不一样的历险经验。他清楚地记得发现杨凌根瘤菌新种时的情景：早上 6 点多就起来了，独自一人背着一个大锅饼带上 2 袋榨菜朝太白山深沟走去，走了约 2 个小时，采集到了一个前人未曾收集的根瘤菌材料，做好记录，正高兴希望有人分享和交流，那时还没有互联网。懵懵懂懂突然感觉到周围很寂静，寂静到让人毛骨悚然，一抬头正好看到不远处有像狗一样的动物，在地里面刨什么东西，他壮着胆子拿起采样镬头，翻出来一看，是一只血淋淋的鸡。动物在不远处盯着他，着实让他感到害怕，没看清是狼、野狗还是狐狸，只能边看着它，边慢慢后退出来，理智告诉他，在这种时候千万不要因为怕而撒腿就跑。正是因为有了这个新种，后来他很顺利地考上陈文新院士的博士，得以继续参与研究陈院士主持的"九五"重点项目，也因此获得了农业部科学技术进步奖一等奖（1998 年，排名第 7）。

坚持事实，勇于纠正国外同行错误

谭志远在德国博士后工作期间，德方合作教授在 2000 年发表的水稻固氮螺菌新种（Azospira oryzae），被美国教授在 2001 年发表的一个新种 Dechlorosoma suillum 替换，直接忽视固氮螺菌新种（Azospira oryzae）的存在。德方教授急着给杂志编辑部写信反映问题，编辑部回信要求拿出证据证明。为此谭志远进行了 1 年多的研究工作证明后者确实是前者的"同物异名"，前者具有名称优先权。在 2003 年发表 *Dechlorosoma suillum Achenbach et al. 2001 is a later subjective synonym of Azospira oryzae* Reinhold–Hurek & Hurek, 2000。在这期间，与国际水稻研究所（IRRI 菲律宾）的一个合作项目，合作方发现黏质沙雷氏菌（Serratia marcescens）是水稻的一个内生固氮功能菌，合作方也发表了文章 Endophytic Colonization of Rice by a Diazotrophic Strain of Serratia marcescens。因为该菌在水稻中常规存在，合作方将菌寄过来，谭志远对该菌进行了大量研究，最后发现该菌不具有固氮功能，双方为此特性反复互寄菌株材料比对核实，最后证明该菌确实不具有固氮功能，避免了双方进一步对"固氮"功能的研究。

静心，生物固氮研究任重而道远

1886 年，德国学者赫尔利格尔（Hermann Hellriegel）首次提出根瘤具有固氮功能。1895 年获得了具有很强固氮能力的根瘤菌菌种。固氮微生物的发现和研究已经有 100 多年历史，但是很难取得突破性的进展，导致研究人员及资助经费的减少，这就要求"静心"去研究，不要因为世间繁华而改变有意义的研究工作。

根据固氮微生物的固氮特点以及与植物的关系，可以将它们分为自生固氮微生物、共生固氮微生物和联合固氮微生物三类。自生固氮微生物对植物没有依存关系，常见的为圆褐固氮菌、梭菌、鱼腥藻等，固氮效率低。共生固氮菌的固氮效率高，但局限于和共生植物的专一性强。虽然联合固氮的固氮效率低于共生固氮，但没有宿主植物限制，禾本科、豆科等各类植物中都存在。谭志远拓展了固氮菌的研究对象，包括各类植物如水稻、野生稻、竹子、薏米、五节芒、桉树、大豆等获得特异性的固氮功能菌株。随着新的固氮功能菌株的发现和挖掘，经验、知识和资源的积累，研究工作的深入，期望的突破也许就会到来。

（文/刘春燕）

比较医学研究在临床兽医学中的开拓创新者

——记"新世纪优秀人才"杨世华教授

杨世华，男，汉族，中共党员，博士，教授，博士生导师。在 Nature, Cell Research, PNAS, Protein Cell, Human Reproduction, Biology of Reproduction, Theriogenology, Cloning and Stem cell 等杂志上发表论文 60 多篇，其中 SCI 论文 30 余篇。出版专著 3 部，授权发明专利 1 项。2013 年入选教育部"新世纪优秀人才支持计划"，2014 年入选广东省千百十人才工程省级培养对象，2011 年入选云南省学术带头人后备人才，2015 年任全国兽医专业学位研究生教育指导委员会委员，2015 年任中国畜牧兽医学会产科学分会常务理事。2012 年受聘云南中科灵长类生物医学重点实验室特聘研究员，2013 年受聘云南实验动物产业技术创新战略联盟第一届副秘书长，2019 年受聘中国实验动物学会灵长类实验动物专业委员会委员。

稻花香
校友业绩录

杨世华教授在比较医学与转化医学的专业领域里，专一从事人类重大疾病灵长类动物模型创制及模拟精准医学研究。以非人灵长类（包括树鼩）为主要研究对象，建立基因工程实验动物创制平台，研制人类疾病动物模型，探讨疾病的发生、发展、转归的分子机理和精准治疗的新策略。在国内创建和提升了恒河猴和食蟹猴及树鼩辅助生殖技术体系，研究报道了中国首例试管猴和多种基因敲除猴模型，首次探索了灵长类基因治疗研究。

不畏艰辛　耕耘心田

有人说：登喜马拉雅山成功的人，从来都不是走得最远、最快的人，而是在第一时间就确定目标，且分分秒秒朝着目标努力前行的人。杨世华于2002年博士毕业后，进入中科院昆明动物研究所博士后流动站，在这个国际上重要的实验猕猴资源基地云南省动物生殖生物学重点实验室里，开始了他科研工作的新契机。

杨世华潜心研究实验猴的每一个测试环节，握无穷于掌心，窥永恒于一瞬。为确保实验猴、生病猴和怀孕猴的身体健康及数据精准，他一面背负着生活，一面为事业燃烧。每逢母猴难产那几日，他不得不放下家人，日夜守候在猴房边，任凭红血丝布满双眼，独自承受黑夜中的孤寂。此时此刻，唯有对生命科学、对专业领域的追求与梦想，支撑他坚持走下去。目标面前，成功的道路只有一条，但失败却有千万条路。常人可能都不了解，猴子分娩时很怕见光。杨世华不得不屈身躲在暗处观察孕猴，一旦出现异常，他便第一时间进行处理避免意外发生。不能自然分娩的母猴，剖腹产后便不认得自己的孩子，也不会喂养它们。这种情况下，小猴需要人工喂养3个月以上，杨世华除了正常工作外，还要像照顾自己的孩子一样，每天给小猴们喂奶、洗澡、换尿布、称体重等，还撰写了小猴的成长日记，他的心情也会随着小猴的健康状况而起伏。

杨世华用有限的实验经费做更多的实验研究，为确保实验项目如期进行，经常想尽办法降低实验成本。有一次实验时间紧迫，恰逢天下大雨，爱人生病卧床在家，他不得不简单安顿一下就离开了。一个人开车去深山采集动物样本。由于山路陡峭、雨天路滑，在回家路上，车子打滑直冲山崖，幸好被一棵大树挡住，不然后果不堪设想。但是杨世华从来没有退缩过，他不畏艰辛，任劳任怨，大事小事都力求精益求精。就这样，他带头创建了猕猴辅助生殖体系，完善了整个实验流程。

置心一处　臻于至善

杨世华时刻提醒自己有合作就有创新。初入华南农业大学时，由于资金不足，实验设备不全，他从国内到国外到处寻找合作伙伴。海是龙世界，云是鹤故乡，杨世华凭借一份真诚以及渊博的学识和精湛的技术，获得了很多国内外科学家、同行和科研人员的援助和合作，终于有了一套可以勉强开展实验的设备。他迅速开始着手自己的实验，一步步挑战自我突破自我，在技术上层层摸索，不断更新改正，任何一个小的细节都会挑出来改进。他爱人经常半夜两三点醒来时发现，他的床位是空的，他不是在实验室就是在猴场。一切都是那么静寂，他在无边的黑夜里已写尽了宇宙的寂寞。然而，有精度的生命，不尽其致时，觉不出生命的神秘和伟大。

诲人不倦　良师益友

杨世华担任本科生的"动物产科学"和"小动物产科学"教学工作，他告诉学生：思考为学之先，只努力是不够的。他把教材上的知识点精选再精选，萃取再萃取，通过通俗易懂的方式教授给学生们。在课上他加大案例教学比例，适当添加案例视频，灵活板书画图，并穿插该学科领域世界研究的前沿，拓展学生的知识面。他还公布自己的联系方式，通过课后面谈、短信、微信等形式与学生互动。身为硕导博导的他，对待自己培养的学生，他真切地谆谆教诲，实验操作上手把手传授，让学生懂得了很多人生道理。杨世华深谙因材施教之道，完全依托学生性格特点和特长去分类指导培养学生，调动学生的学习积极性。在他的指导下，学生们在校期间就已经明确了自己的发展方向。杨世华自始至终教育学生要利用自己的优势去发展自己，利用自己的兴趣去成就自己。他教育学生们好好做事情，潜心搞科研；在实验室学生发表文章后，他会奖励每位参与实验的同学。凭借良好的师德，赢得了学生的认可与尊敬。

砥砺前行　赏尽花开

杨世华以非人灵长类（包括树鼩）为主要研究对象，建立基因工程实验动物创制平台，研制人类疾病动物模型，探讨疾病的发生、发展、转归的分子机理和精准治疗的新策略。他狠下心只做科研，不接受企业的馈赠，不分心于任何与自己科研课题无关的事务，企业找他合作将技术变换为资本，他总觉得技术还不够成熟，误人误事；只有科研项目走上门来，他会悄然献出自己的看家本领，为社会服务、为国家科研献身，最终得以在国内创建和提升了恒河猴和食蟹猴辅助生殖技术体系，研究报道了中国首例试管猴和多种基因修饰猴模型，首次探索了灵长类基因治疗研究。

杨世华切实实施"以本为本"的教育理念，坚持立德树人为培养目标，以科研创新推动教学相长的教学改革，放眼未来，前瞻性部署学科发展方向和培养创新性人才，建设以比较医学为主线的兽医学研究方向，开拓兽医学服务人类健康的重要作用，创制基因突变所致人类重大疾病的灵长类动物疾病模型，推动灵长类动物养殖产业升级和发展，服务人类重大疾病的精准医学研究和新药创制，提升国民生命和生活质量。他常常挂在嘴边的一句话就是"不与旁人争高低，只与时间争长短"。因为工作特质的需要，猴子们的高峰生产期总是在春节前后，不知有多少个除夕夜杨世华带着爱人、孩子和猴子一起听新年钟声的敲响。为了科研，杨世华每年守在阵地，等着新猴子的降生，说他爱猴子胜过爱家人也不为过。他很珍惜这段过程，也不难猜出这一切来之不易。十年磨一剑，他终于在层层压力下取得了今日的成就，皇天不负有心人，杨世华迎来了他事业的春天，*Nature* 杂志给予他肯定，只是这里面的辛酸苦难估计只有他自己才清楚。成功的花，人们只惊羡它的明艳，然而当初的芽儿浸透了奋斗的泪泉，洒遍了牺牲的血雨。

  事业之路还很漫长，杨世华教授会继续砥砺前行，永不止步！有些路看起来很近，走起来却很远。理想不抛弃苦心追求的人，相信杨教授在未来生命科学的道路上只要不停止追求的脚步，便会沐浴在理想的光辉之中，并在临床兽医学这个领域继续开拓和创新，成为国际知名学者中的佼佼者！

（文/华南农业大学兽医学院）

抱乾守元　初心不改

——记"新世纪优秀人才""全国 MPA 优秀教师"张玉教授

张玉，女，1969 年生，云南省昭通市人。华南农业大学公共管理学院院长、教授、学科带头人。1986 年考入云南师范大学政治教育系攻读哲学本科；1992 年考入云南师范大学政治经济系攻读哲学硕士；1995 年 5 月加入中国共产党；1999 年 8 月被破格评定为副教授；2002 年 8 月被破格评定为教授；2003 年考入南开大学周恩来政府管理学院攻读政治学（行政管理专业）博士，2006 年获法学博士学位。2006 年 9 月至 2008 年 6 月，在中国人民大学公共管理学院从事博士后工作；2006 年 6—9 月，到香港中文大学亚太汉学研究中心和当代中国研究中心做高级访问学者。2008 年入选教育部"新世纪优秀人才支持计划"；2008 年 9 月，被华南农业大学高层次人才引进，获广东省"南粤优秀教师""全国 MPA 优秀教师""华南农业大学十佳教师""华南农业大学教学名师"等荣誉。主持国家社科基金项目、教育部人文社会科学基金项目、广东省哲学社会科学规划基金项目等项目 20 多项，在《政治学研究》《中国行政管理》《光明日报》（理论版）等杂志发表学术论文 30 多篇。2009 年入选广东省委宣传部"十百千工程"省级优秀人才培养对象；2010 年入选广东省教育厅"千百十工程"省级优秀人才培养对象。

稻花香
校友业绩录

红土地上的躬耕笃学

1969年6月，张玉出生于云南省昭通市昭阳区，她自幼勤奋好学、积极向上，立志做一名学生喜爱的人民教师。1986年考入云南师范大学政治教育系攻读哲学本科，多次被评为三好学生、校级优秀共青团员，获得校级优秀学术论文竞赛一等奖、演讲比赛一等奖等荣誉称号。毕业后，就职于云南省建材局政治处。1992年9月考入云南师范大学政治经济系攻读哲学硕士学位。读书期间，在CSSCI核心期刊《思想战线》《云南师范大学学报》独立发表学术论文2篇。1995年5月加入中国共产党。

1995年张玉分配进入云南大学社会学系工作，初步实现了作为一名人民教师的初始愿望。她主讲"西方社会学说史"和"发展社会学"两门课程，兼上全校公共课"马克思主义哲学"，1997年、2001年两次被评为"校级优秀班主任""学生最喜爱的优秀青年教师"，获得青年教师课堂讲课比赛一等奖，被授予云南大学"优秀共产党员"，云南省"双文明建功先进个人"等荣誉称号，获得教育部人文社科规划基金项目、云南省哲学社会科学规划基金项目、云南省科技厅软科学项目、台湾中流文教基金项目及日本笹川基金项目，分别于1998年、2001年两次获得云南省优秀学术著作出版基金全额资助，出版2部学术专著《社会发展论》《人力资源开发与人的现代化》，在《河南社会科学》《社会科学辑刊》《云南社会科学》《学术交流》《江海学刊》等杂志上发表论文30多篇，人大报刊复印资料全文转载4篇。1999年被云南省人事厅破格评定为副教授，2002年被云南省人事厅破格评定为教授。

为了进一步提升教学科研水平，服务教书育人的宗旨，2003年张玉考入南开大学周恩来政府管理学院，攻读政治学（行政管理专业）博士学位，并获"云南省人民政府高层次人才培养计划"全额奖学金。读博期间，在《中国行政管理》《学术研究》《天津社会科学》《社会科学辑刊》等杂志上发表论文12篇，被人大报刊复印资料全文转载4篇。2004年获南开大学博士研究生一等奖学金；2005年入选云南大学首届中青年骨干教师培养计划；2006年由南开大学授予法学博士学位，博士论文《区域政策执行的制度分析与模式建构》被评为南开大学优秀博士论文；2006年6—9月，获得云南省留学基金委和福特基金会全额资助，到香港中文大学亚太汉学研究中心和当代中国研究中心做高级访问学者；2006年9月至2008年6月，在中国人民大学公共管理学院从事博士后工作，学术专著《区域政策执行的制度分析与模式建构》（人民出版社出版）获四川省哲学社会科学政府奖三等奖。

南粤大地的培育成长

张玉2008年入选"教育部新世纪优秀人才培养计划"。2008年9月被华南农业大学高层次人才引进，历任行政管理系主任、院学术委员会主任，主讲"公共管理学方法论""西方行政学学科前沿""公共政策学"等专业核心课程，被授予"华南农业大学十佳教师""华南农业大学教学名师"、广东省"南粤优秀教师""全国MPA优秀教师"等荣誉称号，主持国家社科基金项目、教育部人文社会科学基金项目、广东省哲学社会科学规划基金项目、广东省发改委重大决策专项基金项目、广东省委宣传部智库招标项目、广东省质量工程与教育改革等项目20多项，在《政治学研究》《中国行政管理》《学术研究》《社会科学》《社会科学战线》《光明日报》（理论版）等一流杂志上发表学术论文30多篇，被《新华文摘》《中国社会科学文摘》和人大报刊复印资料全文转载10篇。2009年入选广东省委宣传部"十百千工程"省级优秀人才培养对象；2010年入选广东省教育厅"千百十工程"省级优秀人才培养对象。

学科建设的拼搏奉献

2015年3月，张玉任华南农业大学公共管理学院院长、校学术委员会常务委员、公共管理学一级学科带头人。张玉以"立德树人、培养一流人才、深化教学改革、提升学科品牌"为己任，勤奋工作，无私奉献。2016年6月，带领全院师生获得公共管理学院第一个省级科研平台——广州市服务型政府绩效管理研究基地,并以此基地建设为契机,邀请全国公共管理类著名专家到学院讲学、交流,举办各类学术会议,大大拓展了学校公共管理一级学科的学术影响力和辐射力,获得同行专家的高度认同;2016年9月,与广州市人民政府政务管理局联合,获批首个省级公共管理研究生校外实践教育基地,为公共管理学院的学生将抽象的公共管理理论融入直观具体的公共行政实践之中提供实体性硬件支持;2017年8月,与河源市人民政府和南开大学三方联合,共同建设公共管理一级学科,11月,该学科获批"广东省优势重点学科"。

正是在"省级哲学社会科学重点研究基地、省级研究生联合培养示范教育重点基地、省级优势重点学科"三大平台的支撑之下,使得公共管理一级学科博士点的申报工作取得新的突破。2017年9月,在广东省博士点竞争性选拔的过程中脱颖而出,成为2017年教育部首批博士点申报工作的主要候选成员之一,进一步提升了学校学科品牌建设的影响力和认同度。2017年6月,公共管理学院入选广东省纪检监察学会常务理事单位;2017年9月,公共管理学院入选广东省行政管理学会副会长单位;2018年11月,公共管理学院入选教育部全国农林水教学指导委员会副会长单位。

严谨治学中辛勤育才

任何成绩的取得都需要艰辛的耕耘和付出。教师的职业是平凡的,但是,教师的职业也是丰富的。自从1995年进入高校工作以来,张玉一直习惯于"学校—食堂—办公室"三位一体的生活工作圈和"997"的作息时间。有人问她:生活枯燥吗?她总是说:生活即是科研教学、社会服务;科研教学、社会服务就是生活。目前,张玉正以实验公共管理学为契机,着眼于广东省科研平台——广东省重点智库建设;构建以行政管理学和公共政策学为核心,社会保障学为辅助,粤港澳大湾区城乡管理为特色学术的2+1+X学术团队,为2020年冲击新一轮博士点奠定基础。

学院老师这样评价张玉:永远乐观向上、永远积极进取;经得起热水沸腾,耐得住冷藏冰冻。的确,无论生活环境和学习环境如何变迁,张玉都始终抱定"成为一名学生喜爱的人民教师"这一初衷。"抱乾守元、永攀高峰!"是她的座右铭,无私、包容、进取、乐观是她的性格,一以贯之地为梯队建设、平台建设、学科建设贡献力量是她一生的追求!

(文/王茹)

不忘初心的逐梦者

——记"新世纪优秀人才""珠江学者"黄亚东教授

黄亚东，男，1971年生，湖北省黄冈市英山县人，研究员，博士生导师。1994年9月至2000年6月，在华南农业大学蚕桑系攻读硕士、博士学位。现任暨南大学生物医药研究院常务副院长、基因工程药物国家工程中心副主任、广东省生物工程药物重点实验室主任、暨南大学医药生物技术研究开发中心董事长兼首席科学家。先后入选教育部"新世纪优秀人才支持计划"（2008）、广东省珠江学者特聘教授（2012）和广东省"特支计划"科技创新领军人才（2016）。

先后共计完成了1个基因工程Ⅰ类新药获新药证书，1个基因工程Ⅰ类新药获临床批件，2个生物药新剂型临床批件，1个转基因生物制品获农业部转基因批件和1个国家Ⅲ类医疗器械获注册证，大部分已成功实施成果转化。发表科研论文120余篇，其中国际SCI论文70余篇；参与论著编写4部；主持和参与国家、省部级以上课题30余项；申报发明专利30余项，获得专利授权24项，其中国际专利1件；获国家技术发明奖二等奖（2009）、国家科技进步奖二等奖（2018）、国家专利优秀成果奖（2018）及中国产学研合作创新与促进奖（2019）等省部级以上奖励13项。

稻花香
校友业绩录

从兹挥别旧山川

1990年，大别山麓，一位寒门学子通过应届高考进入了湖北农学院（现长江大学），开启了他的大学生涯，也揭开了他科研生涯最初的篇章。经过2年的农科基础学习，1992年9月以黄亚东同学为班长的30名年青学子被湖北省农业厅选派到浙江农业大学进行蚕学专业联合培养（又称蚕学班）。本科毕业后以优秀成绩被选送到华南农业大学进行硕博连读，师从我国蚕业知名专家、蚕桑综合利用奠基人黄自然教授，主要从事昆虫抗菌肽（一种新型多类抗生素）的研究与开发，率先在国内实现了抗菌肽基因工程重组技术工业化生产，解决了以往从蚕体中提取天然抗菌肽得率低、纯化难等工艺技术难题。该技术产品获农业部转基因安全证书，在广东海纳川药业股份有限公司实施产业化，所开发的新型生物饲料添加剂实现了抗生素替代，开辟了绿色健康养殖的发展新模式。相关技术获得3项国家发明专利和广东省科技进步奖二等奖等多项成果奖励。

汉水珠江二十年

"博观而约取，厚积而薄发。"黄亚东从未停止过学习的脚步，在2009—2010年于美国洛克菲勒大学和2015—2016年于美国哈佛医学院麻省总医院分别两次做高级访问学者，在提升自己科研水平的同时，也拓宽了做科学研究的思路。正是因为黄亚东日复一日地学习和钻研，才有了现今的科研成果。作为基因工程药物学二级学科方向的学科带头人，黄亚东于2012年获聘广东省珠江学者特聘教授，在做好科研的同时带领团队完成了生物技术药物研发关键技术大平台的建设，组建了一支高水平的科研团队，形成了基因工程药物发现、研究、孵化和产业化的创新能力，成为国家新药创新体系的重要组成部分。该平台先后获批广东省生物工程药物重点实验室、基因组药物教育部工程研究中心和基因工程药物国家工程研究中心。在过去20年间，黄亚东带领团队利用该平台先后完成了2个基因工程Ⅰ类新药，2个生物药新剂型临床批件，1个转基因生物制品获农业部转基因批件和1个国家Ⅲ类医疗器械获注册证。目前全球上市的细胞生长因子类药物及器械总共有6个新品种，其中3个是黄亚东所在的暨南大学生物医药大团队研究开发的，奠定了该团队本领域的国内、国际领先地位。这些成果的取得为暨南大学药学学科入选2017年教育部双一流学科做出了积极贡献。

20年来，怀着对未知科学世界的好奇心，专注高效地学习与科研，积极乐观、不言放弃地探索和发现，才有这硕果累累般的收获。这是对一名科研工作者的能力与价值的最好注解。从湖北到广东，从故乡到他乡，从当年求知若渴的少年学子，到如今

科教英才

不忘初心、甘于奉献的科研工作者,黄亚东走过的不仅是时间与空间的遥远距离,同时也是心志与精神的砥砺前行。通过所学为国家、为社会贡献着自己的价值,实现了自己人生的精彩蜕变。

拾贝缘为梦星海

人类历史上伟大的科学家艾萨克·牛顿曾言,"我好像是一个在海边玩耍的孩子,不时为拾到比通常更光滑的石子或更美丽的贝壳而欢欣鼓舞,而展现在我面前的是完全未探明的真理之海。"诚如所言,人类在面对浩渺无垠的真理之海时,往往会感慨自身的渺小和生命的短暂,有限的一生,如何能探索完无限的科学真理呢?乐天向上、不屈不挠是黄亚东用实际行动展现出来的美好品格。著名学者胡适先生曾说,"怕什么真理无穷,进一寸有一寸的欢喜。"黄亚东也正是这样,既然选择科研之路,那就用自身的所学所悟不畏艰险矢志向前,探索科学的世界,如同拾贝的孩童一般,在真理之海的岸边,取得自己的科学成果,同时也展现于世人眼前。

正如习总书记所说,"我国知识分子历来有浓厚的家国情怀,有强烈的社会责任感,重道义、勇担当。"用自己所学报效祖国、奉献社会,这是黄亚东一直坚守的信念。因此,在做好理论科研的同时,黄亚东更注重产学研结合与科技成果转化。博士毕业后黄亚东毅然放弃了深圳一家生物公司的高薪聘请,选择入职暨南大学医药生物技术研究开发中心继续从事科研开发与成果转化工作，主攻以细胞生长因子为代表的重组蛋白与多肽类药物的研究与开发。天道酬勤，苦心不负，20年坚守与科技攻关，黄亚东及其团队在以细胞生长因子为代表的重组蛋白新药开发方面取得了系列突出成绩。在产学研合作与高校科技成果转化方面黄亚东团队开展了长期的探索，形成了多元化的合作模式，积累了丰富经验。相关新药研发成果与专利技术已经有10多项应用到生物医药、医疗器械、饲料添加剂及医学护肤品等多个领域，孵化10余家生物高科技企业，其中3家生物医药企业已经成功在香港与新三板上市，累计实现产值超过百亿元。同时，该团队采用新型透皮给药技术，创新性地将细胞生长因子、金属硫蛋白MT、重组类人胶原蛋白和抗菌肽等生物活性蛋白与多肽拓展应用于生物护肤与药妆类产品的开发，开创了国内生物医学美容与皮肤修复之先河。

春风桃李种庭前

黄亚东在承担繁重的科研任务的同时，也不忘做好研究生的教育工作。他学识渊博、思维开阔、考虑全面、平易近人、乐观积极的品格不仅成就了他丰富的科研成果，而且也潜移默化地影响着他的学生形成严谨认真的科研素养和正确积极的生活态度。他不仅在科研道路上指导着学生们前行，为他们保驾护航、辨明方向，也在生活上关心学生、帮助学生，是一位深受学生爱戴与尊敬的好师长。

"师者,所以传道授业解惑也。"然而黄亚东并不止步于此,在科研之外他也如同一位令人信赖的家长,对学生以身作则、谆谆教诲,用自己的行为为学生做好榜样,亲近平和地温暖着学生的内心。"如沐春风"是学生们对他的人格魅力最恰当的评价。因此,他培养的硕士和博士生,不仅在科研上有着自己的不小成就,也在日常生活中保持着乐观向上的精神。

"中国要强盛、要复兴,就一定要大力发展科学技术,努力成为世界主要科学中心和创新高地。我们比历史上任何时期都更接近中华民族伟大复兴的目标,我们比历史上任何时期都更需要建设世界科技强国。"习近平总书记对广大科学工作者有着殷切的期盼。黄亚东正是这么一位有着家国情怀、始终乐观积极、无畏险阻的科学工作者。

"艰难困苦,玉汝于成"是黄亚东过去 20 年来潜心科研、敬业奉献的真实写照。"不忘初心,砥砺前行"就是他对未来科研生涯的态度和精神。相信黄亚东能够创造出更加辉煌的成绩,来诠释他从华南农业大学开始的投身科研、奉献社会的初心。

(文/孙京臣 谢霞)

立德树人　桃李芳菲

——记"珠江学者"江青艳教授

　　江青艳，男，1966年12月生。博士，华南农业大学教授，博士生导师，动物科学学院院长，广东省珠江学者特聘教授，广东省特支计划教学名师，广东省饲料行业协会秘书长，中国畜牧兽医学会动物生理生化分会副理事长，广东省生理学会副理事长，广东省动物营养调控重点实验室主任，农业部华南动物营养与饲料科学观测试验站站长，第三届全国饲料评审委员会委员，农业部《动物福利通则》标准评审专家，广东省养猪协会专家组成员，广东省饲料企业产品标准评审委员，广州市饲料生产企业设立现场评审专家。

宝剑锋从磨砺出

1966年冬，江青艳出生在美丽的鄱阳湖畔，虽清贫困苦，却不坠青云之志。1981年，江青艳在经历残酷的层层选拔和千军万马过独木桥后，顺利考上了江西农业大学。1985年，获得保研资格，攻读动物生理生化专业硕士学位。1988年，江青艳留在江西农业大学做了一名人民教师。1991年，江青艳考入中国农业大学攻读动物生理生化专业博士学生。

1994年7月，江青艳来到广州，任教于华南农业大学动物科学学院（原畜牧系），从事动物生理专业的教学与科研工作。1996年受聘副教授、2001年受聘教授，2002年受聘博士生导师；2002—2003年，到法国国立医学研究所从事博士后研究；1998—2006年间，任畜牧系副主任和动物科学学院副院长；2007—2010年任华南农业大学教务处处长（期间2007年1—11月兼任动物科学学院院长）。

2010年，江青艳被评为广东省高等学校特聘珠江学者；2014年受聘为二级岗教授；2015年至今任动物科学学院院长。

甘为孺子育英才

作为一名人民教师，江青艳热爱教学工作，重视课堂教学、注重教学改革。他善于从日常科研和专业实践中收集教学素材，备课认真细致，授课风趣幽默，课堂气氛十分活跃。在课堂上他常与同学们进行交流，主动融入学生、了解学生，由于其极具特色的亲和力，他所开设的"动物生理学""动物行为学""动物细胞工程"和"动物营养调控"等课程一直深受学生好评。长期的实践与积累，江青艳形成了优良的教学风格和独特的科学方法，课堂教学总是充满了科研、生产和生活的例子，丰富而生动。他认为，备课不仅仅是备书本上的内容，还要将科研、生产和生活中的教学素材收集、整理和积累起来，应用于课堂教学。此外，他还提到，上课不能够只在讲台上讲，要走下讲台，多和学生交流和互动。这样，学生才能够积极参与到课堂教学中来，教学质量和效果均事半功倍。由于在教学工作中表现优秀，江青艳先后获得广东省"南粤教坛新秀"、教育部"霍英东教育基金"青年教师教学奖、华南农业大学教学名师、广东省教育工委"高等学校优秀共产党员"、广东"特支计划"教学名师等称号。江青艳还特别注重教学改革，成效显著，他以第1完成人获得广东省教育教学成果奖一等奖1项，以参与人获得广东省教育教学成果奖一等奖3项。

江青艳不仅在教书方面成果显著，在立德树人方面也有自己坚守的发展理念。他认为，育人应该"有教无类，以生为本"。对待学生要像"对待自己的孩子一样"，对

稻花香
校友业绩录

学生始终保持着一颗热情的关怀之心。他会定期召集他所指导的本科生，了解他们的学习、生活等各方面的情况。根据每个学生的特点，积极引导和关心他们的发展，在潜移默化中给予学生春风化雨般的亲切关怀。"我们老师的工作就是要做到让学生家长放心"，江青艳如是说，更是说到做到。一分耕耘一分收获，江青艳所指导的本科生在工作和学习深造方面均取得了优良的成绩，很多学生保送到了浙江大学、复旦大学和中国农业大学等知名高校。

在研究生培养过程中，江青艳对研究生高标准、严要求，同时又耐心指导、亲切关怀。他经常对研究生说："做研究要学会两条腿走路，既要瞄准科研的前沿领域，努力做到'顶天'；又要紧贴行业的生产实际，尽量做到'立地'"。江青艳还告诫学生们，年轻人做科研不仅要吃苦耐劳，还要时常反思、总结，尤其是多展示，提高表达能力。在这一方面，江青艳刚刚任教的时候，他的研究生导师向涛教授就曾说过，江青艳的口才好，当老师能够发挥特长。这么多年来，江青艳以身作则，进行了无数次的学术报告和学术交流会，与国内外同行之间建立了广泛的联系和深厚的友谊。在平时的科研训练中，他更多的是给予学生展示的机会，了解学生在科研训练中遇到的问题，也让学生有更丰富的展示经历，提高学生在表达和展示方面的能力。

春风化雨、润物无声。江青艳已经培养了超过100名的研究生，其中不仅有在国内外知名大学任教的科研英才，也有在国内外大型畜牧企业中任职的行业精英。桃李不言，下自成蹊，江青艳也深受学生们的尊敬和爱戴。2018年，在"我爱我师"活动之华南农业大学"我最喜爱的研究生导师"评选活动中，江青艳被评为十位最受喜爱的研究生导师之一。

丹心热血沃新花

功崇惟志，业广惟勤。江青艳对待科研工作潜心研究、一丝不苟。"科研要百花齐放，争做自己领域的专家。"江青艳是这么说，也是这么做的。他先后主持国家自然科学基金重大项目课题1项、国家"863计划"项目1项、国家"973计划"项目课题2项、国家自然科学基金面上项目6项、其他省部级科研项目10项。在成果产出方面，他发表了研究论文130多篇，其中2004年作为第4作者在国际顶尖期刊《自然》发表1篇研究论文；获省级科研成果奖3项，获授权发明专利6件。

经过多年的学习、任教、科研和工作积累，自2010年以来，江青艳担任了动物科学学院动物营养学科负责人。多一份职责就多一份责任，在任期间，江青艳夙夜在公、勤勉工作，努力为团队的老师和同学创造更好的研究条件。通过自身与团队的共同努力，先后获批两个省部级研究平台，实现了学校动物营养学科省部级科研平台零的突破。一位在动物营养学科任职的青年教师如是说："江青艳为了学院、学科团队的基金

申请，常熬夜修改方案，为的就是给学校、学院交出一份满意的答卷"。

2015年，江青艳重新走上动物科学学院院长的岗位，面对科研、学科建设、教学、创收等多副担子，江青艳更是尽职尽责，丝毫不敢放松。得益于在以前的学习工作中积累了大量经验，江青艳深知高素质专业人才对学院发展的重要性。首先，作为院长，领导学院大力引进领军人才和科研骨干。2015年1月—2018年6月，学院共引进青年骨干教师30人，其中正高职称5人，副高职称13人，首聘副教授12人，珠江学者特聘教授1人，杰出人才1人。其次，学院积极申报科研项目。2015年1月—2018年6月，申报校级教学改革项目25项，精品实践课程3项，虚拟仿真实验教学项目2项，与创新创业学院联合申报产业学院1项。第三，学院重视大成果、高水平论文产出。先后获得省部级以上科研奖励12项，其中国家科技进步奖二等奖1项、广东省科学技术奖一等奖4项。在 *Nature*、*ELIFE*、*PNAS* 等SCI刊物上发表高水平论文280多篇，获专利授权50多项。江青艳对学院的师资队伍建设和学科建设做出了巨大的贡献，所有的努力和成绩推动了学校畜牧学（一级）学科在全国第四轮学科评估中获得B+的好成绩，显著提升了学校畜牧学学科的综合实力和社会影响力。

一息尚存须努力，留作青年为范畴。江青艳在各个平台和场合都大力提携年轻人，鼓励年轻人深入企业交流，在行业中汲取科研的灵感。他经常教导青年教师："我们现在有能力帮助年轻人，不是希望你们对我们有什么回报，只是希望年轻人成长后，有能力帮助后来人。所谓能力越大，责任就越大。"这就是一位不计得失、不求回报、朴实无私、敢于担当和受人尊敬的人民好教师！

（文/习欠云　束刚　林清）

从"发光材料"到"光学农业"的新跨越

——记"珠江学者"雷炳富教授

雷炳富，男，1977年10月生，广东茂名人。华南农业大学材料与能源学院教授，博士生导师。2012年获聘华南农业大学首届青年教授，并入选广东省"千百十工程"省级培养对象。广东省珠江学者特聘教授。主持国家自然科学基金面上项目、广东省自然科学基金团队项目等重要科研课题20多项，在"光学农业"研究方向围绕设施农业用光转换材料、纳米农业用发光材料、碳基农业用功能炭材料的基础研究、技术开发及农业工程化应用等方面的系列研究取得了突出成绩，在国内外同行中赢得了良好声誉。

以第一作者或通讯作者共发表SCI收录研究论文150多篇，被国内外同行引用3000余次，h-index=28，代表性的研究成果发表在 *Adv. Mater.*、*Adv. Funct. Mater.* 和 *Angew. Chem. Int. Ed.* 等系列国际期刊上；参编外文学术专著2章节；获授权中国发明专利13件，PCT国际专利2件；研究成果获2018年度广东省科学技术奖二等奖（第1完成人）、2011年度吉林省科学技术进步奖一等奖（第4完成人）、2008年度广东省科学技术奖二等奖（第2完成人）、2005年度广东省科学技术奖三等奖（第3完成人）。

得遇良师　立志科研

雷炳富来自粤西的一个祖祖辈辈务农的农民家庭，靠着"读书走出农门"的信念和执着，1997年7月，他以优异成绩考入暨南大学化学系。在风景如画的暨大校园，雷炳富刻苦学习，各科成绩一直名列前茅，多次荣获"优秀学生"称号和"三好学生"称号，多次获得各类奖学金。1998年进入时任化学系系主任刘应亮教授实验室进行勤工俭学，从此有了近距离接触科学研究的机会。在刘应亮教授多年的言传身教下，逐渐对科学研究产生了浓厚兴趣，2001年以第一名的成绩考取暨南大学无机化学专业硕士生，开始从事无机发光材料的研究。

潜心致力　深造自得

雷炳富热爱科学、勤奋踏实，得益于多年的实验室勤工俭学经历，秉承恩师甘于寂寞、默默耕耘的科研精神，坚持"勤能补拙"的价值理念，他夙兴夜寐，在研究生阶段很快便掌握了大量关于发光材料的化学合成、工艺优化及性能表征等专业技能。刘应亮教授甘当"人梯"和"铺路石"，于2002年8月主动把雷炳富送到中国科学院长春应用化学研究所进行联合培养，进一步为他的科研成长创造了良好的条件和奠定了坚实的基础。在硕士研究生阶段，共发表 SCI 收录第一作者论文 17 篇，其中最高影响因子论文为 Chem. Mater.，获授权中国发明专利 3 件。

百尺竿头　更进一步

2004 年硕士研究生毕业后，雷炳富进入中国科学院长春光学精密机械与物理研究所发光学及应用国家重点实验室攻读博士学位，开展基于光学氧传感应用的有机无机复合发光材料研究工作。研究课题涉及大量的有机合成实验，作为课题组第一届学生，他任劳任怨，自愿担任了大量的实验室建设及采购工作。在此期间，其学习表现获得导师的高度评价。博士期间发表 SCI 收录论文 5 篇，其中影响因子最高的论文为 Adv. Funct. Mater.，获授权中国发明专利 1 件。2007 年获吉林省第六届自然科学学术成果奖一等奖，同年 6 月获长春光机所"横山明聪"博士研究生奖学金。

与发光材料研究的不解情缘

2007 年 7 月博士毕业后，雷炳富进入暨南大学理工学院物理系任教，从事 LED 发光材料的相关研究。2007 年 11 月至 2009 年 11 月，获得日本学术振兴会 JSPS 奖学金，前往日本大阪大学先端科学研究中心担任 JSPS 特聘研究员，合作导师为日本著名的稀土专家 Ken-ichi Machida（町田宪一先生），期间承担了三菱化学公司的"高品质 LED 应用氮化物荧光粉"项目，研究成果获日方肯定，共发表 SCI 论文 5 篇，获授权日本专利 2 件。回国后，继续在暨南大学物理系开展教学以及 LED 用荧光粉的研发工作。

光学农业的开拓者与践行者

2012 年 1 月，雷炳富作为刘应亮教授团队的核心成员被引进到华南农业大学理学院工作。自调入华南农业大学以来，他坚持以应用为导向的研究理念，结合华南农业大学的农科优势，面向新材料、精准农业等国家战略性新兴领域，通过学科交叉和融合，率先提出了"光学农业"研究方向，并进行深入的农用光电功能材料、器件的研发和农业工程化应用探索以及光生物机理研究。经多年努力，组建了多学科交叉的研究团队，作为科研骨干，勇于担当，砥砺前行，乐于贡献，带领团队刻苦攻关"卡脖子"技术难题。道固远，笃行可至；事虽巨，坚为必成。

自 2015 年以来，他每年招收园艺学院蔬菜学的硕士和博士研究生，开展纳米发光材料在蔬菜种植方面的应用，形成了稳定的研究体系以及特色的研究思路和方法，并发表了一系列高水平论文。目前，雷炳富教授主要围绕新型功能性农膜材料、纳米农

业用发光材料、碳基农业用功能炭材料、LED 植物照明材料及器件等的基础及应用问题开展科研工作。同时，积极开展国内外合作与交流，先后与日本大阪大学、台湾地区中原大学、俄罗斯科学院西伯利亚分院等建立了良好的合作关系。

在应用及产业推广方面，雷炳富教授及其团队研发的多种纳米发光材料先后用于制作自发光花盆、生态种植摆件、LED 照明器件、水性发光涂料、多功能乳胶漆、发光母粒及薄膜等。近 3 年，为应用企业增加利润千万元以上。

将无悔的青春融进华南农业大学的创新发展，尽微薄的力量倾献华南农业大学的繁荣强盛，与使命同行，跨越未来，这就是雷炳富教授。

（文/华南农业大学材料与能源学院）

践行教育三十载　躬身兽医为临床

——记"珠江学者"李守军教授

　　李守军，男，1968年6月生，博士，教授，博士生导师，广东省珠江学者特聘教授。2015年入选广东"特支计划"领军人才，2016年8月当选中国致公党华南农业大学总支主委。现为华南农业大学兽医学院临床兽医学学科带头人，广东省兽医临床重大疾病综合防控重点实验室主任，广东省宠物工程技术研究中心主任。兼任中国畜牧兽医学会小动物医学分会副理事长，中国畜牧兽医学会兽医外科学分会副理事长。主要从事临床兽医学方面的教学和科研工作。先后主持国家自然科学基金、公益性行业（农业）科研专项、国家重点研发计划重点专项子课题、广东省自然科学基金重点项目、广东省科技计划重大专项等国家级和省部级科研课题50多项，主持省级和校级研究生精品课程各1项，发表科技论文150多篇，SCI收录论文60多篇，其中1篇发表在 *Lancet*（IF=44.002，2015）上，3篇发表在 *Clinical Infectious Disease*（IF=8.886，2014）上，1篇发表在 *Emerging Infectious Diseases*（IF=6.994，2015）上。曾获广东省科学技术奖二等奖1项，广东省农业技术推广奖一等奖1项，广东省农业技术推广奖二等奖1项；获校级教学成果奖二等奖1项；获授权专利11件。

科教英才

求学若渴　孜孜以求

1987年,李守军考入东北农业大学,就读于动物科学专业。大学期间,他深知一个没有学识的人,是世界上最贫穷的人。在这一信念的引导下,他勤奋好学,从刚入学的懵懵懂懂,到逐渐对专业产生兴趣,李守军认真对待每一堂课,课前认真预习,上课认真听讲,课后及时复习并积极与专业课老师探讨不明白的问题。除此之外,李守军还通过多种途径丰富自己的知识面。经过不懈努力,他在大学期间取得了优异的成绩,毕业后留校任教,从此开启了他的教师之路。

刻苦奋进　学无止境

工作后的李守军,虽然竭尽全力去上好每一堂课,但是仍然感受到自己学识的匮乏,认识到自己与教学名师之间巨大的差距。同时,在兽医站及兽医院的工作中,他更加深刻体会到学无止境这句话的含义。要强的他毅然决定继续深造,提升自我。在工作两年之后,通过自己的努力,他顺利考取了临床兽医学硕士研究生,主攻兽医产科学。之后,他又考取了临床兽医学博士研究生,主攻兽医外科学。虽然取得了斐然的成绩,但是李守军对此仍不满意,想去国外看看,深入学习国际上的先进技术和理念。于是他暗下苦功,每天早起坚持英语的听力及口语练习,于2000年成功申请到英国皇家兽医学院访学一年的机会。在这一年中,他省吃俭用,除了空余时间打工养活自己之外,其他时间都花在了临床病例的见习上。访学归来,他不仅学到了大量西方先进的临床治疗技术和治疗理念,还带回了大量资料,至今仍保存在教研室供学生借阅参考。

谆谆善导　为人师表

从教以来,李守军时刻严格要求自己,认真备好每一堂课。每年新学期开学前,他都会对课件的知识点进行更新和扩充,把当前的一些研究热点和取得的成绩写进讲义。在课堂讲授过程中遇到的一些问题和得到的一些启发,他也会认真总结,完善课件。课后通过多种途径,了解学生对知识掌握的情况,耐心辅导学生所提出的各种问题,并且启发学生动脑思考。对待自己的研究生,更是从学习上、生活上给予无微不至的关照。他根据学生的性格特点,给予每一名研究生充分的发展空间,资助学生参加专业性的学术会议,鼓励学生积极创新,大胆尝试,在关键时刻给予方向性的引导,所培养的学生中有些已成长为高校教授,有些在当地政府部门成为技术骨干,有些发展成了企业精英,所有这一切,离不开求学阶段李守军的悉心指导和工作后的经验交流。

呕心沥血　心系学科

临床兽医学科是兽医学非常重要的一个学科。多年来由于学科发展之间的不平衡，华南农业大学临床兽医学科发展相对薄弱。李守军刚到学校时，实验室条件相当简陋，整个实验室面积不超过 30 平方米，没有办公用房，他就和学生一起挤在实验室，经过多年的不断奋斗，克服了重重困难，先后申请到多项国家及省部级科研课题。李守军深知平台对学科发展的重要性，在他的积极组织和推动下，2013 年，临床兽医学科的一个实验室获批成立了广东省兽医临床重大疾病综合防控重点实验室。有了省级重点实验室的支撑，实验室从面积到设备进行了一次全面的升级，先后添置了便携式 X 光机、便携式多普勒彩超机、动物专用胃肠镜等一系列高端设备，对于牛、马等大型动物的疾病诊治起到了良好的推动作用。随着人们生活水平的提高及人口老龄化程度的增加，李守军敏锐地发现作为伴侣动物的犬、猫，在疾病诊疗等方面存在着巨大的发展空间。从而，在犬、猫疾病方面进行了基础研究，提前布局。2015 年，在李守军的带领下，广东省宠物工程技术研究中心获批成立，从此临床兽医学有两个省级平台支撑，极大地推动了学校临床兽医学科的发展和壮大。

李守军不光在平台建设上心系学科，在深入领会习近平总书记的科技发展人才观，深刻领悟到个人的力量局限性，最大限度发挥个人能力基础上，通过内引外联的方式精心发展了兽医外科学团队，鼓励青年教师深入教学和科研一线，使团队青年教师快速成长为教学科研骨干。通过李守军的耐心呵护、平台历练，团队逐步成熟，为学科发展储备了雄厚的人才基础。

研学并重　硕果累累

教学是教师的本职工作，在做好教学工作的同时，在科研方面李守军丝毫没有松懈。2006 年，在进行一例犬呼吸道病例的诊治时，该患犬出现了严重的呼吸道问题，当时对能检测的疾病进行排查后都一一排除，后来李守军怀疑是流感病毒感染，这在国内是未见报道的，之后对采集的病料进行进一步鉴定和分离，结果证实是流感病毒感染，这是国内流感病毒感染犬的首次报道。在接下来十几年中，李守军先后分离到多株犬流感病毒，对该病毒的致病机制开展了深入研究，建立了动物感染模型，开发了灭活疫苗，并获得授权专利。除此之外，对犬、猫、牛、马等其他动物新发病和多发病也进行了系统的研究和追踪，分离获得多株致病原，建立了相关的诊断标准和治疗技术。相关研究成果获得了广东省自然科学奖二等奖 1 项，广东省农业技术推广奖一等奖 1 项，广东省农业技术推广奖二等奖 1 项，发表相关论文 150 多篇。

发挥优势 服务社会

李守军时刻保持思想上的先进性,时刻关心国家大事,心系民生,在平凡的工作岗位上默默奉献。李守军带领团队成员,利用他们的专业知识,服务于农业生产一线,多次开展公益性培训,结合平台优势,对基层农业生产出现的问题进行科学指导和公益性扶持,为我国精准扶贫、彻底解决农业农村贫困问题奉献力量。

(文/华南农业大学兽医学院)

红土地和产地环境保护的守护者

——记"珠江学者"李永涛教授

　　李永涛，山东烟台人，中共党员，现为华南农业大学资源环境学院土壤科学系博士生导师，广东省珠江学者特聘教授。2011年至今担任资源环境学院副院长。本科和硕士分别毕业于山东农业大学和华南农业大学土壤与植物营养专业，博士毕业于法国巴黎第七大学（University Paris Ⅶ）／巴黎地球物理研究所（IPGP）地球化学专业。1997年开始在华南农业大学任教至今，其中2003—2004年在荷兰瓦赫宁根大学教育部做访问学者，2009—2011年任国家自然科学基金委员会土壤学科流动编制项目主任。工作期间先后在意大利托斯卡纳大学，法国科技与发展研究院（IRD）、巴黎第十一大学，美国宾夕法尼亚大学、堪萨斯大学、伊利诺伊大学，英国兰卡斯特大学、贝尔法斯特女王大学、卡迪夫大学，加拿大不列颠哥伦比亚大学，爱尔兰都柏林大学等国际知名大学和研究所进行短期合作研究与学术交流。

打造学科　建设平台

李永涛从 2012 年至今担任农业资源与环境广东省重点（一级）学科带头人、兼土壤学（二级）学科带头人，华南农业大学（第三届）校学术委员会农林学部副主任。李永涛致力学科建设，在第四轮学科评估工作中，华南农业大学的农业资源与环境一级学科获评 B 类等级。2009 年回国以后他创建华南农业大学资源环境技术研究中心并担任主任，同时担任中英环境科学联合研究中心主任（国际联合实验室）、农业部华南耕地保育重点实验室主任、广东省农田土壤污染防控工程技术中心主任等研究平台负责人，作为主要负责人申报与承担了国土资源部建设用地再开发重点实验室副主任、广东省土地利用与整治重点实验室副主任、广东省高校污水生态处理与修复工程技术研究中心副主任、广东省华南家禽疫病防控与产品安全协同创新中心副主任等研究平台工作。他同时也是农业部有机污染创新团队、广东省污染治理共性关键技术创新团队等省部级创新团队的首席科学家，带领一批年轻教师开展科研与教学工作。

专家水平　专业服务

李永涛担任一系列的学术兼职任务，现任国家农产品产地重金属污染综合防治协同创新联盟副理事长，中国土壤学会（第十一、第十二届）常务理事、土壤生物与生物化学专业委员会副主任、教育工作委员会副主任，中国农业资源与区划学会有机农业专业委员会副主任，中国植物营养学会养分循环与环境专业委员会委员；中国优质农产品协会健康土壤分会专家委员会委员，广东省土壤学会（第十、第十一届）副理事长、广东省肥料协会（第四届）副会长、广东省土地学会常务理事、广东省农学会理事兼土壤肥料委员会副主任等学术兼职工作，为我国土壤学科进步和发展做出了一定贡献。

在专家智库咨询方面，李永涛为政府和行业提供了重要专家咨询。2019 年 2 月 18 日，其研究成果和相关决策咨询智库报告《我国红壤区热带亚热带农业发展研究》获农业农村部领导的高度重视，时任农业农村部副部长屈冬玉在呈报的专报上做出了肯定性批示，要求发展规划司依据报告内容，制订相关区域农业农村发展规划，聚焦区域（跨省）大目标，服务大战略（乡村振兴）。要求农垦等相关司局对红壤区农业综合利用，一、二、三产业融合，生态农业和康养业等问题要予以重视，发挥相关作用。

稻花香
校友业绩录

该报告以党的十九大会议强调的乡村振兴和扶贫攻坚战略为切入点，对接我国红壤区所在的长江经济带、粤港澳大湾区、海南自贸区自贸港等"21世纪海上丝绸之路"国家经济战略，针对红壤区水热资源优势、热作农业特色、红壤质量退化和环境污染问题，系统分析我国红壤区10个主要省份的资源承载力、环境容量、生态类型和农业发展特点的基础上，提出红壤区应构建与绿色高质量发展要求相适应的热作农业生产体系和产业技术体系，开展红壤保护与质量提升工程，优化产业结构，建设国家粮食和战略性特色重要农产品供给保障基地，为加快红壤区农业现代化和农村脱贫攻坚指明了方向。

学用结合　硕果累累

李永涛长期以来从事重金属、有机和氮磷污染物的环境多界面化学行为、生物协同转化过程、水土环境的生物修复和生态恢复技术研究；工农业有机固体废弃物资源利用与环境修复材料和生物肥料研制，土地资源利用与耕地质量提升技术研究工作。研发了一系列针对矿山污染土壤修复的源头控制、过程阻隔和末端地力提升的改良修复剂产品。申请和授权国家发明专利32项，实现专利转让3项，与国内的上市公司与龙头企业建立了合作研发基地或共建实验室或研究院，优化了生产工艺，对上述环境材料或产品进行了产业化。

李永涛先后主持国家自然科学基金项目4项，其中重点项目"珠江流域典型母质发育土壤重金属关键形态时空演变的微观机制"1项，主持"十二五"国家科技支撑课题"珠三角镉铅超标农田安全利用技术集成与示范"、农业部948项目和广东省自然科学基金团队项目各1项，承担国家科技支撑重点项目"典型城郊区环境保育关键技术研究与示范"、国家环境保护公益性行业科研专项"耕地土壤风险管控模式与成效评估方法研究"和农业部公益性行业专项"农业有机化学品污染农田生物协同强化修复技术研发与应用"各1项。带领团队主持承担"十三五"国家重点研发计划项目"农田和农产品重金属源解析与污染特征研究"、课题"农业主产区有毒有害化学/生物污染物的农田污染特征与源解析"和专题"氮磷淋溶农田氮磷淋溶损失污染与防控机制研究"、广东省重点项目"农业面源污染与农田重金属污染监测治理与生物合成制剂研发"等一系列国家和省级科研项目。

在 Soil Biology and Biochemistry 等国际1区刊物和《科学通报》等知名刊物发表论文100多篇，其中SCI收录论文60多篇，出版专著/译篇14部，受理申请与授权国家发明专利 32 项，起草国家标准"耕地质量标准等级 GB/T 33469—2016""水稻产地水稻土砷、汞、镉、铅、铬安全阈值"，国土资源部行业标准"广东省土地开发整理工程建设标准"（C08055）。其科研成果"红壤区农田镉/砷污染控制关键技术与新产品创制""资源开发与生态协调的土地整治关键技术研究与应用""红壤区农田镉砷污染阻控关键技术"等分别获广东省科学技术奖一等奖（2016）、二等奖（2015），广东省农业推广奖二等奖（2016），广州市技术发明奖一等奖（2015）各 1 项。获学校"三育人（教书育人、管理育人、服务育人）"先进个人、优秀科技工作者、国际化教育先进个人等称号。

（文/李永涛）

事业有路勤为径　踏实认真为教育

——记"珠江学者"亓文宝教授

亓文宝，男，1979年生，山东莱芜人。博士，教授，博士生导师。华南农业大学兽医学院副院长，广东省珠江学者特聘教授，农业部人畜共患病重点实验室副主任，广东省"特支计划"科技创新青年拔尖人才，广东省首批优秀青年教师，广州市珠江科技新星，美国病毒学会会员，中国畜牧兽医学会动物传染病学分会和禽病学分会理事，广东省生猪产业体系岗位专家。主要从事动物病毒病的致病传播机制、新型疫苗创制和综合防控等方面的研究；以第一和通讯作者发表SCI论文近20篇，影响因子累计超过70；主持国家自然科学基金项目、广东省重点研发计划等20余项课题；编著《动物传染病学》《兽医生物制品学》等6部国家级教材或学术专著；获批4个发明专利；荣获广东省科技进步一等奖（排名第2）；于2013年和2017年获批了两个H5亚型禽流感疫苗的新兽药证书。先后被评为校级"优秀班主任"和"优秀共产党员"，并作为核心成员获得了"全国高校黄大年式教师团队"和"广东青年五四奖章"集体奖。

思想先行　培养政治合格素质过硬的学生

师德是教师必须遵守的道德规范和行为准则，以及与之相适应的道德观念、情操和品质。在教学工作中，亓文宝不管是面对本科生还是研究生，不管是优等生还是落后生，都尽力做到孜孜不倦和有教无类，平等地去看待每一个学生，用自己的言传身教去影响他们。在授课和日常交流过程中，努力做到课程思政，为国家和社会培养思想健康、政治合格的人才，同时努力激发学生的学习兴趣，稳固学生的专业思想，培养学生的专业技能，引导学生自主学习和自我管理，达到学以致用。本科生授课，以传授基本专业知识为主，带领学生进入专业的大门。研究生授课过程中，常规的知识结合学科前沿发展动态，深入浅出地讲解；课堂内外，注重加强与学生的沟通和交流，培养学生乐于学习、刻苦努力、勤于思考、勇于创新、爱国敬业的精神。亓文宝多次作为教师代表在新生入学典礼、毕业典礼、入学教育和教师节等与师生们分享自己的心得体会。

尽心尽力　做好教书育人工作

亓文宝先后主讲了本科生的"禽病学""动物传染病学"和"分子生物学基础"及研究生的"人兽共患病学""高级禽病学"和"分子生物学实验技术"等课程，教学效果出色，达到了教学相长的良好效果。其主讲的"禽病学"于2013年其升级为国家级精品资源共享课，为广大学生和同行远程学习提供了便利。2016年秋，亓文宝响应国家和学校的号召，投身到援疆支教活动中去，到新疆石河子大学讲授本科生的"动物传染病学"课程，指导当地的青年教师齐亚银、肖陈城等科研和教学，并应邀到当地规模最大的新疆泰昆集团做了"禽流感的流行特点及防控要点"的专题报告。

作为教学研究型学院，亓文宝非常注重本科生与研究生课程的有机衔接，本科生的"禽病学"单独讲授各个疾病；研究生的"高级禽病学"分系统并结合临床病例分析展开讲授，达到了层层递进的效果。本科生的"分子生物学基础"以讲授基本理论为主；硕士生的"分子生物学实验技术"以基本实验操作和实验理念培训为主，穿插介绍相关理论和注意事项；博士生的"分子生物学"主要面向前沿进展，进行专题授课，环环相扣，带领学生真正掌握分子生物学的真谛。另外，兽医学是一门应用性学科，在制订培养计划和教学大纲时，专门设定学时，带领学生到养殖场、动物医院、兽药厂、疫苗厂等一线单位进行参观学习和交流。作为毕业实习的指导教师，指导动物医学专业学生7—9月份的毕业实习，加强师生与生产一线的深度交流。

稻花香
校友业绩录

刻苦努力　提高科研育人效果

研究生教育在我国属于精英教育，需要具备突出的科研创新能力和高水平的综合素质。兽医学院，每年的本科生和研究生的招生比例接近1:1，研究生的培养关系着为行业和社会培养高层次人才的重任，任重而道远。亓文宝作为多个人才称号的获得者，不但认真做好了教学工作，在科研方面也取得了出色的成绩，通过给学生分享自己的或业内同行的科研成果和成长历程，提高研究生的科研视野和科研兴趣，实现科研为教学服务，科研成果应用于教学。在指导学生开展本科毕业论文设计和研究中，亓文宝努力让学生体验科研生活的苦与乐，培养学生的科研思维和兴趣，所指导的学生中有一半继续考研深造；通过担任研究生班主任，拉近与研究生的距离，指导学生在科研的海洋中畅游，为研究生的健康成长保驾护航。亓文宝深受广大师生的好评，多年来一直是研究考生和推免生报考的热门导师。亓文宝在单位教师介绍中，多年来写给学生的话一直是"认认真真做人，踏踏实实做事。定好目标，一起努力吧。"

与时俱进　开展教学改革与探索

在10多年的教学过程中，亓文宝认真向经验丰富的教师请教，积极推动课程教学内容的更新与教学改革研究，应用先进的教学模式、教学方法和手段，取得了良好的教学效果，得到同事和同学们的认可，学生教学评价稳定在学院教师的前15%以内。随着产业升级、学科发展和技术进步，课程的更新和授课模式的改进势在必行。在教学过程中，授课团队集体备课，定期研讨总结，亓文宝在中文核心期刊上先后发表了5篇教改论文。近5年来，参加编写了《动物传染病学》《动物传染病学》《人畜共患病学》《禽流感》《猪病学（第10版）》《小动物传染病学》等6部国家级教材或学术专著。"禽病学"课程2004年入选国家级精品课程，2013年升级为国家级精品资源共享课。高致病性禽流感病毒的相关研究必须在具备生物安全防护条件的P3实验室进行，P3实验室结构设施和实验操作特殊，常规实验教学手段难以满足高致病性禽流感诊断教学的需要。为了有效克服以上困难、提高教学效果，"禽病学"课程的配套内容"高致病性禽流感诊断虚拟仿真实验"教育部示范性虚拟仿真实验教学项目已经于2019年获得了教育部批准。

（文/华南农业大学兽医学院）

教学科研硕果丰

——记"珠江学者"王弘教授

王弘，女，1973年生。2003年在华南理工大学获得工学博士学位。华南农业大学食品学院教授。华南农业大学"十五""十一五"科技先进个人，2014年度广州优秀女科技工作者，华南农业大学食品学院首个国家自然科学基金青年基金获得者，广东省食品安全海智工作站、广东普通高校国际暨港澳台合作创新平台及国际合作重大项目负责人，广东省珠江学者特聘教授（2017），广东省生物工程学会生物传感器专业委员会副主任委员，广东省高等学校"千百十"工程省级培养对象（第6批）。主持并完成国家自然科学基金3项（其中1项为青年基金），广东省自然科学重点基金、面上项目等3项，广东省科技计划国际合作项目1项、农业部"948"项目子课题各1项；副主持并完成国家"863"计划重点项目1项；主要参加并完成国家自然科学基金、高校博士点基金、广东省自然科学基金重点项目等多项。

稻花香

校友业绩录

始于热爱　选择食品

1990 年，王弘成功考入成都科技大学，因为热爱，她选择了食品工程系作为大学本科四年的学业。而在大学期间，她坚定自己的目标，不忘初心，珍惜每一分每一秒，努力学习，并于 1994 年顺利取得学士学位。一颗热爱食品的种子在她本科期间的悉心照料下，生了根，发了芽。于是她选择继续考研深造，用更多的汗水、时间和耐心灌溉这颗小树苗。同年，王弘进入了四川大学轻化工学院食品工程系继续深入研究和学习，并于 1997 年顺利获得工学硕士学位。在不断地学习食品专业过程中，她一步步地走进食品专业，更加全面和深入地了解食品行业，也逐渐揭开了食品专业的神秘面纱，深深被食品行业的魅力吸引了。在取得硕士学位 3 年后，她决定南下广州，到改革开放的前沿阵地去接受更高水平、更符合食品行业发展趋势的教育。2000 年，她成功考入华南理工大学食品与生物工程学院继续学习和深造食品专业，并于 2003 年获得工学博士学位。

毕业后，王弘带着本科、硕士、博士期间悉心照料的"大树"，来到华南农业大学食品学院担任教师一职，凭借自己对食品行业的一些了解和学习到的专业知识，希望能够继续在食品行业培养更多的食品专业人才而发光发热，至今已经历 16 个寒暑。16 年的风风雨雨，王弘培养了一批又一批的优秀的食品学子，为社会输送了大量的人才。

潜心科研　硕果累累

王弘自参加工作以来，累计发表论文 50 多篇，申请专利 11 项。作为一名专业知识丰富的老师，她深信教材对学习过程的重要性。于是，她以副主编的身份参与编撰"十一五"规划教材 1 部，并获得教育部教学成果二等奖（第 4）、中华农业科技一等奖（第 6）、广东省科学技术一等奖（第 3）以及中华农业科学技术二等奖（排 3）等奖项。而作为华南农业大学食品学院首个国家自然科学基金青年基金获得者，她申请了华南农业大学首个"国家重点研发计划国际合作专项项目"，并获批成为华南农业大学首个工学类"珠江学者特聘教授"。除此之外，她担任主持完成国家自然科学基金 3 项（其中 1 项为青年基金）、广东省自然科学重点基金、面上项目等 3 项，广东省科技计划国际合作项目 1 项、农业部"948"项目子课题各 1 项，作为副主持完成国家"863"计划重点项目 1 项，作为主要参加人员参加并完成国家自然科学基金、高校博士点基金、广东省自然科学基金重点项目多项。目前她正主持国家"十三五"重点研发计划国际合作专项、广东省重点领域研发计划等项目。

工作期间，王弘教授注重开拓国际视野，加强国际交流与合作。2008 年参与英国贝尔法斯特女王大学项目合作并担任研究人员，她所带领的实验室与加州大学戴维斯分校、英国贝尔法斯特女王大学、日本北海道大学、日本东京工业大学、比利时布鲁塞尔自由大学、西班牙马德里大学、俄罗斯莫斯科大学建立了合作关系并进行研究生的联合培养，在王弘的指导下，华农先后派出博士生 4 名、硕士生 5 人进行国际合作交流。而在 2011—2012 年期间王弘作为加州大学戴维斯分校（University of California, Davis）的访问学者出国学习深造，进一步地丰富自己的理论和实践知识。

近年来，王弘主要从事基因工程抗体的开发，用于食品安全检测。此外，她针对一些小分子农兽药、生物毒素等开展基因工程抗体及重组生物识别分子研究，并取得了一定的研究成果。而发展纳米抗体的技术上，王弘更是走在此领域的前沿。2018 年 11 月，她主持举办了国内首个以纳米抗体用于食品和环境检测为主题的国际会议，使纳米抗体的应用被更多科研人员所认同和理解。

关心学生　深受爱戴

在学生眼中，王弘是一位生活简单、作风朴素、讲课幽默风趣、善于和同学沟通、思维活跃、工作认真负责有冲劲的好老师。王弘平时喜欢关注科研动态，乐于在课堂上和生活中跟同学分享科研前沿动态、行业的发展方向。同时，她关心学生的工作和生活，学生和她的关系像朋友一样，在日常生活中，大到人生理想，小到生活琐事，学生都愿与她分享。王弘的学生还提到："王弘老师说做就做，雷厉风行的做事态度、办事效率让我们印象深刻。"每当学生找她问问题，她总能抓住问题的关键，提出很多新颖的想法，使同学们思维活跃起来，以此激发同学们举一反三。不仅如此，王弘经常教导学生，做科研要懂得沉下心，重积累，最重要的是要懂得积累和坚持，才能厚积薄发，有所收获。王弘凭借个人魅力，和学生之间建立起了良好的关系，深受学生的喜欢和爱戴。王弘曾参加华南农业大学第四届"我爱我师"我最喜爱的导师评选，获得优秀导师称号，可谓实至名归。

（文/麦梓烽　王浩　梁泳琪）

拳拳报国心　躬身科研及教育事业

——记"珠江学者"王俊教授

王俊，1973年生，华南农业大学海洋资源与环境学科学术带头人，三级教授，博士生导师，中国科学院"百人计划"入选者，广东省珠江学者特聘教授。2008年2月毕业于中国科学院地球化学研究所，获理学博士学位。2008年2月至2010年2月，在美国夏威夷大学从事博士后研究工作。2010年3月至2012年6月，任职夏威夷大学农业与人力资源学院研究助理教授。2012年2月至2016年12月，在中国科学院武汉植物园/水生植物与流域生态重点实验室工作，成立水污染生态学学科组，任首席研究员，博士生导师。2016年12月，以高端人才身份引进到华南农业大学海洋学院，任海洋资源与环境学科学术带头人，系主任。已发表SCI论文100余篇，其中以第一及通讯作者发表国际SCI论文70余篇（总五年影响因子250，总引用超过5000余次，最高单篇引用达到150余次，2016年、2017年连续两年入选爱思唯尔高被引学者）。

王俊近年来的研究主要集中在水污染生态学、水产养殖水环境调控、海洋污染与毒理及农业与食品化学领域。目前承担的科研项目包括科技部 973 基础专项、国家重点研发计划项目、国家自然科学基金、商务部与科学院"一带一路"对非国际合作项目、中国科学院重大国际合作项目、中国科学院"百人计划"人才择优支持项目、广东省"珠江学者计划"人才项目、广东省高水平建设大学专项人才支持项目、中国科学院武汉植物园引进海外杰出人才启动自选项目、中国科学院知识创新项目、湖北省自然科学基金重点项目及湖北省自然科学基金面上项目等，总经费合计 2600 余万元。此外还参与了多项来自美国农业部、环保总署及夏威夷州政府及私人基金的科研项目。

拳拳报国心　致力原创性科学研究

王俊在美国留学及工作多年，他十分珍惜在美国工作及学习的机会，学习国外的先进技术知识，已然成为国际上知名的水污染生态学专家。但是他始终没有忘记是祖国培养了他。2012 年 6 月，他毅然辞去夏威夷大学助理研究教授的职位，回到了祖国。然而回国之初，在开展研究工作时遇到了很多困难。由于当时微塑料方面的研究是新课题，在开展野外采样工作时遭到了百般阻挠，并被质问采集的样品是用来做什么的。王俊回答说是用来开展微塑料的调查研究工作，但是微塑料是一个全新的概念，别人根本听不懂。还说哪有微塑料，看不到这些东西，不可能会有什么危害。王俊就跟他们耐心讲解，强调微塑料调查研究的重要性。另外在实验过程中也遇到过很多困难，实验室的建设是一切从零开始。刚回国的时候遇到的最大问题就是经费问题，有时候为了开展工作，他必须先垫付大量的资金购买器材，实验设备也是能借则借，所有的事情必须亲力亲为。功夫不负有心人，终于在半年后实验室正式投入运行，并且第二年交出了一份令人满意的水体微塑料研究的调查报告。调研报告发表以后，引起了国内外巨大的轰动。他的创新性研究分别被科学网、新华网、搜狐、网易、长江日报、湖北卫视等多家媒体跟踪报道。2018 年 1 月 31 日，王俊以"减少武汉河流和城市湖泊污染、微塑料污染以及保护并恢复长江江豚数量所做出的努力"为题，向正在访华的时任英国首相特雷莎梅介绍了长江水生态系统污染研究的最新成果。特雷莎梅回国后，随即号召英国要全面禁止生产及销售含有"塑料微粒"的产品，英国女王也号召国民向微塑料污染宣战。

孜孜不倦　勇于探索

在同事的眼中，王俊几乎每天都是第一个到办公室，他给大家的印象就是平易近人、乐于助人。在他看来，只有一心一意地专注于自己教学及科研这两个主业，才能成为一名合格的大学教育及科研工作者。

作为水污染生态学知名的研究专家、华南农业大学海洋学院海洋资源与环境科学专业教授及学术带头人，近年来，王俊围绕淡水生态系统中微塑料与毒害有机污染物复合污染状况、生态毒理效应及微塑料对污染物的吸附动力学方面开展了卓有成效的研究工作。他通过不断创新的分析手段，系统地研究了微塑料与毒害有机污染物复合污染在流域尺度上的时空分布规律与环境行为及对水生生物可能引起的生态毒理效应。在理论贡献方面，揭示了微塑料对毒害有机污染物的吸附与解吸附过程符合为二级动力学模型和朗格缪尔等温线模型，为研究微塑料与环境有机污染物的相互作用机制提供了重要的理论依据。王俊作为中国淡水环境微塑料研究国内第一人，取得了许多原创性的科研成果，在国际国内淡水环境微塑料与毒害有机污染物复合污染研究领域产生了广泛的影响，形成了鲜明的特色与优势，推动了国际国内微塑料研究的蓬勃发展。在思考如何解决微塑料污染的过程中，有一天，他在家里发现装食物的塑料袋被蟑螂咬了一个小孔，这件小事启发了他。他说："蟑螂吃了塑料以后还没有死，可以在昆虫肠道微生物降解方向上进行尝试。"此后王俊和他的团队在筛选微生物降解方面进行了大量研究，密密麻麻地记录了百余本原始的实验的数据，尽管大部分实验是以失败告终。通过无数次反复实验，在 2017 年底，王俊和他的团队终于在面包虫的肠胃中找到了一株有降解微塑料能力的菌种，其降解效率接近 60%。

紧跟时代步伐　推动国家"一带一路"建设

王俊作为商务部与中国科学院海外科教基地建设重大国际合作项目课题的负责人，负责东非国家肯尼亚中非联合研究中心水资源与生态环境分中心的筹建工作。在对非合作研究中积累了丰富的经验，培养了许多非洲留学生，填补了华南农业大学对非合作研究的空白，架起了对非合作研究的桥梁。王俊说，5 年前，他作为援非专家首次走进非洲，那里独特的生态环境和植物资源让他深深为之着迷。但在非洲开展科学研究，必须要有坚韧的毅力，克服常人难以想象的各种艰难困苦，甚至以付出生命为代价。但是，王俊始终坚持每年多次往返中国及非洲大陆，努力践行国家"一带一路"政策，为非洲国家培养一大批科技人才。

（文／华南农业大学海洋学院）

让中国的化学生态学研究走向世界的科学家

——记"珠江学者"曾任森教授

曾任森，男，1965年6月生，江西玉山人，博士，教授，博士生导师。分别于1991年和2000年获华南农业大学生态学理学硕士和博士学位。1991年7月至2014年3月在华南农业大学农学院工作。2014年4月调入福建农林大学工作，先后任福建农林大学生命科学学院和作物科学学院院长。首批教育部"新世纪优秀人才支持计划"入选者，广东省高校"千百十工程"国家级学术带头人培养对象，广东省珠江学者特聘教授，福建省"百人计划"入选者。

主要从事植物化感作用、化学物质介导的植物与昆虫和微生物相互作用、昆虫抗药机制等化学生态学研究。

稻花香
校友业绩录

曾任森从中学时代起就酷爱数学，上大学后才开始接触农业与生态学，并逐步对化学生态学产生浓厚兴趣。曾任森1991年在华南农业大学攻读硕士研究生，师从著名生态学家骆世明教授，毕业后留校任教，长期致力于化学生态学的研究工作。为了弥补农学出身人化学知识的不足，他先后赴南开大学元素有机化学国家重点实验室和中国科学院昆明植物研究所植物化学与西部植物资源持续利用国家重点实验室进修学习两年。他最大的愿望就是让中国的化学生态学走向世界，也让世界了解中国的化学生态学研究。他在美国科学院院刊 *PNAS*, *New Phytologist*, *Annual Review of Entomology* 等杂志发表 SCI 收录论文 86 篇，发表的论文被国际同行引用 2000 多次，研究成果被英国广播公司 BBC 和国际著名科普杂志 *New Scientist* 做了专题报道。2007 年他开始担任国际化感杂志 *Alleopathy Journal* 地区编辑。从 2008 年至今一直担任国际化学生态学学会主办的杂志 *Journal of Chemical Ecology* 的编委，是第二个担任该杂志编委的中国人，也是中国担任该杂志时间最长的编委。他每次有机会审阅中国学者的论文时都会特别细心修改，争取更多的文章被接受发表。2010 年开始担任国际昆虫学顶级杂志 *Annual Review of Entomology*（IF 13.8）编委，也是历史上第一位担任该杂志编委的中国人，为让世界了解中国的昆虫学和化学生态学发展发挥了重要作用，在他的引荐下，先后有 15 篇华人主笔的论文在该杂志发表，也成为该杂志历史上中国人发表论文最多的时期。在该杂志创刊 60 周年时他还应邀为杂志撰写序言。

为了让世界了解中国的化学生态学研究，2004 年曾任森在广东省三水组织化感国际研讨会。主编的英文著作 *Allelopathy in Sustainable Agriculture and Forestry*《可持续农业和林业中的化感作用》于 2008 年 3 月由国际知名的 Springer 出版社（科学技术领域国际第一大图书出版商）全额资助在美国纽约出版。他与华南农业大学原校长骆世明教授共同发起成立了亚洲化感学会，于 2009 年在广州承办了亚洲化感学会第一届国际会议，并担任该学会的首任秘书长。2015 年又在福州承办了亚洲化感学会第三届国际会议，有力推动了该学会的发展壮大。2011 年他与骆世明教授共同在广州承办了第六届世界化感大会，来自世界 32 个国家和地区的逾 200 名学者代表参加此次学术盛会，这是该国际学术大会首次在中国召开，也是首次在世界发展中国家举办。并在 *Journal of Chemical Ecology* 上组织了会议专刊（39 卷第 2 期，Allelochemical Interactions in Agro – and Natural Ecosystems）。

曾任森在工作中以时不我待、只争朝夕的时代紧迫感投入科研工作中，走出了自己人生的轨迹和收获了丰硕的果实。他先后兼任海外华人昆虫学家协会主席、国际化感作用学会理事长、国际化学生态学学会理事、亚太地区化学生态学家协会理事，亚洲化感学会秘书长等，除担任 *Annual Review of Entomology*（IF 13.8）和 *Journal of Chemical Ecology*（IF 2.4）编委外，还担任了 *Frontiers in Plant Science*（IF 3.6）、*Frontiers in Microbiology*（IF 4.1）、*Journal of Allelochemical Interactions* 等国际杂志编委，以及《中国农业科学》和《应用生态学报》编委。他还兼任中国昆虫学会昆虫化学生态学专业委员会副主任委员和中国生态学学会农业生态学专业委员会委员，福建省生态学学会副理事长，福建省昆虫学会常务理事。他从加拿大留学回国后于 2002 年开始引进外国原版生态学教材在华南农业大学开展双语教学，主持的"农业生态学"双语课程获得国家双语教学示范课程和广东省精品课程。

曾任森的脚步从未停歇，一直利用各种会议渠道展示中国化学生态学研究的最新成果。他应邀在加拿大召开的国际化学生态学会议、美国召开的亚太地区化学生态学会议、澳大利亚召开的亚太地区杂草大会、日本召开的亚洲化感大会等多个国际会议上做大会特邀报告，他也应邀到伊利诺伊大学、德克萨斯农工大学、密苏里大学、密西西比大学等美国大学讲学。他认为，每个人都认真做好自己领域的研究，中国就能够走向世界科技舞台的中心，成为科技强国。

（文/刘春燕）

稻花香

校友业绩录
XIAOYOU YEJILU

人民公仆

广西壮族自治区党委常委，自治区人民政府副主席、党组成员严植婵

严植婵，女，汉族，1964年5月生，广东阳春人。1985年华南农业大学畜牧兽医系养禽及禽病防治专业毕业。1985年6月加入中国共产党，1985年7月参加工作。2005—2008年，中山大学政务学院行政管理专业在职研究生学习，获管理学硕士学位。现任广西壮族自治区党委常委，自治区人民政府副主席、党组成员。历任华南农业大学畜牧兽医系干部、政治辅导员，系党总支副书记，党委组织部副部长，团委书记，动物科学学院党总支书记；广东省湛江市委常委、组织部部长，市委副书记、政法委书记；广东省司法厅厅长、党委副书记、党委书记；广东省揭阳市委书记、市人大常委会主任，省司法厅厅长；广东省委常委、统战部部长；安徽省委常委、组织部部长；广西壮族自治区党委常委，自治区人民政府副主席、党组成员。第十一届、第十二届广东省委委员，第十九届中央候补委员，广西壮族自治区党委第十一届委员。

国家市场监督管理总局副局长孙梅君

孙梅君，女，汉族，1965年7月生，四川开江人。1986年6月加入中国共产党。1986年7月参加工作。华南农业大学农业经济管理专业管理学博士，高级统计师。现任国家市场监督管理总局副局长、党组成员，国务院食品安全委员会办公室副主任（兼任）。分管食品安全协调司、食品生产安全监督管理司、食品经营安全监督管理司、特殊食品安全监督管理司、食品安全抽检监测司、人事司、离退休干部办公室。历任国家统计局农调总队处长、国务院研究室农村经济研究司处长、国家食品药品监督管理总局副局长。

河北省委常委、组织部部长，省委党校校长梁田庚

梁田庚，男，汉族，1960年5月生，广东茂名人。1983年华南农学院农业经济管理专业毕业，现任河北省委常委、组织部部长，省委党校（行政学院）校（院）长。历任农业部党组成员、人事劳动司司长。爱好书法，系中国书法家协会会员、中国长城书画院常务理事。热心教育，系华南农业大学客座教授，北京大学兼职研究员，福建农林大学客座教授、博士生导师。

发表了《我国农业减灾措施、成就及启示》《WTO与农业行政管理体制改革》《我国农业行政管理职能转变问题研究》《国外农业行政管理体制研究》《转变职能、加强服务，积极推进农业行政管理体制改革》《新阶段的农业行政管理体制改革》《农村实用人才队伍建设战略研究》《贵州省改革路径选择与综合改革方案研究》等论文，著有《我国农业行政管理体制创新研究》。主编《中国农产品行业协会发展研究》《农业领导干部学法用法读本》《大学生农村工作实用指南》《人才. 第一资源：社会主义新农村建设经验选编》以及34套农业职业技能培训教材，主持编写出版"农村实用人才带头人培训"系列教材。组织编制65个农业行业国际职业标准。

潜心兽医　投身农业

——记农业农村部国家首席兽医师李金祥

　　李金祥，男，汉族，1962年9月生，吉林省辉南县人，中共党员。1977年中学毕业后下乡插队锻炼；1984年沈阳药学院大学本科毕业；1996年于中国农业大学农业经济学院在职硕士研究生班学习；2008于年华南农业大学在职学习获农学博士学位。大学毕业后，曾在农业部人事劳动司工作；1992年后历任农业部畜牧兽医司（局）药政处、兽医处、外检处副处长、处长、副局长；1995年挂职任黑龙江省木兰县县委副书记；1999—2002年援疆任新疆维吾尔自治区畜牧厅副厅长；2007年任农业部兽医局局长；2010年任中国农业科学院党组成员、副院长。现任农业农村部国家首席兽医师（官）。

构建动物安全生产与产品质量安全体系

李金祥在农业部机关工作期间,积极进取,履职尽责,为确保畜牧业生产安全、动物产品质量安全和生态安全做出了积极贡献。一是建立完善动物防疫法律法规体系。组织起草和制(修)订《动物防疫法》《重大动物疫情应急条例》《兽药管理条例》以及《动物检疫管理办法》等法律法规和配套规章,高致病性禽流感、口蹄疫防控等系列应急预案、防治技术规范和检疫规程;组织制订了兽药研制、生产、经营、进出口、使用监管等法规规章及技术标准、规范和程序,建立了兽药依法科学评审机制、兽药生产企业GMP管理和兽药监察机构质量技术资格认证等制度。二是建立健全兽医工作体系。积极组织推动出台《国务院关于推进兽医管理体制改革的意见》,推进建立官方兽医和执业兽医制度,健全完善全国各级兽医行政管理、动物卫生监督执法和动物疫病预防控制体系,建立了国际和国家兽医参考实验室、兽药残留基准实验室和兽药安全评价实验室体系;建立健全基层动物防疫队伍和动物疫病防控网络。三是推动动物疫病防控机制创新。研究确立以免疫为主、免疫与扑杀相结合的重大动物疫病防控策略和控制消灭等管理措施,高致病性禽流感、口蹄疫等重大动物疫病防控取得显著成效。提出动物疫病区域化控制概念和原则,组织建立起我国无规定动物疫病区和生物安全隔离区,得到世界动物卫生组织(OIE)等肯定。同时提出实施国家动物及动物产品兽药残留监控计划,促进了我国兽医管理与世界接轨,有利于我国畜产品的国际贸易。四是参与组织国家和行业有关重大事件应急工作。先后参与组织了高致病性禽流感"阻击战"以及高致病性猪蓝耳病、四川猪链球菌病、西藏小反刍兽疫、口蹄疫等重大动物疫病和人畜共患病防控工作;四川汶川特大地震、青海玉树强烈地震、南方冰冻雨雪、甘肃舟曲泥石流等重大自然灾害人畜共患病防控工作;北京奥运会、中华人民共和国成立60周年大庆、上海世博会和广州亚运会等重大活动动物产品安全监管保障工作。任农业部兽医局局长期间,坚持"一岗双责",两手抓两手都要硬,业务开拓和机关建设取得双丰收,兽医局先后荣获中央国家机关"五一劳动奖状",党中央、国务院和中央军委授予青海玉树抗震救灾"英雄集体",农业部文明司局、先进基层党组织等称号;局里有些同志还分别获得中央国家机关"五一劳动奖章"和"全国人民满意公务员"等荣誉称号。

扎根基层 心系牧民

李金祥挂职锻炼期间,深入基层、扎实工作,坚持为基层农牧民群众分忧解难。他三次到基层锻炼,始终以积极努力、创新求实、谦虚和蔼、认真负责的态度奉献基层，服务群众，受到当地干部群众的好评。一是参加中央国家机关讲师团为基层服务。1985年参加了首批中央国家机关赴黑龙江省讲师团北安支队，在市教育学校任教，1986年北安支队被授予中央国家机关讲师团先进集体。二是到县级党委挂职锻炼。1995年，挂职任黑龙江省木兰县县委副书记，主抓意识形态和"三农"工作，大力发展养牛业，期间《黑龙江日报》以"木兰肥牛香又嫩"专题报道了当地发展畜牧业的成绩。三是积极投身援疆事业。1999年，作为第三批中央国家机关援疆干部，任新疆维吾尔自治区畜牧厅党组成员、副厅长。三年援疆正值新疆畜牧业发展的转折困难时期，李金祥坚持深入基层、深入群众，引导更新发展理念，改进完善工作方法，赢得了基层干部和农牧民群众的好评，也和他们建立了深厚的友谊。他协调争取国家有关部门支持，积极建议国家发改委启动天然草场保护工程；加大招商引资力度，引进优良畜禽品种、推广先进繁育技术；内引外联搞整合、盘活国有农牧企业资源；加强基层农技人员和农牧民实用技术培训，推进与中亚国家建立重大动物疫病联防联控机制，为新疆畜牧业实现跨越式发展做出了积极贡献。2002年，《新疆日报》刊发文章《情洒西部》，报道了李金祥服务基层、奉献群众和推进新疆畜牧业改革的先进事迹，李金祥被评为第三批优秀援疆干部，受到新疆维吾尔自治区党委和政府的表彰。

服务现代农业科技创新体系

李金祥在中国农业科学院工作期间，推动院级工作重点立足国家农业发展战略，积极推进现代农业科技创新体系建设，提出院机关服务农业科研工作、服务科研人员和服务院区群众的"三个服务"理念，千方百计强化农业科研条件保障，想方设法解决科研人员和群众的实际困难。一是做好顶层设计，创新管理方式。瞄准国家农业科技战略需求，推动国家农业科技创新工程实施，组织编制"十二五""十三五"农业科研能力建设规划，积极谋划重大项目，建设世界一流科研平台。同时规范基本建设项目管理，采取"全链条"式管理、各环节重点控制方式，建立完善有关项目管理实施的制度体系。二是推进重大建设项目实施，夯实科研基础。组织完成世界第一的国家动物P4实验室、国家农业图书馆、新乡国家农业科技综合实验基地和国家畜禽改良中心等国家重点项目建设；国家作物种质资源库、国家生物技术研究中心、国家重要农作物表型鉴定设施群、国家农业气候环境模拟舱、国家西南农业创新中心和西部农业创新中心等国家和农业农村部重点推进项目都有了积极进展。三是推动科技扶贫，实施绿色增产增效示范带动。打赢脱贫攻坚战是党中央、国务院做出的重大战略部署，李金祥深刻理解依靠农业科技、实施精准扶贫的重要性。主持羊、奶牛绿色增产增效技术集成模式与示范研究，组织院属8个研究所开展技术集成攻关，突破16项关键技术，构建"育、繁、推、产、加、销"全产业链生产经营模式，形成了精准扶贫的技

术体系和应用模式，在西部贫困地区、贫困人口中进行示范推广，扶贫成效显著。该成果被联合国粮农组织（FAO）作为典型案例，李金祥受邀到总部做报告，并推广到埃塞俄比亚等非洲国家，正在为世界减贫发挥作用。四是强化服务理念，打造美丽院区。组织成立中国农科院院区综合管理委员会，加强院所区改造力度，院区环境发生了彻底的变化；强化院区基本服务功能，设立职工餐厅，改造医务室和幼儿园，修建休闲健身广场；与属地知名中小学共建解决职工子女入学困难等问题，解决院区科研人员和群众的后顾之忧。

（文／华南农业大学兽医学院）

广东省政协副主席邓海光

邓海光，男，汉族，1968年10月生，广东雷州人。华南农业大学经济管理学院农业经济管理专业毕业，在职研究生学历，管理学硕士。1987年5月加入中国共产党，1991年7月参加工作，现任广东省政协党组成员、副主席。

邓海光同志历任博罗县委书记、惠州市委常委、团省委书记、茂名市市长、茂名市委书记、广东省副省长等职。在省政府工作期间，致力于推动农业、扶贫、水利、三防、林业、海洋、渔业、民政、供销、卫生等事业发展。任现职以来，充分发挥政协工作优势，锐意创新民主监督形式，广泛开展调查研究并积极建言献策，努力助推广东省乡村振兴、精准扶贫、污染防治攻坚等重大战略实施。

 人民公仆

花开西藏　润物无声

——记全国人大代表黄细花

黄细花，女，1966 年生，汉族，江西上高人，博士，高级工程师。1991 年 7 月研究生毕业于江西农业大学农学系；1993 年 8 月至 1998 年 1 月，任惠州市环境保护局办公室科员；1998 年 1 月起，任惠州市环境保护局办公室副主任、主任；2001 年 3 月至 2005 年 8 月，任惠州市环境保护局环境科学研究所所长（2004 年 9 月至 2008 年 6 月在华南农业大学污染生态学专业进行博士研究生学习并毕业，获博士学位）；2003 年当选为第十届全国人大代表；2004 年 1 月至 2007 年 3 月，任惠州市环境保护局总工程师（副处级）；2005 年 8 月至 2010 年 10 月，任惠州市环境保护局副局长；2010 年 10 月起，任惠州市科学技术协会主席、党组书记；2012 年 2 月至 2016 年 5 月，任惠州市旅游局局长；2016 年 4 月至 2019 年 7 月，先后任西藏自治区林芝市政府党组成员、副市长，林芝市鲁朗景区管委会党组书记、主任，广东省第八批援藏工作队副领队，第十、十一、十二、十三届全国人民代表大会代表。

稻花香

校友业绩录

忠于职守　为民请命

黄细花作为全国人大代表，一直在为人民群众能过上更加优质的生活而努力。2006年，四大国有商业银行和交通银行相继宣布，从6月1日起，对银行卡ATM跨行查询收取0.3元手续费。6月2日黄细花和惠州市另一位全国人大代表陈雪英向全国人大常委会发出一份闭会期间的紧急建议：建议银监会对有损广大存款人和金融消费者利益的行为加强监管；建议国家价格主管部门对本次收费暂时叫停，组织听证后，再行实施；建议有关方面对银行中间服务收费加强法律审查。

黄细花的紧急建议，首次对银行不听证就自行决定收费的公正性和合法性提出质疑，反映了国内银行卡用户共同的利益诉求。更值得注意的是，像黄细花这样在人大闭会期间就社会热点话题提交建议的现象并不多见。从这角度来看，黄细花的举动有着更加积极的意义：人大代表要切实担负起听取群众呼声、代表群众监督政府的责任。

2012年两会上黄细花建议，应出台关于禁止强制上环和强制结扎相关的规定，坚决纠正强制上环和结扎的违法行为。取消计划生育"一票否决"和计划生育的各项考核，废除各地有关"计划生育一票否决制"的文件，取消与计划生育有关的各种证件和证明，取消征收社会抚养费。

2012年8月2日颁布实施的《重大节假日免收小型客车通行费实施方案》规定，在春节、清明节、劳动节和国庆节期间，高速公路对小型客车实行免费通行。

2016年，参加全国两会的全国人大代表黄细花呼吁将"重阳节"设为"中华感恩日"，纳入国家法定节假日，有利于在全社会大力弘扬感恩文化，提倡对社会感恩、多做贡献，增强社会责任感。

黄细花指出，重阳节是我国四大传统祭祖节日之一，将其设立为"中华感恩日"，定义为家庭成员、社会成员、群体、阶层之间乃至人与自然之间相互沟通、心存感激的节日，有利于弘扬中华民族优秀文化传统和扩大中华文化的影响力，有利于传承和保护中华非物质文化遗产，也有助于促进社会主义核心价值体系的建设，有助于应对老龄化社会带来的影响，让老人们享受到关爱，使年轻人认识到亲情和传承"百善孝为先"的道德品质的重要性，从而使家庭更加和睦，社会更加稳定。

攻坚克难　繁花似锦

2019年7月，黄细花就要离开西藏，与她待了3年多的鲁朗国际旅游小镇告别了。尽管有太多不舍，但黄细花却没时间为离别而感伤。作为援藏干部中唯一的全国人大代表，黄细花深感责任重大。从2017年开始，黄细花每年都会把援藏时的一些调研形成建议，带到全国人大会议上。如今，鲁朗小镇从默默无闻的世外桃源，变成了游客纷至沓来的雪域江南。

早在2016年1月，黄细花便提前进藏对林芝和鲁朗小镇进行考察。因为下雪路滑，黄细花乘坐的汽车险些掉下山谷。而后，从墨脱回鲁朗的途中，汽车又差点被一辆大卡车挤下万丈深渊。"从西藏考察回去后，内心是有一些忐忑的。鲁朗小镇海拔3300多米，这里的氧含量比平原要低，冬天的路又不好走，人会很脆弱，能不能坚持下来，我心里也没底。"黄细花说。这些困难曾短暂地影响过她的心态，但却并未真正动摇过她的决心，"如果组织确定的名单里有我，那我肯定毫不犹豫去援藏"。

鲁朗小镇是广东省援建的重点旅游开发扶贫项目，小镇从规划到建成历时6年，总投资超过30亿元。当时，小镇已经快要建成，正需要一位品牌推广人和小镇管理者。因为在旅游部门工作多年的经历，黄细花被委以重任。2016年，黄细花被选为广东省第八批援藏队副领队，到西藏林芝支援工作。接到通知的黄细花没有犹豫，收拾行囊就奔赴西藏。一般情况下，援藏干部的年龄要求在45岁以下，而此时的黄细花已经50岁。在家人的支持下，黄细花提前4个月出发，到鲁朗小镇担任景区管委会主任。

刚过去的时候，小镇还未完全建成，黄细花在罗布村的藏族同胞家住了半年。如今，黄细花当初借住的藏民家搞起了民宿，她住过的房间也铺上了木地板。生活条件改善的背后，是鲁朗小镇的成长。

在运营方面，鲁朗小镇引入了三家大型品牌酒店入驻，借助他们先进的设施和管理经验，提升了小镇的接待水平和服务质量，还带动了周边村民的就业。有很多村民不仅参与了酒店的运营和管理，还开起了民宿。

在宣传方面，黄细花等人着力宣传小镇"近可观湖景湿地，中可观牦牛和花海，远可观壮丽的雪山"的特色，联系了很多媒体到鲁朗小镇拍摄图片和视频来帮忙宣传，还在微信、微博、抖音、快手等新媒体平台上进行推送。

"在鲁朗小镇的游客中心等公共区域，都会设置免费的无线网络，密码是'请您爱护鲁朗环境'的第一个字母，目的就是提醒所有人爱护环境。"黄细花说。经过大家的不懈努力，鲁朗小镇旅游环境越来越好，获得了国家级旅游度假区、全国运动休闲特色小镇、全国藏文化生态旅游知名品牌创建示范区等多项荣誉称号，名气变得越来越大。

在鲁朗小镇，黄细花有个非常有名的称呼——"花姐"。这个称呼随着她的走访和调研，已经传遍了整个鲁朗小镇和附近的村庄。

援藏期间，黄细花除了走街串巷走访调研，还教会了村民们用微信，有时候会在微信群里征求他们的意见和建议。

一直致力于鲁朗小镇旅游宣传工作的黄细花意识到，西藏拥有丰富的旅游资源，但受机场规模小、部分航线不足、旅游淡旺季明显等因素的影响，在一定程度上制约了航空物流和旅游业的发展。

据此,黄细花在 2019 年的全国人大会议上提交了《关于加大对西藏航空物流支持力度的建议》。建议各个部门可以根据自己的分工,加大扶持力度;建议民航部门支持增加国内一些城市如北京、上海、杭州、昆明等直飞林芝的航班;建议财政部门对飞西藏等地的航空公司适度加大燃油补贴,确保直飞航班在旅游淡季、冬季不停航;建议商务部门加大对西藏电子商务的扶持力度,让西藏的特色产品走出高原。

"西藏林芝是我的第二故乡,藏族同胞就是我的亲友。希望这些建议能够让鲁朗小镇的旅游更火,让这里的人民更富,算是我为藏族人民奔小康出的一分力吧!"黄细花说。

(文/曾子焉　吴启堂)

不忘初心
为民代言的农业科技工作者

——记全国人大代表龙丽萍

龙丽萍，女，1965年生，广西柳江人，第十二届全国人大代表，农业昆虫学知名专家，国家自然科学基金同行评议专家，第五、第六届全国农业有害生物抗性风险评估与对策专家组成员，中国民主同盟广西壮族自治区第十二、第十三届委员会委员。

1987年、1990年和2011年分别从华南农业大学昆虫学和农业昆虫与害虫防治专业获得学士、硕士和博士学位；2006年12月获研究员职称；2011—2012年在美国康奈尔大学做访问学者。主要从事农业害虫防治和农药应用技术等方面的研究。先后主持和参加国家自然科学基金、国家科技攻关项目子专题、农业部农业行业科研专项子专题等40余项科研项目，发表研究论文107篇，参与编写专著4部。获国家发明专利3项，与广西大学联合培养硕士研究生10名，获广西科技进步奖二等奖等各级科技成果奖10多项。曾任广西农业科学院应用农药研究中心副主任，广西农业科学院植物保护研究所副所长，广西农业科学院项目办公室主任，广西农业科学院水稻研究所所长。

稻花香

| 校友业绩录 |

壮乡飞出的金凤凰

龙丽萍出生于广西柳江的一个小山村，她从小聪明好学，立志长大后要帮助山区农民解决温饱问题。1983年，她以优异成绩考上重点大学，并以第一志愿被华南农业大学植保系昆虫学专业录取，成为村里有史以来第一位大学生。1990年毕业后回到家乡广西农业科学院植物保护研究所，从事农业昆虫与害虫防治工作，一干就是20多年，成为全国稻飞虱抗药性监测与治理方面的知名专家，被聘为第五、第六届全国农业有害生物抗性风险评估与对策专家组成员、农业部农药研制与施用技术重点实验室专家委员会委员。后来调到广西农业科学院水稻研究所担任所长，主持全面工作。她狠抓科研平台建设，共获得国家水稻改良中心南宁分中心（二期）、农业部广西农科院种质资源繁殖更新基地及广西水稻育种工程技术研究中心等平台项目10项，使水稻研究所的科研条件得到进一步改善，科研实力得到进一步提升。她任职期间，水稻研究所新育成水稻品种27个，鉴定不育系10个，获国家植物新品种保护权10项，国家科技进步奖二等奖1项、特等奖1项，广西科技进步奖8项，在"十一五"全国农业科研机构科研综合能力评估中排名第36，是广西唯一进入全国100强的农业科研机构。

为民族地区发展代言献策

作为民盟成员和全国人大代表，她结合自己所学的专业和所从事的工作，积极为广西和我国少数民族地区农业发展建言献策。广西是我国最大的产糖区，食糖产量占全国60%以上，也是世界食糖主产区之一。但广西糖料基地大部分集中在桂中、左江和桂西北等偏远、贫困山区，蔗区道路和水利基础设施条件差，糖料蔗生产主要靠手工劳动，机械化程度低，极大地影响了农民种植甘蔗的积极性。在参加

全国两会期间,龙丽萍提出《关于加大支持广西蔗区道路基础设施的建议》《关于加大支持广西蔗区水利基础设施的建议》和《关于中央财政直接补贴糖料蔗种植的建议》,积极努力解决甘蔗生产上所存在的问题,促进广西甘蔗产业的健康发展,得到了国家交通部、水利部、农业部和财政部的高度重视。

针对我国少数民族自治区范围广、基础薄弱、农村人口比重大、贫困人口多、贫困程度深、生态环境独特、农业特色鲜明等特点,她提出《关于加强全国少数民族自治区农业科技创新基础条件建设的建议》,得到国家各部委的高度重视,国家民委联合国家发改委、财政部、农业部、科技部等多个部门,专门就如何加快我国少数民族地区农业发展进行调研,并出台了多项措施和优惠政策,对我国少数民族地区农业发展起到了很大的促进作用。

针对2000年以来实施的《中华人民共和国种子法》(下称《种子法》)及其配套法规中未对非主要农作物品种管理做明确规定,使非主要农作物品种市场监管缺乏法律依据等问题,她提出《关于加强非主要农作物品种管理的建议》,得到农业部的高度重视,在《种子法》修订过程中增设了非主要农作物品种登记制度的内容,进一步加强了非主要农作物品种的监管力度,也规范了非主要农作物品种的市场准入行为。

结合全国人民代表大会《政府工作报告》,她还提出希望从国家层面支持西部地区,尤其是优势农产品主产区,支持农产品精深加工,拓展产品产业链,增加产品附加值。同时,希望国家出台一些政策鼓励科技人员在科技创新方面做出贡献。在土地流转方面,她提出要重点从四个方面着手:一是办好土地确权,确认土地是农民所有,确保确认的信息透明公开,给农民吃下"定心丸";二是加强宣传,让农民知道党和政府支持土地确权、流转;三是完善物权法和保险法;四是做好土地评估。

作为一名少数民族地区的农业科技工作者,龙丽萍始终带着颗"帮助山区农民解决温饱问题"的初心,努力前行。

(文/孔琴)

稻花香

校友业绩录

贤达名流

广东律师行业引领者

——记全国知名律师肖胜方

肖胜方，1969年生，1992年7月本科毕业于华南农业大学工程技术学院农业机械化（加工机械管理工程）专业。现为广东胜伦律师事务所主任。2016年12月当选广东省律师协会会长；2018年1月当选全国人大代表。兼任最高人民法院特约监督员、最高人民检察院特约监督员、广东省法官检察官惩戒委员会委员、政协广州市委员会法制工作顾问、华南国际经济贸易仲裁委员会仲裁员、广州仲裁委员会仲裁员等职务。系全国五一劳动奖章获得者，先后荣获"全国优秀律师""全国维权十大杰出律师""广州十大杰出青年""广州市十佳律师""七五普法先进个人"等荣誉称号，带领胜伦获"全国优秀律师事务所""广州市新时代走前列律师事务所"等荣誉称号。

宣讲普法　参政议政

2018年3月，肖胜方当选为新一届全国人大代表，在北京人民大会堂见证了宪法修正案表决，现场感受了习近平全票当选国家主席时长时间的雷鸣般掌声，目睹了习近平主席手抚宪法向全国人民庄重宣誓。

两年来，肖胜方先后向全国两会提交27个议案建议，话题不止于司法领域，亦涵盖如物业管理、互联网生态、教育、医疗等涉及民情社意的各方面问题，每份议案、建议都体现了法律人的专业素养、职业情操，充分运用法治思维和法治方式提出问题、分析问题、解决问题，更彰显了他一心为民的情怀和社会担当。

2018年4月，肖胜方为广东省全省司法行政系统作了履职生涯里的第一场宪法宣讲，截至目前，他已经完成了37场宪法宣讲。

肖胜方宪法宣讲具有高规格、大规模及高强度的特点。他先后为广东省直机关、广州市副局级以上领导干部、广州市各区副处级以上领导干部、广州市部分局委办领导干部、珠海市财政局、中山市副处级以上领导干部、高校、大型国有企事业单位等进行宪法宣讲，每场受众几百人到几千人，部分单位还设分会场，宣讲时长近100个小时，累计受众多达3.7万人，规格之高、规模之大可谓走在了全国各级人大代表前列。

此外，肖胜方作为广东抽调的两名全国人大代表之一，参加国务院大督查；他还成为153名预算工作联系代表之一；两会期间，他也成为新闻媒体追逐的明星代表，接受各主流媒体采访……

出彩的背后，是肖胜方不为人知的艰辛努力和付出。为准备广东团全团会议的10分钟发言，他从晚上11点多开始准备材料到次日凌晨5点多，最后迷迷糊糊睡了1个多小时，连早餐也来不及吃就开始了第二天的会议。两会期间，为阅读各类会议材料，准备发言，他平均每天睡眠时间不足5小时。

律师协会的带头人

肖胜方历任广州律协劳委会主任、宣传委主任、理事、常务理事，广东律协劳委会主任、宣传委主任、理事等职务，从此进入律师行业管理领域，一发而不可收，从2012年担任广州市律师协会副会长、广东省律师协会副会长，直至2016年当选为广东省律师协会会长。

广东是律师大省，全省近3400家律师事务所，目前律师人数已达4.5万名，占全国律师总数的10%。作为省律师协会会长，最重要的是带好队伍，肖胜方对此目标很明确。

协会不同于政府机关或者企业，除秘书处工作人员外，会长、副会长等都是律师兼任，不领工资，所以管理相对松散。肖胜方认为如果没有量化考核和规范，年度理事会上会领导述职演讲比较天马行空，谈展望多，谈业绩少，也容易出现"选举时要名分，干活时找不到人"的情况。

自当选广东省律师协会会长后，肖胜方全面熟悉掌握协会的整体情况，工作量也增加了许多，还经常利用午休时间加班加点工作，甚至有时候半夜十一二点还在"煲电话粥"谈协会工作。经过一番调研，在广东省司法厅党委副书记、副厅长梁震"建立机制，带好队伍"的启发下，肖胜方找到了方向和抓手：会长不是一个人在战斗，律协有12个会领导、49个委员会、300名委员会领导。应当制定"游戏规则"，让大家有动力和压力，发挥团队的作用来凝心聚力。

在肖胜方的推动下，广东律协出台了《广东省律师协会会长副会长述职考核规定》等规章制度，通过动力压力双管齐下，确保团队所有人履行职务不走过场。晒工作量成绩单晒出了压力，对协会管理层形成倒逼机制，此举很快得到检验，此后的述职评议中，会领导和委员会的履职报告几乎都从"想怎么干"，变成"干了什么"。

越来越多怀揣法治梦想的人进入律师行业，随之而来的是不断增加的执业风险，这种风险既可能来自公权力，也经常来自律师本身。而协会要做的是，敢于举旗，敢于亮剑，既要充分维护和保障律师执业权利，为律师会员撑腰，也要严格规范律师执

稻花香

校友业绩录

业行为,对于律师队伍中极少数的害群之马要敢于严惩,从而以良好的形象赢得当事人的信任和社会大众的尊重。肖胜方带领广东省律协建立了全国首个省级律协"维护律师执业权利中心"和"投诉受理查处中心"。两个中心的成立,彰显了当前律师事业发展的根本思路——保障权利和守住底线。

除了保障和规范律师执业行为外,肖胜方还非常关注参与"一带一路",让更多律师人才"走出去"。因毗邻香港和澳门,广东律师行业一直希望能够与香港、澳门的法律服务业有更多深入交流和合作。省律协与香港大律师公会签订了合作框架协议,广东省内6家律师事务所分别聘请1名香港大律师担任顾问,双方在定期互动交流、建立信息通报和共享等方面进行紧密合作。在佛山举行外国、港澳律师事务所驻粤代表处代表及合伙联营所港澳方派驻律师联谊座谈会,深化了粤港澳律师业合作的共识,对接下来促进粤港澳法律服务业资源整合、合作方式创新、国际竞争力提高,更好地服务"一带一路"建设起到了积极的作用,也为今后粤港澳律师更好地提供涉外法律服务、开辟沟通平台实现了对接。

胜伦律师事务所的创办者

肖胜方大学时期曾经担任广东学联副主席、校学生会主席、全国学联委员等职务,他的梦想就是从政,毕业后从事的却是销售、办公室综合管理等工作,不过这些经历为他日后对律师行业营销及管理的研究打下了坚实的基础。

1996年,肖胜方一边工作一边备考号称"中国第一考"的司法考试。他白天上班,晚上挑灯夜读,常常一坐就是七八个小时。根据《中国律师杂志》记载,那是律师资格考试通过率最低的一年,通过率仅为4.6%,肖胜方则以高分通过。刚入行那段日子,非科班出身的肖胜方夜以继日钻研各种法律,他如饥似渴地学习法律理论和办案技巧,律师生涯就这么开始了。他经常晚上在律所加班,有的人加班后直接就走了,他会随手把所有的灯关好,给所里节约一点电费。作为普通律师却操心整个律所的管理,细节中体现了肖胜方的大格局。

2005年,肖胜方带着激情与梦想,创办了胜伦律师事务所,并由他专职管理。他提出了"一体化运作、专业化分工、团队化管理"的经营理念以及"超越客户期望,培养忠诚客户"的服务理念。

身为律所主任,肖胜方的思路和眼界都与普通律师有了很大不同,他致力于研究律师行业管理的各种现实难题。在创所的头2年,胜伦的确走得很艰难。首先是客户积累不够、案源不充足,新客户拓展受限于胜伦的知名度和事务所的规模;其次是律师流失严重,当初雄心勃勃加入的律师,面对刚起步的艰难,对胜伦倡导的理念产生了怀疑和动摇,用他们的玩笑话来说就是革命意志不够坚定。在最低潮和最困难的时

候,胜伦连肖胜方在内,仅剩下 3 位核心律师。

然而,肖胜方坚持了下来,胜伦也坚持了下来。他把全副精力投入事务所的改革创新中,使事务所在短时间内形成了具有胜伦特色的"核心竞争力",在制度保障和技术驱动下,胜伦逐渐建立起忠诚客户群,客户流失率极低,其专业、优质的服务质量获得社会各界的认可,知名度和美誉度不断提升,推动了胜伦的跨越式发展。

在肖胜方的带领下,胜伦在成立第 2 年即成为广州市首批 38 家"规范管理律师事务所"之一,成立第 6 年即获得"全国优秀律师事务所"荣誉称号,每年都会获得广州市律师协会颁发的"管理优秀奖""业务成果奖""维护社会稳定奖"等奖项,获"广州市新时代走前列律师事务所"等荣誉称号。

经过近 15 年的发展,胜伦律师事务所已成为广东地区最具实力的律师事务所之一,而肖胜方也成为行业翘楚,律所成熟的管理机制使他逐渐从具体事务中脱身,把精力投入整个律师行业发展规划中,推动律师行业快速、健康发展。

回顾 21 年职业历程,肖胜方也无限感慨。从普通律师到创办属于自己的律所,从当选广东省律协会长到全国人大代表,他在四重身份中学习、历练、感悟,才成就了今天的自己。

(文/范春燕 梁丽华)

蚕桑科技追梦人

——记中国蚕学会理事长廖森泰

廖森泰,男,1962年生,1979—1983年就读于华南农学院蚕桑专业,1986年硕士研究生毕业于华南农业大学蚕桑系蚕病生理学专业。现任广东省农业科学院党委书记、中国蚕学会理事长、国家现代农业蚕桑产业技术体系加工研究室主任、农业部功能食品重点实验室主任、广东省农产品加工重点实验室主任、中国食品科学技术学会功能食品分会副理事长。系国务院特殊津贴专家、全国优秀农业科技工作者、丁颖科技奖获得者。长期从事蚕桑资源综合开发利用、农产品加工和农业规划研究。主持国家科技支撑计划项目等各级科技项目30余项;获得省部级科技成果奖12项,其中一等奖3项(第一完成人)、二等奖3项;主编《蚕桑资源综合利用实用技术及规程》等专著7部;发表论文243篇;获授权专利31项;主持研制新产品20余个。

根正苗红　结缘蚕桑

廖森泰出生在蚕桑之乡——广东顺德，从小与蚕桑结缘。他小时候就帮助家里种桑养蚕，那时顺德到处是桑林。他利用课余时间去桑园除草、摘桑叶、捉桑尺蠖和桑毛虫，还经常半夜起床与父亲一起喂蚕，儿时的经历培育了他对蚕桑的深厚感情。20世纪70年代，顺德很少有专门的蚕房，大多在住房内饲养，一到夏季高温闷热，对蚕生长不利时，只好人工降温，廖森泰就帮忙拉动风扇降温通风，以防蚕病发生。由于当时人们对蚕病防治科学意识不强，常常会在蚕宝宝养到五龄三日时由于高发病率而被迫整批倒掉，廖森泰从那时起就暗下决心，一定要根治蚕病。1979年考大学时，廖森泰果断地选择了华南农学院蚕桑专业为第一志愿，在上大学期间，他学习特别认真，还参加了生产队的良种桑桑苗的插条繁育工作，他所在的小组繁育的桑苗成活率高、长势好，邻近生产队都派人来参观学习，看后直夸："不愧是蚕桑大学生。"1986年参加工作后，廖森泰一直从事蚕桑科研工作，从未间断过。

投身科研　追梦不止

廖森泰的科研业绩突出，主要体现在以下几个方面：

一是家蚕微粒子病防治研究。廖森泰从小就怀抱着不让蚕宝宝生病的蚕桑梦想。他毕业后前15年一直从事蚕病防治研究，亲自研发了消毒剂蚕用次氯酸钠和消毒净、微粒子病治疗药剂"防微灵"，并在生产上推广应用。特别是"防微灵"，是我国目前唯一获得兽药登记的家蚕微粒子病治疗药剂，为我国家蚕微粒子病防治做出了巨大的贡献。

二是蚕桑食药用研究。20世纪90年代中期，廖森泰意识到要实现产业的可持续发展，必须深入挖掘蚕桑资源在种桑养蚕以外的价值，发展其精深加工利用。他带领团队围绕蚕桑资源的食药用开发的总体目标，系统开展了蚕桑资源的营养成分、功能成分和加工特性评价，构建了蚕桑资源食用加工数据库；建立了加工专用品种筛选目标与方法，获得了一批营养成分、功能成分和加工特性突出的专用品种；突破了蚕桑资源加工过程中的一批关键技术瓶颈，研制出蚕蛹虫草、蚕蛾公胶囊、桑枝灵芝、桑果汁、桑果酒、桑叶菜、桑叶茶等高附加值新产品，拓展了我国家蚕资源的多元化利用渠道，实现了"种桑养蚕"和"种桑养人"并举，促进了农民增收和企业增效，对于优化蚕桑产业结构，促进传统产业转型升级起到了有力的推动作用。

三是开展蚕桑动物饲料研究。廖森泰提出蚕桑动物生态饲料的开发思路，带领团队利用蚕桑资源开发出多种饲料。蚕蛹肽蛋白饲料含有丰富的抗菌肽、有机微生物菌群和不饱和脂肪酸，各类营养成分及消化吸收率均达到鱼粉水平，具有良好的促生长作用；桑叶饲料对畜禽具有免疫保健作用，能提高畜禽的抗病能力，并能改善出栏养殖动物肉品质，提升畜禽肉产品的风味；通过发酵降解蚕沙中的亚硝酸盐，开发安全、高效的蚕沙饲料，降低饲养成本；将蚕蛹、桑叶和蚕沙组配成蚕桑动物生态饲料，应用于畜禽和水产养殖，带动了蚕桑产业向饲料化利用发展，又促进了绿色、安全、高品质畜禽水产的生产。

四是蚕沙无害化肥料化研究开发。廖森泰通过药物消毒结合好氧静态堆肥发酵技术进行蚕沙的肥料化开发应用，开展蚕沙功能微生物菌群研究，目前已筛选出具有显著解磷、解钾或拮抗病菌效果的蚕沙功能菌（命名为 SEM 系列）10 株，并进行了菌种登记，制定了蚕沙肥料商务部行业标准 1 项，研发出蚕沙有机肥、蚕沙生物肥等 6 个蚕沙肥系列产品，年产值近亿元，并提出蚕沙改土工程行动，目前蚕沙生物肥已在全国推广应用。

五是桑蚕资源综合开发与利用。从种桑养蚕、养鱼至养畜、养人、蚕沙改土，推进美塘工程，开展农业休闲旅游与科普文化展示，构建出高效益的多元化桑基鱼塘生态循环技术体系，并已在广东宝桑园（花都）新生态农业科普基地、西樵山渔耕粤韵文化园、顺德太子休闲农庄等地实践示范，产生了良好的经济、社会和生态效益。2019 年，廖森泰还协助佛山南海区人民政府将以桑基鱼塘为代表的珠三角基塘农业系统申报中国重要农业文化遗产，为岭南特色蚕桑农耕文化的传承与弘扬做出了积极贡献。

行业楷模　桃李芬芳

廖森泰同志事业心、责任心和大局意识强，科学道德高尚、学术水平高、作风务实，具有开拓创新、拼搏奉献的敬业精神。他带领的蚕桑资源综合利用团队成立于 20 世纪 80 年代，目前团队成员 20 余人，其中博士 12 人、硕士 9 人。不管行政事务多忙，他每周都会挤出大量时间指导和参与科研一线工作，实验室与田间地头经常可以看见他孜孜不倦的身影。为了蚕桑事业，他走遍了全国大部分蚕区，每天都随身携带 10 多个 U 盘的蚕桑资料。廖森泰同志始终牢记农业科技服务三农的宗旨，非常重视科技成果的转化，积极探索成果转化和技术服务模式。他经常带领科技人员下乡，进行科技推广和技术咨询，积极地服务基层、服务群众、服务大局。廖森泰同志敬业的精神、丰硕的业绩成果和谦逊的人格得到了业内一致认可：2001年被评为全国优秀农业科技工作者，并获得广东省丁颖科技奖；2004年获国务院政府特殊津贴；2006年被国家科技部授予"星火科技先进工作者"；2008年获中国食品科学技术学会科技创新奖；2009年成为国家桑蚕产业技术体系岗位科学家，并连续获得体系"十二五"与"十三五"的支持；2016年当选中国蚕学会理事长。

此外，他还兼任了华南农业大学、华中农业大学、江西农业大学、仲恺农业工程学院和广东海洋大学等高校的特聘硕士生导师，16年来共培养硕士研究生40余名，为蚕桑产业输送了一批专业人才。

（文/孙京臣　王思远）

坐得住　走得稳　放得开

——记中国农业历史学会副理事长倪根金教授

倪根金，男，1962年11月出生于江西南昌。1984年本科毕业于中山大学历史学专业，1999年研究生毕业于华南农业大学农学史专业，获农学硕士学位。1984年至1992年任教于江西师范大学历史系。1992年调至华南农业大学中国农业历史遗产研究室（简称农史室）工作。现为广东省政协委员，华南农业大学中国农业历史遗产研究所所长、农业文化与乡村旅游研究中心主任、科学技术史硕士点一级学科带头人，广州市人文社科重点基地广州农业文化遗产研究中心主任。兼任农工党广东省委员会委员、省党史小组组长，农工党华南农业大学总支主任委员。曾任第四、第五届中国农业历史学会副理事长，现为中国科学技术史学会理事兼农学史专业委员会副主任委员，中国林学会林业史分会副会长，中国农业伦理研究会副会长，广东历史学会副会长，广东农史研究会会长，广东邓演达研究会副会长，广东叶剑英研究会监事，广东省古籍保护专家委员会委员。获广东省哲学社会科学优秀成果奖二等奖2项。

潜心学问坐得住

农史研究是"高冷"的学术领域。倪根金从教 35 年，潜心学问坐得住，不断探索创新，成为我国农史研究和林史研究的重要学术骨干和代表人物之一。

深耕文献。农业历史文献整理与研究是倪根金的主要研究领域之一，他先后主持国家古籍整理出版规划项目"救荒本草校注""历代捕蝗书校释"等，发表相关论文 20 余篇，出版《救荒本草校注》一书。其中《〈长安问花记〉撰者生平、成书年代考》通过细致钩沉方志、文集史料，基本考证出《长安问花记》的撰者宋启明生平和成书年代，弥补和订正了我国第一部古籍文献专业辞书《中国简明古籍辞典》"《长安问花记》"条目中的内容缺失和年代错误；明代农学名著《农说》及著者马一龙系列研究方面，通过新找到的马一龙文集《玉华子游艺集》、实地考察和史料爬梳，丰富了学界对马一龙的生平，特别是生卒年的认识以及成书年代的确定和版本源流考证。《救荒本草校注》出版后受到陈文华、周肇基、靳士英等著名农史、医史学者的肯定和好评，台湾宇河文化出版公司认为该书是"考据严谨，极具收藏价值的经典作品"，故向农业出版社购买版权在台湾出版，成为中国农业出版社第一本在宝岛出版的图书。

精研林史。以林史为核心的环境史是倪根金耕耘的又一相关领域。他先后主持原国家新闻出版总署"中华大典·农业典·园艺救荒分典"、广东省十五社科规划项目"中国历代蝗灾与治蝗管理机制研究"等项目，在植物史领域先后发表、出版相关论著 40 多篇、部。其中林史主要集中在植树和护林方面，并形成自己的专长，特别是传统护林碑系列研究受到游修龄、李根蟠、张均成、蓝勇、[日] 渡部武、[日] 原宗子、[韩] 崔德卿等学者好评。2003 年惠富平《二十世纪中国农书研究综述》指出倪根金"有关护林碑资料的研究已有多篇文章发表，并引起一定反响"，推动和引导国内外护林碑刻的研究发展。以动植物资源保护为核心的环境保护史研究亦受到学界好评，2003 年《历史研究》所刊周天游《二十世纪的中国秦汉史研究》的世纪总结说："秦汉社会史研究的又一特点，是开掘了许多新的社会史研究课题，如倪根金《秦汉环境保护初探》"；1996 年王子今在《秦汉史》中总结说，"发表论文中，倪根金的《秦汉环境保护初探》一文更具有值得称道的学术价值"。

拓深岭南。以岭南动植物史研究为中心的岭南农史是近年倪根金集中关注的领域，他独立或与同事合作发表相关论文 30 多篇。在多年耕耘基础上，2016 年，他作为首席专家申报的"岭南动植物农产史料集成汇考与综合研究"获评国家社科基金重大项目，成为华南农业大学获得的第二个国家社科基金重大项目。

稻花香
校友业绩录

倪根金研究领域颇为广泛，还涉列中国经济史、灾害史、战争史等领域，其中一些在学术界有较大反响，如《论气候变迁对中国古代北方经济的影响》《汉代夜市考补》《清民国时期西藏蝗灾及其应对研究》《中国抗日战争全景录（广东卷）》等。据统计，35 年来，倪根金共发表论文 130 多篇（含合作），出版著述 17 部（含主编），成果颇丰。

掌管农史走得稳

华南农业大学中国农业历史遗产研究所是我国农史研究的重镇，是国际知名科技史机构。倪根金担任所长 20 年，打造队伍、勤练内功，不断开拓，使华南农业大学的农史研究在商品大潮的冲击下不仅坚守下来，而且得到发展。

传承。"继往"方能"开来"，倪根金一直以继承先辈的事业为己任，注意对农史研究前辈成果的整理与研究工作，撰有相关论文 10 余篇，整理出版了《梁家勉农史文集》《春晓初霁室诗集》。他注重对前辈学者的纪念，举办了"纪念梁家勉教授诞辰 100 周年暨广东农史研究第八次学术研讨会""周肇基教授从教五十周年座谈会"。他还重视对相关的校史、院系史和学术共同体的梳理工作，主编《华南农业大学百年图史》，成为国内现存的第一部高校图史著述。倪根金通过挖掘、传承老一辈的优良学风和高尚品格，努力将农史团队打造成一支有历史传承、人文情怀、君子之风、奋斗目标的和谐队伍。

奉献。无私奉献是农史事业发展的不绝源泉，倪根金倡导并带头践行这一工作精神。在日常工作中，事无巨细，大凡上传下达、工作计划、工作总结、新闻报道，件件带头处理，从来不嫌繁琐。举办学术会议是促进科学研究、学术交流的重要手段，倪根金克服困难、多方联络、四外化缘筹措经费，主持举办了 11 次农史学术会议，在科技史界、农史界和广东史学界均产生良好反响。农史研究所是中国重要农史研究和资料中心之一，前来进行学术交流和查阅资料的客人较多，有重要领导、知名学者、在校研究生，倪根金本着"来了都是客"的原则，均妥为接待，为农史所建立起一个良好的外部学术网络。近年，他还利用自己的学术工作和人脉资源，为农史所争取到《广州大典》《广东历代方志集成》等单位和个人的捐书，价值上百万元，丰富了农史所的藏书，为师生科研创造了更好的条件。

创新。科学研究贵在创新，科研单位的发展亦需要创新。2000 年，倪根金负责农史研究生工作后，通过广泛调研，调整考试科目、加强招生宣传、完善培养环节，使科技史研究生培养步入发展快车道，由前 20 年培养 10 位研究生发展到后 20 年培养近

200 名研究生，一度成为国内招收农史硕士生最多的单位。2005 年，倪根金又在学校的支持下毅然创办历史系，开农业院校创办历史系之先河，经过 14 年的发展，逐步形成了具有"农"字特色的历史系。他还在学校组织开展口述史工作，不仅抢救了学校历史，也锻炼培养了学生的能力，并且组织指导的学生口述史作品在中山大学全国大学生口述史竞赛中 6 次获奖。

总之，在他的带领下，农史研究所稳步前行，科学研究、人才培养、学术交流、社会服务均取得明显进步，2016 年农史研究所获得广东省古籍保护重点单位称号，2018 年又申报广州农业文化遗产社科重点研究基地成功，完成从共建到正式的华丽转身。

服务社会放得开

服务社会是学术研究的最终归宿。倪根金在学术研究上是一位坐得住的学者，同时在服务社会方面他又能放得开，使华南农业大学的农史研究逐步融入改革开放的大潮。

倾心农遗。中国古人创造了辉煌灿烂的农业文明，农业文化遗产是祖先留给我们的宝贵财富。倪根金倾心竭力，以岭南为中心，带头挖掘、研究和保护传统农业文化遗产，积极推进广东荔枝、化州橘红、桑基鱼塘申报全国农业文化遗产，其中他主持完成的海南琼中山兰稻申报工作获得成功，使海南省的中国重要农业文化遗产实现零的突破。2013 年他撰写的《关于广州市开展农业文化遗产普查的建议》获时任广州市市长陈建华批示，并在市科协会上作经验交流。

服务三农。作为农民的儿子，将自己的知识服务于"三农"，是倪根金的心愿。从 2012 年起，他作为专家，参与广东古村落保护工作。从 2015 年起，倪根金行走 10 余省，为中央组织部、农业部联合举办的农村基层干部、专业组织负责人和优秀大学生村干部培训班授课 30 余场，传承农耕文明，培育农民精神。2015—2016 年，他参与评选出广东十大茶乡和十大名茶，为擦亮广东茶叶品牌出了力。他还利用总支力量，打造"捐书讲学服务乡村"的精品活动，受到农工广东省委的好评，成为品牌活动。

悉心农工。倪根金参加农工党 20 余年，他悉心尽力，做了大量的组织、协调和服务工作。2009 年他担任学校农工党总支主委，总支先后荣获农工党中央的 5 次表彰。作为农工党广东省委会委员兼党史小组组长，他带头开展农工党史研究，撰写发表党史研究论文，宣读农工党史，主持广东农工党史迹调研，助力广东省农工党史基地建设，尤其是为邓演达纪念馆建设、彭泽民故居陈列布展出谋划策，做出贡献，先后荣获农工党中央的"先进个人""优秀党务工作者"称号。

议政政协。2013年1月至今，倪根金任广东省政协委员。他积极参政议政，立足专业，聚焦民生，提交了7个提案，被《南方日报》《羊城晚报》《广州日报》《南方农村报》及众多网络媒体报道。2016年，他提交的《关于推进粤海关博物馆建设、助力一带一路发展的提案》被评为省政协32个优秀提案之一，促进了粤海关博物馆建设。他积极参加政协的视察、调研工作，并能结合专业专长，就地方乡村文化建设、农业文化遗产发掘利用提出建设性的建议，不仅得到地方领导、政协领导的肯定、好评，有的还被《人民政协报》《南方日报》等报道。

（文/王福昌）

羊城晚报报业集团党委副书记、总经理李和平

李和平，男，1964年9月生，汉族，广东龙川人，研究生学历。1985年6月入党，1986年7月参加工作。现任羊城晚报报业集团党委副书记、总经理（正厅）。

1984年9月至1986年7月，就读于华南农业大学农业生物系农业教育专业，任农业生物系学生会主席。

1986年7月至1988年5月，任仲恺农业技术学院团委专职干部。

1988年5月至1990年1月，任仲恺农业技术学院团委书记（副科级，1988年12月被评为助教）。

1990年1月至1993年3月，任仲恺农业技术学院团委书记（正科级，其间：1990年3—6月在国家教委中南教育管理干部培训中心学习）。

1993年3月至1993年6月，任仲恺农业技术学院团委书记（副处级）。

1993年6月至1996年1月，任中共广东省委保密办宣传处副处级干部。

1996年1月至2000年12月，任中共广东省委保密办宣传处副处长（其间：1996年2月—1997年1月任省委办公厅驻翁源县基层组织建设工作队队长；1997年9月至2000年7月在中国人民大学、省委党校在职研究生班经济学专业学习）。

稻花香

校友业绩录

2000年12月至2001年10月，任广东省国家保密局秘书处副处长（其间：2000年2月—2001年9月挂任广东信宜市人民政府副市长）。

2001年10月至2002年9月，任广东省国家保密局秘书处处长。

2002年9月至2008年1月，任中共广东省委宣传部宣传处处长（其间：2004年3—7月在广东省委党校中青一班学习，2006年5—8月在广东省委组织部委托中山大学和英国牛津大学联合举办的高级公务员研究班学习）。

2008年1月至2010年7月，任中共广东省委宣传部宣传教育处处长。

2010年7月至2010年11月，任羊城晚报报业集团党委副书记、纪委书记、管委会副主任（副厅级）。

2010年11月至2016年9月，任羊城晚报报业集团党委副书记、纪委书记、管委会副主任；羊城报业传媒集团有限公司党委委员、纪委书记、监事会主席（其间：2012年2—4月在广东省委党校市厅级领导干部进修班学习，2012年被评为高级政工师）。

2016年9月至今，任羊城晚报报业集团党委副书记、管委会副主任，羊城报业传媒集团有限公司党委副书记、董事、总经理。

中国文化的传播使者

——记加拿大火花文化国际集团总裁吴宁东

吴宁东，男，广东人。1992年毕业于华南农业大学农产品贮藏与加工专业（现食品学院）。现任加拿大火花文化国际集团总裁，著名策划人、导演、制作人。曾获加拿大第10届杰出华商文化贡献奖、加中青年协会Top 10青年精英企业家奖。作为北美活动策划界的领军人物，由他创办的加拿大火花演艺制作公司现已走过13年风雨，策划制作大型活动超过1000个，包括著名的《2014多伦多·中国心》《2016渥太华·欢乐春晚》快闪视频、加拿大总理小杜鲁多大型晚宴、ACCE企业家颁奖典礼、凤凰卫视中华小姐环球大赛等，其中两个快闪视频获过亿点击，成为全球华人快闪视频的冠军纪录保持者，前者还被载入十九大献礼纪录片《辉煌中国》中。火花文化国际集团走过13年岁月，始终致力于促进中国文化输出和国际文化交流，旨在为中国文化搭建一个国际化展示平台，向全世界人民展示中国的优良文化。

稻花香

校友业绩录

星星之火　梦想起航

梵高曾经说过：每个人心中都有一团火，路过的人只看到烟。大概在人的一生中，都有这么一把火在心中燃烧着，炽热而璀璨，我们不知道这束火花因何而生、因何而存、因何而亡，但因为它的无尽的燃烧，值得我们穷尽一生去追逐。而吴宁东心中的这团火，是对音乐的热爱与追求，是对艺术的渴望与追逐，同时，他也希望能够借助音乐、艺术这个媒介帮助中国文化打开国门，走向世界舞台，让更多的人看到璀璨的中国文化。

吴宁东心中的这团火早早就在他的内心点燃。而华南农业大学自由且开放的校园氛围，更是为他创造了一个良好的发展环境。吴宁东从小就对音乐充满兴趣，正是在华农的四年大学生活，让他把兴趣发挥得淋漓尽致。进校不久，他便加入校艺术团电声乐队，成为乐队队长，和一班爱音乐、爱摇滚的志同道合的伙伴一起玩音乐，并组建了一支名为"支点"的乐队（后改名为吹波糖乐队，现仍在发光发热，吴宁东为该乐队的创始人）。当年的他可谓是广州地区校园摇滚的先锋和原创音乐的积极推动者。据他回忆，当年他们班的同学可以说是百花齐放：有的加入广播站，有的加入舞蹈队，有的加入艺术团，有的加入小品队，92届农产品储藏与加工专业的他们在华农这个包容性极强的氛围里尽情地放逐青春。期间还发生了一件令吴宁东十分动容的事情。由于家境不好，家庭无法承担他梦想的一部分——拥有一部属于自己的电子琴。他身边的朋友同学知道之后，自发地发起筹款，整个园艺系在短时间内为吴宁东筹集到400元人民币，给他换来了一部承载着梦想的电子琴。"要知道，当年每人每月的生活费只有30元。"他感慨地说道。甚至在多年后的今天，当年的同学也会因为他的一通电话，几小时内于四面八方赶来，一起欢聚，回忆当初的青葱时光。就是在这种自由、开放的校园氛围及友好的同窗情谊之下，吴宁东种下的音乐梦，开始慢慢地破土而出。

飞蛾扑火　逐梦路上

毕业后，吴宁东按照自己专业的发展方向，先后到蔬菜公司、百事可乐（深圳）分公司从事跟自己专业相关的工作，此时的他如果按照原来的轨迹继续走下去，他会渐渐远离当初自己的激情所在——音乐，进而凭借自己超前的思维和超强的工作能力，成为食品行业的佼佼者。但是他决定跟随自己的感觉走——重拾他的音乐梦。此后，他积极参加歌唱比赛、进入广东电台至上音乐策划活动、加入琴行成为全国市场总监，尽他所能广泛接触音乐，徜徉在音乐的海洋中。吴宁东说："就算再给我一次选择的机会，无论最后是失败抑或是成功，我都不会后悔当初放弃高薪工作的决定。我依然会义无反顾地再次投入到自己喜爱的音乐事业中，因为那才是我的热情所在，我的价值所在。"

2002 年，吴宁东在好友的推动下来到了加拿大。初到国外的生活并不如他想象中的轻松，语言关、工作关、生存关……一关又一关等着他去闯。尽管有初来乍到的陌生感、孤独感、迷茫感、落差感，但是他始终没有放弃自己的音乐热情，用尽自己的力气去扑向音乐这把火。工作日他在一家超市认真工作，而周末的时候，他在当地华人社区与几位来自香港的志同道合的同胞一起组建了一支乐队，并担任主唱，乐队的名字很响亮——Spark 乐队，这也是后来他所成立的公司名——加拿大火花国际文化集团。这个名字也象征着吴宁东内心始终没有熄灭的那团火。吴宁东称："那段时间非常快乐，无论什么时候回忆起来，都十分令人怀念，因为那些都是真正热爱音乐的人。"他还补充道："音乐是不分国界的。"就这样，吴宁东凭借着对音乐无限的热情，义无反顾地扑向了音乐，也慢慢成就了自己的一番事业。

乐队成立不久，吴宁东和乐队的其他成员一起参加了由中央电视台主办的《同一首歌》的海选，并顺利通过选拔。那天站在台上表演，带着内心从未熄灭的火花的美好回忆，化成了吴宁东眼角感动的、激动的泪花。

自从那次表演后，Spark 乐队一炮而红，之后，吴宁东有了更宽广的舞台去展示自己。但他并没有急于去追求自己的名与利，而是沉下心来，审问自己的内心，他才发现他最渴望的，并不是单纯完成自己的音乐梦想，而是希望把中国文化带给全世界，想让全世界都能喜欢上中国文化。带着这样一个简单的愿望和自己最初的梦想，他创立了加拿大火花国际文化公司。而这对于他来说，只是又一个开始。

火花文化　　绚丽绽放

带着热情、执着，吴宁东再次出发。这次出发，真正地实现了他内心深处的愿望，他成功把中国文化带给了更多的外国人，让他们重新认识中国文化，喜欢上中国文化。

许多杰出的企业家都曾说过：成功并不是偶然的。对于吴宁东来说，他所获得的成功亦是如此。如果仅凭纯粹的兴趣，吴宁东也不会到达今天的远方。但他怀揣着一往无前的激情、热情与执着，始终严格如一地自律、自省，凭借自身对艺术、音乐、社会、政治、心理、市场、传播、媒体、科技、舞台制作等多方面的理解，抱着"让全世界看见中国文化"的理念，用外国人接受的审美习惯，创造性地把《2014 多伦多·中国心》快闪、《2016 渥太华·欢乐春晚》快闪带给加拿大人民，带给全世界。其中《2014 多伦多·中国心》快闪视频中万锦市的市长 Frank Scarpitti 和中国驻多伦多总领事房利先生也前来助阵。从"月亮代表我的心"到"我的未来不是梦"、从"千万次的问"到"我的中国心"，从"阿里山的姑娘"到"喀秋莎"，从"孔夫子"到"快板"

说唱艺术,从"龙的传人"到舞龙艺术,两次快闪都给了全世界人民极大的惊喜,也获得了极高的点击率和评价。吴宁东还激动地说道:"当时,加拿大空军在 facebook 上转载了两次视频,就连中国驻加拿大使馆也转载了视频!"

随后,江苏卫视《非诚勿扰》加拿大专场制作、凤凰卫视中华小姐环球大赛多伦多赛区策划、CCTV《我要上春晚》加拿大专场海选总决赛制作、2009—2011 年加拿大华人春节联欢晚会、2014 年加拿大联邦自由党领袖小杜鲁多大型筹款晚宴、中国驻多伦多总领馆春节和国庆招待会、ACCE 创业协进会优秀企业家颁奖典礼、北京电影节多伦多推广会、厨皇之星大型颁奖典礼、国庆杯国际乒乓球比赛及庆祝晚宴、2018 年第五届多伦多国际青少年舞蹈节、2019 年中加首届电视节……一场又一场大型活动的成功举办,让吴宁东内心起初的那点火花绚丽绽放,让更多人更加深入认识和了解到中国文化的内涵。火花集团每年制作的大型演出超过 60 个,在当地华人社区中树立了良好的口碑,"火花,就有好演出"——这就是火花集团留给当地华人的第一印象。

未来,火花集团仍然致力于把中国文化带到主流社区,并促进华人社区文化和其他文化的交流,让全世界看到华人社区文化和形象的提高,并现代化地包装中国文化,让中国文化走向世界,让世界打从心底认同中国的崛起。同时,火花演艺也致力于在海外制作文化产品,并把其中的优质产品输回中国,以促进中外文化的交融和互通。

阿基米德曾说:给我一个支点,我可以撬起地球。而吴宁东说:给梦想一点火花,你会收获一场绚丽的烟花。

(文/梁泳琪)

eSupply Global 创始人兼 CEO 蔡燕标

蔡燕标，2003年7月毕业于华南农业大学经济管理学院金融学系。毕业后曾先后任职于中国工商银行东莞市分行、深圳市太盛投资有限公司、汇丰银行广州分行、深圳市投资商会、东莞市石龙镇政府等单位。2007年，蔡燕标应丹麦外交部邀请，加入丹麦外交部投资促进局，任中国投资事务官员，负责协助和管理中国企业投资丹麦事务。

2011年底，受新西兰驻中国大使馆商务参赞邀请，转而服务新西兰贸易发展局，任中国区投资事务官员，负责协助中国企业投资新西兰、新西兰中央政府处理对华商贸关系以及中国企业在新西兰投资事务。

2014年10月，在习近平总书记访问新西兰前夕，蔡燕标一家应新西兰贸易发展局邀请，移民新西兰，在奥克兰负责协调习近平总书记访问新西兰接待工作，并在新西兰贸易发展局奥克兰办公室负责所有中国企业在新西兰投资事务。

2015年9月，蔡燕标辞去新西兰贸易发展局政府工作，在新西兰创立电子商务公司 eSupply Global 和香港新发展资本投资有限公司，专注于海外股权投资并协助新西兰企业拓展中国业务。蔡燕标现任 eSupply Global 创始人兼 CEO 和香港新发展资本投资有限公司总经理。

稻花香
校友业绩录

启航华农　扬帆海外
—— 记华农七九农经校友邱毅光博士

　　邱毅光，广东中山人，华南农业大学农业经济管理系第一届毕业生。1983 年毕业后留校任教；1986 年获世界银行奖学金，赴美国明尼苏达大学留学；1988 年获市场与价格分析硕士学位；随后进入美国麻省大学就读，于 1993 年获市场营销博士学位。先后在美国新英格兰金融保险公司和安盛集团工作，是华农紫荆大讲堂和紫荆论坛的演讲嘉宾，现任美国百年企业阿米卡公司市场营销副总裁和市场研究与分析总监，同时他还是美国罗得岛州青年成就董事会董事和美国摩萨斯·布朗学校董事会招生与推广委员会委员。他多次应邀在美国数据分析峰会、SAS 高管论坛及美中两国的大学和商学院演讲。邱毅光曾获美国安盛集团总裁内阁奖，同时还是一名摄影爱好者，他的作品曾获公司摄影大赛的第一名。

天道酬勤

邱毅光经常提到，他自己是非常幸运的，命中总有贵人相助。在他广东中山的家中藏有由中国书画研究院副院长、著名书法家张嘉东手书的"天道酬勤"横匾。他给我们讲了以下故事……

他刚毕业留校任教时，一个偶然的机会，参加了学校开设的英语培训班，因为学习十分努力并且进步很快，引起了外教安吉尔老师的注意，老师鼓励他去考托福，并主动为他垫付了托福考试的费用。因考试成绩优异、工作努力、积极上进，他被破格从出国培训班三梯队以外调进了第一梯队。

邱毅光在麻省大学攻读博士期间，与导师罗杰斯教授合作，研究美国食品和烟草市场的竞争机制。当时的电脑很慢，所有的广告资料需要一条一条地输入电脑整理成数据库，运行分析较大的数据库时快的需要十多分钟，慢时则需要四五十分钟。为此，他主动到系里申请成为电脑室的义务电脑监管员。当有空闲的电脑时，他一人同时使用三四台电脑进行数据分析，从而大大加快了数据处理和分析的速度，加速了研究工作的进展。其勤奋和聪明的工作方式得到罗杰斯教授的赞赏。有一年夏天，他计划带上相机驾车周游美国，亲身体验地广人稀、沃野遍地、民风淳朴的美国。在那个没有手机更没有导航的年代，他花了好几个星期做旅行的计划和筹备，最后仅凭着两张地图，完成了横跨美国一万多公里的自驾游。这听来多少有点疯狂。

就在他出发前，导师罗杰斯教授祝他一路顺风，玩得开心，并说，"如果你答应我，等你回来后还像以前一样好好努力工作，我会在你旅行的五周时间内照常发你的工资！"这样的好事，邱毅光当然没有拒绝，他高高兴兴地开始了这一趟没有后顾之忧的愉快旅行。旅行途中他遍赏尼亚加拉大瀑布、大峡谷、黄石公园等旅游胜地的湖光山色，体验了美国中西部淳朴的风土人情，还有太平洋沿岸的美丽风光，一路游历了水牛城、克里夫兰、芝加哥、西雅图、波特兰、旧金山和洛杉矶等近20座美国名城。

在谈及他自己非常幸运的同时，邱毅光也笃信，自己的幸运也与自己的努力息息相关，正像英文谚语所说的，"God helps those who help themselves"，翻译成中文就是"自助者，天助之"，正是"天道酬勤"！

百年企业　任飞翔

1995年春天，邱毅光进入客户口碑极佳的美国知名企业阿米卡工作，成为该公司的第一位全职市场分析师。该公司当时已有近百年的历史，长期靠顾客口口相传、互

稻花香
校友业绩录

相推荐，慢慢从一个只有四名合伙人的小企业，发展到有近四千名员工、几十家分公司和办事处的全国性企业，并且是保险行业客户服务的佼佼者。

随着互联网的发展，行业的竞争越来越激烈。市场调研和客户的信息对公司的运作和盈利增长日渐显出重要的战略意义。在2004年，邱毅光牵头组建了公司的第一个市场研究部，并成为公司近百年来的第一位市场研究部经理。此后又因业绩不凡被晋升为市场营销官和市研总监。

邱毅光的事业随着公司的发展蒸蒸日上。如今，身为市场营销副总裁并兼任市场研究及分析总监的他，是公司的市场研究、客户分类和个性化广告及营销活动的总设计师，同时全权负责公司的最大营销渠道、覆盖几千万目标顾客的直邮广告的运作。仅此一项每年的预算就达数千万美元。他的团队为公司提供了源源不断的高质量的销售线索，深得销售部门的赞赏。

行业竞争愈演愈烈，客户期望也在不断提高。为了维护客户的高质体验和满意度，保持公司的增长活力，在激烈的竞争中保持优势，邱毅光还肩负公司线上直销渠道的领导工作，不断探索、拓展与线上直销生意伙伴的合作模式。短短的几年时间，他的团队已经在20多个州建立起这种全新的营销渠道。根据美国市场调研公司君迪（JD Power）的全美房屋保险和车险客户满意度排行榜，阿米卡已经连续18年雄居榜首，再创客户满意度的新高。

关心社区　为民族平等奉献

在繁忙的工作之余，邱毅光热心于社区事务，为民族平等、为青少年金融知识的普及、为推动亚裔的参政从政工作早出晚归。在他担任董事的罗得岛州青年成就组织，有一个叫"激发灵感"的活动，邱毅光团队为青少年普及金融知识，让他们有机会接触和了解各行各业未来的工作机会，每年惠及成千上万的青少年，他的团队也获得了美国青年成就"高效团队"奖。

罗得岛克兰斯顿的市长是一位年轻有为的华人，他曾两次参加罗得岛州的州长竞选，邱毅光曾为他的竞选奔走呼号，组织筹款活动、在选民中演讲和分发竞选标语牌子，同时还带头为不少外州的候选人捐款相助，加速了华人的政治觉醒，带动了他们的参政热情，赢得了同仁的尊重。

在 2017 年，罗得岛政坛上出现了一股歧视亚裔的逆流，极力发起和通过了有歧视性的亚裔细分法，赤裸裸地损害亚裔尤其是华裔的利益。邱毅光和几位朋友发起了罗得岛有史以来第一次华人反对政府的抗议示威活动，振臂发出了"罗得岛华人从此站起来了"的呐喊，带领抗议人群强烈要求撤销细分法，并号召民众踊跃参政，不做"哑裔"，要用选票说话。后来，他又带领家人和朋友参加在波士顿的抗议集会并发表演讲，呼吁在公共政策上不要再分亚裔、非裔、西裔或欧裔美国人，要求政府一视同仁，追求真正的民族平等，不要搞身份政治和种族政治。当地电台报纸包括《世界日报》均到现场采访报道。

忙者有闲　享受生活

邱毅光和夫人朱女士及女儿邱悦在美丽的海洋之州罗得岛安家。闲暇时他喜欢捣鼓家中的花园菜地，瓜菜常常丰收有余，与朋友、同事和邻居分享丰收的喜悦。他还是个摄影爱好者，家里各种各样业余和专业的镜头应有尽有。每年用自己拍摄的照片印制精美的影集，深得亲朋的喜爱。有朋友竟以为他是做印刷生意的！在阿米卡的第一届摄影比赛上，他以一幅《睡莲》荣获大赛的第一名。在他宽敞的办公室里挂满了他自己的摄影作品，其中一幅蔡斯农场的秋景尤其引人注目，有童话世界般的宁静和美丽，为其最爱。

稻花香
校友业绩录

梦萦华农

虽离校近 30 载,邱毅光仍以华农人为傲。在他的领英账号上,醒目地标注着他毕业于华南农业大学。每隔一两年他都会携夫人和女儿回国探亲,并多次回华农探访,关心着母校的发展。他还与经管学院和校方的领导保持着密切的联系。前几年他带女儿在参观北大清华等著名学府之后,当他听到女儿说华农比北大清华还漂亮时,感到十分开心并为母校自豪。他先后在北京和广州等地演讲,并多次接受《中国保险报》等媒体的采访。他非常希望有机会能为母校的发展提供更多的帮助。

"愿母校进一步腾飞,新一代的华农人比我飞得更高更远,为社会做出更多更大的贡献!"他由衷地祝愿。

(文/华南农业大学经济管理学院)

稻花香

校友业绩录
XIAOYOU YEJILU

实业盛商

企业社会责任的忠实践行者

——记温氏集团董事长温志芬

温志芬，男，汉族，1970年生，博士研究生学历。现任温氏食品集团股份有限公司（以下简称"温氏集团"）董事长，中国畜牧业协会副会长兼中国畜牧业协会家禽业分会会长，广东省家禽业协会副会长。1993年毕业于华南农业大学畜牧系畜牧专业，毕业后留校，代表华南农业大学畜牧系派驻温氏集团工作。历任温氏集团副总裁、总裁、副董事长兼首席执行官，现任集团董事长。先后被授予中国优秀民营科技企业家、世界广府人十大杰出人物、全国农村青年创业致富带头人标兵、中国畜牧行业优秀工作者、广东省五四青年奖章、广东经济十大风云人物等荣誉；获得过国家科技进步奖二等奖、广东省科技进步奖特等奖和二等奖等奖励。

以改革为引领　推动集团实现跨越式发展

温氏集团创立于1983年，是一家以畜禽养殖为主业、配套相关业务的跨地区现代农牧企业集团。温志芬是温氏集团的早期创立者，也是集团中长期战略规划的制定者、执行者。创业初期，他在华南农业大学畜牧系求学，奠定了华农以技术入股的方式与温氏全面技术合作的基础，该合作模式开创了国内农业企业与高校"产、学、研"相结合的样本。

温志芬具有开阔的国际视野与长远的战略眼光，在他的大力推动下，2015年11月2日，温氏股份在深圳证券交易所挂牌上市，进入新的发展阶段，目前集团市值超2000亿元人民币。温氏登陆资本市场，是集团发展史上的里程碑，也是农牧业资本运作的标志性大事件，自此，温氏拥有了更广阔的融资渠道，为集团可持续发展创造了条件，进而有能力带动更多农民奔康致富。

温志芬作为公司董事长，带领团队始终以坚定的信念、勤劳实干的工作作风，牢牢抓住行业发展机遇，灵活运用各种经营技巧，领导集团实现跨越式发展，集团销售总收入从2009年的167亿元增长到2018年的573亿元。

以模式创新为抓手 为中国农业发展提供范本

温氏首创了"公司＋农户"的发展模式，成为中国畜牧业的典范模式。温志芬优化并发展了这一模式，将之升级为"公司＋家庭农场""公司＋养殖小区＋农户"等现代产业化发展模式。以产业发展为引擎、人才培育为先导、闭环产业链为基础、风险防御机制为后盾，集团在全国 20 多个省（市、自治区）设立 270 多家公司，2018 年上市肉鸡 7.48 亿只，肉猪 2229.7 万头，带动合作农户 5 万多户，帮助农户增收 81.47 亿元，户均 15.49 万元，让农户真正成了新型职业农民、家庭农场主。

作为农牧企业龙头，温志芬把积极参与精准扶贫视为应尽之义、必做之事。他积极响应国家扶贫攻坚号召，积极推动云浮乡村振兴走在广东省前列，更好地服务全省乃至全国，使温氏模式为各地乡村振兴提供可复制、可借鉴的发展经验。针对脱贫攻坚难点，温氏建立了多管齐下、因地制宜的脱贫支持体系，实实在在帮助贫困农户走上致富道路。温氏于 2010 年 10 月实施"养殖户效率效益倍增计划"，向合作农户提供巨额无息垫资款，合作农户总收入从 2011 年的 31 亿元增长到 2018 年的 81.47 亿元，实实在在从企业得到实惠。

以新理念为引擎 打造农牧食品生态圈

紧随新时代而形成新理念、新机制是温志芬企业经管思想中的精髓。担任集团董事长以来，他从公司治理的角度进行顶层设计，优化生产、经营、管理、治理等多个层面，形成一整套先进的现代企业管理思想。面对前所未有的行业挑战，他带领集团调整策略，内化梳理流程提升效率，外化打好经营技巧牌，各业务迈上新台阶；提出新时期"共创共享""先创后享"理念，集团上下二次创业热情持续高涨；深入推进传统养殖业转型升级战略，从养殖端向食品端转型，以"掌握渠道，直配终端"为目标，打造从农场到餐桌全产业链；善用信息化技术，"互联网＋"逐步打造成为温氏新的核心竞争优势；通过顶层设计建立了内压机制与科学评价体系，让企业发展有了"永动机"；提出"效率优先"概念，高效率、低成本成为企业穿越周期迷雾的法宝。他推动建立的企业组织与机制创新，让年轻有为的人才走上关键岗位，"千亿企业 百年温氏"的愿景清晰可见。

在模式驱动、文化驱动、科技驱动三大驱动力之外，温志芬提出"资本驱动"，成立了投资管理事业部和财务公司板块，开展一系列资本运作，取得行业瞩目的成绩，初步形成一个产业链生态圈。他还提出了"温氏生态圈"概念——消费者、客户、经销商、投资者、合作家庭农场主都是生态圈的一部分，目标是实现最大的效率协同，让所有合作伙伴最大程度受益。

温志芬热心公益，积极推进广东省北英慈善基金会的成立。在他的倡导下，2018年，温氏集团向北英慈善基金会捐赠2000万元，截至2018年底，公司累计向北英慈善基金会捐赠1.8亿元。通过基金会这个大平台，温氏集团充分履行企业社会责任，在捐资助学、支持公共事业、助力乡村振兴等方面持续投入，2018年捐助总金额5984.82万元。温志芬特别尊师重教，2018年他牵头携热心人士向新兴一中捐资1500万元设立奖教奖学基金。此外，温志芬夫妻还长期资助数十名贫困学生。

在温志芬的领导下，温氏集团坚定践行"精诚合作，齐创美满生活"核心理念，通过企业文化创新、产业链管理流程创新、科技创新及管理思想创新，将所有合作伙伴纳入企业产业链条，帮助更多的农民奔康致富，做乡村振兴的主力军，为社会担负更多的企业责任！

（文/张学斌　温晓慧）

田园牧歌立华梦

——记江苏立华牧业股份有限公司董事长兼总裁程立力

程立力，男，1965年9月生，1991年毕业于华南农业大学，获动物营养学硕士学位。农工民主党党员。现任江苏立华牧业股份有限公司董事长兼总裁，兼任中国畜牧业协会副会长、江苏省家禽业协会副会长、江苏省政协委员、常州市政协常委、武进区人大常委、农工民主党武进区委员、常州市私个经济协会副会长、武进区工商联执委以及扬州大学动物科学与技术学院教授等。1998年获中国十大杰出青年农民称号，受到胡锦涛总书记的亲切接见；1999年获常州市和武进市劳动模范称号；2001年被认定为常州市拔尖人才；2005年获"江苏省第二届创业之星和优秀企业家"称号；2006年获"江苏省劳动模范"称号，获常州市第七届科学技术杰出贡献奖；2007年获"江苏省扶贫明星"称号；2008年获"全国创业之星"称号，同年获"江苏省农业科技推广标兵"称号；2011年获江苏省第六届农业技术推广奖三等奖、教育部科技进步奖二等奖、吴常信动物遗传育种生产与推广成果奖，获得"常州市农产品行业领军型企业家"荣誉称号；2012年被评为第二届中国畜牧行业先进工作者，同年9月，获得首届江苏省"百名诚信之星""十大诚信标兵"等称号。

创雪山鸡品种系列等高效生态养殖技术

1991 年,程立力毅然辞去了稳定的科研所工作,告别了安稳舒适的生活,开启了艰辛的创业之路,回到家乡武进办起了个体养鸡场。

他主持开展优质肉鸡雪山鸡的培育工作,参考国内外先进的养鸡经验和技术,结合雪山鸡的种质特性,自主研发了雪山鸡高效实用型鸡舍建造技术、雪山鸡生态型养殖技术、雪山鸡营养调控技术、雪山鸡生物安全控制技术等一套雪山鸡的饲养管理新技术,取得了良好的效果。1999 年,雪山鸡培育成功并开始投入市场,受到了广大消费者的好评,销售市场遍及整个华东地区。雪山鸡先后通过了江苏省畜牧品种审定委员会和国家畜禽遗传资源委员会审定,成为畜禽新品种(配套系)中的一员,是畜牧业优良推广品种,也是农业部认证的"无公害农产品""江苏名牌产品"。"雪山"牌商标被认定为"江苏省著名商标"。

创新经营模式　实现多方共赢

在农业产业化发展模式与技术推广机制上,以程立力为核心的管理团队创造性地走出了一条适合中国养鸡行业特点的"公司+合作社+农户"经营模式,公司、合作社、农户三方面明确分工,取长补短,带动广大农民致富。

1997 年程立力创办武进市立华畜禽有限公司(江苏立华牧业股份有限公司前身),任公司董事长兼总经理。他凭借敏锐的市场洞察力、超人的胆识和智慧,勇于探索、不断创新,带领公司全体员工奋斗 20 余载,将公司发展成为一家集科研、生产、贸易于一身,以优质草鸡、肉猪和肉鹅养殖、食品加工为主要产业的一体化农业企业。

江苏立华牧业股份有限公司(原江苏立华牧业有限公司)成立于 1997 年 6 月,是一家集科研、生产、贸易于一身,以优质草鸡养殖为主导产业的一体化农业企业,是江苏省农业产业化经营重点龙头企业、江苏省农业科技型企业、国家级农业标准化示范区。公司总注册资本 40388 万元,总资产近 57 亿元。下设全资子公司 22 家,其中一体化养鸡公司 16 家、养猪公司 3 家、食品公司 1 家、育种公司 1 家、投资公司 1 家,分别位于江苏、安徽、浙江、山东、广东、河南、四川、湖南等地。公司现有员工 4000 多人,其中大专学历以上技术人员 1000 余人,含博士 10 余名、硕士 80 多名,中高级职称者 40 多人,长期从事研发的科技人员逾百人。公司与多家科研院所、高校合作,2004 年共建江苏省优质禽工程技术研究中心,2007 年成立江苏省农科院立华家禽研究所,2010 年先后设立(扬州大学)研究生工作站和(吴常信)院士工作站,2012

年获得江苏省博士后创新实践基地授牌。2011年与君联资本（联想控股旗下）合作，引进外资3000万美元，开创公司发展新纪元；同年，公司新增养猪产业板块，并于2013年1月实现首批商品猪的顺利上市，未来将成为公司新的利润增长点。2013年底，公司又获中国农业产业化基金的大力支持。2015年7月改制为江苏立华牧业股份有限公司，通过更进一步的规范管理与资本运作，促使企业更快更好地发展。2019年2月18日，公司正式在深交所挂牌上市，股票简称"立华股份"，股票代码"300761"。

助力精准扶贫　带动农民增收致富

公司自创建以来，始终坚持"诚信、合作、创新、规范"的经营理念，倡导"精诚合作，共同富裕"的企业精神。从2000年开始实行"公司＋农户"的运行模式，2002年组建合作社，并异地创办子公司，大力推行"公司＋合作社＋农户"的发展模式，带动广大农民致富。2018年公司上市优质肉鸡约2.61亿只，猪约38.03万头，鹅约130万只，销售收入72亿多元，为合作农户创收约7.73亿元。

民以食为天，公司将保持技术与管理的不断进步以适应社会发展需求，围绕养殖业这条主线，以食品安全为准则，逐步向上下游领域延伸，拓展产业链，把满足人民群众对优质畜禽产品的需求作为出发点，按照总部经济、养殖现代、农牧循环、有机生态的发展原则，在现代畜牧业生产上提档次，在农牧循环上搞生态，唱响一曲江南田园牧歌。

（文／丁晓荣）

稻花香
校友业绩录

 江苏立华牧业股份有限公司
JIANGSU LIHUA ANIMAL HUSBANDRY STOCK CO., LTD.

程立力

◆ 江苏立华牧业股份有限公司董事长兼总裁
◆ 1991年6月毕业于华南农业大学
◆ 获动物营养学硕士学位

公司简介 COMPANY PROFILE

立华股份产业板块

☑ 养鸡板块　☑ 养猪板块　☑ 养鹅板块　☑ 食品加工板块

江苏立华牧业股份有限公司成立于1997年，位于江苏常州，现有员工4000多人，其中大专文化以上技术人员1000余人，含博士10余名、硕士80多名，中高级职称者40多人，长期从事研发的科技人员逾百人。2018年销售额近72亿元。
2019年2月18日，公司正式在深交所挂牌上市，成为江苏省首家上市的畜禽养殖企业、常州市首家上市的农业企业。

企业愿景 CORPORATE VISION

一流的优质、安全食品供应商

一切为了药品的安全

——记湖南尔康制药股份有限公司董事长帅放文

帅放文，男，1966年生，1988年华南农业大学土化专业毕业，获农学学士学位，现为中南大学生物医学工程在读博士。

2003年，帅放文创办湖南尔康制药股份有限公司，专注于药用辅料行业的生产发展。公司于2011年在深交所上市，成为中国药用辅料行业第一股。2014年，公司成功突破新型药用辅料品种淀粉胶囊的技术瓶颈，成为全球首家实现淀粉胶囊产业化的企业。目前，尔康制药是国内品种最全、规模最大的药用辅料龙头企业，在行业内具有较高的话语权，为"全国上市公司百强""全国医药上市公司前十强"及"湖南省民营企业100强"。

帅放文现任尔康制药股份有限公司董事长，兼任过美国药典委员会委员（中国企业第一人）、全国工商联医药商会副会长、中南大学客座教授、湖南省医药行业协会副会长、广东省保健食品行业协会羟丙基淀粉（胶囊）专业委员会主任等职务。他曾获得"优秀中国特色社会主义事业建设者""全球湘商十大风云人物""中国医药行业十大领军人物""湖南省上市公司领军人物"等多项荣誉。

创业：尔康制药的自强宣言

帅放文于20世纪60年代出生在湖南北部一个地地道道的农民家庭，贫穷困苦的成长环境锻造了他坚毅好强的个性，他从小就明白：要想改变命运，只有靠自己的努力。

1984年，帅放文考入华南农业大学，在4年的大学生活中，他除了勤奋学习，还努力找活干，午餐时在食堂门口卖考研复习资料，晚上在各个宿舍中穿行卖笔和书给同学们。每个寒暑假他都要做一些勤工俭学的工作，力争自己能解决学校的生活及其他费用。

1988年，帅放文从华南农业大学毕业后在广州一家化工企业负责销售工作。有一天，他送货到药厂时发现，他们生产的化工产品经过简单的检验程序后就投入生产。"我问，'你们的检验程序如此简单吗？'他们说这个品种没有药品标准，只能按化工产品的标准检验。我很震惊，药品是人命关天的大事啊！怎么能这样呢？"

这次经历让他产生极大的震撼。多年以后，他从原单位离职，一个崇高的创业梦想开始孕育。他决心成立一家专业生产药用辅料的制药公司，并严格按照药品GMP要求生产。也正是由于有像他这种把想法付诸行动的群体实践开始让我国药用辅料行业逐步转入正轨。现在回忆起来，帅放文显得十分平淡："当时，我们十几个志同道合的人并肩作战，于当年10月正式成立了湖南尔康制药有限公司。"

公司成立后，他们决定系统地做这样一个工作：把原来行业中正在使用的一些产品，经过药理、毒理安全性的实验，以确保药用辅料的安全。"同一个品种的药品，原料药都相差不大，为什么国外的疗效会好一些？奥妙就在这辅料里边，而我们国家的辅料确实落后了。"帅放文解释说，在一片药中，原料药所起的治疗作用只占百分之几，剩余的90%以上都是辅料的作用。凭借着多年积累下的技术、人脉和客户资源，他们的研发团队在两年的时间里便研发出了23个药用辅料品种，并取得了药品批准文号。

2011年，尔康制药在创业板成功上市；2012年成立了国家药用辅料工程中心；2013年响应国家"一带一路"倡议，率先在柬埔寨投资建厂，进军国际市场；2014年率先实现淀粉空心胶囊软胶囊的产业化，成为全球首家实现淀粉胶囊产业化的企业。目前，公司被国家科技部认定为国家火炬计划重点高新技术企业，为国家药用辅料工程技术研究中心建设依托单位，公司企业技术中心被国家发改委认定为国家认定企业技术中心。公司"淀粉胶囊研制开发及产业化"项目荣获湖南省科技进步奖一等奖。凭借突出的综合实力和优秀业绩，公司荣获了"亚洲中小上市企业200强""全国上市公司百强""全国医药上市公司前十强"及"湖南企业100强""湖南制造业企业50强"等多项荣誉。如今，尔康制药是国内规模最大、品种最全的药用辅料龙头企业。

创新： 尔康制药的腾飞动力

"创新是企业未来活下来的唯一路径。"帅放文笃信这一点，并且持续地、不遗余力地投入大量的人力、物力和财力来谋求创新发展。尔康制药经过近10年的技术攻关，研制出了可以替代传统胶囊的淀粉胶囊，搭建了覆盖国内外的完整产业链，成为全球首个淀粉胶囊产业化生产企业。

"我们发现，胶囊是辅料中用途极为广泛的一个品种，几乎90%的药品都制成胶囊剂。而传统胶囊的安全隐患与生俱来，爆发也只是早晚的事。"帅放文说，"但这是一个世界难题，当时我们内部也在讨论，都说相当难。我说，正因为难，大家都畏难，我们攻克了才有意义和价值。"

为什么这么难？淀粉要变成胶囊的材料，需要解决的问题包括：微生物要合标，水分不迁移，能够保存，要有韧性，不跟药物发生反应，还要适应目前的检验方法和标准，并保证药效不发生变化……尔康制药最大的突破在于最终成功实现了淀粉胶囊的产业化。很快尔康制药淀粉空心胶囊项目正式投产，淀粉胶囊质量标准被2015年版《中国药典》收载，全资子公司获得淀粉空心胶囊药品生产许可证，获得美国食品药品监督管理局注册和药品管理档案备案……

目前，活跃在国际大型药展上的尔康制药已经成了香饽饽，淀粉胶囊及其相关产品在国际市场上广受欢迎。"国际药企巨头从怀疑到质疑再到信服，现在都争着跟我们合作。"帅放文非常兴奋，他自信他们已经掌握了未来。

截至目前，尔康制药淀粉胶囊相关产品已在全球范围申请相关专利101项，获授权专利59项，拥有完整的自主知识产权核心技术。"我们不想去革谁的命，也不是刻意颠覆某个行业，我们只是提供了一个更好更安全的产品供人们选择。"说这段话时，我们已明显感受到帅放文身上迸发出的那股强大气场和一个伟大企业家必须具备的格局和坚韧。

安全： 尔康制药的生命承诺

尔康制药的活力缘于市场和用户的需要，更缘于对质量的精心打造和对安全的永恒追求。

"药品不是用来赚钱的，而是用来治病救人的。"这是帅放文在公司大小会议上必说的一句话。走进生产车间，宣传栏上的"安全一万天，事故一瞬间""质量在我心中，质量在我手中"等标语十分醒目。在尔康人的心中，时刻追求的是百分之百的合格，绝不允许"基本""大概""差不多"的说法存在。在他们看来，产品合格率只有100%，产品1%的不合格，就是对消费者100%的不负责。为此，他们把"一切为了药品的安全"作为企业使命，以提供安全、放心的产品作为立企之本。

在质量管理方面,尔康制药在生产上完全达到国家药品生产质量管理规范的标准,从原材料进厂、制造、包装到成品检验出厂所有环节都进行严格的质量监控,健全了从研发、供应、生产到售后服务全过程的质量管理体系。

尔康人对质量和安全的追求,不仅表现在对生产过程的控制、检测上,也表现在对员工的培训上。公司积极组织劳动技能竞赛,在全公司营造学习和践行"工匠精神"的良好氛围。通过竞赛能发现部分员工岗位技能知识欠缺,操作不太熟练等问题,有利于提升员工的工作质量和工作技能,进一步保障产品的质量。

2016年5月,由湖南省企业质量信用等级评定委员会联合湖南省品牌信誉调查中心发起的"湖南省质量服务品牌和双优单位"评选结果揭晓,尔康制药荣获"湖南省质量服务百强品牌""湖南省质量服务双优单位"荣誉称号,金灿灿的质量服务百强、双优光环,为尔康制药在激烈的市场竞争中做大做强赢得了良好的信誉和口碑。

奉献: 尔康制药的神圣职责

尔康制药的动力与使命缘于产业报国的胸怀,更缘于回报祖国和社会的责任。

"一方有难、八方支援"。青海玉树、四川雅安等地震灾难中,尔康制药勇于承担社会责任,支持灾区重建,并动员员工为灾区捐款。2015年8月,天津港发生特别重大爆炸事故,尔康制药第一时间组织筹集总价值445万元的救援急需药品捐往灾区。当得知益阳市华阁镇老河完小年久失修,尔康制药捐资100万元给孩子们建起了新的教学楼。在2017年湖南省抗洪救灾中,公司向灾区捐助钱物共计230万元。在2018年精准扶贫工作中,公司向湖南省新宁县、龙山县捐赠现金、药品高达247万元。此外,尔康制药还参加了资助寒门学子、赞助湖南省农民工春晚等多项公益活动,这些善举得到了相关政府单位、企业、职工和社会大众的一致好评。

走过的是道路,树起的是丰碑。随着产业链的不断完善,未来尔康制药除药品以外,在食品、保健品领域多元发展也让人充满想象的空间,他们也正在积极地谋篇布局。尔康制药时刻把"药品安全无小事"铭记于心,秉承"一切为了药品的安全"的企业使命,在发展中始终不忘自己肩负的社会使命感和责任感,为推动建设和谐社会,为真正实现"中国创造"的"中国梦"积极努力。

"每天早晨醒来,一想到自己所从事的工作、所开发的技术将会给人类生活带来巨大的影响和变化,我就会无比兴奋和激动。"比尔·盖茨的这句话是对帅放文和他的团队的最好诠释……

(文/帅放文 马弼君)

水产饲料的辛勤耕耘者

——记广东粤海饲料集团股份有限公司董事长郑石轩

郑石轩，男，汉族，1960年生，广东湛江人。1982年毕业于华南农学院畜牧专业。1982年7月至1989年3月，在广东海洋大学（原湛江农业专科学校）从事禽畜遗传育种教学和科研工作，任讲师、教研组长。1989年3月至1991年8月，在湛江市霞山畜牧发展公司从事鱼畜生态养殖和瘦肉型猪研发生产工作，任副经理、畜牧师。

1991年9月至今，郑石轩先后任广东粤海饲料集团总经理、总裁、董事长、教授级高工，享受国务院政府特殊津贴专家。他主持广东粤海饲料集团经营管理和省级水产动物饲料工程技术研发中心技术工作，被聘为中山大学硕士生导师，广东海洋大学客座教授、硕士生导师，中国水产动物饲料专业委员会副主任。

主持国家火炬计划项目4项，国家星火计划项目2项，国家海洋与渔业局项目1项，省级结构调整、粤港重点招标、星火、攻关、推广项目共20多项，市、区横向合作研究和自主开发课题共38项。先后获得广东省科学技术奖一等奖2项、二等奖1项、三等奖5项，湛江市科技进步奖特等奖1项、一等奖3项、二等奖4项、三等奖6项，湛江市专利金奖2项；取得发明专利授权18项。在国内各级刊物上发表论文16篇，出版《南美白对虾的健康养殖技术》专著一部；多次在世界华人鱼虾营养学会、世界华人养虾大会、中国动物营养学术会议上宣读论文，获得国内外专家一致好评。他领导的企业，有19家子公司分布于广东、广西、浙江、江苏、福建、湖南、湖北、海南、山东等地区，水产饲料年产销量90万吨，成为国内最有影响力的水产特种料企业，通过了ISO9002质量认证、ISO22000食品安全认证，被国家科技部授予"国家火炬计划重点高新技术企业""国家创新试点企业""广东省优秀高新技术企业"，产品获"中国名牌产品""广东省名牌产品""国家免检产品"称号，通过国家质量中心认证称号，粤海牌商标2004年获广东省著名商标等荣誉称号。

2015年郑石轩与国际著名投资管理机构KKR集团合作，引入战略投资1亿美金；同年控股中山市泰山饲料有限公司，加快了集团走向规模化、国际化发展的步伐。

（文／广东粤海饲料集团）

医疗家具新市场领航者

——记广州市仪美医用家具科技股份有限公司董事长李勇

　　李勇，男，河南信阳人，医疗家具新市场领航者。1996年本科毕业于华南农业大学木材加工专业。2001年4月至2003年10月，担任广东省农垦局木业发展公司副总经理。2005年8月至2009年10月出任广州市东方仪美家具有限公司总经理。2009年10月至2010年11月担任广州康馨医院装饰设计有限公司总经理。2010年正式切入医疗领域，开拓医疗家具细分市场，成立广州市仪美医院办公家具有限公司，担任副总经理，从此迈向了一个新台阶。2016年6月至今出任仪美董事长兼总经理，于2016年底，带领仪美医科成功登陆新三板市场，成为医疗家具第一股，企业变更名字为广州市仪美医用家具科技股份有限公司。2017年至今担任中国医学装备协会医用家具分会副主任委员。2018年至今担任中国医疗保健国际交流促进会委员。

危机之下寻找出路

"传统家居的路子行不通了,要找新出路。"李勇说,"跨界"让他原来的家具小企业找到了转型方向,用了 6 年时间,终于成为细分市场的第一品牌。

毕业于华南农业大学的李勇,本科学的正是木材加工专业。毕业后不久,他就辞去公务员工作下海创业,从事家具制造。"小企业效益也不好,很辛苦。"回顾那段时间,李勇直言当时"很难捱"。实际上,传统家具已发展了 30 年,竞争已经白热化,"危机感"让李勇不得不寻找新出路。

大市场饱和了,细分市场却蕴藏着机遇。当时的酒店家具、儿童家具等细分领域已初具规模,李勇经过市场考察后想到:跨界到医疗领域或许是个机遇。

当机立断,在李勇的主导下,2010 年,仪美医科正式切入医疗领域,从此迈向了一个新台阶。

拿下广东 70% 三甲医院市场份额

什么是医疗家具?李勇介绍道,由于医护的需要,放置于医院的家具,无论输液椅、陪护椅、普通的床头柜等等,在功能性、耐用性乃至环保指标方面,都较普通家具有更高要求。"以往,市面上并没有专门的医疗家具概念,医院都是零星采购家具。"

市场潜力有,但消费习惯却没有形成,唯有勤跑展会。李勇清楚地记得,2010 年参加一个全国性的医疗专业展会时,当时医疗家具只有自己一家企业参展。功夫不负有心人,凭借着专业人性化的设计,李勇的医疗家具得到了医院专业人员的认可。"2010 年,拿下了第一个订单六千万元!"慢慢地,订单渐渐多起来了,越来越多人开始接受"医疗家具",市场的缺口打开了……

"也刚好赶上了政策好时机。"李勇庆幸道。切入医疗家具以来,刚好赶上广州新一轮医院大建设。李勇带着团队一家家地攻克医院,"我们结合市场需求逐步完善设计和研发,用了 3 年时间,到 2013 年,广州市场布局基本就完成了。"目前,仪美医科已经拿下了广东地区 70% 的三甲医院的市场份额。

医养结合开拓千亿市场

2016 年底,仪美医科成功登陆新三板市场,成为医疗家具第一股,李勇感到最骄傲的就是:"饮到了头啖汤",培育出了一个细分市场。在市场启动之后的这几年来,陆续有追随者加入,并在 2016 年之后迎来了一轮大爆发。据不完全统计,目前市面上至

少有几十家专门做医疗家具的企业。

不过,医疗家具行业虽然蓬勃,但也面临挑战。其一,家具制造的可复制性强,很难形成核心竞争力;其二,医院的家具一旦采购完毕,10年内基本就没有需求,就变成了存量市场,如何保持高速增长成了难题。

仪美医科会在两方面齐头并进。一是重新回到家具行业,利用原来家具企业的渠道来布局全国市场;二是将医疗家具延伸到养老大健康领域,包括地产养老公寓、护理式养老、居家养老等。李勇指出:"加上养老产业,医疗家具整体的市场规模将达到近千亿。而广东近年来大力发展大健康产业,预估医疗家具整体仍将保持30%~40%的高速增长。"

(文/代啟贵)

中国汽车行业的逐梦人

——记实业家凌兆蔚

凌兆蔚，男，1955年1月生，广东省韶关市乐昌坪石镇人。1978年3月就读于华南农学院农业机械系，1982年2月获工学学士学位。曾任广东省韶关地区人事局干部、广东乐昌机床厂工程师、深圳市莱英达集团股份有限公司企管部部长、深圳市艾里逊变速箱服务有限公司总经理。2000年创办深圳市特尔佳科技股份有限公司，企业于2008年在深圳证券交易所中小企业板完成上市（企业代码：SZ. 002213），在公司期间曾任董事总经理一职。2009年二次创业，创办深圳市佳华利道新技术开发有限公司，担任公司董事长至今。除此之外，凌兆蔚先生还是深圳市乐昌商会会长、深圳市专家人才联合会副会长、中国城市车辆专家委员会专家委员、深圳市高新投资集团高级投资顾问以及华南农业大学工程学院兼职教授。

稻花香
校友业绩录

专注细分领域　开创崭新行业

2000年，凌兆蔚辞去了大型跨国汽车零部件公司艾里逊公司总经理的职务，利用自己的专利技术创立了深圳市特尔佳运输科技有限公司，也是如今深圳市特尔佳科技股份有限公司（SZ 002213）的前身。谁也没想到，这么一家当年仅以区区100万元注册资金起步的民营企业，8年后会发展成长为中国缓速器行业的龙头企业并成功上市。更没想到的是，这个后来成为深圳知名品牌的产品——电涡流缓速器，起初在中国连中文名都没有，因为在那个时期，同类型的产品的核心技术一直掌握在以法国泰乐玛为代表的几家跨国企业手中。在当时的大型公路运输客运市场存在着明显的痛点，即传统的刹车部件根本无法承受沉重的车身以及长期超载的货物，导致刹车系统寿命短、运营成本高昂、交通事故频发，长期从事国外汽车行业先进技术的引进、开发、推广工作，具备丰富的汽车零部件开发经验的凌兆蔚，早已敏锐地洞察到了这一切，怀揣着"让人类的运输生活更安全、更舒适"的梦想，他带领公司上下团结一致，掀起了一场自主研发、以打破国外技术垄断格局为目标的攻坚战。

为实现技术领先，他不惜大举投入资金用于研发中心建设、新品开发和技术改进，所有产品均由自己研发，原材料由自己采购，但很多零件的加工外包给其他工厂，特尔佳只派专人负责质量控制，这样做实现了让企业瘦身的同时，大大节约了成本，也在保证产品质量的同时让企业把主要精力投入研发当中，提高了竞争力。

作为第一个吃螃蟹者，总是异常艰辛。为了提升客户的体验，机械工程师出身的凌兆蔚，只要客户有需要的地方，他必定身先士卒，带领技术团队第一时间出现，不管是在充满泥泞的严寒冰冷的雨夜，还是在尘土飞扬的烈日当头的正午，都无法降低或改变这位技术理工男对产品细节苛刻的要求，他常常在车子底下钻研技术一干就是一天。全方位的服务加上过硬的产品质量，彻底征服了客户的心，客户毫不犹豫地选择了把电涡流缓速器加装在所有车辆上。自此，特尔佳的缓速器产品逐渐得到了市场的认可，公司业绩也呈现爆发式增长，企业最高峰时市场份额占据了全国汽车制动产品市场的60%，目前该产品已遍布全球。随着特尔佳缓速器的诞生，泰乐玛等外国品牌被迫大幅度降价，并最终结束了对市场的垄断。

海纳百川　拥抱时代变革

如今在企业圈有句话很流行，"不转型等死，转型怕转死"，这句话真实地反映出很多传统企业面临的两难抉择。凌兆蔚所创办的特尔佳公司就面临着这一局面，其核心产品电涡流缓速器虽然在市场取得了成功，但该产品是针对传统燃油车设计的制动解决方案，一旦未来燃油车的市场出现滑坡，缓速器的业绩必将受到影响。

与很多传统行业的企业家小富即安、惧怕创新的心态不一样，凌兆蔚在缓速器产品尚处于市场龙头地位的阶段，便有了深深的危机感，并开始未雨绸缪，将目光转移到新能源汽车产业。这个产业在 2008 年前后并未被业界普遍看好，究其原因是当时国家尚未出台明确的新能源汽车扶持规划和产业政策。但是在凌兆蔚看来，无论是从能源安全角度、环境保护角度还是从我国在技术领域实现弯道超车谋求绕过传统车技术壁垒的需求看，新能源汽车产业注定会迎来爆发。

抱着坚定的信念和对梦想的执着，凌兆蔚没有止步于过去的成功，在 2009 年成立了深圳市佳华利道新技术开发有限公司，开始了他人生中的第二次创业。关于以何种技术路线切入新能源汽车产业，凌兆蔚给出了自己的答案——纯电动与氢燃料电池并行。凌兆蔚认为，首先，两者最终都实现了通过电力驱动汽车，都属于新能源汽车范畴；其次，在不同的场景二者各有优势，不但不会完全取代彼此，而且会在很长的时间并存。

在纯电动方面，凌兆蔚敏锐地觉察到当时行业的痛点，即电池为代表的部件企业与整车企业之间缺乏技术沟通的纽带，他率团队率先开发出了基于纯电动客车的系统集成及电池 pack 的解决方案，解决了行业痛点的同时，实现了 30% 的系统能量回收，该数据在当时属于行业领先地位。与此同时，凌兆蔚一改之前孤军作战的风格，坚持海纳百川、整合行业优势资源的原则，联合各大高校和行业龙头企业，共同打造出了包括 11.5 米、10.5 米以及 8.5 米中大型纯电动客车。

上天眷顾有准备的人，仅仅在 2010 年至 2014 年的 5 年间，国家各部委先后出台了 20 余项专门针对新能源汽车的产业扶持政策，激励并引导新能源汽车产业发展。政策内容涉及生产准入、示范推广、财政补贴、税收减免、技术创新等多个方面。与凌兆蔚的判断结果惊人地吻合，新能源汽车正式迎来了爆发，在政策的带动下，佳华利道新能源产品的销售额在 2015 年就突破了亿元大关。

阶段性转型的成功更坚定了凌兆蔚深耕新能源汽车产业的决心，即使是在公司纯电动业务发展向好的时候，凌兆蔚已经思考着更深远的布局。因为纯电动的续航里程受限，而且充电时间长也导致车辆被低效使用，这些劣势正好是氢燃料电池的优势。同时在全球各地已经陆续出台了燃油车禁售时间表的趋势下，凌兆蔚相信，氢燃料电池产业发展的机会到了。在凌兆蔚看来，眼下阻碍氢燃料电池大规模商业化推广的核心问题就是传统的高压气态储氢方式和高压加氢站所存在的缺陷。针对这些缺陷，包括储氢压力大，安全存在隐患，加氢站核心设备技术门槛高、投资大且加氢能力不足导致投资回收期长等，凌兆蔚选择了低压合金储氢装置作为解决行业痛点的武器，该产品特性完美解决了上述问题缺陷。与此同时凌兆蔚继续坚守其海纳百川的对外战略合作原则，引进了美国合金储氢团队，并与国内几大央企研究所和地域资源提供者形成深度合作,掌握了覆盖制氢、储氢到加氢等重要环节的关键技术,开发出了全球首台 30kW 低压合金储氢燃料电池公交车。车辆所搭载的低压合金储氢装置,压力只有 5Mpa,是传统的高压储氢产品的 1/7,体积却只有高压产品的 1/3。该产品的成功打造,预示着氢燃料电池汽车将以一种更安全的方式进入大规模商业化推广阶段,这一天,离实现他的梦想——"让人类的运输生活更安全、更舒适"又前进了一步。

不忘初心　回馈母校

凌兆蔚在佳华利道快速发展的同时,一直不忘历史使命和社会责任,更是一直不忘他的母校——华南农业大学,他时刻关注着母校的发展,长期以来一直在寻找回报母校的机会。2014 年底,凌兆蔚通过一次偶然的机会知悉华南农业大学交通运输中心在传统校园巴士更新方面存在资金压力,一直从事新能源汽车行业的凌兆蔚认为自己回馈母校的机会到了,于是将自主研发的 22 台纯电动新能源巴士以捐赠的形式馈赠给母校,以取代交通运输中心的传统能源车,让母校成为全国首个新能源汽车环保节能校园,不但减轻了学校财务压力,同时让环保节能进一步走进母校,还学生一个绿色、宁静、零排放的校园环境。与此同时,凌兆蔚与母校签署了合作协议,共建新能源汽车产学研用示范基地,为更多的学生提供实习机会,为教师提供教学科研素材。

凌兆蔚透露,在本科求学的 4 年里,母校悠久的历史与有容乃大的精神内涵使自己得以在浓厚的文化底蕴中完善人格、全面发展,更是这种兼容的胸怀与理念,在他的连续创业中,给予他至关重要的启发。他表示自己格外珍惜母校给予的一切,并希望竭尽全力助推母校各项事业发展,包括依托好产学研用的平台,充分结合母校在基础学科的研发优势与自己企业在应用端积累的经验,为母校人才培养和服务地方社会经济发展做出应有的贡献。

(文/ 邱文龙)

"小蛇"吞"大象"的传奇故事

——记佛山金盛卢氏集团有限公司董事长卢列

卢列,佛山人,2005年研究生毕业于华南农业大学农业经济管理专业。年轻时曾在政府部门工作,1986年随"全民经商"的浪潮下海经商;1990年与朋友合办工厂淘得第一桶金;1994年他出资收购国有企业,成立了现在的金盛卢氏集团。据其公开资料显示,目前金盛卢氏是一家集房地产、造纸、包装、印刷、公用事业、对外投资为一体的拥有20多家子公司的多元化大型私营企业集团。公司现有在职员工2600多人,其中高、中级管理人员260多人。厂面积60多万平方米,厂房面积30多万平方米。

稻花香
校友业绩录

乘改革开放春风迈向新征程

在金盛集团一家印染厂办公楼大厅里,有这么一句话:"在金秋里收获丰盛的果实。"金盛集团的每一间工厂、每一家公司都是其当家人卢列占天时、守地利、尽人和而收获的产物。1979年卢列成为幸运的"老三届",考入佛山机械工业学校,完成基本知识储备;1986年随"全民经商"浪潮下海经商,熟悉了市场,完善了人际关系网络;1990年,与朋友合作办工厂,年终分得8.8万元的利润,淘到第一桶金;1994年出资收购国有企业,开始踏上金盛集团创业路;2003年,作为三水民营企业家唯一代表参加张德江书记与佛山市民营企业家的座谈会,提出金盛集团彩印包装业要做行业全国老大。一路春风,广东金盛集团当家人卢列说:我一路顺风,多亏改革开放的春风。

年轻时想有一套房

1981年,卢列从佛山机械工业学校毕业后,被分配到三水食品厂做技术员。作为厂里唯一一个中专生,卢列深受领导器重。尽管如此,吃国企大锅饭的卢列有自己的烦恼和想法。那时候,由于厂里的单身汉都是两人住一间宿舍,有人结婚,就得空出一间宿舍来供新婚夫妇搭建爱巢。每当看见年长的室友脸上露出热恋时特有的微笑,卢列就知道离搬家的日子不远了。从三楼搬到二楼,又从二楼搬到一楼,最后住进了地下室。卢列厌烦搬家,常常想要是哪一天有自己的一套住房该多好。当时的卢列根本不会想到,自己以后会拥有三水最高建筑——金盛大厦,还有大大小小十几家工厂、企业。

经商热中下海

因为表现出色,1983年卢列被厂里送到佛山电大攻读工业企业管理。3年完成学业后,卢列被安排在三水经济社会发展规划科负责工业规划。正在此时,全国上下掀起了一股下海经商的热潮。好钢自然用在刀刃上,学历高、头脑灵活的卢列被抽调到质监局办的一家物资公司任经理。当时由于整个市场处于供不应求的状态,做物资生意只要有本钱绝对有钱可赚。"当时,进一辆摩托车回三水销售,能赚2千多元。"回想当年,卢列仍记忆犹新。1990年的一天,三水物资局局长把卢列叫到了办公室谈心。当时大家以为卢列要被提拔了,谁知道,局长却说:你下海经商前途更广,你有这个资本。局长的话让卢列开始了思考。恰好这时,卢列一个朋友开办的纸箱厂因为订单

不够，工厂严重亏本，为了使工厂走出困境，朋友找到了熟悉市场、有大量客户资源的卢列，提出两人一起干，工厂利润对半分成。就这样，尽管家人极力反对，卢列还是扔掉了铁饭碗，成为一个真正的商人。一方有市场、有完善的人际关系网，一方有工厂，两人合作企业赢利早在卢列意料之中。到年终，卢列分到了8.8万元红利。

收购国企金盛腾飞

蛟龙总是嫌水浅。为了谋求更大的发展空间，淘到了第一桶金的卢列决定单干。他承包三水民政纸箱厂，凭着自己在商场的良好口碑，从四川一老客户那里借到了50万元作为工厂的流动资金。很快，由于客户订单太多，工厂生产的纸箱供不应求，做了数年物资生意的卢列深深知道市场对企业发展的重要性，这时候卢列没有趁机抬价，而是一边从东莞、深圳等地厂家进货过来满足客户的需要，一边寻求机会扩大生产规模。1994年，西南高丰纸箱厂陷入了困境，拖欠银行贷款700多万元，面临倒闭的危机。当时银行为了盘活高丰纸箱厂，以便收回贷款，主动跑上门找卢列商谈，称卢列只要肯收购高丰纸箱厂，700万元贷款可以转贷给卢列刚刚创办的金盛公司。银行的700万元加上自筹的700万元，卢列完成了三水首例民企"小蛇"吞国企"大象"的壮举。应该说，当时民营企业收购国企还是新鲜事，新生的事物总是容易受到非议。但三水政府是开明的，金盛收购高丰纸箱厂以及后来一系列收购国企的举动不但没有遇到政府方面的阻力，反而在融资方面得到了大力支持。卢列说，在金盛集团发展过程中，没有遇到融资难的问题，这一方面固然与金盛公司良好的信誉和经营业绩分不开，但从另一方面说明民营企业在三水发展的环境是宽松的。令人倍感欣慰的是，金盛集团收购的几个国有企业在转制后都焕发了新的生机，成为该集团骨干企业，还解决了1800多下岗工人的再就业问题，为政府分了忧。还有行内人士认为，1994年到2000年，金盛在三水成功收购一批国企，并且取得良好的经济、社会效益，坚定了2000年后三水放开手脚实施国企转制的决心。

（文/华南农业大学经济管理学院）

现代企业集团的亲历者
——记广州一建建设集团首任董事长尹穗

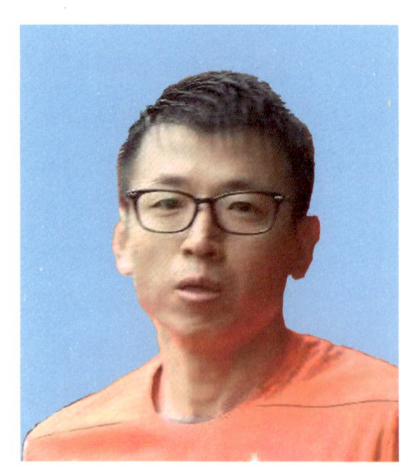

尹穗，男，1974年生，中共党员，高级工程师、高级经济师，现任时代中国清韶地区副总经理。1996年华南农业大学工程技术学院建筑工程专业毕业，获工学学士学位，同年加入广州市第一建筑工程有限公司，历任项目施工员、项目生产经理、项目经理、总经理助理、董事副总经理、董事长、总经理；2017年任广州一建建设集团首任董事长、总经理；2018年加入时代中国。曾获2012年度广州市科技进步奖一等奖、2012年度中国华夏建设科学技术奖、2012年度全国创鲁班奖先进个人、2014年度广东省科技进步奖三等奖、2015年度上海市科技进步奖一等奖、2017年度国家科技进步奖二等奖等，被评为中国企业家协会、中国企业联合会高级行政职业经理。

苦干、实干 从基层做起

尹穗在1996年毕业后到广州市第一建筑工程有限公司（广州一建集团前身）工作，该公司是广州市建筑集团属下企业，主要经营房屋建筑业，包括建筑工程施工、房地产开发与经营、现代工程服务等，下设3家子公司，分别是广州市筑智建筑科技有限公司、广州市筑挚工程技术有限公司、广州市通力建筑劳务派遣有限公司，另有7家分公司。

尹穗从最基层的项目施工员做起，2009年任广州市建筑集团有限公司工程管理部经理，2011年任广州建筑股份有限公司第一建筑工程分公司经理，2012年任广州建筑股份有限公司副总经理，2015年任广州市第一建筑工程有限公司党委委员、党委副书记、总经理、董事长等职。

尹穗任职以来，企业在国家宏观经济环境不断变化、投资增速放缓等大环境影响下，克服了建筑业持续萧条以及"营改增"的全面推开等下行压力的影响，加快战略转型，以质量效益为核心，提升核心竞争力，各项任务指标皆稳步增长，精品工程层出不穷，主营业务开疆拓土，各项荣誉纷至沓来，经济运行质量多年来始终保持在建筑集团前列。

稻花香
校友业绩录

转型升级求发展

尹穗在广州一建任职期间，带领公司承接了珠江新城 B2-10 地块越秀金融大厦，广州宏城广场综合改造项目，广州市城市规划展览中心，佛山越秀星汇云锦广场，佛山新福港鼎峰，增城经济技术开发区安置保障房，广发证券大厦，华南国际港航服务中心，增城挂绿湖改造工程西瓜岭安置区，白云国际机场噪音区综合治理花都、白云安置区，霍英东和侨兴集团南沙芦湾综合发展项目，佛山西站，珠江新城 B1-1 地块项目，南站荣耀广场以及珠江钢琴一期、二期、三期、四期、五期等超高、超大的重点标志性工程，涵盖融资施工总承包、EPC 等商务模式，工程项目遍布佛山、珠海、惠州、肇庆、海南、湖北、江西等地，社会声誉良好。

科技强企助腾飞

为做强做优"广州一建"品牌，尹穗带领公司同仁建立科学的项目管理方式，主动探索项目投融资新模式，强化"二次经营"，增强企业履约能力，成立了技术中心，组织力量开展新技术、新工艺、新材料、新设备的开发与应用研究，依靠工程项目推动科技成果的转化，推进科研体系建设，为公司重大工程建设和持续发展提供科技支撑。2009—2017 年期间，尹穗获得各类工法、科技进步奖、科学成果鉴定、专利、省级新技术应用示范工地奖、QC 成果奖约 343 项，并主编或参编标准规范规程。获得鲁班奖、国家优质工程银质奖、詹天佑奖等各类国家级、省市级工程创优奖项 337 项。

在尹穗带领下，广州一建已逐步发展成为集设计、咨询、开发、建造、运营为一体的建设全产业链的现代企业集团，尹穗也成长为一名优秀卓越的企业管理者，在新的工作岗位上发挥着越来越重要的作用。

（文/杨征）

广东现代农牧科技领跑者

——记广东旺大集团股份有限公司董事长钟世强

钟世强，男，广东廉江人，中共党员。1985—1989年就读于华南农业大学，获农学学士学位，毕业后供职于广州市饲料厂；1995—2000年于广州市东山区佳酶畜牧发展公司担任总经理；2001—2005年于广州市博仕奥生化技术研究有限公司担任总经理；2005—2013年于广东旺大生物科技有限公司担任董事长；2013—2014年于广东旺大集团有限公司担任董事长、总裁；2014年至今于广东旺大集团股份有限公司担任董事长、总裁。

钟世强还先后担任了广东省饲料行业协会副会长、广州市饲料行业协会会长、广州市农业龙头企业协会秘书长、广东省湛江商会监事长、广东省廉江商会秘书长、广州市遂溪商会执行会长、广州市天河动物营养药业商会副会长。

稻花香
校友业绩录

倾力打造旺大集团

2000年1月,钟世强联合其他3个创业伙伴创立了广东旺大饲料新技术有限公司,至今发展为在新三板挂牌的广东旺大集团股份有限公司。旺大集团销售业务覆盖全国大部分省、市、自治区,在全国拥有16家分/子公司、800多名员工,是国家高新技术企业、广东省著名商标、广东省重点农业龙头企业、广州市农业龙头企业,同时也是一家以猪料为核心业务,专注猪用清洁生物饲料的高新科技企业集团。

作为旺大集团的掌舵人,钟世强带领旺大集团一路走来经历了5个发展阶段:第一阶段——创业阶段,通过第1个3年计划实现了广东省同行业前列;第二阶段——发展期,第2个3年计划,引进高科技人才,做到了华南地区前列;第三阶段——高速发展期,第3个3年计划,建立凝聚人才机制,做到了全国行业前列;第四阶段——第4个3年计划,建立集团管控体系,保持了很好的增长率,依然名列全国行业前列;第五阶段——进入集团管理成熟期,并于2015年6月在新三板挂牌。

在旺大集团的快速发展过程中,钟世强始终强调以技术立业,带领集团精准研发,不断增加科研经费投入,不但组建了由博士后、博士、硕士及高级营养师和诸多兽医师组成的强大技术中心,还与华南农业大学、四川农业大学、江西农业大学以及美国、荷兰等国内外的权威技术机构合作,建立了广东省旺大集团猪清洁饲料技术研发院士工作站、川农博士工作站、广东省猪清洁饲料工程技术研究中心、广州市企业技术中心、广州市企业研发机构等。这些科研部门对农牧业清洁饲料和生物发酵饲料进行研究,拥有广东省名牌产品5个、广东省高新产品9个,还拥有发明专利和实用新型专利18项,包括生物快大、免疫增强、植物保健三大专利技术,都很好地运用到了生产线上。同时开发了著名品牌"旺大""旺得福""保健乳",建立了"配方设计—原料质检—生产监控—饲养试验—市场跟踪"一整套的品控体系,严格执行ISO9001质量管理体系、ISO22000食品安全管理体系和饲料质量安全管理规范。通过持续的科技创新,不断提高产品质量、降低产品成本,从而为养殖户提供优质优价的产品,增加养殖户的价值和效益,特别是院士工作站牵头研发的清洁饲料已取得阶段性成果,产品紧跟国家发展方向,得到了全社会和用户的一致好评。

同时,钟世强非常注重不断提升企业的规范管理。2009年开始着手以集团化架构来组织运营,如实行"财务+技术+采购"三线统一管理,坚持按照新三板规范要求,从法律规范、财务规范、业务规范以及提高社会责任感等方面,对员工进行通透培训和全方位培训,建立了完善的公司治理体系和制度,全面推动信息技术升级,规范信息披露,成为一个合格的公众公司。

钟世强为旺大集团确立了"安全产品创造美好生活"的企业发展使命,专注于

"绿色、安全、优质、高效"猪用清洁生物饲料的研发和生产，推进"总部+生产基地+销售公司"的"1+2"运营模式，坚持"为客户创造价值"的理念，以"产品力+服务力+组织力"的三提升来进一步增强核心竞争力。

钟世强也已全面规划了旺大集团未来发展前景：着力研发高吸收、低排放、生产过程清洁、节粮型的高科技清洁饲料，根据国家对养殖布局的战略规划要求做出市场布局调整，主要是稳定华南、华中市场，快速拓展西南和北方市场。加强和养殖企业的合作，参股或者建设养殖小区，并准备成立养猪管理公司。除此之外，还将在华北、东北等地新建生产基地；西南、华北、东北地区则以浓乳料带动预混料；南方地区以预混料为核心，发展全价料，并与大型养猪公司合作，建设清洁养殖小区，以"公司+基地+养殖小区"模式运作，带动乡村农民致富。

热心支持社会事业

服务农户，帮助致富。钟世强充分利用旺大集团这个全国性的企业平台，坚持"旺大助您更安全"的理念，由国内知名的专业技术人员组成"客户服务部"，并形成了"专家教授—高级畜牧兽医师—业务员"三级服务体系；每个片区配备至少2名有丰富猪场经验的兽医师为用户进行24小时至善服务。为客户提供电脑配方设计、原料检测、疫病诊治、养殖培训、技术推广、生猪购销等11项服务。同时与华南农业大学合作，设立了"华农旺大猪病研究所"，围绕VIP客户举办高级研修班、开展猪病检测，服务三农。钟世强还经常组织国内外著名营养与兽医专家、教授举办最新技术大讲坛。出版了《旺大养猪业》《旺大之窗》《旺大猪病防治手册》《猪场管理手册》《大猪场专用产品手册》等作品，印刷了几百万册免费送到农户手中。目前，与旺大集团合作的全国农民经销商有3000多个，由旺大集团提供技术服务的养殖户有十几万户。同时旺大不断培养员工树立"以利养义，义利相溶"的观念，形成"感恩做人，爱心做事"的心态，采取"从心沟通、伙伴成长"的方法，与客户沟通，与社会和谐相处。

支持公益，回报社会。钟世强要求公司每年预算一定支出金额，根据社会关注的重点、热点及一些突发事件，提供相应的资金或物质对合适的项目进行公益捐助。他在华南农大设立了"旺大成长奖学金"，每年拨出6万元捐资贫困学子完成学业，以奖学金激励优秀学生；还在华南农大设立产学研项目，每年拨款10万元，培育研发人才，推动科技新品研发与推广。同时，捐资30多万元在华南农大建立文化儒园，捐资100多万元在廉江、遂溪等地村镇建设文化广场、孔圣山，丰富当地文化生活。

履职协会，规范行业。钟世强积极参与行业协会的工作，持续13年开展"ISO9001/ISO22000"内审员培训，提升和维护广州市质量安全管理水平，增强企业市场竞争力。与检测技术机构联合举办一系列检测技术培训班，以提高企业的检验水平。

促进国家盐业管理改革,落实氯化钠在饲料企业的应用,降低企业生产成本。为规范开展饲料行业的粉尘防爆整治工作,协会请饲料生产企业粉尘防爆专家组编制了《饲料加工系统粉尘防爆安全检查表》和《饲料加工系统粉尘防爆安全指南》,送呈广州市安监部门备案,作为广州市饲料生产企业粉尘防爆专项整治的技术标准。组建以国家安全生产应急专家组粉尘防爆专家孟宪卫教授牵头的饲料生产企业粉尘防爆专家组,负责行业的培训咨询,直接帮助有需要的企业排查隐患,协助制定整治方案和监理设备安装。同时也积极组织了贵州、新疆的对口扶贫工作。总之,钟世强充分发挥协会在政府与企业之间的桥梁纽带作用,既关注国家有关政策法规动向,配合政府管理部门做好宣传贯彻工作,促进企业规范经营,引导行业健康发展,不搞恶性竞争,建立公平竞争的健康的行业秩序,产品不做假、不添加违禁药物,为农民提供绿色安全的饲料产品,为广大民众提供健康食品;也及时客观向政府管理部门反映行业和企业诉求,主动提出解决问题的建议和对策。行业协会的工作得到了政府和企业的一致好评。

(文/朱骄红)

深圳市怡亚通供应链金融平台 CEO 助理莫伟强

莫伟强，华南农业大学 1990 级农业经济管理本科毕业，中山大学金融学研究生，现任深圳市怡亚通供应链股份有限公司供应链金融平台 CEO 助理，曾任农行深圳分行支行行长。2017 年筹办成立经管学院深圳校友会，任第一届理事会会长。

不忘初心　终成大器

——记华胜集团创始人、董事长周大军

周大军，男，1968年生，浙江金华人。1993年硕士毕业于华南农业大学农业机械化专业。25年深耕汽车维修领域，华胜集团创始人，现任华胜集团总裁、董事长，华胜经营哲学、经营实学开创者，汽车专修模式的创立者和倡导者，汽车后市场新商业文明探索者和践行者。同时担任广东省企业经营管理协会副会长、广州市汽车服务业协会副会长、中国汽车维修行业协会连锁工作委员会理事。

逆境的启蒙与梦想

周大军出生于浙江金华的一个普通山村，父母务农，膝下有 5 个子女，周大军排行老四，周家祖孙三代同挤一屋。奶奶行动不便，父亲身体不好，家里没有壮劳力，全家的生计重任都落在周大军的母亲一人身上。周大军的母亲虽从未受过教育，但个性坚韧、勤劳善良、任劳任怨。这位看似平凡的典型中国农村妇女却有这样一个信念："孩子千万不能步大人的后尘，要让他们都接受好的教育。"

周大军的母亲每天天没亮就在镇子里挨家挨户地售卖亲手包的粽子，卖完粽子又赶着回家做饭填饱一家老小的肚子。但卖粽子的收益只让周家经济略微好转。她听说 25 公里外的镇上也有集市，于是又决定去卖鲜鸡蛋。在周大军的记忆中，"母亲是所见到的人中最辛苦的，好像不知道累"，一年 365 天，只在农历大年初一按照当地习俗休息一天。母亲的辛苦付出换来了不错的收益，一家人的温饱不仅得到了解决，还有剩余供孩子们读书。母亲的一言一行，让周大军早在童年就体会到了"有付出就有收获"的道理。

而"诚信经营"则是周大军从母亲身上学到的第一个商业法则。有一次，周大军母亲意外发现有人落下几十元钱在篮子里，这在当时绝对是一笔"巨款"，周大军母亲坐立不安，甚至放下生意找到了这个粗心的顾客。这事让年幼的周大军内心深深震撼，使得他在后来的商海博弈中，对"诚信"的坚守达到了固执的程度，甚至将"诚信"写进企业文化，作为全体人员的行为导向。

周大军高中毕业，以全年级前三的成绩考入广东的重点大学华南农业大学，就读农业机械化专业。由于良好的学习成绩和道德操守，周大军被选为班长。4 年本科结束，又被系里推荐硕博连读，就在他有望成为华南农业大学"最年轻的教授"时，他选择了在硕士毕业就留校"修车"。做出这个决定，是因为周大军遇到了罗锡文教授（现中国工程院院士、博士生导师）——这个在他生命中与母亲的影响力一般深远的人。周大军师从罗教授 3 年多，从他身上，看到了和母亲一样的勤奋、忙碌和实干，无论是做论文、搞学术还是亲自下田做农机实验，罗教授都是从早到晚、废寝忘食、一丝不苟。

深受母亲和罗教授的影响，周大军的性格里也注入了实干精神。大学 7 年，周大军面对修车这个别人眼里的脏活、苦活，他从不嫌弃，埋头苦干，把主流品牌汽车的部件结构和电路原理摸了个"门儿清"。20 世纪八九十年代，随着中国经济的开放和发展，汽修行业迎来了大好机遇。周大军在母校成立的修理厂里一干就是 2 年，除了练就了汽修的精湛技艺，在业界也博得了好名声。但周大军没有想长期依赖母校体制内的"铁饭碗"，毅然选择下海经商，而更大的促动因素还是他早早萌生的念想："希望能够用自己的技术，为中国的汽修行业做一点事，让这个行业更完善、更美好"。

稻花香

校友业绩录

不忘初心：扎根汽修，积极拥抱互联网，践行汽车后市场新商业文明

20 世纪 90 年代初期，汽修行业一直是由 4S 店垄断，车主修车除了支付昂贵的费用，还需要等待很长时间，苦不堪言。因此，周大军在 1998 年创立华胜之初，便喊出"打破 4S 店垄断，树立行业标杆"的口号。当时，大家都认为他在痴人说梦。然而，20 年后的今天，华胜成功撼动了 4S 店的垄断地位，在全国 128 个城市拥有 219 家门店，成为中国豪车专修领导品牌。

紧跟时代步伐、引领行业发展，在周大军带领下，华胜在 20 年里进行了 4 次战略转型和创新——豪车专修、全国连锁、打通供应链和互联网转型。华胜把不可能变为可能，将错综复杂的汽修操作标准化、数据化、产品化、信息化、移动化，为终端客户提供精准服务解决方案，向同行开放、共享高价值资源产业平台，赋能中国汽修行业，致力推动新商业文明建设。

周大军与其创立的华胜之所以能够取得成功，很大程度上离不开其对"诚信"两字的执着与坚守。在华胜成立之初，他就立下"修车保质量""超时赔 500"和"不满意可不付款"三大承诺，彻底打破了行业"潜规则"。除了诚信，对事死磕、较真，亦是周大军所具备的品质，2014 年华胜收购上海隆丰，成立汽配正品事业部，举步跨入汽配领域，把供应链上下游资源贯通，大大降低了车主、门店的零配件更换及采购成本。这些事情事后谈起来云淡风轻，但是在行业迷雾重重的环境下，周大军以积跬步达千里的创新者姿态，顶着压力与嘲讽，推动行业变革和进步，困难可想而知。

近几年，传统行业以裂变的速度接受着新一轮互联网浪潮的冲击，导致汽修行业发生了翻天覆地的变化。面对无情的互联网大潮，周大军义无反顾地选择全面拥抱互联网，摸着石头过河，围绕汽车后市场密集布局、合纵连横，整合零配件、保险、汽保设备、学校、互联网资本等优质汽修产业资源，主动与互联网深度融合，率先完成"中国领先的汽修整体解决方案服务商"战略平台的构建，通过"数聚塔""经管通""晓鸟"等互联网战略产品，将汽修企业利益与顾客利益紧密相连。2017 年，周大军宣布把华胜商业模式升级为互联网平台战略，并把"在汽车维修服务行业塑造新的商业文明"明确为华胜新的使命；2018 年，华胜全新的 slogan 重磅发布——"不用假件"。

周大军表示："诚信文化，是华胜一直坚守的客户承诺，从最开始的'修车保质量，超时赔 500，不满意可不付款'到后来的'配件假一罚十，返工超时赔 500'，再到如今更加简洁明了的'不用假件'，这是华胜对客户承诺的逐渐升级和针对车主痛点提出的精准解决方案。"

不像生意人的生意人

"周大军不像一个生意人",这是很多同行、媒体对周大军有所了解后对他的评价。出生于20世纪六七十年代的企业家,都有产业报国的情怀,周大军也是如此,他始终坚守着创业的初心"为行业做一点事",一步一脚印,引领行业向前发展。汽修给人的印象大多是满手油污、环境脏乱差的个体经营,然而华胜这家企业却有着自己的"企业基本法"。

深受在华农学习时期罗锡文导师的影响,周大军骨子里保有对事物追根究底的钻研精神。正如其他人所评价,周大军不仅是一位卓越的经营者,更是一位长年保持深度思考的研究型学者。在新时期企业已经面临从传统的汽修连锁向修配一体化的产品互联网转型之际,他不断对公司使命、愿景、核心价值观进行全新升级,将连锁经营体系思想、产业互联网战略上升到公司治理根本的高度。2012年,在华胜成长为全国性连锁企业之际,周大军首次发布了自己数年思考的成果"华胜基本法",引发行业热议。而时隔7年,在2019年5月,"华胜基本法2.0"发布。

2018—2019年,周大军连续2次受邀作客央视CCTV-2财经频道《对话》,作为汽车后市场唯一代表,以汽车维修技术专家身份分享中国汽车制造的技术变迁;同年,连续获评"2018汽车服务业金勋奖年度领军人物""改革开放40年、汽车行业40人"等荣誉称号;2019年6月,央视CCTV-2财经频道《交易时间》参加了由华胜在广州主办的第七届云山汽修大会,现场与周大军面对面采访交流,深入报道了后市场的产业态势。

中国汽车后市场曾经是不起眼的行业,改革开放40年以来,中国经济发展举世瞩目,而汽车后市场也迎来新的发展模式。在快速变化、竞争加剧的市场环境中,墨守成规只会错失良机,唯有勇于成为时代开拓者,才可获得新发展、构建新格局。或许周大军还算不上文明的先锋,但他肯定是引领中国汽修行业突围逆袭,向互联网变革的创造性人物之一。他相信梦想的力量,相信"人因梦想而伟大,因筑梦而踏实";他相信互联网变革的力量,立足于服务本质,却又超越服务,借助平台化战略将华胜改造为社会化服务企业,推动行业转型升级,共塑汽车后市场新商业文明。

(文/华胜品牌中心)

稻花香

校友业绩录

社会殊荣

科技种田间　农民挂心里

——记国务院特殊津贴专家谢江辉研究员

谢江辉，男，1973年生，2001—2007年，在华南农业大学园艺学院攻读硕士、博士，获硕士、博士学位。二级研究员，享受国务院特殊津贴专家。中国热带农业科学院副院长，国家香蕉产业技术体系首席科学家，国家有突出贡献的中青年专家。兼任农业部热带果树生物学重点实验室主任、国家热带果树种质资源圃主任、农业农村部果树专家指导组成员、中国热带学会热带园艺专业委员会主任委员、中国园艺学会热带南亚热带果树分会副理事长、中国野生植物保护协会副会长。以第一作者或通讯作者发表论文50多篇，编著专著7部，先后取得科技成果10多项。2013年入选广东省扬帆高层次人才计划，2015年入选全国农业科研杰出人才，2016年入选全国优秀科技工作者，2017年入选国家"百千万人才工程"国家级人选。

稻花香

校友业绩录

1995 年，谢江辉大学毕业后如愿以偿地进入了中国热带农业科学院南亚热带研究所工作。从此，他在农业科学研究与推广的道路上坚定前行，这一坚持就是 24 年。24 个春夏秋冬，他怀揣着对祖国的热爱，在自己的岗位上默默付出，用心血和汗水浇灌"科技之果"。

不畏艰难　做开拓者

刚到湛江，谢江辉就拿出地图规划起自己的调研路线。他花了一段时间"摸家底"，深入村头田间，全面了解当地果树的种植情况。在调研中，一名村民曾流着泪对他说："果子卖不了几个钱，仔都上不起学！"谢江辉看在眼里，疼在心里。"搞农业科研的人，不能自娱自乐，要与民同乐，让科研成果造福农民。"成了他常挂在嘴边的话。回到所里，谢江辉查阅大量文献，结合自己的调研结果，快速将目光聚焦到了当时新兴的一种热带水果——毛叶枣。毛叶枣原产印度等热带地区，我国南方有分散的种植，但品种较低劣。因营养丰富，毛叶枣有"热带苹果"之称，具有较高的经济价值。他引进 20 多个优良品种在我国不同区域试种，先后选育了适合我国热区发展的多个品种，并开展了以花果调控为重点的高产优质栽培技术研究。林木育种工作周期长，工作条件艰苦，对耐力是极大的考验，谢江辉凭着一股子钻劲，让毛叶枣渐渐适应了湛江的气候。"刚开始，毛叶枣像鸽子蛋那样小，咬下去有点涩；过了两年后，毛叶枣像小苹果这般大了，又脆又甜，好吃极了。"当年，该成果系列获"湛江市科技进步奖三等奖""海南省科技进步奖三等奖"。1999 年，谢江辉因此被破格评上中级职称。

目前，在雷州西海岸，青枣种植面积已推广到 5 万亩。这些青枣的"始祖"正是谢江辉引进的毛叶枣，后经过品种驯化，良种繁育，随之引种到雷州。现在的"雷州青枣"驰名在外，农民们靠种植青枣发家致富。谢江辉这种锲而不舍，勇于开拓创新的精神，实现了他造福农民的心愿。

护航香蕉　做大"统帅"

香蕉是全球第四大果粮作物，也是我国产值最大的热带作物。但香蕉枯萎病是世界香蕉生产上的一种毁灭性病害，称之为香蕉"癌症"，是世界性的科研和生产难题。该病自 1996 年在我国首次发现以来，在广东、海南、广西、云南等主产区大面积爆发流行，造成了重大的经济损失，成为制约我国香蕉产业可持续发展的关键因素。

"问题就是课题"，2002 年谢江辉毅然调整自己的研究方向，以"香蕉抗枯萎病突变体的筛选鉴定及其抗病机制的研究"作为其博士论文选题，在导师林顺权教授的指导下取得了很好的进展并顺利毕业。其后，他带领团队创建了"香蕉化学诱变与突变体的筛选技术平台",筛选出了一批突变体,获得两个具有自主知识产权的抗枯萎病的新品系;建立了一种快速检测香蕉抗枯萎病的方法并获国家发明专利。2008年谢江辉被选聘为国家香蕉产业技术体系试验站站长,2017年被选聘为国家香蕉产业技术体系首席科学家。

针对枯萎病快速蔓延的难题,谢江辉带领体系团队通力合作,全体系进行一条龙、一盘棋、一体化攻关,在抗病新品种选育、土壤病原菌快速定量检测与监测、酸性土壤改良、液体微生物菌肥研发及配套栽培技术等方面取得一系列重要进展。研发出香蕉枯萎病菌1号和4号小种快速定量检测技术,并明确了不同抗性品种发病率与田间土壤病原菌含量的相关性;研发出一系列碱性肥料和有机微生物菌肥,实现了以肥治酸改土和改善土壤微生物群落结构;选育出中热1号抗病新品种,广泛推广南天黄、宝岛蕉等抗性品种;构建了"以病原物快速检测监测为指导、土壤改良为基础、抗病品种应用为核心、有益微生物添加为补充、免耕(少耕)标准化种植为配套"的五位一体的香蕉枯萎病绿色综合防控技术,该技术可使重病区(发病率50%以上)枯萎病发生率降至10%以下,中度和轻度感病区(发病率50%以下)枯萎病发生率降至5%以下,实现了香蕉枯萎病"有病无害""可防可控"。目前,香蕉枯萎病肆掠蔓延的势头得到有效控制,全国香蕉种植面积2018年开始触底反弹,谢江辉及其团队继续优化香蕉枯萎病综合防控技术方案,加强技术培训与示范推广,竭力为我国香蕉产业可持续发展保驾护航。

潜心科研　造福农民

选择农业科学研究,便是选择了一门苦行当。科研成果如何推广下去,造福广大农民,更是难上加难。但谢江辉不怕苦,他日日夜夜、风风雨雨、泥里来泥里去,眼里只有农田,只有科研。2002年,谢江辉的团队开始在廉江推广"荔枝老低劣果园改造技术",包括套袋、高接换种、矮化栽培、花穗调控等。考虑到直接将新技术介绍给农民效率不高,他们发动种植大户建立示范园,通过示范作用带动其他种植户,已达到新技术高效推广的目的。来到示范园,谢江辉操起一把刀就开始砍,果农心疼得跳起来阻拦。"荔枝树种得太密了,荔枝没有得到充足的阳光,把一部分树砍掉后,保证你们荔枝的产量和质量都比现在高,低了我赔你们。"听了谢江辉的承诺,果农只好"死马当活马医"。经过焦虑漫长的等待,终于到了收获的季节,荔枝果大皮靓,产量翻番,果农在惊叹之后笑得合不拢嘴。2006年,在谢江辉团队的帮助下,廉江荔枝种植户组建了"廉江宏扬水果合作社",带领周边近5000亩荔枝园进行转型升级。经过高接换种的老龄荔枝园,平均亩产从153.4公斤,增加到第四年的636.0公斤;经过间伐、回缩改造的妃子笑试验园,亩产从358.5公斤增加到第三年的583.6公斤。"荔枝

稻花香

老低劣果园改造技术"部分核心成果先后获得广东省农业科技推广奖二等奖、广东省科技进步奖二等奖、海南省科技进步奖三等奖。"荔枝高产高效关键生产技术的集成与推广应用"先后获得中华农业科技一等奖和国家科技进步二等奖。

农民是农业新技术的期盼者,也是农业新技术的受益者,更是农业新技术的传播者。谢江辉要求每一位新人,必须下到农村锻炼,与农民零距离接触,倾听他们的诉求,将对农民的感情作为科研的动力,然后培育出具有强针对性和广泛实用性的农业科研课题。正是这种求真务实、艰苦拼搏的态度,让谢江辉的团队日益强大,他们在热带亚热带果树方面取得了一系列的成果,促进廉江荔枝"转型升级"、挽救生命垂危的覃斗芒果,培育了"金菠萝"新品种,护航香蕉可持续发展……

"青山座座皆巍峨,壮心上下勇求索",谢江辉不忘初心、牢记使命,用坚忍不拔的毅力为我国农业科技发展贡献自己的力量。

(文/夏靖娴)

不忘初心　追求卓越
——记全国优秀教师章家恩教授

章家恩，男，1968年8月生，湖北省广水市人，中共党员，博士，现为二级教授、博士生导师。1991年、1994年、1997年先后于湖北大学、兰州大学、中国科学院南京土壤研究所获学士、硕士和博士学位；1999年在华南农业大学博士后流动站出站后留校工作。现任资源环境学院副院长、广东省现代生态农业与循环农业工程技术研究中心主任、广东省生态循环农业重点实验室主任、农业部华南热带农业环境重点实验室副主任。"珠江学者"特聘教授、全国优秀教师、广东特支计划教学名师、广东省高等学校教学名师、南粤优秀教师、广东省"千百十工程"国家级培养对象、教育部自然保护与环境生态类专业教学指导委员会委员、广东省现代农业产业技术体系岗位专家等。

倾心教学　为人师表

章家恩自中学时代起，就萌生了当人民教师的梦想。他勤奋好学，从7岁开始，连续完成了小学、初中、高中、大学、硕士、博士、博士后等阶段的学习。1999年博士后出站留校后，正式开启了他的教学生涯。他热衷教学，先后讲授了本科生的"普通生态学""农业生态学"（含双语教学）等10多门课程。

主编教材8部，参编教材6部；主要负责和主持完成了8门省级和校级精品课程的建设；完成了9门课程教学网站的制作与应用。主持国家级、省级和校级教学质量工程与教学改革研究项目30项，发表教学研究论文20多篇。以第一完成人获得广东省教学成果奖二等奖2项；主编的教材曾获第十届中国石油和化学工业优秀科技图书奖一等奖1项和广东省精品教材2项。

自2001年以来，章家恩已培养硕士、博士、博士后、外国留学生和访问学者等120余人，正在指导的硕士、博士研究生有30多人。在其指导的研究生中有6人次获国家奖学金和南粤优秀研究生，有7人次在读期间出国联合培养。在本科生方面，他已培养了近20届本专业和相关专业的毕业生；指导本科生获得4个国家级和省级"挑战杯"等科技竞赛奖项；指导多名本科生以第一作者身份发表SCI及中文核心期刊学术论文。

曾获全国优秀教师、南粤优秀教师、广东省高等学校教学名师、广东特支计划教学名师，还获得过"三育人"先进个人、校"研究生十佳导师"、校研究生优秀任课教师等荣誉称号。

潜心科研　勇攀高峰

当科学家也是章家恩小时候的梦想。留校工作后，他始终告诫自己，不能仅仅做一个"教书匠"。他认为，要做好教学工作，也必须同时做好科学研究，即要做到"科教融合、科教相长"。章家恩的专业学习背景较广，先后经历了从"地理学（本科）—土壤地理学（硕士）—土壤生态学（博士）—农业生态学（博士后）—生态系统生态学（现阶段）的转变"。目前他的研究领域总体上可概括为"三纵一横"，即3个基础研究方向——土壤生态、农业生态和入侵生态以及1个横向研究方向——生态规划。其研究可以说是"身不离农，心不离土"，聚焦"三农"，服务乡村振兴和生态文明建设。

在土壤生态方向，章家恩在国内较早提出和呼吁开展"土壤生物多样性"研究。他在华南地区开展了不同土地利用类型以及酸雨对土壤动物多样性、土壤微生物多样性、土壤理化特性、溶磷菌资源等的影响以及农田土壤与全球变化之间的互作效应等研究，为南方酸性土壤的生态建设、生态修复与环境综合治理提供了一定的科学指导。

在农业生态方向,为了让百姓吃上优质放心大米,从2001年起,他在我国传统稻田养鸭的基础上,研发了"一稻两鸭""多品种水稻混栽养鸭""水稻牧草邻作养鸭""水稻旱直播养鸭"等一系列创新模式。该领域的相关成果获广东省科技进步奖、云南省科技进步奖特等奖、广东省农业技术推广奖等各1项。同时,其团队还创新研发了"水稻与水生蔬菜间作""水稻与水生花卉间套作"等生物多样性利用技术,其中有不少技术在国内外属于首创。此外,其团队还开展了"稻田养鱼""稻田养蛙"以及玉米花生间作、幼龄果园间种豆科作物、荔枝园养鸡、木瓜地套养蚯蚓、猪-沼-茶等系列绿色生产技术及效应机理的研究。上述技术模式为当前农业面源污染防治和"双减"目标实现提供了有力的技术支撑。

入侵生态是章家恩团队自2006年后发展起来的一个新方向。他在研究鸭稻共作技术的过程中,发现稻田里福寿螺对水稻危害十分严重。为此,他带领团队在国内较早地、全面系统地开展了稻田福寿螺的入侵机制、生态风险和综合防控技术等方面研究。迄今为止,其团队共获得了7项福寿螺方面的国家自然科学基金以及一系列省部级科技计划项目。同时,针对华南地区外来入侵生物多、生态风险大、危害严重等现实情况,自2008年以来,他又带领团队对该地区10多种典型外来入侵植物(如飞机草、豚草、三叶鬼针草、假臭草、马缨丹、五爪金龙等)的入侵机制、生态影响及生态防控等进行研究。在生物入侵领域已发表50多篇SCI等论文和一系列发明专利,相关成果获广州市科学技术奖二等奖和广东省农业技术推广奖一等奖各1项。

章家恩潜心钻研,勇于创新,成果丰硕。主持完成和正在主持国家自然科学基金项目、国家重大基础研究子课题、国家科技支撑计划子课题、国家星火计划项目、国家重大农技推广服务试点项目、境外合作项目、教育部博士点基金、农业部软科学项目、广东省科技计划、广东省自然科学基金、广东省软科学项目、广东省现代农业产业技术体系专项及一系列横向合作项目等。主编出版著作10部,参编10多部;发表学术论文400余篇,其中SCI/EI收录论文100多篇。申请国家发明专利和实用新型专利40多项,其中已授权25项,计算机软件著作权5项;获省级科技成果奖7项。

脚踏实地 服务社会

章家恩来自于农村,出身于农民家庭,内心怀有一份深深的农村与农业情结,他不忘本色,脚踏实地,总想为农业、农村和农民做点事。他的科研项目大多来源于农业生产实践,取得的技术成果最终也尽量返回到实践。早在其博士后研究期间,在美国洛克菲勒兄弟基金会等课题的资助下,他先后带队到广东、广西和福建的许多县市开展了华南退化坡地利用现状及生态农业技术模式大范围的实地调查工作,撰写了系列调研报告。在香港嘉道理农场基金项目的支持下,他组织举办了两期"华南地区生态农业系统模式

稻花香

设计培训会议"。自2009年以来，他连续三届担任广东省现代农业产业技术体系水稻创新团队的产地环境与规划岗位专家，积极指导全省水稻产业绿色发展，撰写了10多份调研报告和对策建议；编制完成了《广东省水稻产业总体发展规划（2011—2020）》；建立了广东省水稻产地环境基础信息数据库；研制了相关的农业生态信息管理与决策专家系统。在鸭稻共作绿色生产技术及稻田福寿螺的综合防控技术的推广应用方面，他先后与全省10多家水稻生产企业和生产基地进行产学研合作，经常下到田间地头，开展技术指导、培训与咨询活动。

在党的十六大提出"社会主义新农村建设"以来，他及团队成员主持承担了来自农业部、广东省和广州市等的多个软科学项目，开展"都市农业""珠三角新农村建设""广东幸福农村"和"农业投入品减量增效"等的对策研究。2011年，作为省政府聘任的实施《珠三角规划纲要》首批专家，他积极建言献策。作为主要策划者之一，他在甘肃迭部组织发起了"中国生态文明腊子口首届论坛"，随后该论坛作为中国生态学会的品牌论坛，在全国多地陆续举办八届，产生了较大的社会影响。

作为主要策划者之一，章家恩近年来在花都、从化、增城等地组织举办了乡村振兴系列活动，并作为主笔，在《广东科技报》上发表了与生态文明建设和乡村振兴相关的多份倡议，产生了积极的社会反响。他还从自己的专业视角，对"山水林田湖草"生命共同体理念进行了解读和拓展，相关观点发表在《人民日报》（海外版）上。2018年以来，他积极投身于广东乡村振兴和全省现代农业产业园建设工作中，参与了碧桂园华农大产业园、惠州海纳产业园、五华产业园、清远产业园等的建设规划与技术服务工作。面对粤港澳大湾区建设的大好机遇，他提出了粤东西北地区现代农业产业园与粤港澳大湾区对接联动的"前湾后园"发展模式和战略思路。

（文/章家恩）

社会殊荣

农林经济理论研究的守望者

——记全国先进工作者罗必良教授

罗必良，男，1962年10月生，湖北省监利县人，博士，华南农业大学经济管理学院院长、教授、博士生导师。1994年获首届"广东省优秀中青年社会科学家"称号；1995年获国务院政府特殊津贴；1997年获第五届"广州十大杰出青年"称号；1999年获"广东青年科学家"奖；2000年获第七届"中国农学会青年科技奖"；2001年获第三届"广东青年五四奖章"；2001年获第二届教育部"优秀青年教师奖"；2002年被评为广东省高校"千百十工程"省级学术带头人；2003年被评为广东省思想理论战线"十百千工程"国家级学术带头人；2004年被遴选为"新世纪百千万人才工程国家级人选"；2006年被评为广东省特聘教授；2007年获得广东省"南粤优秀教师"称号；2009年被评为教育部"长江学者"特聘教授；2010年入选广东省高等学校"教学名师"；2011年被评为广东省优秀社会科学家，同年获得广东省"五一劳动奖章"；2015年获得全国先进工作者称号；2015年入选"广东特支计划"宣传思想文化领军人才；2017年入选文化名家暨"四个一批"人才工程（理论界）、第三批国家"万人计划"哲学社会科学领军人才；2018年入选中组部国家高层次人才特殊支持计划领军人才。

稻花香
校友业绩录

2016年7月，华南农业大学成立国家农业制度与发展研究院。研究院作为华南农业大学高水平大学建设的重要部署，作为学术研究的"特区"，是学校直接领导下的独立科研机构，其核心科研团队正是依托以罗必良为首席专家的教育部"中国农村基本经营制度"研究团队。

作为首席专家和院长，罗必良带领团队致力于中国农业经济科学的规范化、国际化与本土化，强调理论、方法与实践的创新，以国家农业制度与发展为中心议题，立足于中国的特殊国情、农情与丰富的农村变革实践，以农地产权制度与农业经营制度、农业合作与契约、农业分工与要素市场发育、农业经营方式与转型发展等为主要研究方向，旨在将研究院打造为我国农业经济与制度经济交叉研究的前沿高地、农业政策与制度研究高端人才的培育重地、农业经营制度与农村经济转型发展的高端智库、引领社会实践并强化中国农村改革道路自信的重要策源地。罗必良及其所带领的团队紧抓乡村振兴战略契机，牢固树立服务"三农"的发展理念，至2019年6月，研究院各项事业取得了良好的发展势头。在人才引进方面，经过层层选拔招聘海外博士2名。同时，与多名国际合作专家开展深度合作，开展高水平学术交流研究活动，推动科研成果国际化。在学生培养方面，先后选拔3名博士生赴美国和澳大利亚等海外高校学习交流，积极探索研究生培养模式，打造NSAID品牌。2018年7月成立了"制度经济学青苗班"，培养对农业经济与制度经济这一交叉领域有强烈偏好的学术后备人才，并制订了详细的培养计划，开展

了"经典文献阅读"等一系列学术活动。作为广东省重点智库负责人，罗必良坚持正确政治方向和学术导向，紧贴实事，提出高质量的政策建议，被采用并在《南方日报》等刊物发表，同时获得有关方面的重要批示。

罗必良最大的兴趣是专业研究，在生态经济、区域经济、制度经济及农村经济组织等领域做出了创新性贡献，首次提出"技术生态学"，倡导对技术创新及其使用的生态学后果进行研究。他研究领域广泛，先后研究过生态农业、农村土地制度、区域经济、贫困与发展、工业化与城市化、乡镇企业宏观调控、国有企业改革、农村经济组织制度等问题。目前主要研究领域为经济组织与制度经济、资源经济与区域经济、产业经济与农村发展。罗必良著述甚丰，从1991年出版《从贫困走向富饶》开始，专著接二连三问世，到目前为止共计出版学术专著与合著30余部，并主编"经济组织与制度经济学"系列丛书、"农业龙头企业系列案例研究"丛书、"国家农业制度与发展研究院（NSAID）"系列丛书等。此外，还在报刊发表学术论文300余篇、短论与随笔近200篇。先后主持和参加各类科研课题50余项，获得各项科研奖励30余项。多次参加从中央部委到地方政府的经济发展决策咨询，多项研究报告得到中央与省部有关方面的重视与批示，所倡导并试验的"农业共营制"受到广泛关注。

（文/国家农业制度与发展研究院）

和土壤"对话"的女科学家

——记中共十九大代表廖红教授

廖红，女，福建农林大学根系生物学研究中心主任，教授。1987—1998年间，在华南农业大学完成了从本科到博士研究生阶段的学习，获植物生理学博士学位；1997年9月—1998年9月在美国宾州大学进行博士论文科研工作；1999年9月—2000年8月在美国宾州大学进行博士后研究；2000年晋升为副教授；2003年破格晋升为教授、博士生导师；2010年获得国家杰出青年科学基金资助；2012年被聘为教育部长江学者；2014年荣获第十一届"中国青年女科学家"奖，同年入选科技部中青年科技创新领军人才；2016年入选第二批万人计划，同年被选为党的第十九大代表。在《中国科学》《美国科学院院报》等国内外专业杂志上发表论文130多篇，其中SCI收录80多篇。

廖红研究的是大豆根系。由于根系是植物吸收养分的最主要器官，但生长在土壤里，看不见摸不着，对根系的研究尤为困难。经过不断摸索尝试，她建立起大豆一系列作物根构型定量分析和三维重建体系，对大豆、菜豆核心种质磷效率进行了系统评价，并用三维重建及根系互作定量分析技术，提出了"理想根构型"的概念。

2011年，廖红团队在黑龙江佳木斯种了100多亩示范田，在农民施肥的基础上减少50%的氮肥，增加了20%的产量。2014年，廖红在河北赵县做的实验也很喜人，减少50%氮肥可以增产13%。廖红的这些试验是通过和小麦轮作种植大豆，用的是当地大豆品种，没有涉及任何转基因技术，就是利用接种根瘤菌、微量元素和合理化控制施肥实现增产。对于大豆的减肥增效，廖红信心满满。

如何以科技创新成果推动农业发展，是廖红最为关心的事。华南农业大学有8个国审大豆新品种，廖红认为，在大豆育种中，遗传改良和最佳养分管理都很重要。廖红率领的团队参与育成大豆新品种5个，并作为广东省科技推广项目"高产优质大豆新品种推广示范"专家组主要成员，参与了这些品种在华南酸性红壤地区的推广示范工作，2014年初步推广示范面积达上万亩，用科技研究成果为农业生产和经济发展做出了贡献。

2015年，第十一届"中国青年女科学家奖"颁给了廖红，表彰她通过植物根系遗传改良培育养分高效的高产优质作物的研究。然而在廖红看来，自己早期的研究虽然发表了很多文章，也获得了一些奖项，却仍然停留在基础研究阶段，并没有真正走到实践中去。她希望自己的研究能真正为农民谋福利，让他们看到科学的实用性。正是基于这样的考虑，廖红转调到了福建农林大学。

茶产业是福建省农业的支柱产业，化肥和农药的施用，正是影响茶叶品质的重要因素。廖红立足福建省实际农业生产，以服务福建生态强省建设和特色现代农业发展为目标，率领团队走访了茶企以及茶农1000多家，定量分析了上百万个茶叶代谢物及土壤数据，研究了土壤养分与茶叶代谢物的关系，提出了建设优质高效茶园土壤适宜的养分范围及管理措施，并利用养分高效大豆/油菜套作的种植方式，达到茶园减肥增效、提升地力、改善生态环境的目的。通过创建的茶树优质高效生态栽培模式，在福建省武夷山、福安、安溪、南靖等地建立了多个生态茶园示范点，推动社会对生态模式的认识，为推动农村振兴战略的实施以及推动福建省生态文明建设做出了一定的贡献。

起初，许多农民对她这样的"大专家"保持着深深的戒备心理，怕她是来"推销的""坑钱的""骗人的"。还有一些人看不起她，认为廖红不过是一个"小女子"，"凭什么要听她的"？廖红对此并不恼怒，试图用别的方法来"打入内部"。一次，她看到一篇社会学论文，里面提到，在中国大部分农民心中，对"专家"的信任度只排在倒数第三，但是对"本地能人"的信任度是第一的。廖红灵机一动，既然"专家"

不行，那就找"能人"来合作。在这种情况下，她与福建省安溪县举源村的种茶大户刘金龙见上了面。廖红知道刘金龙对"科技力量"的期待，而这也是她面对的一道考题。她为当地的茶园设计了"茶豆套种"的模式，让茶树与大豆进行间作，利用大豆生物固氮的效果来作为"绿肥"，提升茶叶产量与品质，同时保护生态环境。2016年，茶豆间作不仅让茶叶大幅度增产，还免去了肥料和除草的费用，给刘金龙的500亩茶田省下了近100万元的成本。看着田里绿油油的大豆，刘金龙笑得合不拢嘴。

2019年3月武夷山茶产业研究院正式成立，聘任廖红为研究院院长，这是对廖红科研工作的充分肯定，也开启了茶叶科研的新征程。"作为一个共产党员和科学工作者，踏踏实实地做好研究工作，让科技为人民带来福祉，这是我肩头最沉甸甸的责任。"

（文/廖红　张海燕）

一个不忘初心的师者

——记国家级教学名师曹广福教授

曹广福，男，汉族，1960年12月生，江苏海安人，1994年毕业于吉林大学数学系，获得理学博士学位，同年进入四川大学博士后流动站从事研究工作；1995年在博士后期间破格提拔为教授；1996年博士后出站后入职四川大学；2004年调入广州大学工作；2016年人才引进到华南农业大学。多次获得省级教学成果奖与国家级教学成果奖。2003年荣获首届国家级高等学校教学名师奖，并被评为四川省有突出贡献的中青年专家；2008年获"南粤优秀教师"称号；2009年享受国务院政府特殊津贴，是广东省首批评选的二级教授；2014年入选广东省"特支计划"教学名师；2016年入选第二批国家"万人计划"领军人才教学名师。

稻花香

校友业绩录

笃信好学　立志高远

曹广福出生于苏北农村一个寻常百姓家，父亲是老实巴交的工人，母亲是普通农村家庭妇女，勤劳朴实的父母造就了勤奋的他。在那个特殊的年代长大，上的是"小学戴帽子"的中学，从小喜欢读书的他不仅擅长数学，也练就了一手好文笔。功夫不负有心人，高考制度恢复的第二年，他成为当年全乡唯一考上大学的应届高中生。他的高考第一志愿就是师范院校，因为他从小的梦想就是当一名人民教师。

四年的大学生涯过后，他终于成了一名人民教师，但不愿固步自封的他深深感受到自己还可以有更高的追求、更大的梦想。三年后他考取了吉林大学的研究生，先后在吉林大学获得硕士学位与博士学位。虽然身份变了，但他的理想仍然是当一名教师，在教书育人与科学研究的山峰上越攀越高。他始终牢记恩师江泽坚先生的教诲："作为教师，教书育人才是你的主业，科研是你的副业，不能主次颠倒。"曹广福几十年如一日，勤勤恳恳工作在教师岗位上，教学、科研、著书立说三管齐下，他坚定地认为："不做科研的教师教学将永远停留在低层面，而无心搞教学的教师则不配做教师。"他是这么认识教学与科研的关系，也是身体力行努力践行科研与教学相长的人，他在一篇文章中写道："将教学过程当作科研过程。"正是因为他将科学研究经验运用到课堂教学中，他的课充满了思辨与挑战，课堂教学从不照本宣科，而是突出"问题为核心，思想为灵魂"，在分析问题与解决问题的过程中完成教学过程。在他的课堂上，学生需要注意力高度集中才能从他严谨又不失幽默的语言中领会深刻的思想。有学生与教师评论他的课："听曹老师的课是一种享受。""曹老师把一门枯燥的课上得生动有趣。""他是我见到的唯一一个整个课程从头到尾既不用PPT，也不看书与教案的老师。"正是因为他的认真、勤奋，刚过不惑之年便获得了首届全国高等学校教学名师奖。

博观约取　厚积薄发

曹广福一直坚持一个观点："教书育人是一所学校与教师的中心任务，科研应该服务于教学，不做科研的教师其教学将会在一个低层面上重复。"正是因为有这样的信念，在几十年的教师生涯中，他始终坚持科学研究工作，连续主持了6项国家自然科学基金面上项目，3项教育部高等学校博士点专项基金博导类项目，在 *JFA*, *PAMS*, *Nagoya Math. J.*, *Tohuko Math. J.*, *Pacific Math. J.* 等有国际重要影响力的杂志上公开发表学术论文80余篇，解决了国内外同行提出的多个公开问题。由于科研上出色的表现，他早在1995年于四川大学博士后流动站工作期间便破格评上了教授，是当年四川大学最年轻的教授之一。入职华农以来，科研工作再上新台阶，不仅再度获得国家基金的资助,还在 JFA,PAMS 等国际著名杂志上公开发表高水平学术论文 3 篇,解决了两个国际同行提出的公开问题。

曹广福博士后出站后留在四川大学从事教学工作,他时刻牢记导师的教导,潜心钻研教学,鉴于当时使用的教材起点太高,不适合作为本科生的初学教材,他一边教学一边酝酿教材的编写工作,在经过几轮教学试验后,他编写的教材《实变函数》在高等教育出版社出版,并于 2002 年获得国家优秀教材奖,全国数十家高校使用这部教材。此后,他又着手编写《泛函分析》《实变函数与泛函分析》(上、下册),先后入选国家"十五""十一五"规划教材。

在进行科研、教学工作的同时,他努力探索教育理论,先后在《中国高等教育》《中国大学教学》《数学教育学报》《高等数学研究》《大学数学》等刊物公开发表教学论文 20 余篇,探索了一套高等学校数学教育模式,即"问题驱动的数学课堂教学"。

不忘初心 惠及普教

曹广福在多年的大学数学教学中深深感受到中学数学教学与大学数学教学之间存在着严重的脱节,不仅内容脱节,学生的思维方式也脱节,需要相当长的一段时间适应。于是他深入中学一线课堂,与中学教师进行同课异构,指导中学教师撰写教学论文、设计教案,与中学教师合作发表基础教育论文十余篇。入职华农后撰写了五卷本的专著《问题驱动的中学数学课堂教学》，其中两卷已经由清华大学出版社正式出版，在一线教师中引起了很大反响。不仅有教师使用书中的案例进行教学实践，还有几位教师参考该书参加广州市的教学设计比赛获得了教案设计一等奖。有教师评价："曹老师为基础教育注入了一股清流。"他希望在中学数学教育与大学数学教育之间建立一座桥梁，使基础教育与大学教育能够很好地衔接起来。其工作得到了同行的高度肯定，在 2014 年的国家首届基础教育教学成果奖评选中，曹广福负责的"问题驱动的中学数学课堂教学理论与实践"获得了国家教学成果奖二等奖。这充分说明，他的理论不仅取得了显著的成效，也得到了大家的认同，产生了深刻的影响。

曹广福是一个不知疲劳永不停歇的人，无论是工作日还是周末，都能在办公室看到他伏案的身影，他是一个不忘初心、名副其实的师者。

（文／刘继红）

社会殊荣

从一颗荔枝里瞥见天地

——记国家科技进步奖二等奖获得者李建国教授

李建国，男，汉族，1966年4月生，江西南昌人，博士。1991年参加工作，中共党员。现为华南农业大学园艺学院二级研究员、博士生导师，国务院特殊津贴专家，国家荔枝龙眼产业技术体系岗位专家，广东省荔枝工程技术中心副主任，兼任广东省园艺学会荔枝龙眼协会会长和中国园艺学会热带亚热带果树分会秘书长。广东省丁颖科技奖获得者，全国农业科研杰出人才。入选"国家百千万人才工程"，并被授予"有突出贡献中青年专家"称号。

稻花香
校友业绩录

李建国 1984 年考入了华中农学院（现华中农业大学）园艺系果树专业。4 年后，南方的华南农业大学向他张开了怀抱，李建国自此在华南农业大学扎下了根，南国的荔枝事业，也从此展开了新的篇章。

看向远郊　仰望天空

李建国长期潜心于我国南方果树生物学研究和技术开发工作，在多年的研究过程中，他在荔枝果实发育调控机理与高效栽培技术创新方面做出了卓越的成绩。

在荔枝果实发育调控机理方面，李建国提出了荔枝果实个体发育分两个时期的新观点，并揭示了不同发育时期水分与溶质进入果实的规律以及假种皮快速生长期具有昼夜不间歇生长的特点；阐明了子房壁和果皮发育的细胞学特点，提出细胞数量是决定荔枝果实大小的细胞学基础观点，揭示荔枝果实大小性状形成的生理与分子机制；从品种资源、气候因子、矿质营养、果皮理化特性、果实水分吸收和呼吸代谢等角度系统地揭示了荔枝采前裂果的生理机制。

荔枝的花，也与果实息息相关。李建国证实第二批雄花大量和集中开放是导致荔枝花而不实的重要原因之一，提出了雌花期保果的新观点。从营养竞争和内源激素平衡角度，李建国探明了夏梢引起落果生理原因，分离并克隆出多个与荔枝落果、裂果和果实大小相关的关键基因，还首次提出了碳水化合物胁迫诱导荔枝幼果脱落作用分子机制。以上的研究结果均为国内外首次报告，改变了所有人对于荔枝的认识，让人们对于荔枝的研究更深了一步。自此荔枝生产中坐果难、裂果严重和果个偏小的问题有了理论依据。

在荔枝高效安全栽培领域，李建国先后研发和集成了优质糯米糍荔枝保果防裂综合配套栽培技术、荔枝郁蔽园改造技术、妃子笑荔枝轻简稳产优质栽培配套技术、荔枝隔年交替结果等 4 套荔枝高效生产实用技术。此外，他还选育了 3 个荔枝品种，其中 "观音绿" 和 "冰荔" 品质特优，近几年的市场售价比传统的优质 "糯米糍" 高 2～3 倍，"唐夏红" 优质丰产稳产。

李建国的科研成果在多方面获得了奖项与荣誉：他主持的 "荔枝高效生产关键技术创新与应用" 项目被中国农学会组织的科技成果评价认为 "技术难度大、系统性强、创新性明显、经济效益和社会效益显著，总体处于国际荔枝研究领先水平"，于 2014 年获国家科技进步奖二等奖。此外，他主持的项目还获得广东省科技进步奖一等奖和三等奖各 1 项，作为主要完成人获得其他省部级奖励 3 项；主编出版了我国第一部兼具学术和技术性的专著《荔枝学》以及中央电大教材《果树栽培技术（南方本）》，参编全国研究生和大学教材 4 部；主持研制中华人民共和国农业行业标准 2 项；主持获得国家自然科学基金面上项目 5 项、省部级项目 10 项，发表相关论文 126 篇，以第 1（通讯）作者在 New Phytologist，Journal of Experimental Botany 等 SCI 期刊上发表论文 15 篇。

身体力行　脚踏实地

李建国在追求科学研究创新"顶天"目标的同时，也非常注重"立地"的工作，他不仅在科学研究与创新上获得了重大突破，还经常深入生产第一线，足迹遍及广东、海南、广西、福建、云南和四川等主要荔枝产区，开展荔枝郁蔽园改造技术、荔枝轻简稳产优质栽培配套技术和优质荔枝保果防裂综合配套栽培技术的试验、示范和技术推广。他投入一线，进行推广、教学等工作，用自己的劳动和汗水让南国的荔枝个个晶莹剔透，远渡重洋，闻名世界。

作为国家现代农业产业技术体系岗位专家，李建国善于将理论研究、技术研发、集成与示范推广有机结合，并通过与分布在各产区的国家荔枝龙眼产业技术体系综合试验站、企业老板和农民专业合作社社长合作，采用建立规范化的示范基地方式进行科技成果转化。此外，他还经常受国家、省市县镇各级农业推广部门、村委、荔枝合作社等邀请开展技术指导和培训，为我国荔枝产业科技人才培养、产业技术普及与传播做出了重要的贡献。

既为先锋　也为榜样

李建国在科学研究、技术开发、科技成果转化、科技人才培养、科技普及与传播等方面取得的成绩得到产业界和学术界的公认，2013 年获广东省丁颖科技奖；2015 年被评为全国农业科研杰出人才，其领衔的"荔枝花果发育理论与栽培技术"团队被评为农业部创新团队；同年入选"国家百千万人才工程"，同时被授予"有突出贡献中青年专家"称号；是 2017 年广东省五一劳动奖章获得者。

李建国坚决拥护和贯彻执行中国共产党的路线、方针、政策，热爱社会主义祖国，按照习总书记提出的做好老师的"四有"标准要求，在教书与育人工作中，自觉践行社会主义核心价值观，严于律己，品行端正，恪守科学道德，敬岗爱业，团结同事，关爱学生，在师生中树立了良好师德形象，在本行业、本领域也具有良好声誉，为行业做了一个积极的榜样。

最好的激励，便是在纷乱的世界中不断前行，用一个又一个的突破感动周围的人，撼动人们心中的畏惧和迷茫，李建国正是这样努力奋进，身体力行，改变着荔枝，改变着相关的一切。

（文/刘志鹏　肖昱涛）

"养猪强国"的践行者

——记国家科技进步奖二等奖获得者吴珍芳教授

吴珍芳，1970年生，男，中共党员，湖北麻城人，二级教授，博士生导师，"珠江学者"特聘教授。1986年9月至1990年6月就读于华中农业大学本科，获农学学士学位；1990年7月至1993年8月在湖北省麻城市农牧局工作；1993年9月至1998年6月于华中农业大学动物遗传育种专业硕博连读，获得农学博士学位；1998年7月至今任教于华南农业大学；2006年12月晋升为教授；1998年至今被学校派驻广东温氏食品集团股份有限公司，先后担任研究院院长、种猪公司总经理、养猪事业部副总裁；2013年至今担任"国家生猪种业工程技术研究中心"和"畜禽育种国家地方联合工程研究中心"主任，兼任国家转基因生物新品种培育重大专项总体组成员和转基因猪项目执行专家组组长，中国畜牧兽医学会养猪分会副理事长，广东省现代农业产业技术体系生猪创新团队首席专家。入选国家"万人计划"科技创新领军人才、"广东省特支计划"领军人才，被授予"南粤优秀教师"称号，荣获广东省五一劳动奖章，享受国务院政府特殊津贴。

吴珍芳主要研究方向为猪的遗传育种与产业化、动物生物技术，在种猪育种和产业化的教学、科研和应用推广上成果突出。先后主持国家转基因生物新品种培育重大专项、"863"计划重大课题等36项，公开发表论文175篇，其中SCI论文52篇；培育2个国家种猪新品种（配套系）；获授权专利30项；获得国家科技进步奖二等奖1项，全国农牧渔业丰收奖农业技术推广合作奖1项，中国产学研合作创新成果奖一等奖1项，广东省科学技术奖一等奖2项，大北农科技奖一等奖1项和广东省农业技术推广奖一等奖2项。

种猪育种创新

吴珍芳带领其团队在高效瘦肉型猪新配套系培育与应用方面，为我国创新四元和五元杂交模式培育了"华农温氏Ⅰ号猪"和"温氏WS501猪"两个新配套系，获得国家畜禽新品种（配套系）审定，选育的种猪新配套系得到了大规模产业化应用，取得重大经济和社会效益。

"华农温氏Ⅰ号猪"配套系的选育工作从1998年开始，历经20年选育提高，研发了系列种猪育种关键技术，培育出四个种猪专门化品系，组成四元杂交的新配套系，2005年通过国家审定，持续选育至今。该成果2005—2017年累计创总产值2398亿元、总利润510亿元，合作养殖农户累计增收164亿元。2016—2018年推广种猪223万头，生产商品猪5836万头，创产值1150亿元、利润272亿元，农户增收97亿元。该成果价值：①提供产业发展亟须的优良种猪，适应我国猪肉市场需求，提高了生产效率和养殖效益，推广应用量大。②在猪四元杂交理论和实践、分子标记选择等系列育种关键技术上有重大突破，引领我国瘦肉型种猪育种技术的发展。③实现种猪育种的自主创新，带动改变了我国种猪依赖进口的局面，保障生猪种业战略安全。④培育了世界级专业化种猪育种企业，支撑世界最大养猪企业温氏集团养猪产业发展，实现了生产方式转变、产业升级和农民致富，取得巨大经济效益和社会效益。⑤节约饲料资源，发挥出显著的生态效益，相当于年节约50万亩耕地的粮食产量。

"温氏WS501猪"配套系是历经10多年选育而成的新型瘦肉型猪配套系，在我国首次建立五系杂交配套方式，2015年通过国家审定，是2005年至今我国唯一通过国家审定的瘦肉型猪新配套系。其突出特点是繁殖力高、饲料转化率高、适合大体重上市。2013年开始中试应用，2015年开始大量推广，建立了年出栏五系配套商品猪1000万头以上的繁育体系。该成果价值：①创建了我国种猪五系配套育种的新模式。温氏WS501猪配套系在我国首次采用五系配套杂交方式，培育五个专门化品系，经杂交筛选组成五元杂交新配套系,开创了五系配套育种的先河。该模式对种质资源的要求高,需要培育5个以上专门化品系,虽然特殊配合力好,但群体整齐度选育难,目前全世界只有一家种业企业成功应用。②不断提高我国种猪竞争进度,保障生猪种业战略安全。开发了种猪全基因组选择等多项新一代育种关键技术,培育了更多的高效种猪育种新材料,更加适合我国大体重上市和肌肉品质好的市场需求,每头肉猪的产肉能力得到大幅度提高。该成果引领了我国种猪育种自主创新,加快了优良种猪的繁殖和覆盖速度,提升了产业发展效率,提高了种猪竞争优势。

猪体细胞克隆技术创新

吴珍芳带领其团队在广东省率先建立猪体细胞克隆技术体系,并在如何提高体细胞克隆效率机制等方面进行深入研究和技术创新,实现了产业化应用。通过转录组和全基因组甲基化测序分析,鉴定了调控克隆胚胎发育相关的 XIST、DNMT1 等重要功能基因,揭示了影响猪克隆胚胎发育的分子机理。创新了猪滋养层干细胞培养等新方法,优化了不同类型供体和卵母细胞培养、去核、激活和移植等多项技术及流程,发明了甲基化和乙酰化调节剂处理早期克隆胚胎、基于 RNA 干扰抑制 XIST 基因表达等显著提高猪克隆效率的新技术。成年猪体细胞克隆效率比国内外最高水平提高 3.8 倍,解决了成年种猪克隆应用的技术难题。该成果价值:①加快了优良种猪扩繁利用的速度。

在实际育种中，优秀种公猪的比例不高，采取常规方法扩繁，优良基因向商品猪群的传递速度慢、效率低。通过体细胞克隆技术结合低剂量输精的人工授精技术可以实现优良种猪的高效、快速扩繁。②提高了商品猪生产效率。采取体细胞克隆公猪生产的商品猪在饲料转化率、生长速度等方面有着明显的优势。仅以饲料转化率提高来计算，每头商品猪可节约饲料16千克。

种猪基因组选择技术创新

2013年，吴珍芳带领其团队率先利用高密度芯片技术选育出杜洛克种猪。2015年，与中国农业大学合作，鉴定出102K均匀覆盖于猪全基因组的SNP标记，构建了1.2万余头种猪参考群表型–基因型数据库，开发了基于随机效应模型的全基因组GBLUP分析软件，国内外首次开发出基于简化基因组测序（GBS）的种猪全基因组选择新技术。与国外高密度SNP芯片技术相比，标记多态性好、密度高（102K vs 55K），特别是成本低。该成果已经在温氏集团SS21、S22、S23、W64等专门化品系选育中全面应用，并向国内其他大型猪育种企业推广。该成果价值：①实现种猪早期选种。在种猪断奶时早期选择，减少种猪测定量50%以上，节约了种猪后期测定成本30%以上。②准确性更高。全基因组遗传评估准确性范围在0.53～0.74，高于常规BLUP分析准确性8%～35%。③打破了国外芯片技术的垄断。种猪全基因组选择此前基于国外芯片技术，由美国公司控制，由于GBS技术打破了国外垄断，使芯片分析成本大幅下降。

猪育种材料创新

近年来，吴珍芳与其团队在基因工程猪育种新材料创制等方面取得显著成果。①培育了节粮环保基因工程猪新品种，建立了种猪定点基因编辑和多基因共表达技术，培育出在唾液腺特异共表达葡聚糖酶基因、木聚糖酶基因、植酸酶基因的转BEXA基因猪。在饲喂低氮、无矿物磷日粮情况下，与对照组相比，该转基因猪饲料磷和氮的消化率分别提高了119.8%和7.9%，粪磷和粪氮排放分别减少了44.8%和23.7%，每头猪可节约饲料27千克。成果价值：该研究受到新华网，*Nexus Media*，*EurekAlert Science News*，*CABI*等国内外媒体的广泛关注，*Elife*期刊配发专题评论文章。成果如在我国养猪业推广应用，按推广量10%计算，饲养转基因猪每年可为我国养猪业节省饲料粮约162万吨，节约磷酸氢钙资源2.43万吨，年增收节支56亿元，可带来巨大的经济效益和社会效益。②培育了基因编辑抗蓝耳病种猪，利用CRISPR技术对猪CD163

基因进行移码突变，缺失 CD163 蛋白质的表达，并利用体细胞克隆技术制备出 CD163 缺失的种猪。基因编辑猪对当前国内流行高致病性蓝耳病毒具有完全的抗性，表现为无蓝耳病相关症状，无抗体和病毒血症检出。同时该蓝耳病抗性猪基因组中无外源遗传物质整合，生长和繁殖性能正常，显示出良好的生物安全性。成果价值：猪蓝耳病对我国养猪业危害极大，造成了巨大的经济损失。利用抗蓝耳病基因编辑猪育种新材料，可培育出抗蓝耳病猪新品种，彻底解决我国蓝耳病肆虐的问题。如在我国推广应用，年增效益超过 300 亿元。

（文/徐铮）

苦守初心追明月　勤耕不辍求创新

——记国家科技进步奖二等奖获得者徐汉虹教授

徐汉虹，男，1961年12月生。华南农业大学二级教授、博士生导师，华南农业大学天然农药与化学生物学教育部重点实验室主任。国家科技进步奖二等奖第一完成人、全国十大农村新闻人物、全国优秀科技工作者、国务院特殊津贴专家、国家重点研发计划项目首席专家、植物重大病虫害监测预警及防控技术项目首席专家、植物重大灾害预警创新团队首席专家、广东省草地贪夜蛾防控技术指导专家组组长、广东省杰出人才－南粤百杰、广东省劳动模范、广东省高等学校特聘教授（珠江学者）。

主要研究植物源农药，引种印楝、非洲山毛豆，2015年印楝素成为国家重点推广的主导农药品种。构建了鱼藤酮生物农药产业体系。授权专利91项，获中国专利优秀奖，广东省发明专利金奖。创造性地提出"导向农药"理念，发明了全新骨架的新农药唑虫酯。创新出导向简约随水施药法——"挂包法"，成为防治重大危险性入侵生物椰心叶甲的首选措施，2004年起推广应用至今，写入国家级规划教材；"膜下滴灌施药法"被称为新疆农业的第三次革命，由农业部向全国推广。

稻花香

校友业绩录

初出茅庐露锋芒

1987年徐汉虹考取华南农业大学的硕士研究生，师从中国科学院院士、著名昆虫毒理学家赵善欢教授。1989年被选拔推荐提前攻读博士，其学位论文《植物精油对仓库害虫的活性及有效成分》获优秀博士论文奖，并被授予华南农业大学优秀博士研究生称号。1992年5月博士毕业后留校，在赵善欢教授指导下从事植物性杀虫剂研究。

早在博士在读期间，徐汉虹就把目光放在了植物精油的杀虫活性研究上。1993年，他的论文《猪毛蒿精油的杀虫作用研究》发表，这是中国第一篇光活性杀虫剂的研究论文，为我国的猪毛蒿资源合理利用找到了一条新途径。权威一致认定，徐汉虹是中国开展光活性杀虫剂研究的第一人，也是世界上第一个报道茵陈二炔光活化特性的中国人。

南国椰甲建奇功

2002年6月，被我国列为禁止入境的二类植物检疫危险性害虫——椰心叶甲在海南发现并传播，短短一年时间，椰心叶甲几乎传遍整个海南岛和广东省西南部大部分城市，海南省出现感染株100多万株，珠海市30多万株。椰心叶甲对海南岛的棕榈科植物造成了毁灭性打击，对海南岛的椰风海韵景观影响极大，给当地椰农和旅游业造成巨大的经济损失。

这时，徐汉虹留学归来，他了解情况后决心担起重任，为此他频繁往返于海南、珠海，对椰心叶甲研究争分夺秒，在短短8个月内，完成了"椰甲清淋溶性粉剂挂袋法防治椰心叶甲"的研究，该成果创制了新的农药产品施药方法、农药剂型，是我国害虫防治中极具创新性的防治技术，成为国家林业局防治椰心叶甲应急预案的首选措施，经过10多年来在600多万株棕榈科植物上持续应用，挽回直接经济损失400多亿元。该方法已编入全国高等农业院校统编教材，该产品被评为国家重点新产品。该成果获第十届中国发明专利优秀奖、第三届广东省优秀发明专利金奖、2014年度中国植物保护学会科学技术奖一等奖等。

导向农药显峥嵘

根据印楝素向云杉芽尖积累的自然现象，徐汉虹于2002年提出导向农药理念——能在植物体内向病虫为害部位定向传导积累的农药，在农药分子、农药制剂以及施药方法等三个方面共同形成了完整的导向农药体系，彻底改变农药的创新模式，引领农

药走向智能化。

徐汉虹在发明了"椰甲清淋溶性粉剂挂袋法防治椰心叶甲"后,他将目光投射到遥远的新疆,重点考察了滴灌设施和农药使用情况。巧妙地借用了现成的膜下滴灌系统,将特定的农药定向施用于作物的根部,通过输导作用防治地上害虫,达到定向、省工、省时和保护天敌的目的,提高了农药利用率,减少了农业面源污染。2013—2014年,该技术在新疆玉米和棉花害虫防治上获得成功,2015年推广面积达28.7万亩,被认为是新疆农业的第三次革命。2013年农业部组织的现场技术评估会认为"该技术可靠,经济、社会和生态效益显著,符合绿色植保工作要求,具有广阔的推广应用前景"。农业部认为随水施药技术是一种新理念、新思路、新模式,并于2015年7月在新疆博乐举办了全国随水施药技术培训班,向全国推广。在此基础上,徐汉虹将该技术移植到华南地区的柑橘木虱防治中,2015年起在南方的柑橘木虱防治上滴灌施药也取得了成功。

在新施药技术开发的同时,徐汉虹并没有忽略导向农药新产品的创制。广泛使用的明星农药氟虫腈于2009年被我国限制使用,2013年被欧洲禁用。面对这种情况,徐汉虹开始以导向农药理论为依据,研发氟虫腈的替代产品。2017年,徐汉虹团队合成出一种新型杀虫稠合杂环化合物,并为其取名"唑虫酯"(Pyraquinil)。该化合物分子为全新骨架,有新的作用位点,对非靶标生物安全,对抗性小菜蛾的杀虫活性达到了氟虫腈的860倍,合成成本仅为氟虫腈的2/3。

稻花香
校友业绩录

殚精竭虑为贪蛾

2019年1月11日下午，云南省植保植检站报告在普洱市江城县发现疑似草地贪夜蛾幼虫危害；3月11日，草地贪夜蛾确认侵入广西，4月25日，贵州黔西南州望谟县、安龙县、兴仁市先后发现草地贪夜蛾；4月23日和26日，广东省广州市增城区、从化区先后在玉米种植地发现草地贪夜蛾幼虫为害。6月4日，农业农村部发布，这一害虫目前已在18个省（区、市）发现，严重威胁我国农业及粮食生产安全。6月5日，国务院常务会议指出，要针对今年草地贪夜蛾等病虫害危害较大情况采取有力措施加强防治。此时，距我国首次发现草地贪夜蛾幼虫危害尚不足5个月。

草地贪夜蛾的重大威胁深深牵动着徐汉虹的心，他不顾高血压，吃着降压药连轴转，短短1个月间多次实地考察草地贪夜蛾为害情况，参加省市会议，带领团队人员向草地贪夜蛾发起挑战。徐汉虹团队研究了田间草地贪夜蛾对水稻的取食趋势，利用不同分子标记对入侵广州的草地贪夜蛾进行寄主型鉴定，比较它们的鉴别能力，对于监测虫源扩散规律以及预测预警虫情具有重要的意义。此外，徐汉虹还在研究草地贪夜蛾的防治策略，筛选新型农药，期望能够尽量减少草地贪夜蛾给国家和农民带来的损失。

润物无声育桃李

徐汉虹既是一名学识渊博的优秀学者，也是一名因材施教的好老师。"顺其所长，激其所想，重其所行，引其所向"一直是他培育人才的指导思想。他一直活跃在教学工作的第一线。作为国家级精品课程与国家级精品资源共享课程"植物化学保护"的负责人，徐汉虹设计了周密的教学体系，通过将不同老师的研究领域科学地组合，形成了完备的授课知识网。他还编写了全国统编教材《植物化学保护》，其专著《杀虫植物及植物性杀虫剂》被教育部遴选为全国研究生教育统一推荐用书，受到了全国同行的广泛好评。

在研究生的培养工作中，徐汉虹会深入了解每个学生的科研基础、兴趣点与个性，对每个学生的科研工作提出指导性的意见，他尊重每个学生的选择，在自由选题的基础上为学生提出自己的建议。他还鼓励学生多与外界联系，参加学术会议，深受学生爱戴，曾被评为2011年"广东省教学名师"、2013年与2017年"华南农业大学十佳导师"，荣获2010年与2018年"华南农业大学教书育人先进个人"等称号。

（文/孙郑　刘春燕）

为了稻花的飘香

——记全国五一劳动奖章获得者张桂权教授

张桂权，男，1957年生，博士。华南农业大学农学院教授、博士生导师，广东省植物分子育种重点实验室主任，国务院学位委员会学科评议组成员，中国遗传学会理事会理事。1998年入选教育部"跨世纪优秀人才培养计划"，2000年获国务院政府特殊津贴。2001—2010年任华南农业大学农学院院长，2005年被聘为"广东省高校特聘教授"（珠江学者）。长期从事作物遗传育种学科的教学和科研工作，主要研究方向为水稻分子育种。先后获省部级科学技术奖一等奖2项、二等奖2项、三等奖3项。在国内外学术刊物上发表学术论文150多篇，其中在SCI刊物发表论文60多篇。主持和参加了10多个水稻新品种的选育，并在华南地区大面积推广应用。2001年获广东省五一劳动奖章，2013年获全国五一劳动奖章。

稻花香

校友业绩录

水稻设计育种的"魔术师"

如何提高育种的可预见性和可操作性，一直是植物育种需要解决的问题。传统的植物育种主要是凭育种家的经验，通过表型选择来实现的，因此具有很大的不确定性，育种目标往往难以实现。21世纪初，一些生物的全基因组测序完成，预示着生物整个基因组的基因是可知、可检测的，因此是可利用的。作物的"设计育种"就是在这个背景下提出的新概念。所谓设计育种就是有目的地利用基因组中的有利等位基因来设计并培育人们所需要的品种。长期从事遗传学和基因组学教学及水稻分子育种的张桂权，及时感觉到设计育种时代就要到来。早在1998年，他就开始着手勾画水稻设计育种的蓝图，制订了"三步走"的计划，带领他的研究团队开展了水稻设计育种的研究。第一步，构建以籼稻品种"华粳籼74"为受体的稻属AA基因组染色体单片段代换系（SSSL）文库。目前该文库已获得了以AA基因组7个种的43个材料为供体的SSSL共2360个，包含了稻属AA基因组丰富的基因资源。第二步，对SSSL代换片段上的一些基因进行了鉴定、定位、等位基因变异和基因互作等方面的分析，获取了大量的基因信息。第三步，从SSSL文库中筛选出目标基因开展设计育种，对常规水稻和杂交水稻"三系"的设计育种进行了探索，建立了基于SSSL文库的水稻设计育种的技术体系。

利用 SSSL 文库作为水稻设计育种平台，先后育成了 2 个水稻新品种、多个杂交水稻"三系"新品系以及一批复杂性状的设计元件。这些研究表明，在 SSSL 平台上开展水稻设计育种，能有效地利用 SSSL 文库中的基因资源，设计并培育出各种各样的水稻新元件、新品系和新品种。这些研究成果引起了同行的极大兴趣，张桂权被同行称为水稻设计育种的"魔术师"。

5G 水稻的探索者

近百年来，随着现代稻作农业的发展，水稻品种经历了不断更新换代，先后经历了高秆水稻、半矮秆水稻、亚种内杂交水稻和亚种间渗入水稻四代水稻的变革。亚种间杂交水稻是未来的第 5 代水稻，简称 5G 水稻。张桂权就是 5G 水稻的探索者。

早在 30 年前，张桂权在卢永根院士的指导下，便开始了水稻籼粳亚种间杂种不育性的遗传研究，发现了 5 个控制籼粳亚种间杂种不育性基因，揭示了籼粳亚种间杂种不育性的遗传机理。根据这个机理，张桂权带领他的研究团队创制了一批粳型亲籼系，证明利用这些基因能够克服籼粳亚种间的杂种不育性。近年来，张桂权利用基于 SSSL 文库的水稻设计育种平台，创制了对粳型不育系具有亲和性和恢复性的籼型恢复系。利用这些籼型恢复系与全国各地培育的粳型不育系广泛测交，先后配制了上千个籼粳亚种间杂交水稻组合，在全国各稻区进行了广泛的种植测试。在此基础上，选择部分组合在全国多个稻区进行生产试验。可喜的是，这些籼粳亚种间杂交水稻组合表现出很强的杂种优势，具有很大的产量潜力。几年来，张桂权从南到北、从东到西走遍了我国的主要稻区，用双脚度量大地经纬，用脚板测量稻田温度，观察各地种植的籼粳亚种间杂交水稻组合的表现，把论文写在大地上。

30 年坚持不懈，从基础研究、技术创新到产品研制，张桂权及其研究团队把不可能变成可能。5G 水稻即将面世，这将是水稻育种的又一次重大变革，将给水稻生产带来新的变化。

（文/刘春燕）

咬定青山不放松　任尔东西南北风

——记广东省科学技术奖一等奖获得者张细权

张细权，1963年5月生，广东花县人（现广州市花都区）。1985年7月华南农业大学畜牧专业本科毕业，获农学学士学位；1988年6月华南农业大学动物遗传育种专业硕士研究生毕业，获农学硕士学位，并留校任教，期间在职攻读博士学位，1999年6月获中国农业大学动物遗传育种与繁殖专业农学博士学位。现为华南农业大学教授，中国畜牧兽医学会理事、畜禽遗传标记学分会理事长、家禽学分会副理事长、动物遗传育种学分会常务理事及国家畜禽遗传资源委员会家禽专业委员会委员。1998—1999年间到香港大学合作研究。作为主要完成人及主持人完成科技项目20多项，其中14项获省部级以上奖励；在国内外学术期刊发表论文332篇（SCI统计源收录131篇），主编专著1部，副主编教材2部，参编教材与专著共5部，获授权发明专利7项。2002年获国务院政府特殊津贴。

"作为老师，首先要有老师的样子，时刻记住自己是一名人民教师，时刻记住人民教师这一称谓所赋予的使命和责任。"这是张细权在2009年被评为"最受研究生喜爱的十佳导师"颁奖典礼上的开场白。这朴实无华的语言是张细权从教25年给人民教师做出的自己的注释。张细权获得过很多荣誉，但"最受研究生喜爱的十佳导师"这一称号他却引以为傲，因为这是2009年华南农业大学3800多名在读硕士生、博士生对480余名导师根据自己的意愿一票一票选出来的。

德高为师　身正为范

要想除掉旷野里的杂草，最好的办法是在上面种庄稼，同样要想让灵魂无纷扰，最好的办法是让美德占据它。作为教师要想教育好自己的学生，首先应该让美德占据自己的灵魂。对教师来说，修养是教育的载体，境界是教育的起点，人格是教育的风帆。张细权深刻懂得这个道理，在政治素质方面，他始终忠诚党的教育事业，具有崇高的教育理想和信念，坚持科学的世界观和方法论；对待教育事业，他始终积极贯彻执行党的教育方针，热爱教育事业，有高度事业心和责任感，全身心地投入，不辞辛劳，不计得失，乐于奉献。

张细权1985年大学毕业，1988年研究生毕业，那时的他有很多的选择，做公务员、去大型企业、出国等等，用当时的标准论留下来当老师绝对不是最好的选择，然而张细权却毅然决然地选择留校，并一头扎进教学和科研中，这一干就是31年。这31年来，很多同龄人转行、下海，但张细权仍始终坚守岗位，敬业乐业，始终以饱满的热忱从事教学、科研与社会服务工作。

精心耕耘　一如既往

张细权常说要想给学生一杯水，老师必须要有一桶水。"自走上三尺讲台，我就明白我肩上的担子，一头担的是义务，一头担的是责任。"老师知识丰富、业务精通、治学严谨、注重创新，这也是师德不可或缺的组成部分。工作以后，张细权除了在职攻读中国农业大学动物遗传育种与繁殖博士学位，还通过与国内外教学研究机构如香港大学、加拿大阿尔伯特大学、以色列希伯来大学等合作研究，通过参加学术会议与考察及学术交流等方式，不断提升学术水平，增强完成本职工作的能力。

大学教育以本科教学为本。张细权任教第二年起便担任了"动物遗传学""家畜育种学"等课程的本科教学工作，多年来不断探索教学方法，坚持一线教学工作。尽管1997年就晋升为教授，但张细权仍坚持每年给本科生授课。他主讲的"动物遗传学"不仅实行双语教学，还被列为广东省精品课程进行建设。不论是双语教学还是精品课程建设都需要大量的时间精力投入。双语教学开始时没有成熟的模式，张细权便大胆探索；精品课程建设材料不足，张细权便一点一滴积累。

大学创新能力由本科生创新能力培养开始。多年以来，华南农业大学由于扩招的影响，教学科研场地严重不足，给学生的实践活动造成很大影响。张细权努力克服场地不充裕的难题，多年坚持尽量安排多些本科生进入实验室从事研究，热心指导他们的科技创新活动，其指导的学生不仅承担省、学校的创新课题，还直接参与其负责的国家级重大课题工作，研究结果多发表在国内外知名刊物上。2006年张细权被学校评为"教学名师"，这是对其教学工作的最好肯定。

教研相长　硕果累累

教育是人类社会的永恒主题。教育的实质是把人类改造世界所积累起来的知识、经验和技能一代一代地传下去，并不断地丰富发展。张细权常说，"我不仅仅是一个教育工作者，我也是一个科技工作者，教学是一条腿，科研是另一条腿，只有同时大步迈开两条腿才能走路。"31年来，张细权勤奋工作，努力钻研，不仅在教学工作中兢兢业业，在科学研究上也成绩喜人，取得了多项成果。作为主要完成人和主持人，张细权承担完成了国家"973计划""863计划"及国家自然科学基金等课题30多项，在 Poultry Science、BMC Genomics、DNA Research 和 Cell Death and Differentiation 等国内外主流刊物上发表研究论文332篇，其中131篇被SCI统计源收录；主编专著《动物遗传标记》，副主编教材《动物遗传学》和《分子遗传学》，还参编出版教材和专著共5部；科研成果"优质鸡产业化的研究"获国家科技进步奖二等奖（排名第三），主持完成的成果3项获广东省科学技术奖一等奖和二等奖；获授权发明专利7件。1994年获广东省南粤教坛新秀荣誉称号与华南农业大学王宽城育才奖，2002年获中国农学会农业科技青年奖，同年获国务院政府特殊津贴。2011年被授予全省师德标兵荣誉称号。张细权作为第一完成人获得的高档优质肉鸡新品种的培育与应用成果，发掘华南地区地方鸡种遗传资源优良种质特性，显著提高了黄羽肉鸡饲料转化效率，提高了种鸡产蛋量，2019年获得广东省科技进步奖一等奖。

桃李不言　下自成蹊

热爱学生是做好教育教学工作的前提，也是教师职业道德的基本要求。要教育好学生，首先要关心学生、热爱学生，做学生的知心人。张细权在培养研究生方面投入了大量的心血，他对学生循循善诱，严格要求，悉心指导，指导的研究生在报考入学前即与其交流沟通，入学后更是常常给予关心、指导，学习与工作中实行既独立平等，又亲密无间的团队式合作。在其带领的研究团队，研究生们视张细权亦师亦友。正是这样的团队氛围与张细权的精心培育，其团队研究生与博士后很快建立起较强的创新能力、良好的研究习惯，学习与工作取得了可喜的成绩。自1994年被遴选为研究生导师以来，张细权已培养硕士博士及出站博士后100多人，其中9人晋升为教授，晋升高级职称者10多人；1篇博士论文被评为广东省优秀博士学位论文，并获全国百篇优秀论文提名奖。张细权本人也被全校研究生评为最受研究生喜爱的十佳导师。培养的毕业学生中，既有国家万人计划入选者、国家重大科技项目首席专家，也有大型上市企业高管和技术总监、科技型企业创办者，还有科技研发机构的负责人。

踏上了三尺讲台，就意味着踏上了艰巨而漫长的育人之路，只有用真心爱学生，才能得到学生丰厚的心灵回报，这种回报，是只有作为一名教师才能得到的精神财富。31年来，张细权早出晚归，呕心沥血，全身心地投入教育事业当中从不曾后悔和遗憾过。因为，他体验过了人生最大的幸福。每个教师节，那一条条热情洋溢的短信，那一张张饱含祝福的卡片，就会像雪片似地从四面八方飞到他的身边，此时他心里就会缀满骄傲与自豪。

"咬定青山不放松，任尔东西南北风。"为了自己所钟爱的教育、科研事业，张细权抱着这样一种必胜的信念，扎根在教育、科研这片沃土上，不计时间、不计得失、不计名利，不断地汲取，又不断地付出。汲取的是提高自身素质和科研素养的养料，付出的是自己对教育和科研工作全部的爱。

（文/李伟民　聂庆华）

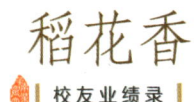

她与共和国一起成长

——记全国先进工作者曾玲教授

曾玲，女，1949年11月生，广东省吴川市人，中共党员，二级教授、博士生导师。1972年进入广东农林学院植物保护专业学习，1979年考上华南农学院昆虫学专业硕士研究生，师从庞雄飞、吴荣中和张维球教授，1982年毕业后留校任教。曾任华南农业大学红火蚁研究中心主任，广东省第一、第二届突发公共事件管理专家，广东省红火蚁防控工作专家组组长，农业部红火蚁防控协作组首席专家，全国植物检疫性有害生物审定委员会委员等。

社会殊荣

曾玲长期从事农业昆虫学、害虫治理、植物检疫等领域研究工作，成绩斐然。先后主持国家和省部级科技项目等50多项，发表学术论文400多篇，主编或参编专著和教材8部。获得了国家科技进步奖二等奖1项（2009），广东省科学技术奖一等奖2项（2008、2011）、二等奖4项（1998、2002、2007、2019），广东省农业技术推广奖一等奖4项（2003、2010、2011、2017）、二等奖1项（2008）。2010年被评为全国先进工作者，2012年被评为全国优秀科技工作者，2009年被评为广东省农业科技创新带头人，是国务院特殊津贴专家。

广东省是我国改革开放的前沿阵地，对外贸易交流频繁，是我国遭受外来入侵生物危害最严重的区域之一。作为农业昆虫与害虫防治国家重点学科"入侵生物与生物安全"方向的学术带头人，曾玲率领团队历经20年对红火蚁、水果实蝇类、斑潜蝇类、湿地松粉蚧、椰心叶甲、褐纹甘蔗象、蔗扁蛾等多种重要外来入侵生物开展了系统深入研究。她主持完成的"桔小实蝇持续控制基础研究及关键技术集成创新与推广应用"成果，围绕该虫种群持续控制的基础理论和关键技术开展研究，在多方面充实了桔小实蝇持续控制的基础科学理论，解决了多项该虫决策和防治的关键技术问题。同时，她带领研究团队和合作单位一起，在广东省培训人员数万人次，在大部分地区建立了监测点和示范区，技术应用和辐射数百万亩次，示范区农药用量减少了1/4以上，大幅度降低。该成果的大范围应用，有效地遏制了桔小实蝇猖獗为害，显著提升了我国对桔小实蝇的整体防控水平和对重大外来实蝇类害虫的应急防控技术能力，取得了显著的经济、社会和生态效益。该成果2008年获得广东省科学技术奖一等奖、2009年获得国家科技进步奖二等奖。2009—2013年，曾玲作为首席专家主持了国家公益性行业（农业）科研专项"果树实蝇类害虫监测与防控技术研究"，对我国重要果树实蝇的成灾机制、防控策略、技术等继续开展研究，又取得一系列重要成果。

作为农业部红火蚁防控专家、广东省突发公共事件应急专家，她不辞劳苦，先后50多次到全国各地开展技术培训指导普查和疫情防治工作，为防止这种危险性生物在我国内地的蔓延扩散、保障社会稳定和经济发展等做出了重大贡献。这些研究成果现

稻花香

已在全国推广应用，成效显著，保护了农业生产安全、生态安全和人民身体健康，显著提升了我国对外来入侵生物的应急防控能力。她主持完成的"重大入侵害虫红火蚁种群控制基础理论及关键技术创新与应用"成果获得了广东省科学技术奖一等奖。

"是什么动力支撑着您几十年如一日地辛勤耕耘勇挑重担"？面对央视7台记者采访，曾玲微笑着回答："作为共和国的同龄人，我是在党和国家的关怀下成长的，为祖国的富强而努力奋斗就是我的使命"！

（文/许益镌　陆永跃　刘春燕）

小肥料大学问　改造肥料质量为先

——记全国优秀科技工作者樊小林教授

樊小林，男，1958年生，陕西省咸阳市三原县人，中共党员。华南农业大学资源环境学院二级教授、博士生导师，广东高校环境友好型肥料工程技术研究中心主任、植物营养与肥料学科带头人、肥料学博士点负责人，中国植物营养与肥料学会常务理事、肥料工艺与设备专业委员会主任。1978年考入西北农学院（今西北农林科技大学）土壤农化专业；1982年本科毕业留校任教；1993年获西北农业大学（今西北农林科技大学）硕士学位；1997年调任华南农业大学副教授；1998年获西北农业大学（今西北农林科技大学）博士学位，晋升华南农业大学教授；2002年入选首批"高等学校骨干教师资助计划"；2002年组织申报华南农业大学肥料学博士点，筹建了我国农业院校第一个肥料学博士点；2004年入选广东省"千百十"省级培养对象；2008年担任国家香蕉产业技术体系土壤肥料岗位科学家；2009年享受国务院政府特殊津贴；2012年获得全国优秀科技工作者荣誉称号。先后主持科研项目50余项；获得省部级科技奖励12项，其中一等奖5项；获得授权国家发明专利8项；制定化工行业标准1项。

稻花香
校友业绩录

主持科研一丝不苟　　考虑需求细致入微

每一项新技术的诞生都需要经过长期的研究和发现。在樊小林从事肥料领域研发的多年间，一代代缓控释肥的出现实非一日之功。"在进行项目的过程中，一旦深入下去，思想也会开阔起来"，他总鼓励年轻人多思考，"一个好的课题并非一朝一夕便能想得出来，一定是要通过平时积累，慢慢思考才有可能得到的"。自1989年成功申请了第一项国家自然科学基金以来，樊小林共主持了10项国家自然科学基金肥料研究课题，主持并参与了两项国家重点研发计划，主持了广东省教育厅的重大项目以及多项与企业的横向课题研究，在如此多项科研中摸爬滚打的经验，对于新型肥料研发起到了重要作用。

除了对待科研的严谨认真，樊小林对于当下肥料研发、生产与推广方面存在的问题也有着相当透彻的见解。他说："所谓新型肥料，是赋予了新技术的产品。如果没有新技术，只是把肥料改头换面，这不应该叫新型肥料。"此乃研发上存在的弊端——技术不新。他说："目前，缓控释肥在国内才刚刚开始为人们所接受，而在国外，这种肥料却已经用了很多年""农民不认这样高端的东西，就是因为假的产品太多。"此乃生产上的不足——伪劣过多。至于常规肥料的推广问题，樊小林认为那是"说教式"的，告诉农民施多少氮、施多少磷、肥料什么时候施，他们"不听这套东西，也掌握不了这套东西"，此则为接受方面的困难。

"肥料必须改造"，樊小林经常说这句话。解决生产和推广方面的问题，樊小林所能做的十分受限，但他却善于在自己擅长的研发领域下功夫，由此将生产与推广上的弊端降到最低。樊小林说："与其给他说教，不如给他含有知识的产品。所以我们在新型肥料上首先研究的是控释肥料，就是控制养分释放。肥料本身是高效的，农民用完后觉得这个肥料好，他想了解时再讲解道理就很容易。否则你讲了一大堆，他也不用，认为你在讲废话。"与传统的肥料使用模式相比，这样的思路倒是十分新奇，却又不无道理——它将传统肥料生产的"使用者配合研发者"的模式，颠覆为由"研发者主动迎合使用者"。樊小林作为研发人员，能够体察农民难处，有的放矢，故而得以产出优质的肥料。

提高肥料质量　　助力乡村振兴

产业兴旺、生态宜居、乡风文明、治理有效、生活富裕，此即为乡村振兴战略的20字方针。肥料产业在"生态宜居"方面将能大有作为，又可间接助力"产业兴旺""生活富裕"。为能在"乡村振兴战略"的实施中起到更好的促进作用，我国肥料产业尚有许多可以发展的余地。百千追求，质量为先，樊小林不仅关心肥料的品质，更关心其技术水平、使用水平、附加价值水平等方面。

"不增加农民总体投入"，不为"生活富裕"添负担。樊小林说："为肥料增加附加的功能一定会增加成本，这是毫无疑问的，我们不能回避这个问题。何况'想要马儿好，还要马儿不吃草'是不可能的。"当谈及解决方法，他认为应当"考虑以最低的成本去制造新型肥料"，如果"肥料的花销与降低的劳动投入、增加的产量、增收的收益等综合起来能不增加农民的成本，还有多余的收入，那就很好了。"

"节约了资源"，对"生态宜居"有益处。樊小林提到，当今我国肥料的利用率不高，而化肥又是消耗资源、能源的产业，这就造成了很大程度的浪费。缓控释肥弥补了这方面的不足，这意味着肥料的使用量能够大大减少，同时解决了肥料的环境污染问题，上至天，下至地，广至海洋都受益。

"实现轻简施肥，简化劳动力"。樊小林说道，由于施肥变得简单化了，施肥次数也得到了精简，故而可达到"从过去的劳动密集型转化过来""并以产品替代施肥技术"，樊小林说："这是普通肥料所做不到的。"

"肥料必须改造"，樊小林改造了普通肥料，研制了缓控释肥料，"缓控释肥符合乡村振兴战略对肥料的要求，还物化了平衡施肥技术，已经考虑到了作物的需求，便于推广测土配方施肥技术"。而要真正达到这样一些效益，肥料质量是否得到了保证是重中之重。

樊小林20年如一日，专注缓控释肥料研发，保障肥料质量，从基础理论到产业化，再到配套高效施用技术，创建了植物油包膜材料，创制了致孔控释、复式包膜控释技术，技术已在国内9个大型化肥企业产业化，技术产品获得我国首个包膜缓释肥料正式产品登记证，引领了我国控释肥料产业发展。控释肥料以及以其为长效养分源的同步营养肥料已经推广应用于香蕉、菠萝、荔枝、橡胶、咖啡、甘蔗、木薯、剑麻、中草药等热带经济作物以及玉米、小麦等粮食作物和叶菜、瓜菜生产。

在实践中挖掘兴趣　自思考中提升自我

谈起樊小林的学习生涯，也有几番风波，却更似缘分使然。当时一心想进入化工专业的他，却意外地被录取到了西北农学院的土化专业。

从安不下心来学习农学，到机缘巧合留校工作，考研受挫、出国受挫，多番挣扎着想要离开农学领域却最终未能实现，樊小林戏称："这时候就意识到只能认命了。"这才开始搞研究、学农。以第一个研究课题为起点，而后逐渐开阔视野、发表越来越多的文章，甚至有机会作为我国西北部的代表参加国际高层科学家交流，樊小林在这些经历中逐步发掘了自己对于农学的兴趣，同时通过毫不懈怠的工作提升了自身的水

稻花香

校友业绩录

平。如今回望自己在过去的时间节点中所做的一个个选择，他说："当时还算比较明智，要是一股脑的话可能废了""这20多年来我坚持一个方向，所以现在当你越深入的时候，发现的问题也越大，兴趣也会越浓。我发现现在研究生深入不下去的原因就是没坚持，那个坎没过，坎一旦过了，就很轻松了"。

只有经历了坎坷和苦难才能明白前途是美好的。于是乎，究竟当如何评价这些波折所带来的影响？樊小林说："倒也无所谓甘心不甘心。现在回忆起来，如果我不学农，便来不了广州；如果我只学化工，也做不了肥料。说我在做化工也不为过，因为肥料正与化工相关。"

如今，研发工作已取得了显著的成绩，在生产方面也与企业联合实现了产业化，樊小林又开始思考如何能将成果推广下去。他说："乡村振兴不仅仅是做高深的学问研究，还要注重如何将技术好好地推广下去"。正因为了解农村、农民的现状，方更有身为行业领先人的责任感，樊小林在接触乡村的过程中，不断看，不断想，然后做到精进，不仅深入到肥料学广大领域的更高层次，更展现着更高的人文关怀。

成于思想　落于实践

作为一名讲求质量的导师，樊小林对于自己的学生也有着严格的要求。完成好学业自是最基础的，他更重视学生的动手实践能力。樊小林说："因为这个专业是一门实践科学，所以我要求他们动手，而且要早动手。"至于动手实践中的要求，便是提倡合作：在合作中分工，在分工中合作。当然，学生的全方位发展也是他所注重的。在樊小林的实验室中，多年来，一些大大小小的活动早已渐渐被取消，每周的"学术讨论"与每月的"工作小结"却一直被延续下来。樊小林认为，这一来锻炼了学生自我查阅资料发现问题的能力，二来也有利于其口头表达能力的提高。"这些年坚持下来，学生出去后，大部分人的讲解、表达能力都过关了。"提到这点，樊小林脸上露出了些许欣慰之色。

教育教育，非仅教人做事，更当育其为人。在学术上，樊小林十分强调学生学术态度的端正。他说："培养学生更重要的是培养他们学术的素质和道德观。"他强调说："文章可以没有，但是一定不能造假。"总的一点，便是要做到"高标准，严要求，目标要明确"。

樊小林对学生在学术上"高标准、严要求"，在生活上给予学生诚挚的关爱与帮助。他确为良师，严格要求，也为益友，细心周到。

（文／刘芳　樊小林）

心系教研为国贡献

——记全国五一劳动奖章获得者黄继红教授

黄继红，女，1988年本科毕业于陕西师范大学化学系；2005年硕士毕业于西北农林科技大学；2009年博士毕业于华南农业大学。1988年至1992年于陕西师范大学任教；1993年至2005年，在河南莲花集团从事科技和技术管理工作，并担任总工程师办主任、技术中心国家级主任、集团总工程师、博士后流动站站长；2003年3月至12月赴荷兰营养与食品研究所学习；2005年至今于河南工业大学生命科学学院任教，并担任河南科谱特医药科技研究院院长、河南省酶法制糖工程技术研究中心主任、粮食发酵与工程化团队负责人。

稻花香
校友业绩录

优秀学者　离不开身边人的影响

黄继红小时候生活在一个虽不富裕但充满爱的家庭，她的一步步成长主要得益于母亲。黄继红谈道，母亲培养了她和她的孩子两代人，母亲的勤俭、朴实以及不甘人后的性格影响了她的一生，而且她的儿子也终身受益。黄继红的儿子目前在北京大学硕博连读，每月只有 800 元生活费，从不乱花一分钱。

黄继红表示，除了母亲对其成长的潜移默化，在工作上终身学习的榜样是她的博士生导师杨公明教授。杨教授曾任西北农林科技大学食品学院院长、华南农业大学食品学院院长。黄继红谈道："导师一生淡泊名利，从不追逐职位和奖项；付出却并不谋求获得。"杨教授因患癌最终走到了生命的尽头。黄继红说道："恩师是透支了生命。"杨教授尽管被病痛折磨，依旧坚持给学生讲论文，批改学生论文或修改实验方案。黄继红表示，正是恩师杨教授的支持和给予她的科研训练，改变了她的命运。

为国贡献　走上科研之路

中国的氨基酸发酵（主要是谷氨酸）行业，即使是国内最好企业如国家大型一类企业莲花集团也落后于日本味之素 20 年，这让敢于挑战、拥有爱国热忱的黄继红毫不犹豫地申请调到莲花集团从事氨基酸发酵（微生物菌种选育）工作，继而走上研究微生物方向的科研道路。2000 年，黄继红赴日本味之素做访问学者。回国后，她依靠国家 "863 计划" 项目支持，经过十几年的努力，让谷氨酸发酵菌种在国际上跟跑发展到并跑、领跑的状态。研究谷氨酸高产酸菌种是为了赶超日本的科研水平；解决高浓度废水是为了祖国的天变蓝水变绿。目前，我国谷氨酸发酵在国际上也有了绝对的话语权，而黄继红一直在科研道路上坚持，因为她认为："科技进步日新月异，如果我们停下来不进步的话，氨基酸行业的话语权就会被其他国家掌握。"

2003 年，黄继红赴荷兰营养与食品研究所学习，认识到欧洲小麦生物转化上百种功能产品，回国后便也绘制了 "小麦树"，整体研究思路围绕供给侧改革，延长国产小麦产业化链条和提高附加值，为乡村振兴战略提供技术支撑。2019 年 3 月 8 日，习近平总书记在河南代表团审议时指出："河南要抓住粮食这个核心竞争力，延伸粮食产业链、提升价值链、打造供应链，不断提高农业质量效益和竞争力。"这些努力的成果也从此打破了国外生产菌种垄断中国 60 年的历史。

"跌"倒了　重新"站"起来

黄继红在科研道路上遇到了很多挫折，其中最大的挫折是被迫停止 3 年科研工作。

在研究味精高浓度有机废水零排放期间，由于在做厌氧微生物发酵过程中没有控制好发酵容器的压力，导致发生爆炸，黄继红和其他3人都不同程度受伤，单位责令其停工3年，不准做相关实验。黄继红遭遇了前所未有的困境，人生跌到了谷底，而此时她的导师杨公明教授多次派毛多斌帮忙解决问题。当时的黄继红已经无心继续学业，但在杨老师的多次鼓励和疏导下，她顺利通过博士答辩。黄继红表示，如果当初没有杨老师的支持和给予她的科研训练，她可能不会从事科研工作，是杨老师改变了她的命运。后来她自费买来实验材料在家里做实验，经过1年多的时间，解决了实验室中的问题，该项目最终获得3个省部级奖（2个一等奖，1个特等奖）。

以身作则　良师益友

在教学中，黄继红谨遵科学道德规范，求真求实。她要求研究生做好原始数据图片记录，并于毕业前上交实验室统一保管，便于日后查证，杜绝弄虚作假。在教学过程中，黄继红发现有些教材陈旧，10多年没有知识更新，她认为不能总是拿过去的知识教现在的学生，让他们去解决将来的问题，所以花时间编写了4本教材，总结最新成果，让学生了解知识的前沿及科研动态。她认为这是教师的职责，花时间编写教材是值得的。

同时，黄继红注重培养大学生创新精神和创业意识，强调应将就业与创业相结合。黄继红认为，大学生创业的优势以及坚强的后盾就是有教师指导，她每年指导1~2名学生创业，如中国佐餐酵素第一品牌河南酵益生物科技公司，就是她指导的本科生创业成功项目。

黄继红经常会和学生分享她欣赏的一句话：做事不努力，你来人间做卧底吗？同时她也常用"有人说成功的路上并不拥挤，因为坚持下来的不多"这句话与学生共勉。

天道酬勤　付出终有回报

目前，黄继红已完成"十五规划""863计划"等国家级项目6项，正主持国家"小麦绿色制造2025：小麦精深加工绿色设计平台及示范线建设"项目。已授权并实现转化的发明专利10件、实用新型专利23项。已获得省部级科技进步奖一等奖2项，二等奖4项，河南省火炬计划特等奖1项，荣获国家星火计划先进个人、全国五一劳动奖章等国家级荣誉5项，享受国务院政府特殊津贴。同时，黄继红还出版专著4部，发表研究论文38篇。其中，在"小麦高值化转化关键技术创新与应用"项目中，获得诸多效益。该项目的成果在国内推广至21家企业，辐射了一带一路2个国家，近3年新增销售额达到260.1869亿元。此项目在国内率先形成小麦高值化转化产业体系。其中，构建的温敏型谷氨酸高产酸菌株 FMOO-187 在国际上填补了小麦淀粉生产谷氨酸的空白。更重要的是，该项目突破了小麦加工行业绿色设计与制造一体化关键技术，建立全国循环经济和清洁生产示范企业，为祖国天变蓝、水变绿做出了重大贡献。项目还在国际上率先实现了"三优联动"，分别为"优粮优产""优粮优储""优粮优加"。鉴于在学术上的贡献，2018 年，黄继红入选河南省高层次人才特殊支持"中原千人计划"——中原学者。

告别母校　满是情怀

恰逢华南农业大学 110 周年校庆，黄继红不忘母校曾经对她的栽培，用一首诗表达她对母校的情怀，更是对华农莘莘学子的寄语：

回华农
百年风雨育俊英，
赢得满园桃李艳；
总有车票心里团，
常回华农看梦圆。

（文/周雪琪　蔡海媚）

春蚕到死丝方尽　蜡炬成灰泪始干

——记国家级教学名师蒋爱民教授

蒋爱民，男，1962年出生，江苏省泰州市人，现为华南农业大学博士生导师。是国家特支计划教学名师、享受国务院特殊津贴专家、南粤优秀教师。长期致力于教育改革和课程建设等领域，完成国家及省部级教学改革项目6项，主编国家规划及部级规划教材10余本，其中"国家精品教材"1本，双语教材1本。提出并实施的"畜产食品工艺学"课程改革的"双三位一体模式"和"精品课程建设""教学质量提供""创新创业能力培养"和"优质资源共享"的课程4层次顶层设计引领了本学科的教学改革和课程建设。主持建设的"畜产食品工艺学"被评为"国家级精品课程""国家级双语教学示范课程"和"国家精品资源共享课程"，获得国家级教学成果奖二等奖1项和省级教学成果奖一等奖2项。创新性地提出并实施"共建共享混合教学移动慕课建设应用模式"，满足了当下互联网时代学生"随时随地学习"的需求，被86所名校聘为"慕课顾问"，主讲的"畜产食品工艺学"课程于2007年获评第一批"国家精品在线开放课程"。

他还主持并完成国家级科研项目6项，省级科研项目16项，其他科研项目18项；获得国家发明专利2项，教育部发明奖1项，省科技奖2项，其他科技进步奖5项。2005年被评为第二届中国肉品加工业"十大杰出科技人物"。

稻花香
校友业绩录

为人师者　以德感人

1985年，蒋爱民顺利完成研究生学业，留校教学，做一名最普通的人民教师，做一名最朴实的园丁。而促使他做出这个决定的，离不开他学生时代遇到的对其极具影响的几位良师。在蒋爱民的学生时代，他所遇到的几位良师用全身心向他诠释了"师者，所以传道授业解惑也"。据蒋爱民回忆，"良师们授课内容丰富翔实，板书优雅美观，而且拥有深厚的政治素养、丰富的人生经验和高尚的道德素养。"他还清楚地记得本科生时期的课堂画像——老师在课上讲得慷慨激昂，潇潇洒洒，将知识点淋漓尽致地展现在同学们面前，而台下，是学生们闪烁着的、渴求知识的目光。而这些回忆，也成为蒋爱民做出成为一名老师的决定的最原始动力，并且毫无疑问的是，他热爱这份职业。

受几位良师如沐春风的影响，他始终秉承——选择的每一个机遇都要做到"自己的最好"。在成为教师后，他更是以认真、负责、严谨的态度，不断地修炼自我，用真心去培养学生，以回应学生父母的期望，回应社会的要求。"好的老师让你有兴趣去学习，甚至会影响你未来的决策。"蒋爱民如是说。

作为一名教师，蒋爱民并不喜欢担任"严父"的角色，相反，他更爱成为学生们的"慈父"。他十分注重学生意见，遇到需要变更课程要求时，他会在班里发出投票调研，调查民意。如果有学生挂科，他会私下约谈学生，耐心询问学生考试失利原因，并与学生商量探讨另一种更加合理的考试模式。因为他始终坚信每一个学生都有属于他的闪光点，挂科并不等于能力不足。正因蒋爱民始终如一地用真诚对待学生，也收获了学生的尊重和爱戴。

在日常生活中，蒋爱民生活朴素简单，代步工具也只是普通的电动车和自行车，他对自己吝啬，但是对待教育却很大方。博士生艾民民说道："蒋老师特别能吃苦，最舍不得给自己花钱。他的办公包一直舍不得更换，但是却给学生无私地提供了最好的研究设备和条件。"因为蒋爱民始终认为，高校是一个培养具有国际视野、创新能力和能解决实际问题的高级人才的地方，而硬件措施也应该跟上时代发展的潮流。在被评为国家级名师后，他将所得奖金回馈到他的教育事业中，用于食品院楼实验室的器材购置和场地改造。临近退休，蒋爱民也从不懈怠，仍然每天坚持工作十几个小时。

身体力行　编写教材

授人以鱼不如授人以渔。蒋爱民始终坚信，教育教学始于教材，"一本好的教材，在一定程度上决定了你喜不喜欢这门课程"。而这样的观念与他受过的教育不无关系，他回忆说："我们那个年代上课，一个笔记本和一本教材是标配，再穷都不会不买教材。"

正因蒋爱民打从心里明白教材的重要性，他抱着这样的教育理念，身体力行，在育人教书之余也不忘为后人种树，希望自己种下的绿树能为后人带来荫凉。在成为教师之后，蒋爱民便开始研究学科发展和国内外相关教材，研究相关刊物的前沿科研成果，吸取并总结国内外教材中的精华部分。1987 年着手编写适应当时需求的第一本"油印教材"，1993 年开始陆续主编并出版了《肉制品工艺学》《乳制品工艺学》和《畜产食品工艺学》等教材和一些相关的双语教材。1997 年蒋爱民担任由中华农业科教基金资助的全国统编教材《畜产食品工艺学》主编，至今已经兢兢业业工作了 22 个年头。由蒋爱民主编的国家级规划教材《食品原料学》被评为教育部第一批"国家精品教材"。在编写教材期间，蒋爱民的案头没有一天不被杂志、书籍铺满，甚至堆积成山。他对于每一本书籍、杂志都认真阅读，仔细做好笔记，每一本杂志都夹着几十张读书卡片。从早到晚伏案写作，蒋爱民并不觉得是件苦差事，相反，他还认为"写教材就是自我学习、武装自己、培养自己的过程。"在这期间，增长自己的见识，同时为后人铺路，何乐而不为呢？随着编写教材数量的增长，蒋爱民掌握了教材以及学科的基础，也渐渐勾勒出了自己的知识体系。从一开始的毫无头绪到后来的胸有成竹，都离不开大量的输入。后来，蒋爱民在开始编写工作之前，他都已经能在心里娴熟地打好草稿，建立框架，构建关于整本书的内容和层次分布。在知识的日积月累下，蒋爱民甚至能在翻阅别的教材时，马上挑出其中的文字、语法、文章逻辑结构等问题。

到目前为止，蒋爱民在一开始贫瘠的土地上，投入极大精力和不懈的努力，主编并出版中英文教材共 12 本，为后人种下了一片荫凉。

与时俱进　开创慕课

鲁迅曾经说过：世上本没有路，走的人多了也便成了路。而蒋爱民正是开辟线上慕课的第一批开荒者，他不仅开创了华南农业大学线上教学的先河，取得了极大的成功，还为后辈提供了许多宝贵的经验。

在互联网急速发展的大背景下，蒋爱民与时俱进，时刻思考如何进行教育模式的改革和创新。在当时我国还没有"MOOC（慕课）"这一概念，他敢于成为"第一个吃螃蟹的人"，他创新性提出并实施的"共建共享混合教学移动慕课建设应用模式"，顺应"在线课程"即将成为提高教学质量和效率的有效手段这一大潮流，满足了"移动互联网"大环境下"学生随时随地学习"和"老师随时随地引导学生学习"的要求，在这条新路上慢慢探索和改进。

在研究生王之江、国内制作在线平台超星公司帮助下，已经年过半百的蒋爱民成

稻花香
校友业绩录

功录制了他的第一个主讲课程。而在这条新路上，蒋爱民不知道摔倒了多少次，受伤了多少次，但是课程上线后带来的异常热烈的反响，就足以让他忽略当初所受到的挫折。蒋爱民的主讲课程于2007年获批为"国家级精品课程"，2009年，又获批"国家级双语教学示范课程"；2012年到2014年间，他又相继主讲上线了"教育部精品资源共享课""联通慕课"和"移动慕课"。2017年，蒋爱民主讲的课程被评为第一批"国家级精品在线课程"，2019年被评为"粤港澳大湾区高校慕课"。作为我国第一批做网络课程的学者，蒋爱民被86所院校聘请为"慕课顾问"，凭借着当时的一股热血和与时俱进的观念，他带头引领更多的学校共同参与和探讨新形势下的教育形式的改革，彰显"国家级教学名师"的带头引领作用和博大胸怀。

有人可能会问，62岁的蒋爱民怎么还会有精力探索互联网下的新兴教育模式？而蒋爱民只是简单地说了一句"他想为后人再留点东西"。而这，才是真正的师者风范。

（文/梁泳琪）

一手出品种一手出论文的大豆育种家

——记国务院特殊津贴专家年海教授

年海，男，1962年生，吉林人。农学院植物育种系教授、博士生导师。1984年毕业于吉林农业大学农学系，1987年在吉林省农科院获硕士学位，1994年在东北农业大学获博士学位。1995年2月至1996年12月工作于华南农业大学博士后工作站，后留校任教。2003年至2010年任农学院副院长，现任国家现代农业产业技术体系岗位科学家，农业部大豆指导组成员，国家大豆改良中心广东分中心主任，致公党中央委员兼农业与农村委员会副主任，广东省致公党副主委兼省直工委主委，农业与农村委员会主任，广东省政协常委。2010年获中国作物学会第八届理事会先进个人、广东省农业技术推广标兵称号；2012年获广东省农业技术推广奖一等奖；2014年获广东省科学技术奖一等奖；2016年获第十三届丁颖科技奖，享受国务院政府特殊津贴。

稻花香

开创华南大豆科研新局面

年海于1984年开始从事大豆科研工作，曾在吉林省农科院大豆研究所工作5年，积累了丰富的育种经验和试验技能，是8个大豆新品种的主要育成者，其中3个品种获得吉林省科技进步奖三等奖。1995年在华南农业大学工作后主攻南方大豆品种的选育，而此前华南农业大学没有人从事大豆研究，基本上处于无品种、无基地、无经费的三无境况，从事大豆育种的困难比较大。当时，巴西大豆迅猛发展，大豆产量已经达到2.5吨/公顷，而我国大豆平均产量仅为1.5吨/公顷左右，南方大豆产量更低，一些地区产量不到1吨/公顷，但国内需求大幅增加，因此，在南方开展大豆科研具有重要的意义。在中国科学院院士卢永根教授和华南农业大学原校长骆世明教授的支持下，年海联合资源环境学院的严小龙教授一切从零开始，克服困难，集中精力开展大豆科研工作。他有针对性地提出了以资源收集、筛选评价为基础，以植物营养遗传改良为目标，重点培育耐酸铝及低磷品种的科研思路，开展大豆科研工作。1998年，在国家"948计划"项目和国家自然科学基金项目的支持下，年海引进巴西高产耐酸铝低磷品种与本地品种杂交，选育出一批优质高产的大豆品系，并于2004年申请建立了热带亚热带国家大豆区域试验体系，为华南大豆的科研和生产快速发展奠定了基础。2006年第一批新品系完成区域实验，并有6个新品种通过了国审，创造了一个单位国审品种的记录，填补了我国热带亚热带地区大豆国审品种的空白。2007年年海被聘为国家现代农业产业技术体系岗位专家，负责热带亚热带育种工作，其科研团队进一步壮大，形成了具有30多人的科研团队。年海及其团队先后有23个大豆新品种通过审定，同时加大了配套间套作栽培技术集成的研发，2008—2013年，"南方大豆间套作栽培技术"一直为农业部的农业主推技术。这些工作引起了国家对南方大豆生产和育种的重视，2009年12月，国家大豆改良中心广东分中心立项建设，2012年农业部将"西南华南间套作食用大豆生产区"列为我国大豆三大优势产区之一，这对我国南方热带亚热带地区大豆产业的发展具有重要意义。

一手出品种 一手出论文

"求实创新，不急功近利"是年海一直恪守的科学精神。20多年来，他坚持实验室与科研基地并重，短期目标和长远目标并重，带领团队开展覆盖广西、福建、海南、湖南等地区的品种选育工作，先后有23个大豆新品种通过审定，其中12个品种是国审品种，获得品种保护权18个，另有3个品种在非洲审定。其中华夏3号和华春6号被列入农业部主导品种，6个品种先后被列为广东省主导品种。作为标志性成果，华夏3

号区域试验亩产达到305.9千克（4.5吨/公顷），作为对照种也创造了308千克的纪录，该品种在高产、优质、耐酸铝低磷土壤方面达到了国际先进水平。华夏3号在莫桑比克审定和大面积推广，创造了5.2吨/公顷产量纪录。华春6号在湖南南部种植，产量高达3吨，而且是高蛋白品种。华春2号耐低磷能力强，具有广适应性，一直作为区域试验对照种。这些新品种的推广使华南大豆品种整体水平达到了国内先进水平，大豆产量大幅提高。据农业部2015年统计，广东和福建二省大豆平均产量达到了2.6吨，高于大豆主产区黑龙江和黄淮海地区。此外，年海作为第一育成者审定了4个省审玉米新品种，其中华玉8号是广东省主导品种，多年来一直作为区域实验对照品种。

"一手出品种一手出论文"是我国著名大豆育种家王金陵先生培养学生的座右铭。年海不忘恩师的教诲，带领研究团队长期开展作物对酸性土壤的适应性研究，筛选了大量资源，并进行耐性机理研究。利用小分子、基因芯片挖掘重要耐酸铝、低磷等基因，发表论文多篇。同时有预见性地培育了3个重组自交系群体，利用基因组重测序技术先后建立了高密度遗传图谱，并成功定位了包括长青春基因J、抗疫霉根腐病、耐低磷和酸铝、白粉病、异黄酮等多个重要基因。2016年后，在国内外有影响的杂志上发表论文6篇。大豆长青春基因J的定位和验证作为"大豆适应热带地区的分子机理"的一部分，入选农业农村部发布的"一项能够充分代表2017年我国农业科技前沿水平、取得重大突破进展的基础科学研究成果"。作为国家重点实验室成员，在5年考核中4年业绩排名第二、1年第三。

大力开展农技推广和社会服务工作

2008年，年海主持了国家公益性行业（农业）科研专项"华南大豆与甘蔗等作物间套作配套技术研究与示范"课题，与中国农技推广中心和南方八省农技推广部门合作，推广大豆间套作技术。在华南地区建立了40多个示范和育种基地，推广新品种和配套间套作新技术，累计推广面积800多万亩，累计培训农民、种植大户和农技人员5000多人，为多个相关大豆生产和加工企业提供技术指导和咨询。在推广过程中，5个地市的推广部门或企业还分别获得了当地科技进步奖励。由于在农技推广工作中的出色表现，2009年年海被授予广东省农业技术推广标兵称号，主持的"高产抗逆大豆新品种选育及间套作高效栽培技术推广应用"项目获得广东省农业科技推广奖一等奖。

多年来年海还积极参加"双到"和"精准"扶贫工作，先后与省妇联、省政府办公厅、省检察院、省老科联、广汽集团等单位合作，将其新品种、新技术无偿推广应用到扶贫基地。特别是与广东省妇联合作，在全省开展"创建南方大豆种植示范基地，扶助农村妇女增收致富"活动，把以农村留守妇女为主要群体的劳动力组织起来，种植华南农业大学培育出的南方大豆新品种。从2011年起建立基地30多个，3年累计推

稻花香
校友业绩录

广示范 3 万多亩，取得了较好的经济效益和社会效益，相关工作也得到《南方日报》等多家主流媒体的报道。2011—2013 年连续 3 年应全国工商联邀请给全国工商联乡镇干部培训班授课，参加人员来自贵州、四川、安徽等省的贫困地区，通过授课和现场技术咨询，为当地的农业发展献计献策。作为一名致公党党员，他从 2004 年起坚持每年赴国家级贫困县湖南新田县进行培训和指导，示范新品种和配套栽培技术，使当地大豆产量每公顷增产 1.5 吨以上，大豆成了新田县优势产业，吸引了加工投资者。这些工作得到当地政府和农民的一致好评，获得了永州科技进步奖，对于带动当地经济发展、农民脱贫致富起到了重要作用。

年海于 2005 年和 2015 年分别获得致公党中央优秀党员称号，2015 年被授予致公党扶贫工作先进个人称号。

年海认为非洲的气候和经济条件特别适合种植大豆，从 1996 年开始，先后 6 次赴非洲进行考察和技术推广工作，积极参与中国农业示范中心的建设和品种示范工作，并培训多名非洲农业技术人员。1997 年，作为我国唯一的农业专家应邀参加了在莫桑比克建立的第一个中国农业示范中心揭牌仪式的筹备工作，在揭牌仪式上得到胡锦涛主席的接见。大豆品种在莫桑比克、赞比亚、马达加斯加等地表现突出。

在几十年的科研工作中，年海具有"献身、创新、求实、协作"的科学精神和良好的科学道德与学风，为华南大豆的科研和产业发展做出了突出贡献。

（文/刘春燕）

科研专家　育人有方

——记国家科技进步奖二等奖获得者孙远明教授

孙远明，男，1956年生，中共党员，华南农业大学二级教授、博士生导师。国务院政府特殊津贴获得者、全国优秀科技工作者、广东省劳动模范、广东省教学名师、广东省优秀博士后。现任教育部食品科学与工程类专业教学指导委员会副主任委员、广东省食品质量安全重点实验室主任、农业部农产品贮藏保鲜质量安全风险评估实验室（广州）主任、广东省食品安全学会副会长、广东省营养学会副理事长，是食品科学与工程一级学科带头人。

稻花香
校友业绩录

恩师教育　影响终身

1956 年，孙远明出生在湖北公安县的一个农民家庭。1977 年，孙远明报考了大学，并在 1982 年考上西南农业大学蔬菜专业研究生，接着又在 1989 年至 1993 年在职攻读该校博士学位。在这里，他遇见了对他影响深远的导师——刘佩瑛教授。

孙远明说，刘教授一生对党无限忠诚，对祖国无比热爱，对事业鞠躬尽瘁，对科学严谨执着，对学生严爱交融，对农民关怀奉献。刘教授早年留学美国，中华人民共和国成立之初，她抛弃国外安适的生活，毅然回国，投身于社会主义建设。在她及同事们的努力下，西南农业大学蔬菜学科发展成为当时全校唯一的国家级重点学科及全国第一个蔬菜学重点学科；西南农业大学后来又成为全国的魔芋研究中心。而孙远明的博士论文题目就是"魔芋块茎休眠生理研究"。他在回忆恩师的文章中写道："我真正开始跟随刘老师工作是 1985 年。回想起来，那时我什么也不懂，什么也不会，是刘老师把我引进科学的大门。她以超常人的敏锐战略眼光，勾画出魔芋研究与开发的蓝图。我们按照其蓝图有步骤、有计划，有分工、有合作，系统地进行魔芋研究。实验中遇到困难，她耐心地分析与解答，并不断鼓励；科研报告不会写，她为我单独开小灶，逐字逐句地修改。在科研中每取得一点进展，她都为我们高兴。跟导师在一起做科研，真感觉是一种享受！"

在孙远明进入华南农业大学博士后流动站，以及出站后转到华南农大食品学院的工作中，刘教授仍一如既往地关心着他，指导着他。孙远明在科研事业上孜孜以求，无畏艰难困苦的精神，也是受到了刘教授的影响。魔芋生长在海拔较高、交通不便的贫困山区，因此开展魔芋研究是很艰苦的，年轻人都不一定能吃得消，可刘教授为了中国的魔芋事业，为了贫困山区农民的脱贫致富，仿佛"着了魔"似的，走遍了四川、重庆、云南、贵州、湖北、广西等地的大小魔芋产区。刘教授这种对事业的高度责任心和报效祖国的强烈责任感一直感染着孙远明，并激励他前进。在恩师的影响下，孙远明表示只要是为了事业、为了工作，在身体能坚持的情况下，他都会坚持下去。

为人师表　育人有道

孙远明忠诚党的教育事业，具有强烈的责任感，30 年如一日，一心扑在工作上。他提出"食为天、人为本、创为魂"的办学理念。食品是天，人才是本，创新是灵魂。培养人才需要以思想素质与创新能力培养为核心。孙远明从教 32 年，指导了几百名本科生和近百名研究生。在指导学生的过程中，他始终围绕以思想素质与创新能力培养为核心。做好工作必须先做好人。孙远明一方面对学生非常热情，关心他们的学习和生活，许多学生都得到过他的帮助；另一方面，他对学生要求严格，教育他们首先要有奉献精神，学术上必须严谨。孙远明还非常重视启发学生如何培养创新性思维，指导他们如何进行科学研究，如何撰写科研论文等。

教学方式也是决定教学效果的重要因素。孙远明及其教学团队经过多年的教学实践，探索出了一套多样化的教学方式。首先是教学模式的多样化。孙远明总结出了一套包含案例式、研讨式、提问式、体验式等多种教学方式的教学模式。例如，以"牛奶究竟是否补钙？"这个营养学上的热点话题进行案例研讨（欧洲人喝奶多，但骨质疏松率却居世界前列），指导学生通过网络或图书馆查阅文献，形成自己的观点和看法后分组进行专题汇报，教师与学生角色互换，学生阐述其观点及原因，教师与其他学生进行反问，大家共同讨论，最后教师进行归纳总结。整个过程以问题式开始，逐步启发学生通过案例研讨、角色互换、自我体验等方式，把所学理论知识应用到实际问题的解答中。师生彼此相互融合，形成一个有机整体，共同促进教学质量的提高。其次是教学手段的多样化。除普通课程教学外，还建立和完善了食品营养学课程网站，包括教学录像、教学课件、教学大纲、演示文稿、习题作业、试卷以及在线提问、答疑和评论等方式的师生交互式的自主学习交流平台，将文字、声音、图像、视频等有机结合起来，把抽象的东西以直观、形象、生动的形式展现给学生，不仅有效化解了教学内容中的疑点和难点，同时也使教学充满生机与活力。

心无旁骛　献身科研

孙远明除继续承担部分魔芋课题外，主要从事食品安全及农产品加工领域课题的研究，先后主持国家自然科学基金、国家科技攻关、广东省自然科学基金、广东省科技攻关等纵向课题18项，主要参加6项，并获得多项科技成果、6项国家发明专利及1项绿色食品认证。作为主研和主持人获部、省级科技奖二等奖1项、三等奖1项，市级一等奖1项。发表学术论文90多篇，主编教育部规划教材1部，副主编与参编其他学术著作4部。先后获得学校先进科技工作者、教书育人优秀教师和优秀研究生导师等称号。从2007年开始，孙远明组织全国70余所有关高校牵头制订《食品质量与安全专业规范》。他还组织全国140多所有关高校制订了《食品质量与安全专业教学质量国家标准》。

关心后辈　殷切寄语

在问及对食品学子有什么嘱咐时，孙远明表示想说的话很多，最想说的是要注重团队精神。孙远明团队既获得国家科技进步奖二等奖，又获得国家教学成果奖二等奖，

稻花香
校友业绩录

靠的就是团队精神。他所理解的团队精神内涵包括奉献、协作、拼搏、创新这八个字（这八个字也在孙远明办公室墙上一直挂着）。奉献是核心，没有奉献就没有团队精神；协作是关键，没有大家一起协作就难以取得重大成果；拼搏是催化剂，没有拼搏就难以抢占学术高地；创新是灵魂，没有创新就没有生命力。

"不怕没条件，就怕没思路"。孙远明在个人、团队和学院的发展过程中，始终坚定这个理念，他觉得是这个理念让他收获了成功。所以他希望同学们无论在今天的学习阶段，还是在今后的工作期间，无论遇到怎么样的困难，都要坚定这个理念，努力地寻找和勇敢地实践解决困难的方法。正如他经常说的："百闻不如一见，百见不如一试。"1996年孙远明初到食品学院（原食品科学系），当时全系还没有一个省级课题，他与同事们共同努力，为食品学院申请到第一个广东省自然科学基金项目，之后又陆续申请到第一个教育部骨干教师资助计划，第一个国家自然科学基金……获得第一个科技进步奖，第一个农业推广奖。在学校和学院的领导下，孙远明作为学科带头人，为华南农业大学2003年获得"农产品加工及贮藏工程"博士学位授权点和"食品科学"硕士学位授权点立下汗马功劳。"不一定干一行爱一行，但一定要干一行干好一行。"所以他也希望同学们克服困难，坚持科研，提高自己，将食品专业发展得更好，为社会奉献自己的力量。

（文／刘宝娜　林秋敏　吕海晴）

坚定执着　微生物科研一线写担当

——记国家有突出贡献中青年专家朱红惠研究员

朱红惠，女，1970年10月生，四川荣县人，中共党员，微生物资源学专家，二级研究员，博士生导师。2001年获华南农业大学植物病理学博士学位。现任广东省微生物研究所党委书记、所长，国家微生物种业产业技术创新战略联盟秘书长，国家微生物资源平台咨询委员会委员，中国微生物学会微生物资源专业委员会委员。2008年被评为省直机关优秀共产党员；2011年被评为省直机关岗位建功先进个人；2012年被评为广州市优秀女科技工作者；2013年获国务院政府特殊津贴，同年获广东省丁颖科技奖；2014年获全国优秀科技工作者荣誉称号；2016年入选广东特支计划"科技创新领军人才"，获"南粤巾帼创新十杰"荣誉称号，同时被授予"广东省三八红旗手标兵"；2017年入选国家百千万人才工程，同时被授予"有突出贡献中青年专家"荣誉称号。先后主持和承担"973计划"前期预研、国家基金、国际合作项目以及十二五"863计划"课题、省级重大研发计划项目等60多项，获得广东省科学技术奖一等奖等8项奖励，发表论文190多篇，其中SCI收录76篇；制定国家标准4项；获得国家发明专利23件；建成了我国南方规模最大、具有热带亚热带特色的、高质量的战略微生物资源库。

稻花香

潜心钻研　锐意创新

植物青枯病是一种根系的土传病害。青枯病的病菌——青枯菌会让植物根部腐烂，而施用农药只能将药力停留在土壤表面，却无法渗透植物根部，并且长期使用也不利于生态环境保护和可持续发展。因此，只能采取微生物和生态防治的方法来防治植物青枯病。番茄的根部有成千上万株微生物与植物"伴生"，朱红惠泡在实验室对微生物培养基不断改良，同时不断筛选微生物，终于筛选出了 4 种具有防病效果的微生物。

然而，由于单一的生防菌易受土壤环境影响，这些在实验室效果不错的微生物，一去到田间，应用效果就变得不明显，防病效果受到很大限制。为了解决这个问题，朱红惠扎进了实验室和各类文献中，希望能寻得一些灵感。一天，做丛枝菌根真菌（AM 真菌）研究的丈夫突然说道，"AM 真菌在果树病害方面的防治效果还真不错"，这一句话点醒了她。AM 真菌是土壤中普遍存在的一类真菌，它可以通过各种机制影响植物的诸多生理和生态过程，在植物逆境生理、群落稳定和植物病害防治中有着重要作用。朱红惠开始了漫漫科研攻关路。她困而不惧，艰而不退，奋而不止，系统研究 AM 真菌提高植物对青枯病的抗性效应及机制，发现接种 AM 真菌对青枯菌种群数量的抑制具有系统性，对酚类物质的诱导也具有系统性，由此创新性地提出了"AM 真菌能够诱导产生系统性的抗病"这一新颖的抗病机制，为植物青枯病的生物防治提供了新的途径。2012 年，她的这一系列研究成果获得广东省科学技术自然科学奖二等奖。

有为才有位　建立"菌种银行"

1995 年 7 月，刚走出校园的朱红惠只身一人来到广州工作。经过 8 年的磨炼，2003 年，单位领导郑重地将做大做强微生物保藏中心的重担交给了她。中心重建初期，她便积极争取中心参与全国的微生物平台项目。在项目执行过程中，严格按照国际标准化来描述每一株微生物的基本特征、形态、分子序列、性能和来源、分离环境等。她致力发掘新菌种和新基因，增加原创性、高性能微生物资源的数量、特色，发现了一批有应用潜力的新菌种、新活性物质以及独特的糖基转移酶基因，包括微生物新属 2 个，新种 30 个，新亚种 2 个，微生物分类学研究实力得到国际同行的认可。

近年来，她还带领团队通过自主发掘、国内外交换和共享，建成了国内一流、华南地区规模最大的微生物菌种战略资源库（菌种保藏中心），保藏菌种 23 000 多株，保藏库的资源量、种类和特色在华南地区居首位、国内领先。菌种保藏中心建成后，她着力提升中心的保藏能力、共享服务能力、鉴定评价能力，强化特殊类群微生物资源的拓展应用，国际影响力逐渐加大，2016 年 1 月中心成为国际布达佩斯条约确认的国际专利生物材料保藏机构，成为一个持有国际牌照的微生物"银行"。这也是全国第3家拥有保藏专利生物材料资质的国家平台。

保藏中心还提供细菌"共享"和"委托储存"业务。共享菌种已经全面应用到全国各省市以及东南亚的越南、泰国，还有日本、澳大利亚等国家。每年向高等院校、科研院所、企事业单位共享菌株达到1 000多株10 000多份，目前已经向社会提供微生物菌种50 000余株，10多万份，应用单位5 000多家，实现了微生物资源的全社会共享，为科研教学、产品质量控制、企业转型升级、产品质量提升和改善提供了物质保障和技术支撑，同时也获得了巨大的社会效益。委托储存方面，2016年以来，中心已接收近300家单位保藏专利菌种，同时也为我国知识产权保护战略提供了有效的服务支撑。这一服务成果2015年3月获得广东省科学技术奖（社会公益类）一等奖。

技术服务社会 "点羽毛成金"

羽毛是最好的蛋白质资源，广东省作为家禽养殖大省，每年能够产生大约20万吨家禽羽毛，如不能合理利用，一方面会造成农业有机资源的巨大浪费，另一方面，也造成周围环境的恶化和细菌繁殖、疾病传播，给附近居民生活环境造成严重影响。

考虑到羽毛降解后有丰富的氨基酸，完全可以用于做生物有机肥，朱红惠提出筛选能降解羽毛的微生物，通过功能微生物的发酵技术，以家禽羽毛农业废弃物为主要原料，生产出多功能微生物肥料，实现羽毛的高值化利用，不仅成本低廉，而且极大地减少了羽毛对环境的污染，减少了化肥的使用，有效保护了生态环境。同时，对于家禽养殖密集的粤东西北地区农户，也多了一条依靠科技实现精准脱贫的道路。

利用微生物降解羽毛后生产的微生物肥料经过广东省微生物分析检测中心检测，各项指标都显著优于国标限定值，并且该产品具有高腐殖质、高有机质、高氨基酸和多种氨基酸等特性。经过广东省农业科学院农业资源与环境研究所、广东省农业科学院植物保护研究所和广东省耕地肥料总站等科研单位试验，均表明这种微生物肥料具有显著的促进作物增产作用，也具有很好的生态效益，可以替代或减少化学肥料和化学农药使用，减少农化物质对农业土壤、环境和农产品的污染，生产出安全、健康的农产品，为"两减"目标提供了强大的支撑。

做好带头人 传承技能与精神

作为研究生导师，朱红惠培养学生尽心尽责，她要求学生脚踏实地，认真学习，勤做实验，平时晚上和周末她经常在实验室指导学生，近年来培养了硕士34名，博士8名。作为团队负责人，她总是创造最好的条件，鼓励团队成员不断提高自身能力，更加努力更加专心开展研究工作，逐步打造了一支结构合理、战斗力强的团队，曾被评为广东省巾帼文明岗和省直机关巾帼文明岗。作为研究所所长，她坚持制度管人，要求把事情做在前面。她既关心职工工作，也关心职工生活。对于每一个团队成员和身边工作人员，她都要求他们做到勤奋精确，正是她这种坚定的科研精神和工作作风，潜移默化地影响着每一个人。

不断创新，不断突破是她的奋斗轨迹。不论岁月如何多变，不变的是她面对困难挑战的不屈不挠，对职责使命的初心和坚守。面对未来，她希望自己始终牢记用专业知识去造福社会，造福人民群众，能心无旁骛创造出更多更有用的科研成果，培养更多优秀人才，不负使命，贡献力量。

（文/舒群　刘春燕）

深耕细作 教书育人

——记国家教学成果奖二等奖获得者张永亮教授

张永亮,男,1966年6月生,河北黄骅人。1988年毕业于解放军兽医大学兽医专业,获农学学士学位;1991年解放军兽医大学动物生物化学专业硕士研究生毕业,获农学硕士学位;1999年解放军军需大学(现吉林大学)生物化学与分子生物学博士研究生毕业,获理学博士学位。1991年硕士研究生毕业后在解放军兽医大学任教,先后任讲师、副教授、教授;2004年任吉林大学教授;2005年作为人才引进到华南农业大学工作,先后任动物科学学院副院长、院长,现为华南农业大学动物科学学院教授、博士生导师、畜牧学学科带头人、教务处处长。

长期从事动物生化与分子生物学、动物生物技术等研究。指导硕士研究生58名,博士生20名。主要研究方向为动物生化与分子生物学、动物miRNA功能、功能添加剂的开发及饲料生物技术。主持国家转基因重点项目2项、国家重大研发计划课题1项、国家自然科学基金面上项目8项,省部级项目多项,作为学术骨干参与"973计划"项目3项。以第一作者或通讯作者在 Advance in Nutrition、BMC Genomics、J of Lipid Research、Fish and Shellfish Immunology、J of Animal Science 等杂志发表论文200多篇,其中SCI论文43篇。获军内科技进步奖二等奖1项、三等奖4项;获授权国家发明专利5项;主编教材1部;获国家教学成果奖一等奖1项、二等奖1项;广东省教学成果奖一等奖3项。

稻花香

校友业绩录

坚持理想　人民教育事业的奉献者

张永亮耕耘于三尺讲台，不计名利、无私奉献。他没有惊天动地的壮举，但有 28 年如一日对教育事业的坚守，有 28 年从未间断的教学。他对师生的倾心奉献，让他那颗人民教师的师魂，在时间的流逝中，历久弥坚。他潜心教书育人，承担本科、硕士和博士研究三个层次的教学，培养优秀硕士博士生 70 余人；长期从事动物生物化学、饲料生物技术、高级动物生物化学、分子生物学进展等课程授课，把科研新成果、行业新态引入课程。在教学过程中，他用无限的师爱，开启每个学生的心灵，关心学生的学习生活；他努力学习、勤于实践，不断提高教书育人本领；他不断更新教育观念，积极探索教育教学规律，改进教学方法，鼓励和培养学生的创新精神和实践能力；他积极投身教育教学改革，做全面实施素质教育的努力践行者和积极推进者。

为国育才　立德树人　学生健康成长的指导者

张永亮深知百年之计，莫如树人，把帮助学生系好人生第一粒扣子，做好"立德树人"，将社会主义核心价值观贯穿于教书育人全过程当作使命担当。他不断加强师德修养，自觉坚持社会主义核心价值体系，带头实践社会主义荣辱观。他也总能把核心价值观的培育渗透于课堂内外，融入学生的日常生活；课堂内外总能听到他鼓励学生要在中国梦中激扬青春梦想，立志为国家繁荣富强和人民幸福而学习。

作为教务处处长，他坚持把立德树人作为中心环节，把思想政治工作贯穿教育教学全过程，实现全程育人、全方位育人，培养德智体全面发展的社会主义建设者和接班人；推动建设教师教学发展中心，引导广大教师以德立身、以德立学、以德施教，坚持教书与育人相统一、言传与身教相统一、潜心问道与关注社会相统一、学术自由与学术规范相统一，争做"四有"好教师，全心全意做学生锤炼品格、学习知识、创新思维、奉献祖国的引路人。

刻苦钻研　教育教学改革的实践者

张永亮不断钻研新课程，探索新教法，在教育创新的实践中不断提高教书育人的能力和水平。他探索了混合式教学方式改革，建立了学生为中心的课堂教学模式，他的授课内容总是紧跟学科、产业前沿，联系实际，不照本宣科。他的授课方式多样，常采用讨论式、研究式教学，课堂内，他总是鼓励学生参与讨论，激发学生的兴趣，灵活运用多媒体，全方位解读课程的重点、难点；课堂外，他常利用网络渠道答疑解惑，跟踪关心学生学习。

作为一线教师，他以"三引进、三改进"为途径，将产业发展最新动态、产业最新研究成果引入教学，实现教学内容的开放化；以行业产业现实问题为导向改进教学方法；以现场与虚拟教学相结合，改进实践教学；以强调过程考核改进课程考核体系，该教学改革成果获得广东省教学成果奖一等奖。

作为教务处处长，他大力推进创新创业教育，以双创能力培养为导向，以OBE（成果导向教育）理念为指导，以双创教育融入人才培养的全程为途径，构建了具有农科特色的"通识渗透－融合专业－个性发展"的人才培养模式，该教学改革成果获得了国家教学成果奖二等奖。他勇于探索卓越农林人才培养新路径，致力于推进行业产业的有机衔接，建立了学校与企业协同育人机制，与企业共同设计人才培养方案、共同承担课程教学、共享科研教学平台、共创奖教助学机制、共同实施质量监控，培养现代农业产业领域的领军人才。此教学成果获得2018年国家高等教育教学成果奖一等奖。

开拓创新　行业技术发展的推动者

张永亮学术味觉敏锐，善于抓住本领域最新前沿动态，将生物化学与分子生物学的最新理论技术与畜牧业的核心问题结合起来，先后获得8项国家自然科学基金的资助，基本做到了20年"国基"不断线。早在1995年，他率先提出了促进动物生长发育的核酸调控的设想，连续争取到6个国家自然科学基金的资助，成功建立了促进动物生长的技术，在猪和毛皮等动物上展示出了良好的应用价值，获得了两项国家发明专利，目前正在申报国家二类新兽药。他针对我国动物健康养殖存在的问题，倡导饲料无抗技术，开发绿色功能性添加剂，其中的人参多糖已经获得了国家发明专利，并申报国家三类新兽药，已经进入最后审查阶段。2002年，他在国内率先展开了动物小RNA的研究，阐明了多种小RNA在动物中的生理功能。2010年，在国内外率先展开了猪乳外泌体的研究，创新了乳营养的理论。有关小RNA跨个体和跨界调控的学术论文，发表在 *Advance in Nutrition* 上。

张永亮以高尚的科学道德、开拓创新的科学精神、严谨端正的工作作风，受到同行的认可，被推选担任全国动物生理生化学会副理事长，农业生化与分子生物学副理事长，广东省畜牧兽医学会副理事长，广东省饲料无抗联盟理事长，中国木本饲料协会常务副理事长、秘书长，广东饲料协会副秘书长，广东饲料产业体系岗位专家，国家生猪种业工程技术研究中心副主任，广东省动物营养调控重点实验室副主任。他同时还是 *PLoS ONE*、*Fish and Shellfish Immunology*、*Animal Genetics* 等杂志的审稿人，是《中国兽医学报》编委，兼任全国动物生产类教学指导委员会委员、农学专业专业论证标准起草专家。张永亮为畜牧兽医、饲料产业、动物营养等行业发展尽心尽力，为行业政策研究、决策咨询、技术需求、成果转化、信息交流、协同创新等方面做出了突出贡献。

以情育人，热爱学生；以言导行，诲人不倦；以才育人，亲切关心；以身示范，尊重信任，这就是捧着一颗心，教人求知做真人的张永亮教授。

（文／刘改莲）

# 社会殊荣

二十载有机品牌路
一片初心乡意浓

——记全国种粮大户标兵陈长贵

陈长贵，男，1966年10月生，1989年毕业于华南农业大学植保系，研究生学历。高级农艺师，全国种粮大户标兵，珠海市第七、第八届政协委员，珠海市第九届人大代表，珠海市农学会会长，广东省第五届扶贫基金会理事。

从事农业科技推广工作近30年，有较高的专业造诣，承担国家、省、市农业项目10余项，主持编写及修订地方农业标准3项，获省科技奖二等奖1项，获省农技推广奖一等奖2项。

稻花香

校友业绩录

乡意浓情

一种奇怪的令人恐惧的寂静笼罩着这个地方。这是一个没有声息的春天，这里的清晨曾经荡漾着百鸟的啼鸣，曾经奏鸣着生命的合唱，现在什么声音都没有了。鸟儿都到哪里去了呢？人们不安地猜着。在一些地方偶尔能看见零星的鸟儿，却是气息奄奄，无力飞翔；母鸡仍在耐心地孵蛋，但小鸡却永远不会破壳而出；猪窝中躺着几只刚出生几天的小猪的尸体；苹果花孤寂地开着，听不见蜜蜂飞翔时翅膀嗡嗡的扇动声。曾经生长在小路两旁茂密的植被，现在犹如遭受了火灾的浩劫，焦黄、枯萎；小溪也变得寂寞，看不见游动的小鱼，也没有其他的生命来拜访它了……在世纪之交的某一天，陈长贵读着美国环境学家 R. 卡逊的《寂静的春天》，不由陷入了深思：

某一天，当小溪不再清澈，当天空不再蔚蓝，当泥土不再芳香，当食品不再安全，当春天不再欣欣向荣，而是像书里一样，一片寂静……

1989 年毕业于华南农业大学植保系的他坐不住了。恰逢他的老师——国务院特殊津贴专家、华南农业大学博士生导师梁广文教授回乡，他立即奔赴梁老师的家乡——斗门。

斗门，历史悠久，钟灵毓秀，人杰地灵。在海拔 581 米、被誉为"珠江门户第一峰"的黄杨山下，黄杨河缓缓流过；颇具旅游和历史研究价值的赵氏录猗堂和斗门古街古色古香；金台寺云雾缭绕，白藤湖一碧万顷，灯笼沙渔歌互答，一派水乡风情。

久别重逢，有说不尽的师生情，但陈长贵没忘向老师说出他的忧虑。或许是机缘巧合，彼时，梁老师正在研究的课题就关乎农业可持续发展，他正带领一帮农业科技工作者承担国家农业产业结构调整重大科技专项——有机优质稻米生产全程监控技术研究。

两个对环保、健康、可持续发展有着共同理想的农业工作者，怀着激动的心情，来到了斗门赤坎。

赤坎，宋太祖赵匡胤之弟赵匡美等皇族后裔在斗门开支散叶的开基之地之一，赵氏子孙已在此耕耘近 800 年。是日骄阳如火，知了放开嗓门高歌，各种夏虫也在低吟浅唱，行走在这片曾经的皇族繁衍生息的土地上，暗香流动，和风熏人。梁广文和陈长贵在此选下了南国第一块有机稻米种植的处女地，一个品牌也在这片生机勃勃的土地上孕育起来。

第一个有机稻的品牌应该取一个什么样的名字呢？陈长贵和团队绞尽脑汁。

他们想到了初心，初心是什么？初心就是不让"一个寂静的春天"发生，初心是

"一直能看见鸟语花香，城镇被棋盘般排列的整齐的农场包围着，四周是茂盛的庄稼地，小山下是硕果累累的果树林……人们能放心享用乡土气息更浓的产品……"一切的一切乡意盎然！

乡意浓——在思想的电光火石之间，她诞生了！陈长贵带领他的团队，创造了乡意浓，开启了有机农业品牌之路！

筚路蓝缕

作为一个有机农业品牌，除了发展有机农业，保护生态环境、生产安全食品、促进可持续发展之外，"乡意浓"应该树立什么样的目标，应该有什么其他的使命？在农村长大、对农村农民有着深厚的感情、长期奋战在农业第一线的陈长贵，目睹了农村太多的现象——不但农村环境需要改变，农民也是需要帮助的群体。经过深思熟虑之后，他确立了"乡意浓"的使命：保护生态环境，帮助农民致富，生产安全食品。

然而，万事开头难。

我国有机农业发展始于 20 世纪 90 年代，但一直没有大的突破，连第一个有机标准也是在 2005 年才制定，因此，世纪之交，"有机农业"仍是个新事物，大多数人对"有机"没有准确的概念，将"有机"理解成"无机"的相对面——一个化学概念的大有人在。

一个新事物在一个国家发展十几年仍是"新事物"，其推广难度之大可想而知。对"乡意浓"来说，更是知易行难。

首先，是农民不相信，不用化肥农药能种地？那能有产量？只能通过保产包收、赠送农资、技术培训指导、提高收购价的"赔本"赚不到吆喝的方式说服农户参与种植。

其次，还要说服政府相关管理部门进行大力推广。在深圳高交会上，甚至有农业部的官员对陈长贵说，目前还得解决人们的温饱问题，不宜发展有机农业！

最后，还要解决消费者的接受问题。贵！这是消费者对有机产品的第一印象，很少消费者会考虑有机农业的社会价值及投入成本。

由于经验不足，考虑不周，第一次种植时选错品种，产品口感非常差，陈长贵考虑到对于一个新事物，这样的产品推向市场，会使人们对有机产品产生更多的疑问，不利于有机理念的推广及市场的培育，忍痛将产品低价处理，损失 100 多万元。

为响应省政府关于发展东西两翼的号召，"乡意浓"率先在清远市连山壮族瑶族自治县发展有机水稻种植。连山壮族瑶族自治县素有"九山半水半分田"之称，"岭南屋

稻花香

脊"大雾山在其境内,海拔670多米,绵延3000多米,终年云雾缭绕,风景壮丽,气势恢宏,连山的"半分田"大多就是在山上的梯田,其中,欧家梯田被誉为"广东第一梯田"。初入山区发展有机水稻种植,对山区的气候变化估计不足,第一年种植就碰上了寒露风提前到来,结果几乎颗粒无收!

这也许就是人们常说的"理想很丰满,现实很骨感"。有机农业品牌之路荆棘密布,"乡意浓"一路披荆斩棘,克服一个又一个的困难,而最受困扰的是长期的投入与回报不成正比,资金成了大问题。在最困难的时刻,陈长贵毅然卖掉了连年盈利的农药厂,全身心投入有机农业事业中。

正是筚路蓝缕,玉汝于成。多年的发展,"乡意浓"硕果累累。

2002年,开发了我国第一个六面整形真空包装;2004年,被珠海市农业局评为有机食品先进生产单位;2006年,"乡意浓"被评为广东省名牌产品;2007年,"乡意浓"被评为珠海电视台十大最受观众喜爱品牌;2008年,"乡意浓"荣获广东省著名商标称号;2009年,陈长贵荣获全国种粮大户标兵称号,"乡意浓"荣获第七届中国国际农产品交易会金奖;2010年,"乡意浓"有机米荣获第四届中国国际有机食品博览会金奖,"乡意浓"富硒米入选上海世博会中国馆展示;2012年,"乡意浓"荣获第十届中国国际农产品交易会金奖;2013年,"乡意浓"有机米荣获全国高端食味大米峰会"优质食味籼米""优质品牌籼米""金奖大米"称号,荣获第七届中国国际有机食品博览会金奖、食味奖;2014年,"乡意浓"有机米获广东名米称号;2015年,"乡意浓"荣获第九届中国国际有机食品博览会"味佳奖",荣获第九届中国国际有机食品博览会"产品优秀奖";2016年,"乡意浓"荣获第十届中国国际有机食品博览会"产品优秀奖",获珠海市食品安全协会"食品安全工作先进单位"。

当前,党和国家实施乡村振兴战略的大背景环境,为农业农村的经济发展创造了良好的机遇,提供了更加广阔的平台,食品安全问题已提升到国家的战略高度,有机农业、有机食品已深入人心。陈长贵把握住这一机会,带领"乡意浓"人,加强与有志投身发展有机农业、有机食品的机构、单位和个人合作,采取"公司+基地+农户"的经营模式,带动辐射有机农业种植面积累计超过50万亩次,农户年均增收超过400元/亩,农户增收超过2亿元。

继往开来

农业新兴品牌最著名的莫过于褚时健的"褚橙"、潘石屹的"潘苹果"、任志强的"任小米"、柳传志的"柳桃"等,除了备受世人赞誉的褚老爷子潜心打造的"褚橙"

脱颖而出外,其他新兴农业品牌似乎仍在奋力拼搏,有些新兴品牌甚至已经销声匿迹!

业界代表在常规农业、常规农产品的品牌之路上的巨大投入毋庸置疑,但成效有限,有机农业的品牌之路尤为艰辛。

为了更好地实现企业使命,陈长贵及公司管理团队决定引进国有资本。目前,乡意浓已成为国有控股企业,大大增强了公司的实力;未来,"乡意浓"将秉持务实求真的态度、开拓创新的精神以强大的人才优势、雄厚的技术力量、完善的生产服务体系,不忘初心,砥砺前进,不断推进市场网络建设,确立行业地位,致力在专业上做深、做精,争取带动更多的农民致富,并以"让每个家庭尽享健康食品"的企业愿景为指引,力争成为我国最大的健康食品生产企业之一,始终为减少甚至停止使用化学农药、化学肥料的使用,减轻有害物质对人体及环境的影响,保障食品安全不懈努力。

(文/刘春燕)

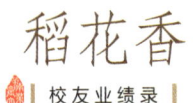

中国服装设计领域的佼佼者

——记全国五一巾帼标兵金惠教授

　　金惠，女，1965年生，湖南师范大学美术学院毕业，中国十佳服装设计师，现任华南农业大学艺术学院院长、教授。从事服装设计教学及研究30余年，成果显著。凭借自身深厚的文化底蕴以及对中国民族服饰文化的独特理解，成为中国传统服饰文化国际化、时尚化的先行者。

社会殊荣

2010年，广州市举办了第16届亚洲运动会，在本届亚运会上，亚运官方制服鲜艳的色彩、灵动的风格、时尚而大气的造型吸引了中外来宾的注意力。当观众深入了解其创作团队后，惊讶地发现初创团队竟然是来自华南农业大学艺术学院的金惠设计团队，一个农业院校设计团队的作品登上世界聚焦的舞台，其背后的艰辛与付出远超常人想象。

据金惠介绍，2008年11月，广州亚组委委托两所高校服装设计单位设计官方制服，华南农业大学是其中之一。设计方案首先要经过专家评审，之后送交亚组委评审，最后送交亚奥理事会。

作为设计团队的主设计师，能够为亚运会、残亚会设计制服，让从事服装设计多年的金惠兴奋不已。然而，当她冷静下来，开始认真思考服装的设计时，发现设计远比想象中有难度。艺术家天生拒绝雷同，喜欢随心所欲地发挥想象。然而广州亚运会、残亚会的制服设计却有着严格的规范限制。比如制服必须使用核心图案，必须选用亚运会规定的色彩系统，此外还一定要带有广州亚运会、残亚会的会徽等等。

"虽然图形、款式、标志都确定了，想着是挺简单的事，可这几样东西如何组合出新意却难以捉摸。这跟普通的服装设计有很大差别，让我感到不适应。因此，很长时间都无法找到感觉，对核心图形的理解好像也不够透彻。怎么做都感觉不像制服。"金惠回忆道。除了正常的教学工作以外，学院服装设计专业的老师几乎全部上阵。

金惠和她的10人团队，从开始设计，前前后后经过了近200次大的修改。最后提交了4个主题共16套方案，分别以五羊、龙舟、舞狮和岭南水墨画等为表现素材，作品方案的名字都富含广东特色：墨舞挥彩、龙舟竞渡、锦彩流溢、羊城意象、城市交响、南国狮舞、潮涌珠江。但是，团队的努力一开始并没有被专家组认可，方案差点夭折在中审阶段。

当时的方案进入中审时，有三套中标，"南国狮舞""潮涌珠江"及"墨舞挥彩"。中审时，"墨舞挥彩"方案开始得到好评，有专家指出，这个方案让人眼前一亮。但外地的几个专家也许是受北京奥运会的影响，他们不太同意"墨舞挥彩"方案。好在担任评审组副组长的广州美术学院副院长赵健和中国服装设计师协会副主席刘洋非常欣赏富有岭南特色的"墨舞挥彩"方案，在他们的坚持下，这一几乎夭折的设计方案经过多次修改后进入终审。幸运的是，经过修改后的"墨舞挥彩"最终胜出了。

"墨舞挥彩"系列包含9件套三种颜色的制服，结合了中国特色、广东风采和岭南文化。其中志愿者服装是青春感很强的"生命绿"，体现绿色亚运的主旨；工作人员服装是气韵丰沛的"活力橙"，体现无私奉献精神；技术官员服装是沉静理性的"海洋琉璃蓝"，体现理性冷静公平公正精神。

亚运官服设计的成功给金惠团队带来了巨大的声誉，也让她重新思考自己的研究方向，如何挖掘中国传统文化中的优秀因素并应用到复杂设计中是她接下来几年的研究重点。

2012年,她代表广州设计师在意大利米兰举办"霓裳广绣时装发布会",共设计展出百鸟朝凤、雨打芭蕉、珠水粤韵、火热之红、清澈之蓝、繁华之金、流动之银7个系列的38件广绣服装精品,充分展现了中国四大名绣之一广绣的风采。该发布会在意大利时尚圈受到好评,使中国岭南传统文化的魅力在米兰绽放。

2017年获得国家艺术基金"破茧成蝶——非物质文化遗产香云纱的时尚化推广展"立项。

(文/吴奕渠)

坚守基层阵地　助力农技推广

——记全国农业先进工作者林伟秋研究员

林伟秋，男，1972年12月生，广东饶平人，推广研究员，享受国务院政府特殊津贴。1997年毕业于华南农业大学农学系茶学专业，现任饶平县农业技术推广中心副主任，兼任中国茶叶学会科普专家、广东省茶叶学会理事、广东省茶业行业协会理事、广东省科普讲师团专家、广东省农业科技特派员、广东省科技评审专家库专家及广东省12316三农信息服务平台专家库专家等。主要从事茶叶技术科研、推广及茶文化普及等工作。先后主持、参加完成科技项目10余项，获得各级奖项20余项。参与出版《饶平茶业三百年》专著1部（副主编），发表论文13篇，编写科普及技术资料10余项。

稻花香

校友业绩录

站在饶平坪溪观茶亭上眺望，绿的茶树与飞流的瀑布交相呼应，茶香阵阵沁人心脾。眼前的这片美丽的茶园景象需要成千上万的幕后工作者辛勤耕耘，他们为饶平茶业发展默默工作着，林伟秋就是他们中的一员。投身基层农技推广工作20余载，林伟秋认真履行一个共产党员和农业技术人员的职责，兢兢业业、勤奋刻苦、乐于奉献、开拓创新，为饶平单丛茶的推广事业奉献着自己的力量。

初心坚守　为茶奉献

出生农村的林伟秋，从小就对土地有着一种特殊的情怀。1997年7月从华南农业大学农学系茶学专业毕业后，林伟秋怀揣着一腔热血回到饶平开展基层茶叶农技推广工作，他立誓要干出一番大事业，为振兴家乡茶业贡献自己的力量。当时，饶平县的单丛茶遭遇"四面埋伏"：茶农生产管理不科学，重产量轻品质，品质低下；化肥农药使用率高，茶叶存在安全质量问题；外地茶叶品种多，品质高，市场占有力强；单丛茶销路差，卖价低。加之乡村交通条件差、食宿条件差、待遇低，茶产业的发展困难重重。面对这严峻的形势，一股责任感涌上林伟秋的心头，他明白要想改变现在的局面，就要迅速将农业技术推广出去，这一做就是20多年。

茶园就是林伟秋的阵地，他常年奔走在茶叶技术指导和推广工作的一线，走遍了饶平县的每一个茶园。2010年早春，饶平县遭受"倒春寒"自然灾害，他第一时间深入茶园指导茶农，要求茶农采取科学措施进行防灾抗灾，并制定一系列复产技术措施，帮助茶农止损复产。2012年9月，林伟秋参加"三下乡"服务活动时，通过指导茶农喷药，帮助茶农解决了茶云纹叶枯病，使患病茶树第二年春茶也能收获茶叶。

几十年来，林伟秋勤奋钻研，理论联系实际，编制了《单丛茶加工技术及原理》《优质茶园秋冬季管理技术》《无性系良种单丛茶苗繁育技术》《饶平县茶树防寒抗冻保护技术措施》《茶叶质量安全关键控制技术》等科普文献及技术资料10多项。他将这些教材编印、下发给茶农，规范了单丛茶的种植技术，帮助茶农大大提升茶叶

社会殊荣

品质。怀揣大理想、大抱负的林伟秋，多次到饶平县档案馆、县志办等部门查阅历史资料，深入产区调研，拜访老茶农，拍摄、搜集历史资料和图片，与全体编委历时1年多，以科学严谨的态度完成了《饶平茶业三百年》。该书是介绍饶平茶业的第一部志书，对饶平茶业发展进行了较为系统的梳理，对于全省及全国茶产业的合理布局乃至整个农业产业技术体系的创新发展有着重要的意义。

除了著书、送书下乡，林伟秋还积极开展了一系列科普培训。他创新培训班形式，以"精准扶贫"贫困户和农村党员为主体，举办"农民夜校"，送技术下乡；组织开展"全民饮茶日"科普活动，为群众普及茶叶科学知识；培养专业的茶学方面的老师，充分发挥"传、帮、带"作用，多手段、全方位地提高茶农科学素质，积极为茶农服务。近5年来，林伟秋参与开办了茶叶技术培训班28场次，培训4077人次，开展科普讲座15场次，印发科技资料20 000多份，深入基层开展技术指导200多次，接受群众技术咨询近8000人次。

直面挑战　勇克难题

林伟秋调研饶平茶叶生产的实际情况，发现当地茶树品种相对单一，采摘期短且集中，采茶工难雇或人工成本高，他认为茶农迫切需要机械来替代人力，以解决采摘期劳动力紧缺的难题。但是当地茶农却认为机械成本高，且易造成茶叶机械损伤，担心降低茶叶品质，推广效果不尽人意。"饶平机械化采摘利茶利农，推广势在必行。"林伟秋暗暗下定决心。刚开始他选取少数几个茶园做示范，在茶园修剪齐整的情况下，

稻花香
校友业绩录

机械化采茶效率高，尤其在阴雨天，快速采茶保证了茶叶的品质。通过"以点带面"的方式，周围茶农看到效果后，纷纷来学习此项技术。

在机械采茶过程中，林伟秋发现单人操作修剪机和采茶机的工作时间稍长，易造成操作疲劳，影响操作。他通过研究机具，提出了在机具上加装吊带以省力的设想。这一改良效果显著，受到茶农的欢迎，最后也被生产公司采纳。截至2013年10月，应用机械化采茶的茶园面积达到3.8万亩，推广率50.67%，总经济效益达到12 103万元。

饶平当地大部分茶树老化，导致茶叶产量低、品质差，而茶业厂家及茶农迫切希望市场热销的茶叶品种尽快成园采摘鲜叶，以取得较好的经济效益。为此，林伟秋联合华南农业大学等机构对不同茶树品种的特性及茶树各类嫁接技术进行研究，分析各自的优缺点及嫁接效果，集成了茶树的低位劈接技术，使嫁接变得简单而有效，提高了嫁接的成活率。一般的茶苗3年后才可采摘，经低位劈接技术嫁接的茶苗1年后即可采摘，极大减少了种植成本和时间，提高了经济效益。为造福更多茶农，林伟秋带领广大茶农技术员将茶树劈接技术推广到兴宁、英德、揭西、阳江等茶区，推广应用茶树低位劈接技术的茶园面积达到13万亩，总体经济效益达10亿元。

经过林伟秋多年来的不懈努力，饶平单丛茶园已形成规模，茶农的种植技术日益成熟。"我将来的工作就是推广打造生态茶园，让人们品尝到安全、绿色的单丛茶，同时不断挖掘饶平茶园的旅游潜力，宣传普及茶文化，将茶产品、旅游、茶文化三者融

为一体,打造出属于饶平的单丛茶品牌。"林伟秋说正是这种不畏艰难、开拓创新的精神,让他可以充分研究热爱的事业,想尽一切办法振兴乡村。

辛勤的劳动、艰辛的汗水,换来累累硕果以及众多荣誉,受到业界及政府相关部门的肯定。林伟秋先后荣获全国科普惠农兴村带头人、潮州市第六届优秀中青年科技人才、潮州市第七届拔尖人才、广东省茶业行业协会先进工作者、全国农业先进工作者、广东省十佳最美农技员、2018年广东省茶叶学会优秀科技工作者等荣誉称号。获2011—2013年度全国农牧渔业丰收奖农业技术推广贡献奖,享受国务院政府特殊津贴。面对荣誉,林伟秋并没有停止继续前进的步伐,他说:"这些成绩只能代表过去,接下来我将以更高标准要求自己,不忘初心、牢记使命,以乡村振兴战略的核心为指导,勇往直前,为新农村建设继续努力。"

(文/林伟秋)

在时间上育花的人

——记全国巾帼建功标兵刘文

刘文，女，1968 年 8 月生，汉族，重庆万州人。1986—1993 年就读于华南农业大学蚕桑系，1993 年硕士研究生毕业，获农学硕士学位。曾任珠海市花卉科学技术推广站站长、广东省林学会理事、珠海市棕榈协会秘书长、珠海市花卉协会常务副会长、珠海市现代农业发展中心科技研发部部长，现任珠海市现代农业发展中心园艺作物技术推广部部长、教授级高级工程师，中国农学会农业科技园区分会理事。

刘文长期以来在基层从事农业科研与推广工作，把论文写在大地上，把科技成果应用在生产实践中，曾获得广东省林业教育先进个人、珠海市三八红旗手称号，2017 年被授予全国巾帼建功标兵荣誉称号。主持和主要参加完成各级农业科技项目 30 多项，获得全国农牧渔业丰收奖三等奖 1 项，广东省科技进步奖二等奖 1 项，广东省农业技术推广奖二等奖 2 项、三等奖 2 项，第六届中国花卉博览会科技成果优秀奖 1 项，发明专利 1 项，珠海市优秀科普作品奖 1 项。选育的 6 个花卉新品种通过广东省农作物品种审定。她全心全意育农业科技之花，助农增效增收结硕果。

社会殊荣

辛勤耕耘梦田　农技之花绽放

20年来，刘文带领科研团队开展新品种和新技术引进试验70多个，共承担各级科技攻关与推广项目30多项，其中8项经过鉴定评价，4项达到了国内领先水平。她在自己的梦田里辛勤耕耘，绽放出绚丽的农业科技之花。她主持完成的"重要入侵害虫红棕象甲绿色防控技术的研究与推广应用"项目，通过生态调控技术、理化诱空技术和科学用药技术的综合运用，集成了一套重要入侵害虫红棕象甲的绿色防控技术，累计推广应用面积达13.6万亩，经济效益达18.3亿元，获得2016年广东省农业技术推广奖二等奖；主持完成的省级项目"优新花卉品种姜荷花、蝎尾蕉等的示范推广""切花新品种""红观音姜荷花"和"粤引红火炬郁金"的中式示范等项目，自主开发了适宜华南地区栽培的4个花卉新品种，总结了一套适宜姜荷花、郁金种苗快速繁殖的技术和高效栽培技术，使其产业化水平在我国领先，累计推广面积6000多亩，创造经济效益7.2亿元，2015年获得省农业技术推广奖三等奖；主持完成的市科技局科技攻关项目"紫绣球的引种试验与推广应用"，通过了成果技术鉴定，达到了国内领先水平，解决了关键性的技术问题，总结了一套完善的栽培技术，并完成制定市级标准推广种植，效益显著，2009年获得省农业技术推广奖三等奖；主要参加完成的省级项目"观赏南瓜及其艺术化栽培技术在都市农业中的推广应用"通过了成果鉴定，达到了国内领先水平，将观赏南瓜及其艺术化栽培作为都市农业的核心景观，推广应用到全国各地；主要参加完成的"芽孢杆菌生物被膜形成能力评估方法及应用的培养基"，获发明专利证书；主要参加完成了优质型甜玉米新品种"珠玉甜6号"选育与推广，获得2017年度广东省农业技术推广奖二等奖。

增创协同优势　农技成果丰硕

刘文坚持科研要横向联合，纵深合作，增强技术支撑。她1993年从华南农业大学毕业后，一直在珠海工作，深深知道地方农业科研院所科技力量薄弱，长期以来加强与华南农业大学、中科院华南植物园、仲恺农业工程学院等高等院校和研究机构合作，联合科技攻关。她主要参加完成的"姜科园林花卉新品种研制及产业化关键技术"项目获得2018年度广东省科技进步奖二等奖。联合开发利用花卉资源，她主持开发了6个花卉新品种："紫嫣"郁金、"紫玉美序"郁金、"红火炬"郁金、"红观音"姜荷花、橙樱菊和紫风车菊,通过了广东省农作物品种审定,填补了我国花卉品种的空白,总结了一套适宜的种苗快速繁殖和高效栽培技术,花卉产业化水平在我国领先。"紫嫣"郁金,株型紧凑,产花量高,整株观花期长;"紫玉美序"郁金,株型大,叶片数多,花序更长;"红火炬"郁金,花色艳丽,花序长,观赏性强;"红观音"姜荷花,花色更红,具有更高的观赏价值和市场潜力。她还加强与台湾芊卉、富乐兰花等台湾企业合作,引进、收集台湾兰花品种资源50多个,在珠海台创园建立了热带兰花种质资源库,保存和扩繁兰花种质资源,解决了兰花育种中种质资源缺乏的关键技术问题,开展了兰花品种栽培特性和杂交育种研究,选择综合性状优良的新品种进行扩繁种苗,推广应用种植,取得了显著的社会效益和经济效益。

努力服务"三农" 助力乡村振兴

敬业爱岗,长期致力于农业科技推广与培训工作。刘文多年来承担了省级项目"广东省现代农业产业技术体系花卉创新团队珠海花卉综合示范与培训站"建设、市级项目"珠海农业技术示范、培训、推广""珠海农村实用人才扶持与示范",在新品种研发与推广、综合示范、技术培训、应急工作等方面做了大量工作。她广泛了解农户技术、信息等方面的需求,本着实际、实用、实效的原则,开展了分类型、分层次、分季节的农业实用技术培训,采取"走出去、请进来"政策,以组织参观、召开现场观摩会、举办培训班等多种形式进行培训,开办了60多期农业实用技术知识讲座,培训了5000多人次,培训以实用性、技能性、先进性为主,着力提高农民技术水平,帮助农民学会运用新技术解决生产方面的疑难问题,规避风险,带动农户增产增收。

尽职尽责,扎实工作,农技推广工作成效显著。20年来,刘文带领团队累计推广农业常规技术、新技术和新品种百余项,推广面积超10万亩次,为珠海市农业发展和农业结构调整做出了贡献。

全力开展救灾复产技术指导。珠海农业受到2017年"天鸽"台风和2018年"山竹"台风的摧残后,刘文带领团队,积极采取措施做好防御和灾后复产工作,帮助企业和农户渡过难关。在台风来临之前,做好防御工作并及时通过微信、短信、电话等方式通报台风动向;宣讲台风来临前的注意事项;排查安全隐患;加固临时建筑;及时转移安置涉险人员。台风后立即组织力量深入受灾一线,考察灾情,解决复产实际问题;召开救灾复产专题会议,全面开展救灾复产工作;合理分工,落实责任,协同作战,随时掌握企业复产进度和困难,并及时给予技术指导;编制救灾复产技术方案,

指导科学复产。

热心为社会服务。多年来，刘文承担了珠海市妇联"珠海市农村妇女能手结对帮扶""珠海市妇联双学双比结对帮扶""珠海市农村妇女增收致富"等工作，做好妇女种植户的扶持工作，充分发挥妇女种植能手示范户在增收致富中的领头雁和主力军作用，以点带面，效果显著。她还对珠海市斗门区石龙村、莲江村和新堂村村居景观规划提出了建议，并热心为专业协会服务。2010年被聘为珠海市棕榈协会秘书长；2013年被聘为珠海市风景园林协会专家；2014年被聘为珠海市花木协会常务副会长；2016年被聘为中国农学会农业科技园区分会理事；2017年被聘为省农业机械学会设施农业专委会委员。她还常组织和参与本专业有关的学术交流会，与科研院所专家保持密切联系，为本专业的发展出谋划策。

研制产业标准　解决技术难题

刘文针对农业产业化生产过程中存在的问题，带领团队，在积累了多年的研究成果基础上，提出了科学种植方法，总结出规范化种植技术，主持起草了4项地方标准：省农业地方标准"芦荟生产技术规程"、市农业地方标准"水松栽培技术规程"、"兰屿肉桂栽培技术规程"和"无公害食品大果型甜杨桃生产技术规程"。"水松栽培技术规程"为我国目前第一部市级水松栽培技术标准，填补了国内尚无该类标准的空白，该标准的制定与实施有利于规范水松种植的水平和技术，加强水松种苗培育和栽培，充分发挥该珍贵树种在珠三角沿海防护林和农田防护林区生态和景观建设方面的优势，促进对水松资源的合理开发利用和保护。这些标准制定过程经过大量调研、论证和广泛征求意见，采纳了多方意见和建议，标准的制定与实施有利于标准化、规模化种植，对提高产品质量、增加农民收入具有重要意义。

开展调查研究　推动产业升级

刘文求真务实，开展调查研究。2003年她主持了珠海市花卉产业发展状况调查，对全市花卉业进行了全面的普查调研，建立了珠海市花卉苗木行业档案信息库，掌握了珠海市花木业生产和销售状况，提出了珠海市花卉业的调研报告，为政府部门决策提供依据。2007年主持了珠海市古树名木的核查和挂牌工作，在珠海市农业局的领导和各区局的大力支持配合下，组织专家小组，历时3个多月，走遍了珠海市16个镇和街道办、69条村，对珠海市2386棵古树名木进行实地核查和挂牌。古树的发现、建档与挂牌保护对于珠海市的生态和园林旅游城市建设具有特别重要的意义。她主编出版了《树说珠海》一书，填补了珠海古树名木文献方面的空白，提高了市民对古树名木的保护意识，2012年被珠海市科学技术协会评为珠海市优秀科普作品。

刘文同志一直以来心系"三农"、服务"三农"，追梦不止，相信在华农精神的激励下，她定能让农业科技之花开得更艳，农业科技结硕果。

（文/孙京臣　谢霞）

殚精竭虑除虫害　天涯海角写春秋
——记全国五一劳动奖章获得者彭正强研究员

彭正强，男，1964年生，湖南湘阴人。1997年华南农业大学昆虫学专业硕士研究生毕业，现任中国热带农业科学院环境与植物保护研究所研究员、海南省政协农业和农村委员会副主任。长期从事热带作物害虫防治、天敌利用、瓢虫分类等方面的研究与应用工作。主持省部级以上科技项目20多个，发表论文210多篇，其中SCI收录20多篇；参编著作4部，获专利5项，编制行业标准3项。2004年获国家林业局"全国森林病虫害防治工作先进个人"，2007年获国家农业部"全国农业科技推广标兵"，2012年获海南省"十一五"科技创新突出贡献奖，2013年获全国五一劳动奖章，2014年获国务院政府特殊津贴，2016年获第二届"庞雄飞基金"昆虫学研究突出贡献奖，2017年获"全国农业先进工作者"荣誉称号。

阻击椰心叶甲疫情建功勋

彭正强自参加工作以来,一直从事热带作物害虫及天敌、瓢虫分类方面的研究工作。2002年6月,外来有害生物椰心叶甲在海南省肆意蔓延,危害严重,如何应对成为当时海南林业行业最棘手的现实问题。查遍文献,发现国内并无先例,而国外曾有过利用天敌降服的例子。为了保护棕榈产业的发展,保护海南省"椰风海韵"的独特美景,在这危难关头,彭正强受命挂帅,勇敢地承担起阻击椰心叶甲的重担。在国家和海南省有关部门的关心与支持下,以彭正强为技术核心的研究组对椰心叶甲展开了深入研究,相继完成了该虫生物学、发生规律、化学防治等多方面的工作。2004年1月,彭正强赴越南考察椰心叶甲防治工作,在对椰心叶甲天敌生存的生态环境及气象条件等进行多方面研究后,于2004年3月从越南引进椰心叶甲天敌——椰甲截脉姬小蜂;当年11月从中国台湾引进椰心叶甲的另一天敌——啮小蜂。2004年7月和2005年3月,这两种引进的椰心叶甲寄生蜂安全性评估顺利通过,获准在大田释放。之后,在彭正强主持下,项目组继续开展研究,摸索出一套繁蜂生产技术,研制出寄生蜂释放技术模式和体系,建立了一个日产蜂能力达10万头的繁蜂室。野外释放天敌防治椰心叶甲已见成效,各放蜂区域受害棕榈科植物均已抽出心叶,长势得到不同程度的恢复。利用寄生蜂防治入侵害虫椰心叶甲成为我国引进天敌控制外来入侵生物的典型成功案例。

鉴于在椰心叶甲防治研究及实践中的突出表现,2004年11月国家林业局授予彭正强"全国森林病虫害防治工作先进个人"称号。经过多年的研究,彭正强主持完成的"利用寄生蜂防治重大入侵害虫椰心叶甲的研究与应用"成果达到同领域的国际领先水平,2011年获得海南省科技进步奖特等奖,其理论创新与技术进步促进了我国入侵生物学、生物防治学的发展,为国内外研究和防控外来入侵害虫提供了科学典范和成功经验。

我将无我 服务为民

2004年正值云南橡胶蚧壳虫大面积暴发,应云南省农垦局及当地政府的邀请,彭正强带队对西双版纳等多个发生地进行了实地考察。顶着恶劣的条件在大山中一待就是一个月,而此时他的爱人却正在医院接受手术治疗,无人照看。对此,彭正强一句"没办法,科研总得要做吧",就这样,将"无情"抛给了家人,把热情留给了追求一生的科研事业。

自1985年分配到中国热带农业科学院环境与植物保护研究所工作以来,彭正强走遍了海南省的各个农场，对橡胶、胡椒、香蕉等热带经济作物的虫害了如指掌，经常下乡指导农民开展虫害的防治工作，先后培训农民数千名，对地方农村经济的发展做出了应有的贡献。

甘为人梯　薪火相传

作为环境与植物保护研究所的一名老科研工作者，彭正强一直都在关注着所里年轻一代的成长与发展。一些刚踏入工作岗位的青年人因身处环境的改变，有时难以适应，对此，有30多年工作经验的彭正强常常教导他们，帮助他们顺利完成角色的转变。在科研探索之路上，遇到困难是在所难免的，如何克服困难才是关键。特别是对于青年工作者，如果不能正确处理此类问题，势必会影响他们今后的发展。彭正强常从单位、团队和他们个人发展相结合出发，不厌其烦地找他们谈心，帮助他们摆正心态，确定好目标。因此，青年人都喜欢与他进行交流。

一个研究所的发展是需要不断地注入新鲜血液的，年轻人茁壮成长，需要老科研工作者无私的支持和帮助。彭正强十分重视培养年轻人，将他所了解的知识均毫无保留地传授给他们。近几年来，不断地输送青年人到其他科研单位、院校进行培训学习，支持他们攻读博士，为环植所储备了许多优秀人才。

（文/刘春燕　陆永跃）

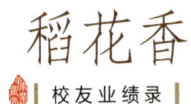

土壤污染防治研究专家

——记国务院特殊津贴专家吴启堂教授

吴启堂，男，中共党员，1984年毕业于华南农业大学土壤与农业化学专业，1986年10月至1989年10月在法国国立洛林理工学院获得博士学位，1990年起在华南农业大学任教，1996年晋升为教授、博士生导师，享受国务院特殊津贴专家。现任资源环境学院农业环境保护学科带头人，土壤环境与废物资源农业利用广东高校重点实验室主任。学术兼职有：中国土壤学会土壤环境专业委员会副主任（1996年至今），《水土保持学报》编委；中国环境科学学会重金属污染防治专业委员会委员，《中国环境科学》编委；中国农业生态环境保护协会理事，《农业环境科学学报》编委。

持之以恒　攻克难关

吴启堂自 1986 年起长期研究 Cd 等重金属污染防治、城市污水污泥处理利用。博士论文研究内容为：Cd 在土壤-植物系统的生物有效性，1989 年在《法国科学院通报》发表论文《氮素形态对植物吸收 Cd 的影响》。回国工作以来主持完成了国家"863 计划"项目、国家自然科学基金等省部级以上课题 30 多项，1992 年在国内率先研究水稻、菜心、甜玉米低 Cd 品种；首先提出了低积累品种与超富集植物间套种修复技术，真正实现边生产边修复；提出了同时解决镉铅复合污染的表层淋洗——深层固定联合修复技术。在农田 Cd 污染土壤修复与安全利用技术及城市污泥的植物处理和农业安全利用方面均达到国内领先水平。

享誉业界　桃李芬芳

吴启堂已在国内外学术刊物上发表论文 200 多篇（SCI 收录 40 多篇），主编著作 4 部，获得国家发明专利授权 10 项，主持制定了广东省地方标准（DB44/T 361—2006）：农业用堆肥有害物限量；参加制定了中华人民共和国国家标准（GB 4284—2018）：农用污泥污染物控制标准。2015 年吴启堂被环境保护部指定为国家《农用地土壤污染风险管控标准》（GB 15618—2018）首批咨询专家。污泥堆肥技术已转让给企业稳定运行 10 多年，重金属污染土壤植物修复和安全利用技术也参加完成了多项农田修复工程和为相关企业提供了有力的技术支持，得到业界的信任和赞誉，与吴启堂合作的企业越来越多。

在人才培养方面，吴启堂在华南农业大学主持开设了环境保护类本科和研究生专业，培养了超过 150 位硕士和博士研究生，其中不少成为杰出的科技人才或者政商翘楚，桃李满天下。

（文/曾子焉　吴启堂）

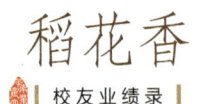

采撷浩瀚农史典籍中的花朵

——记国务院特殊津贴专家周肇基教授

周肇基，男，1937年生，江苏无锡人。1955年考入西北大学生物学系植物学专业，我国著名农业历史学家、农学科普专家和花卉专家。历任华南农业大学中国农业历史遗产研究室（所）第二任主任、名誉主任，科技史硕士生导师，中国农业历史学会第二、第三届常务理事，当代农业史委员会委员，中国科学技术史学会第一、第二届理事，广东农史研究会第二、第三届会长等。他致力于中国古代植物生理学研究，探赜索隐，钩深致远，写出一系列专业性强的论文；同时立足广东，开展广东农业史的研究；后期转向岭南花卉史的研究；先后出版论文、著作（含合著）70多篇（部），获得广东省教育厅科技进步奖三等奖，广东省第六届优秀社会科学研究成果三等奖等。1992年成为享受国务院特殊津贴专家。

社会殊荣

书香门第　与史相伴　与农结缘

周肇基祖籍江苏溧阳歌歧乡，出身书香门第，1995年考入西北大学生物学系植物学专业，毕业后任教于汉中大学生物系。在大学学习植物生理学时，教材采用苏联课本，介绍的全是苏联和他国科学家的成就，他疑惑于我国传统农业就没有孕育出农业生物科学知识吗？带着疑问寻求答案时，我国著名农史学家石声汉教授所著的《氾胜之书今释》和《从齐民要术看中国古代的农业科学知识》为他开启了一扇新的窗户，让他从中看到了我国古代在植物学、农学上取得的成就，他向石教授寄去请教信件，开始了两位忘年交十几年的交往和友谊，并在石先生的勉励下，从著名古农书《齐民要术》入手，发掘中国古代的植物生理学知识和成就。

1964年因全国院系调整，周肇基转入甘肃农业科学院植物生理研究室工作。1965年被派往甘肃省农科院庆阳西峰工作组，来到田间地头指导农民科学种田。庆阳是黄土高原上比较肥沃的地方，当地老农崇尚精良的传统耕作技术，熟悉农谚，讲起种庄稼来头头是道，口口相传的经验与《齐民要术》里记载的北方传统的旱作农业技术很相似。他一面研读石声汉教授题赠的《齐民要术选读本》，一面在科学种田中实践，如"溲种法"试验，证明在提高小麦的抗寒性、抗旱性上效果最好，解决了困扰当地多年的冬小麦越冬死亡的问题。这对农史研究来说，是难能可贵的田间实践机会。

1974年周肇基调到甘肃师范大学农业基础系任教，并被派往甘肃武威农村开门办学，既给工农兵学员上课，又指导群众科学种田。他把下放农村参加劳动当成了接触实际、研究农史的契机和将植物生理学知识用于农业实践的好机会，并且找到一个很好的结合点，就是把现代植物生理学知识与传统农艺技术结合起来，发掘中国古代农艺技术中的植物生理学的成就。

厚积薄发　长年深耕　力作玉成

1975年周肇基根据自己在田间地头的实践与农书史料记载的对照研究，在《甘肃师范大学学报（自然科学版）》发表《从〈齐民要术〉看我国古代劳动人民在植物生理学方面的成就》，阐述了《齐民要术》所记载的我国古代植物生理学方面的成就。1976年在我国植物学顶级刊物《植物学报》上发表《我国古代劳动人民对植物生理学的贡献》，奠定了自己在中国植物生理学史研究上的地位。此后他发表了30多篇植物生理学领域以及科技史领域的论文,并先后荣获中国植物学会《植物杂志》一等优秀作品奖(1981年)、甘肃省高校优秀科研成果奖(1981年)、甘肃省科学技术协会优秀成果二等奖(1988年)等奖项。同时,他重视科学普及工作,撰写了40多篇科普文章,先后在中央人民广播电台、甘肃和河南人民广播电台科学知识节目播出,解决农民的实际生产问题。

1977年12月,他在出席中国生物学史第一次学术会议时见到国内农史学科先驱梁家勉先生,并共同承担《中国古代生物学史》中的"植物生态和生理知识的发展"的撰写工作。1980年10月,周肇基出席中国科学技术史学会成立大会暨学术讨论会,作了题为"植物生态和生理知识发展"的大会报告,与众不同的研究方法,令人耳目一新的陈述内容,引起了在场专家前辈的兴趣,他被推荐并当选为首届学会理事,并结识了胡道静、游修龄、杨直民、李长年、周尧、朱洪涛等学术前辈,在通信交流中对中国农史学科的发展有了更进一步的了解。

1981年周肇基破格晋升副教授,任教研室副主任、校学术委员会委员、甘肃省高等院校高级职称评审委员、甘肃省科协第二届委员、中国科学技术史学会首届理事、中国科普作家协会甘肃省分会副理事长兼生物学、农学创作组组长。

1986年,周肇基调任华南农业大学农史研究室,集中精力开展中国古代植物生理学研究,探赜索隐,钩深致远。他通过大量史料爬梳、分析和野外考察,还原中国古代农业技术,挖掘农史典籍,先后发表了《中国嫁接技艺的起源和演进》《中国古代种大葫芦法的成就及指导思想》《中国古代"嫁枣"法起源传承关系及技术演进》《中国传统瓶花技艺》《中国古典园艺植物学名著〈花镜〉新探》《〈救荒本草〉的通俗性实用性和科学性》《中国古代兰谱研究》等论文。特别是《中国传统瓶花技艺》发表后,受到著名科学家钱学森院士的关注,并于1988年11月21日主动来信交流,认为读后"深受启示和鼓舞",希望"这方面的其他著作亦恳请示知,以便学习"。

《〈本草纲目〉的药用植物栽培学成就》《我国古代劳动人民对植物生理学的贡献》《中国古代的植物生理学知识》《我国古代植物生理学知识新探》《古籍里的植物与光知识》《我国古代种子生理学的成就》《我国古代的植物抗性生理知识》等文则用现代科学,特别是现代植物生理学知识,从古籍中抽丝剥茧、披沙淘金,来分析、阐释古代的农业科技成就。

同时周肇基立足广东,重视广东农业史的研究,并在后期转向对岭南花卉史的研究,先后发表《从"广人重蕉"看广东历史上对植物资源的开发利用》《花城广州及芳村花卉业的历史考察》《〈缸荷谱〉研究》《历代荔枝专著中的植物学、生态学、生理学成就》等论文。

他先后承担的研究项目有："中国古代生物学史""中国农业百科全书·农业历史卷""中国植物学史"等，出版论文、著作（含合著）70余篇（部）。其成果先后荣获华南农业大学科技进步奖三等奖（1989年），华南农业大学科技进步奖二等奖（1990年），两次获广东省重大科学技术研究成果登记证书（1990年、1993年），广东省教育厅科技进步奖三等奖（1993年）等。1992年周肇基成为享受国务院特殊津贴专家。

周肇基多年耕耘不息，《中国植物生理学史》更是集20余年研究于一书，出版后，得到业内盛誉，农业部路明副部长称其是"填补国内国际空白的科技史著作"，著名农史学家、浙江农业大学农史研究室主任游修龄教授在序中赞曰："《中国植物生理学史》的出版则是继《中国生物学史》之后，把整理研究工作推进到植物生理学领域的第一本专著……填补了中国生物学史分支的一个空白。"该书1998年12月作为重点图书出版后，次年即获中国大学出版社中南地区一等优秀学术著作奖，1999年获广东省优秀社会科学研究成果奖三等奖，并被国家教育部大学统编教材《植物生理学》列为重要参考文献，其中第七章还被澳大利亚墨尔本大学的学者全文翻译，编进《世界植物生化他感全史》一书。

完善农史室建设　培育农史人才　助力地方史志研究

1986年8月，周肇基受时任华南农业大学校长卢永根教授与梁家勉教授邀请，调任华南农业大学农史研究室主任。尽管当时环境艰苦，学校下拨的农史研究室年办公经费只有数百元，但在学校和梁家勉教授的支持下，他顶着困难，组织全室开展科学研究和人才培养工作。

1990年，周肇基利用担任中国农史学会中青年优秀论文报告会评委的机会，结识和熟悉后备农史人才，在卢永根校长和学校有关部门的支持下，先后选调了倪根金、向安强，接收中国科技大学硕士毕业生魏露苓，充实农史室研究队伍，初步解决了人才断层问题；凝练全室学科方向，形成了华南农史室在植物生理学史、农业历史文献学、岭南农业史、中国林业史、农业考古等特色鲜明的研究方向。同时他重视学术交流，先后承办了中国农史学会第二次、自然科学史农史学科第三次学术讨论会（1988年），组织了广东农史研究会第二至六次学术研讨会（1987—2002年），参与协办农业考古首届、第二届国际学术讨论会（1991年、1997年），积极开展对外交流学习。

周肇基参与全国农史研究生培养方案修订，积极培养农史后备力量，先后培养了4

稻花香
校友业绩录

名硕士研究生,其中3位晋升教授,成为所在高校学科带头人或骨干,一位成为正处级行政干部。除了完善研究生教育外,他代培广东省博物馆两位研究人员,指导选修"中国农业科技史"课程的留学生。因育人成绩突出,周肇基被评为华南农大优秀研究生课程教师,1998年获学校"王宽诚育才奖"。

周肇基教授积极投身地方史志工作,担任《广东省志·农业志》编委,先后参与《广东省·农业志》《广州市·农业志》等编修工作,审阅部分初稿;帮助广州市芳村区地方志办开展广州及芳村花卉史研究,助力广东省博物馆专题陈列布展和南海陈启沅纪念馆建设等。

2017年5月6日,华南农业大学农史研究所师生欢聚一堂,庆祝周肇基教授八十寿辰。时任校长陈晓阳教授亲笔题词"八秩华诞扬书香春风,七尺讲台沐桃李天下";前任校长骆世明教授也写来长文祝贺,称赞其"治学严谨、为人谦逊、学贯中西、融通古今"。

(文/倪根金　魏露苓　唐依)

执着坚守　匠心制茶

——记国务院特殊津贴专家邹广田

邹广田，男，1961年12月生，广东大埔人，中共党员，高级评茶师，高级工程师，享受国务院特殊津贴专家。1983年毕业于华南农学院（现华南农业大学）农学系茶叶专业，同年8月参加工作，加入中粮集团中茶福建公司；2013年2月调入中粮集团云南中茶茶业有限公司工作。现任中国茶叶有限公司技术委员会委员，茶叶制造专家组组长，普洱茶事业部总经理，中茶云南党委书记、总经理，中国茶叶流通协会常务理事，云南省茶叶流通协会会长。先后荣获中粮集团"优秀共产党员标兵"和中国突出利润贡献奖、创新创业奖、特殊贡献奖等奖项；2018年获得"中华十佳匠心茶人"荣誉称号。

稻花香

校友业绩录

1979 年秋,一位来自岭南大山深处农村的青年小伙背着简单的行囊,抱着"学完了还可以用"这一朴素理想,满怀希冀地进入了华南农学院(现华南农业大学)农学系茶叶专业学习。因为爷爷很爱喝茶,家里也有一些茶树,所以他自幼便对茶树和茶叶非常熟悉,在填报大学志愿时他也就毫不犹豫地选择了茶叶专业。自此,他在茶叶技术研发的道路上一步一个脚印坚定地走着,这一坚持就是 40 年。40 个寒暑孜孜以求,潜心制茶,不仅摸索出了独特的制茶技艺,也见证了中国茶叶在改革开放大背景下大发展的 40 年。

苦心孤诣 数十年如一日积累与沉淀

四载星霜荏苒,1983 年秋,大学毕业的邹广田如愿进入了福建省茶叶进出口公司福州茶叶加工厂拼配车间当起了技术员,跟着老师傅学习制作乌龙茶的手艺。此后,为适应国内外消费者对乌龙茶消费的多样化需求,1988 年福建省茶叶进出口公司提出了"清高香乌龙茶的研究"课题,邹广田带领课题组成员经过 3 年多的研究,研制出清高香乌龙茶,并撰写了《清高香乌龙茶初制加工技术的研究》,经福建省有关单位和专家鉴评,认为该茶很有特色,有别于传统乌龙茶风味,属于创新产品,该成果在 1990 年 9 月福建省首届发明与革新成果展览大会上荣获优秀项目奖。

邹广田说:"人生这一辈子,总是要试一试的,不试一试怎么知道行不行?"这一试,就是 40 年。种茶、采茶、做茶、拼配、加工、审评、检验、研发、销售、质量安全,与茶叶有关的每一个岗位,他都干过一遍。每到一个新岗位,他都以饱满的状态全情投入,快速了解岗位要求和工作要点,迅速打开新的局面。通过多年的历练,他也从一名基层技术员逐渐成长为一名具备高技能的制茶工程师。2007 年 1 月,由他主要负责的"名优乌龙茶无公害种植与加工高技术产业化研究与示范项目"顺利通过结项验收,并获得了由国家发改委颁发的"国家高技术产业化示范项目"荣誉奖牌。

2011—2012 年期间,他勇挑重担,兼任了中茶福州加工中心厂长,重点负责福州加工厂和福兴加工厂两厂的搬迁及整合工作。他倒排日程,合理规划工作安排,做好人员分工,圆满完成了旧工厂车间设备、库存的搬迁及两厂人员整合的工作任务。在搬迁完成后,他通过加强工厂管理团队和员工队伍建设,完善制度流程,强化员工培训,提升了员工整体素质,也为加工中心带来了良好的经济效益。2012 年福州加工中心加工量创历史最高水平,同比增幅达 52.2%;产成品同比增长 70.15%;单位总费用 0.27 万元/吨,较 2011 年的 0.35 万元/吨下降 23%;工厂本部盈利大幅增加,同比增长 47.17%,经济效益显著提升。

专注坚守 只为一盏茶香

自1979年进入茶叶专业学习至今，邹广田是一个名副其实的"老茶人"，40年的行业从业经验早就让他目光如炬、心眼通透。作为潜心制茶、专注于技术研发的他挑剔也是众所周知的。2013年只身从福建来到云南时，喝了30年福建茶的他，对普洱茶不太习惯，来云南之前还随身携带了几公斤福建茶，但把福建茶喝完后，他只能试着去喝普洱茶。从刚开始不适应普洱茶的口感，到后来逐渐清晰地感受普洱茶随着时间推移带来的汤色和口感的丰富变化，研究茶叶生产技术出身的邹广田，对普洱茶逐渐产生了浓厚的兴趣。"这种变化太有吸引力了"。普洱茶越陈越香、层次丰富，不同的人能泡出不同的口感，不同产区茶叶滋味差异明显，甚至同一产区不同区域的茶叶也差异巨大，这些特点都让一生为茶、一辈子制茶的邹广田异常着迷。所以，每一个采茶的季节，他都会带领团队深入云南的高海拔深山产区，看茶树、访茶农，了解各个茶区的产情，深入探究不同光照条件、气候环境条件下生产出的茶叶原料之间的差异。看到茶叶初制所里制茶技师不规范的手法后，他会上前耐心讲解炒茶动作技术要点，并且亲自炒上一锅茶菁，让大家清晰感受到"抛炒结合"技术要领。随着锅温升起，茶叶鲜叶水分逐渐散发，一缕缕茶香氤氲而起，引来了一阵阵惊奇的赞叹和持久的掌声。

邹广田说："我是农民的孩子，每次到茶山看见茶农都很亲切，茶农很辛苦，也很不容易。"所以每次到茶山，他都要去茶农家里坐一坐，嘘寒问暖，了解茶农的疾苦。在工作中，他更是坚持以精湛的制茶工艺和优良的产品品质将大山深处的茶叶资源向外推广，带领茶农脱贫致富。

厚积薄发 引领差异化研发

2013年初春，邹广田离开了坚守30年的乌龙茶制茶工程师工作岗位，奉命调入云南中茶茶业有限公司工作，开启了与普洱茶结缘的日子。面对不断下滑的销售业绩和连月亏损的困境，他开启了"5+2""白+黑"的疯狂工作模式，经常深入市场一线调研，与经销客户、专营店店员、终端消费者充分交流，深入了解客户和消费者的需求，用心倾听来自市场的声音。"作为一个茶人，我到云南是来补课的。"这是他时常挂在嘴边的话。

来昆明的第一个五一劳动节，原本是放假休息的日子，但他却独自一人走进了昆明康乐茶叶市场——这是昆明知名度最高的茶城，各大茶企纷纷在此开门设店，品牌林立,让人目不暇接。他特意避开了自家的"中茶牌"产品,重点去看其他企业生产的产品。看了几款,外包装几乎一样;喝了几款,口感滋味好像也差不多。聊天中,他随口问了一句:"你们如何决定卖哪一家的产品?或者如何选择哪一款产品?"店员说了一大堆,他从中听出了个大概,因为普洱茶行业标准并没有真正建立起来,大家都是趁着前几年的普洱热潮,一股脑儿涌进了这个行业,基本上看哪一款好卖,大家就跟风做了。技术员出身的他立刻意识到,解决云南普洱茶企业经营困境的关键在于产品差异化,而产品差异化的关键在于技术研发,只有掌握了技术,才能生产出真正具有差异化的产品。

此后,他将工作的重心放在普洱茶标准的建立和技术研发上面,带领团队建立了普洱茶"研发十标准",用以规范产品研发的标准化流程,并且通过对昆明茶厂优质的仓储环境进行深入研究,发起了"昆明茶厂干仓仓储环境研究及专利菌株"研究项目,采用微生物培养法对昆明茶厂原料及成品茶的干仓环境进行微生物菌种的收集、筛选、分离并纯化,并依据国际系统学分类体系,采用形态学、DNA序列分析等鉴定手段,对分离菌株进行多种水平多相鉴定,获得了多种微生物,包括霉菌类的黑曲霉、新黑曲霉、日本曲霉、塔宾曲霉、裂褶菌等,酵母类的 Blastobotrys adeninivorans,以及细菌类的枯草芽孢杆菌,并获得优势纯培养的发酵微生物共 10 株。最终选定 5 株差异化的优质菌株于中科院微生物所进行专利菌株保藏,并获得菌株号 CGMCC No. 15883、CGMCC No. 15884、CGMCC No. 15885、CGMCC No. 15959 和 CGMCC No. 15960。同时,结合近年来持续研究结果,现已提交申报 6 项关于昆明茶厂干仓仓储的菌种及仓储环境的专利。

持续专注于技术研发也为企业带来了可观的经济效益,中茶云南公司的产品在市场上日趋紧俏,前来加盟的经销客户也是络绎不绝,终端消费者的赞誉纷至沓来。而他,依旧没有放松深入技术研究的工作习惯,带领团队不断开展深入研究,先后又发起了"提升紧压生产环节半产品合格率"标杆管理项目、"现代化普洱茶发酵方法的研究与应用"项目、"普洱熟茶感官数字化标签研究"项目和"普洱熟茶纯茶固体饮料的研究与开发"项目等。其中,由他发起的"提升紧压生产环节半产品合格率"标杆管理项目,主要针对普洱茶生产工艺环节进行改进,用以提升产品生产的合格率,提升企业生产效率,该项目已于 2015 年顺利通过结项验收,并获得中粮集团"优秀项目成果"评价,项目经理邱岚顺利获得中粮集团标杆管理绿带证书。近年来,邹广田通过指导团队深入研究普洱茶生产加工工艺改进工作,团队成员已先后顺利获得实用新型专利 9 个。

近年来,云南中茶茶业有限公司在邹广田的带领下,产品线日渐丰富,产品力不断提升,产品研发工作日趋规范,差异化的产品也得到了市场和客户的认可,世界各地经销客户不断增加，客户对于经营中茶牌的信心也在持续加强，各种赞誉之声此起彼伏，中茶云南公司的经济效益也呈现出质的飞跃。在邹广田带领中茶云南公司团队奋力拼搏的这6年中，公司销售网点从寥寥的20余个爆发式地增长至800余个，公司的销售收入翻了近10倍，利润规模更是惊人地翻了20余倍。从他刚来时的连月亏损，到如今持续增长，员工队伍的精神风貌也由此发生了非常可喜的变化。由此，邹广田先后获得中国突出利润贡献奖、创新创业奖、特殊贡献奖和中粮集团优秀共产党员标兵、国务院政府特殊津贴等殊荣。

"雄关漫道真如铁，而今迈步从头越。"所有的成绩只是前进途中的阶梯，所有的荣誉都是拼搏奋进的动力，邹广田秉承着一代代中茶人的匠心精神，担负起属于自己的历史使命，继往开来，不断谱写中国茶叶高质量发展的壮丽篇章。

（文/雷翔飞）

稻花香
校友业绩录

地球"三极"归来者

——记新时代最美法律服务人（律师）、全国优秀律师毕亚林

毕亚林，男，1971年生，内蒙古人，无党派人士。2008年博士毕业于华南农业大学农业经济管理专业。曾任广州市律师协会副会长、广东天一星际律师事务所主任。现任广州市新的社会阶层人士联谊会副会长兼律师行业分会会长，广州汽车摩托运动协会主席，广州律政营商环境研究院副理事长，广州市水务投资集团外部董事，广州市建筑集团外部董事，广东省党外知识分子联谊会副秘书长，第十二届广东省政协委员，第十二届广东省政协界别发言人，广东省检察机关首批规范司法行为监督员，广州市检察院人民监督员。2011年11月被评为广东省优秀律师；2016年3月被评为全国优秀律师。曾策划了2018年中国（广州）律师文化节；策划并主持了"全国法律服务创新论坛"；主持了"推动'一带一路'、'自贸区'建设，加强粤港澳法律服务业合作论坛"；策划了2018年首个"宪法宣传周"万名律师宣誓活动，中央电视台《朝闻天下》《焦点访谈》栏目进行了详细报道。2018年1月在中央电视台获司法部、新华网授予的"新时代最美法律服务人（律师）"荣誉称号；2018年被广东省司法厅授予二等功。中央电视台、法制日报、南方日报、广州日报、腾讯网、法制网、中国律师网等全国多家媒体对其事迹予以报道。

升华人生坐标

将时光拨回到 1994 年，23 岁的毕亚林从中国政法大学毕业就在香港一家律师楼开始了自己的律师生涯。20 余年间，毕亚林在律师的道路上孜孜以求，由法学本科直到管理学博士，自己也从普通律师、律师事务所主任一直做到律师协会副会长。2018 年 1 月，毕亚林在中央电视台获司法部、新华网授予的"新时代最美法律服务人（律师）"荣誉称号，这是他职业生涯中浓墨重彩的一笔。

然而对欣赏"无我"人生态度的毕亚林而言，个人荣誉可以看淡，他更在意整个律师行业的发展——现在，在广东省、广州市两级律协担任公职的他，将更多的精力放在推动年轻律师专业化的工作上。在他身后，也留下了一个个让年轻律师精进和成长的平台。

如果对毕亚林的经历稍作了解即知他曾在一年之间走遍地球"三极"——珠峰、南极和北极，但这从来不是他炫耀的资本。"三极"归来之后，毕亚林一直在致力攀登自己人生的"第四极"——推动律师行业的专业化、提升法治化营商环境水平。

拒绝做"万金油"律师

出道后不久，几个案子逐渐让毕亚林找到了律师执业的"门道"。

一个养鸡场突然死了几万只鸡，养鸡场的主人却不知道找谁算账。于是找到毕亚林，毕亚林向大学里的动物科学专家咨询，根据已有信息与专业知识找到鸡大量死亡的原因，办案的过程像是在解一道谜，他找到狄仁杰断案的感觉。毕亚林初步隐约认识到，当律师光有一脑子法律知识不够，必须让自己了解"行为"本身，赢得官司的关键在于理解"行为"的逻辑。

同样的案情再次遇到。

一名 70 岁乳腺癌患者在医院治疗过程中意外身亡，家属找到律师。通常医疗纠纷是患方胜诉率极低的案件，为掌握证据，毕亚林决定先了解相关医疗领域的知识，通过在图书馆与国外网站查阅《药典》等相关文献，走访国内几家大型医院咨询药物的剂量问题。最后找到导致患者死亡的重要原因——药物剂量超量。

自此他开始形成一套律师办案的"行为理论"——要研究案件，对于行为本身就要吃透，深入洞悉案件领域的专业问题。在毕亚林看来，所有的法律问题最终都是行为规范问题，魔鬼就藏在细节之中。而拒绝做"万金油"律师，意味着要向专业领域的行为本身发起攻坚——这比掌握法条吃力得多。

随着社会阅历的日渐丰富，毕亚林逐渐将专业锁定在经济领域，学历上不断精进，最后拿下了管理学博士学位，2005 年毕亚林在广州开设广东天一星际律师事务所，工

稻花香
校友业绩录

作业绩不断攀升。

随着在投融资领域积累了丰富的实务经验，毕亚林被广州市委组织部、国资委选拔为广州市水务投资集团、广州建筑集团的外部董事，被广州仲裁委员会聘为仲裁员，被广东省检察院聘为广东检察机关首批规范司法行为监督员，全省优秀律师、全国优秀律师等荣誉也纷至沓来。

也正是体悟到专业性的用处，毕亚林在心里埋下了要在律师行业推行专业化的种子。

为弱者点燃法治之光

职业上有所成就之后，毕亚林的格局也出现改变，他开始将更多精力投入公益法律事业之中，转变源于他在办案过程中的体察，毕亚林发现，老百姓的法律服务需求存在供给短缺。这个需求和供给的矛盾，是国家基层治理的关键所在，需要政府组织一支庞大的律师队伍去发挥作用化解，这也是律师履行社会职责的应有之义。

2014年，广东省司法厅和省律协开展一村（社区）一法律顾问服务工作，派驻律师"到田间、到村居"为老百姓提供法律服务，毕亚林积极响应号召，与广州市白云区园夏村签订法律服务协议，成为首批与村（社区）签订法律服务协议的律师。2015年广东省法学会发起成立广东中立法律服务社，由25家律师事务所选派专业律师轮流值班。毕亚林也同样积极响应。

事实证明，在为村民提供法律咨询、纠纷调处、修订村规民约的过程中也需要"专业性"。2015年，又一例颇为复杂的案件摆到了毕亚林眼前。2005年顺德市北滘供销社下属企业进行改制，数十名职工被陆续遣散。事后被遣散职工发现，其与留下职工享受的退休待遇并不一样，后者的退休待遇明显高于前者。从此，被遣散职工开始踏上漫长的上访之路。毕亚林仔细分析了被遣散者提供的书面材料，研析矛盾渊源，最后向法院提起诉讼维权。长达10年的上访之路因为专业性的研判而有了化解的可能。毕亚林常常感慨，"接触的上访者越多，越感到人的执念之强大。如果这股力量能够在律师的引导之下纳入法制的轨道，基层治理面貌将焕然一新。"

"带队伍"的使命感

2011年到2012年，毕亚林在一年时间走遍"世界三极"——珠峰、南极、北极，这段不凡的经历为他的人生增添了某种传奇色彩。三极回来，毕亚林感觉自己思想境界得到提升，视野更加开阔，内心不再轻易纠结。

不甘平庸的精神是毕亚林的底色。2012年以来，毕亚林担任第八届广州市律协青工委主任。"广州律师一万多人，青年律师数量占一半以上，广州的律师工作要做好，首先在于青年律师队伍要树立一个良好的形象。"多年的从业经验让毕亚林对青年律师的处境有着深刻的认识,"刚入行的青年律师面临很大的生存压力,专业基础还没打牢,又因生存所迫接各种案子,政治上也不够成熟,这种时刻尤其需要帮助和引导。"结合自身从业经历,毕亚林深感青年律师执业技能和综合素质的缺失,为此青工委策划了"青年律师大讲堂"系列课程。这是一个为青年律师提供无微不至关爱及提升其能力的进阶"套餐",小到衣着打扮、演讲口才、压力释放等技巧,大到控辩交锋、商业谈判、司法改革等议题,均包罗其中。每一期选题毕亚林都带着团队进行课前推演,课后复盘,力求精确击中青年律师的需求。竭力的付出也得到了深厚的回报,在众人的努力下,如今"青年律师大讲堂"已从开始的乏人问津到现在期期爆满,成为中国律师界的品牌项目。

作为一名法律人,毕亚林认为要发挥律师在政府依法行政、群众依法办事、市场主体依法经营三方面的作用。自2016年他当选广州市政协委员、2018年当选广东省政协委员以来,一直积极履职,发挥重要作用,提交了多个关注民生、紧贴时政、围绕党委政府中心工作的提案,如"推进各级政府聘请律师担任政府法律顾问工作""关于建议成立粤港澳大湾区律师联合会的提案""关于协力推动粤港澳大湾区一体建设,将律师纳入人才培养计划的提案""关于引导成立县或乡镇一级民宿协会的提案""关于建立全生命周期线上服务平台的提案"等多个提案。

毕亚林认为,现在律师的法律服务几乎覆盖了政府、村居、企业等社会多个方面,每一次法律服务过程,都是对营商环境的一次体验,"春江水暖鸭先知"——律师在提供这种服务的过程中能提前真切地了解到营商环境的情况。律师对营商环境的认可,其本质是各种市场主体对营商环境的认可。所以想要打造法治化营商环境,需要高素质的法律人才提供智力保障。为此,他策划并组织了广州知识产权大律师评选活动,并将陆续开展涉外、刑事、证券等律师专业化评选项目。他还策划了2018年中国(广州)律师文化节;策划并主持了"全国法律服务创新论坛";主持了"推动'一带一路'、'自贸区'建设,加强粤港澳法律服务业合作论坛";策划了2018年首个"宪法宣传周"万名律师宣誓活动,中央电视台《朝闻天下》《焦点访谈》栏目进行了大量报道。2019年,他又当选为广州汽车摩托运动协会主席,谋划要为中国的汽车摩托车运动做点事,用"车轮"配合中央为一带一路沿线国家民心相通工作做点事。

有一句话他常常对年轻律师说起,"一个人、一个民族、一个国家如果没有信仰那将是悲哀的。为公民争公正的律师,应该相信宪法,信仰法律是基本要求;为公民争公正的律师,应该依靠专业能力,这是我们安身立命之本。"

(文/华南农业大学经济管理学院)

积极进取、锐意创新的南粤蔬菜守护者

——记国务院特殊津贴专家冯夏研究员

冯夏，男，1962年5月生，贵州凯里人，籍贯湖南衡阳，二级研究员，硕士生导师。1985年本科毕业于华南农业大学植保系，同年考上华南农业大学硕士研究生，师从赵善欢院士，研究方向为植物性杀虫剂黄杜鹃的杀虫活性及机理。1988年起就职于广东省农业科学院植物保护研究所。历任广东省农业科学院植物保护研究所副所长，蔬菜害虫学科学术带头人，公益性行业（农业）科研专项首席专家，国家科学技术奖评审专家，广东、江西、河北、四川、山东等省科学技术奖评审专家，广东省农药产业技术路线图编制组首席科学家，广东省重大决策咨询专家，广东省农业科技专家，广东省昆虫学会副理事长，中国作物学会栽培专业委员会委员，《应用昆虫学报》编委，《环境昆虫学报》编委。

1988年，冯夏硕士研究生毕业后到广东省农科院植保所工作，主要从事昆虫毒理、农药配方、小菜蛾等蔬菜重要害虫的抗药性治理及防控技术等的研究及示范推广工作。多年来他一直坚持理论联系实际，深深扎根在农业生产第一线，着力推进蔬菜害虫防控新技术的推广、成果转化及农村科技服务等工作，服务"三农"。针对华南蔬菜生产中的重要害虫小菜蛾、蓟马、斜纹夜蛾等，研制开发出"菜宝""超力""蓟蚜敌""科葆""复方菜虫菌""高效BT"新药剂6个，其中"菜宝"先后被认定为广东省重点新产品和广东省高新技术产品。他先后主持和参与国家公益性行业科研专项、国家自然科学基金、广东省自然科学基金、广东省科技攻关、国际合作和科技成果转化等项目30多项，发表学术论文60余篇（其中SCI收录17篇，Annual Review of Entomology（IF：13.7）1篇），制定行业标准1项，主编（著）专著4部，参与编写专著15部；主持起草技术标准1项；获授权发明专利4个；获各级科技成果奖8项（其中农业部中华科技奖一等奖1项，农牧渔业丰收奖一等奖1项，广东省科学技术奖一等奖3项、三等奖3项）。由于科技成果和技术推广成绩突出，1997年以来多次被广东省农业科学院授予"院科技开发带头人"称号；2004年被农业部授予第一届全国科技开发先进工作者，同年被中国农学会评为全国农业科普先进工作者；2007年被评为"十五"科技工作先进个人；多次获得广东省农科院记功奖励。2014年荣获国务院政府特殊津贴。

联合攻关　有效防控小菜蛾

2008年全国各地蔬菜害虫小菜蛾暴发，造成巨大损失，冯夏应农业部邀请，作为首席专家联合中国农业科学院蔬菜花卉研究所、南京农业大学、华南农业大学、福建省农林大学、浙江省农科院植物保护研究所、华中农业大学、云南省农科院农业环境资源研究所、海南省农科院植保所等单位协作攻关，开展小菜蛾防控关键实用技术的研究和开发。经过两期的公益性（农业）行业科研专项研究，项目组明确了小菜蛾种群越冬北限与迁飞路径，明确了小菜蛾成灾的规律与机制；首次建立了小菜蛾中期预测预警技术；规范了全国小菜蛾抗性监测方法，制定并发布了行业标准；明确了我国五大区域小菜蛾抗性变化规律，首次绘制了小菜蛾对12种代表性药剂抗性分布区域图，并构建了小菜蛾抗氯虫苯甲酰胺数字化基因表达谱，揭示了小菜蛾抗性机制；研发了小菜蛾成虫电击车、性信息素诱杀装置等防控关键技术；针对我国十字花科蔬菜的生产模式，组建了具有显著区域及种植模式特色的小菜蛾抗药性区域治理技术体系。项目技术体系的全面应用，明显遏制了小菜蛾抗药性发展势头；建立监测区26个，示范区45个，示范面积达100万亩次，直接应用面积2925万亩次；新增总产值66.7亿元，经济、社会和生态效益显著。

稻花香
校友业绩录

积极拓展　创新技术

2010年以来，针对日益严重的十字花科作物重要害虫黄曲条跳甲，冯夏研发了一套以种子丸粒化包衣为主的防控新技术，自主研制适合不同作物种子的包衣材料8种。通过丸粒化种子包衣技术可以大大提高蔬菜的生产效率，节约用种量30%以上，苗期防效高达95%。该技术目前正与种子公司及农业生产基地合作、推广应用，市场前景广阔。

（文／刘春燕）

治虫有方的植物检疫和生物防控专家

——记国务院特殊津贴专家胡学难研究员

胡学难，男，1964年9月生，湖南邵阳人，中共党员。1999年毕业于华南农业大学昆虫学专业，获博士学位。现任广州海关技术中心副主任、二级研究员，广东省昆虫学会副理事长。2011年担任原广东出入境检验检疫局学科带头人；2012年担任原国家质检总局科技委植物检疫分专业委委员、全国植物检疫标准化专业委员；2012年获国务院政府特殊津贴；2015年担任原国家质检总局柑桔专家组组长。长期从事植物检疫和有害生物防控等研究工作，主持或参与省部级及以上科研项目9项；主持或参与制定标准18项；获专利证书4项；发表科研论文34篇，其中SCI论文3篇；出版专著11部，获得国家级科技进步奖二等奖1项，省部级科研成果奖10项。

监测防控检疫性实蝇

胡学难长期从事检疫性实蝇的检疫鉴定、监测及检疫除害处理技术研究,他带领的团队自2000年以来,在全国35个省进行了实蝇监测,承担全国口岸检疫性实蝇监测实施的布点和技术指导,建立了最完善的国门生物监测技术体系,累计布点超过30万个;全面掌握我国检疫性实蝇分布、发生和发展动态,形成疫情应急处置等系列标准;维护了我国在地中海实蝇、绕实蝇属、按实蝇属等国际普遍关注的检疫性害虫分布上的非疫地位,科学证明了我国北方地区(纬度33°以北地区)属于桔小实蝇非疫区,保障了我国梨、苹果、哈密瓜等名优水果的安全出口,在制定我国果蔬检疫政策和破除国外技术性贸易壁垒中发挥了突出的技术支撑作用。胡学难同母校华南农业大学合作,积极参与导师曾玲教授主持的科研项目,运用害虫种群系统控制的理论与技术系统对桔小实蝇的生物学生态学特性及种群系统结构进行了阐述,通过监测技术,明确了桔小实蝇种群动态与为害规律。胡学难作为主要参加者的"桔小实蝇持续控制基础研究及关键技术集成与推广"项目荣获国家科学技术进步奖二等奖。

源头管控红火蚁

红火蚁是国际重大危险性入侵害虫。胡学难团队通过研究,提出了火蚁种类COI基因、微卫星基因分子鉴定方法,明确了多个国家、地区来源红火蚁遗传结构的多样性及相似性,弄清了口岸及国内物品传播红火蚁风险程度,提出了风险管理策略。在出入境检验检疫中应用该项鉴定与检验技术,明显提高了检疫准确性,提高了截获率。多年来,原广东局截获的红火蚁批次占全国的90%以上。该项技术目前在全国口岸得到广泛应用,可在源头上有效地防控红火蚁传入我国。

火眼金睛截害虫

近年来,结合口岸一线需求,应用最新研究成果,胡学难在有害生物检出率方面做出了突出贡献。从埃及桔子、马里辣椒中鉴定出地中海实蝇;多次在智利苹果中鉴定并截获苹果绵蚜、扎圆尾蚜等;从美国苹果上多次截获苹果绵蚜、臀纹粉蚧等有害生物。因这些有害生物的截获,原国家质检总局向出口国多次发出了警示通报,保护了我国农业生产和生态安全,为我国在多边贸易谈判中占据主动地位发挥了重要作用。

防控研究促出口

为了大力促进广东农产品的出口,胡学难带领的研究团队潜心研究实蝇检疫处理技术。结合广东局在实蝇鉴定和监测领域的领先地位,积极开展实蝇监测,服务果蔬出口和农业增产增收,已逐步建立了以实蝇监测为主体的外来有害生物监测技术体系。他还主动开展实蝇检疫处理新技术研究,并有效运用于荔枝、龙眼等南方特色水果的出口方面。针对梅州沙田柚出口存在的病虫害问题,他多次到梅州进行实地考察,立项开展了实蝇非疫区及出口柑橘黑斑病侵染机理及防控技术研究,有效地促进了梅州沙田柚的出口。这些研究不仅推动了我国果蔬的出口,也为当地农业生产提供了技术支持。

技术援外展宏图

运用热水除害处理的技术方法,胡学难研发了木瓜实蝇热水除害处理技术,经试验筛选的杀虫处理条件是果心温度46℃持续10分钟,能够有效杀死木瓜实蝇。成果成功应用于入境马来西亚木瓜的除害处理实践中,保障了进口,提高了通关速度。同时,该成果以技术援助的形式已经应用于马来西亚木瓜除害处理,在马来西亚建立了热水处理设施,处理结果得到了中国 – 马来西亚双方检疫部门的认可,有效降低了马来西亚木瓜携带实蝇的风险,解决了马来西亚木瓜输华技术难题,开创了我国植物检疫除害处理技术对外援助的先河。

智能识图提效益

2018年,胡学难作为项目主持人申请的国家重点研发计划项目"跨境邮寄物中风险源在线可视化识别与处置技术"获得立项,获得科研经费1471万元。该项目聚焦我国跨境电子商务新业态的快速发展,口岸邮寄物数量多、抽样比率低和截获违禁物等安全事件频发等问题,针对潜在携带的动植物及其制品、管制刀具、危化品、毒品、生物制品等核心风险源,从多元多维度自动识别技术、自动分级分拣系统、拆包防护装备、风险处置技术、风险信息预警监控平台等方面,开展全链条一体化研究,建立跨境邮寄物风险源在线可视化识别与处置技术体系,并在全国10个邮寄物口岸进行示范应用,提高海关邮寄物现场查验效率,把好海量邮寄物跨境安全第一关。

(文/孔琴　刘春燕)

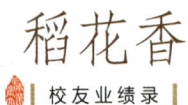

扎根森林沃土　攀登科技高峰

——记广东省高等教育优秀教学成果奖一等奖获得者李吉跃教授

　　李吉跃，男，1959年生，四川省成都市金堂县人，现任华南农业大学林学与风景园林学院教授。1982年毕业获农学学士学位。1982年7月被分配到四川省汶川县卧龙自然保护区管理局工作。1990年7月获北京林业大学农学博士学位，师从我国著名林学家沈国舫院士。2008年3月作为高端人才引进到华南农业大学林学院工作，任森林培育学科带头人。2013年12月至2019年5月任华南农业大学林学院院长。2018年教学成果获得广东省教学成果奖一等奖。

社会殊荣

铭记恩师教诲　扎根祖国沃土

1990年李吉跃博士毕业留校任教，留校之前与恩师沈国舫先生的一番谈话让李吉跃和水分（植物与土壤）结下了不解之缘。恩师说，我们是搞森林培育的，是在自己的土地上搞森林培育，如果不了解自家的土地，怎么能做到适地适树，培育出好的林子呢？从此，李吉跃时刻铭记恩师的教诲，一心扑在了解和掌握我国各种立地条件，特别是华北石质山地、黄土高原、西北荒漠等特殊困难立地造林的实践之中。依托其博士论文，1992年李吉跃申报并获得了第一个国家自然科学基金项目"我国北方主要造林树种耐旱机理及其分类模型的研究"，同年也获得了北京市自然科学基金项目"京西山区主要造林树种苗木耐旱机理的研究"。通过国家和北京市自然科学基金的资助，李吉跃在树木水分生理、抗旱造林技术等方面的研究取得了丰硕成果，由于贡献突出，1993年获得了国务院政府特殊津贴，并晋升为副教授，时年34岁。1994年由他主要参与完成的研究成果"太行山石质山地造林技术研究"获得了林业部科技进步奖一等奖，并获第三届中国林学会青年科技奖。1996年破格晋升为教授，1997年成为博士生导师，他成为国内最早开始研究我国造林树种水分关系及其耐旱机理的树木水分生理理论的研究者之一，持之以恒地以此为研究方向和目标，在国内具有重要影响力。

不忘初心使命　践行立德树人

有人说，把平凡的事做到极致就是艺术，把艺术持续下去就是匠心……培养人才是教师的天职，李吉跃从当上人民教师的第一天起就深刻认识到这一神圣使命，他不忘初心，用真心和真情去培养学生，做到了立德树人。李吉跃从教29年，他说，他只做了几件平凡的事情，而这些事情，一做就是29年，坚持了29年！第一件事情，从李吉跃任教的第一堂课开始，他的第一句话永远都是一句问候：同学们好！这句话他坚持了29年，这句话很朴实，也很普通，但表达出了他对学生的一片深深的挚爱，在他心中，学生永远是第一位的。第二件事情是从他任教的第一节课开始就站着给学生授课，这一站就是29年，他认为这是对学生的尊重，代表了教师的形象、自信和气场，更是一种责任和担当。第三件事情是精心备课，把最新、最丰富的知识传授给学生。他非常重视备课，会在课前查阅补充最新的资料和数据。第四件事情是认真批改作业和论文，他认为这是提高学生综合能力，特别是培养学生创新思维、综合分析及写作能力的重要环节。他对学生的每一篇作业和论文都会用红橙蓝三色笔逐字逐句进行批注和修改，通过这三色笔触使学生学到了更多，领悟到了更多，思考到了更多……第五件事情是永远把学生的安全放在第一位。学生们都知道他带学生去野外实习调研时

稻花香
校友业绩录

总是选择坐在副驾驶位置,以前学生总以为这是他的喜好和习惯。在有一年的生日会上他说出了原委,他认为副驾驶位是最危险的,他不希望他的学生受到任何伤害!

29年来,李吉跃给本科生和研究生讲授了十几门课程,培养了100多名研究生。2010年主编了国家级规划教材《城市林业》(2013年再版),2015年该教材获全国农林优秀教材奖二等奖。2015年在华南农业大学第四届研究生"我爱我师"我最爱的导师评选中获得"优秀导师"称号。2018年由他主持的教学成果获得了广东省教学成果奖一等奖,由他参与的教学成果获得了高等教育国家级教学成果奖一等奖。2019年李吉跃被授予华南农业大学第一届"师德标兵"称号,这是对他从事高等教育事业29年的最好褒奖!

勇攀科学高峰　成就梦想人生

李吉跃从小就立志要当科学家,这是他儿时的一个梦想,随着年龄的增长,这个梦想变成了他的追求,最终成为他一生的追求。当时由于家庭经济状况不好,从小学开始他就利用寒暑假做小工,挣点小钱补贴家用。在酷暑严寒的假期里,他在河边捡过石灰石、洗过废品凉鞋、劈过竹竿、搓过麻绳、担过砖、砌过瓦、放过牛羊……小

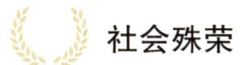

时候的这些经历练就了他吃苦耐劳、坚忍不拔的意志和精神，为他日后艰苦的研究工作奠定了坚实的意志和精神基础，使他终身受益。上中学后，他最崇拜的就是科学家和工程师，并立志要当一名科学家或者工程师。1978 年他考上云南林学院（原北京林学院）亚热系亚热带林专业，迈出了实现成为科学家梦想的第一步。1982 年 7 月，李吉跃以优异成绩大学毕业，被分配到四川省汶川县卧龙自然保护区管理局工作。1984 年他顺利考上了梦寐以求的研究生，师从我国著名林业教育家、中国工程院院士沈国舫先生，迈出了他实现梦想的第二步。

导师对他要求非常高，在硕士到博士的 6 年培养了李吉跃敢于拼搏、勇于探索、追求真理的开创精神和科学素养，为他以后的科学研究奠定了坚实的基础，也成为他实现科学家的梦想的关键一步。1990 年李吉跃博士毕业后留校任教，开启了他的教学科研新征程，也迈出了他实现科学家梦想的最后一步。他的博士论文《太行山区主要造林树种耐旱特性的研究》是国内最早研究我国造林树种水分关系及其耐旱机理的树木水分生理论研究之一。以此为基础，他于 1992 年成功申请了第一个国家自然科学基金项目"我国北方主要造林树种耐旱机理及其分类模型的研究"。此后，他连续获得了 4 个国家自然科学基金项目，持续了这一领域的 17 年研究。其中，第 2 个国家自然科学基金项目"我国北方主要造林树种水力结构模型研究"是他利用在加拿大做博士后期间（1995—1996）的最新研究成果申请获得的，2001 年他申请到了第 3 个国家基金项目"干旱半干旱地区土壤水分承载量与植被恢复机理研究"，这个项目结束之后，他作为国家公派高级访问学者在澳大利亚国立大学生物研究所进修学习（2003—2004），回国后他又利用在澳大利亚学到的最新研究申请到了第 4 个国家自然科学基金项目"全球 CO_2 浓度增加与干旱胁迫的交互作用对树木水分运输安全的影响"（2005—2007）和第 5 个项目"树木碳同位素分辨力与水分利用效率的遗传稳定性研究"（2007—2009）。从 5 个基金项目的题目可以看出，树木水分关系是李吉跃研究的核心和不变的研究方向和目标，他在开展研究的基础上能深刻地把握国际研究的前沿和趋势，不断地提出创新性的科学问题和前沿课题，从而使这个领域的研究不断创新与发展，也使他在这个领域成为国内的领军人才。

（文/华南农业大学林学与风景园林学院）

广东现代农业职业教育的探索者

——记广东省农业技术推广奖一等奖获得者李志伟教授

　　李志伟，男，汉族，1961年8月生，广东鹤山人，教授，博士生导师。1985年加入中国共产党。1982年2月毕业于华南农学院农机具设计与制造专业并留校任教；1987年10月至1989年2月公派到英国Newcastle大学留学，获硕士学位；2002年12月获华南农业大学农业机械化工程专业工学博士学位。1995年12月晋升副教授；1996年遴选为硕士研究生导师；2001年12月晋升教授；2003年起担任博士生导师。1998年7月至2005年1月任华南农业大学工程技术学院副院长；2005年1月至2008年11月任罗定职业技术学院党委副书记、副院长；2007年当选为中共广东省第十届党代表；2008年11月至2016年4月任罗定职业技术学院党委副书记、院长；2016年4月至今任广东科贸职业学院党委副书记、院长。

潜心高等教育农机化教学与研究

李志伟1982年大学本科毕业后留校工作，从事农业工程学科的教学和科研工作，主要承担"机械制造工艺学""机床夹具设计""现代机械设计技术"等课程的教学工作。1988年起任机械设计制造及自动化专业首席教师，该专业于2005年被评为广东省名牌专业。1990年荣获首届华南农业大学王宽诚育才奖，1996年荣获广东省南粤教坛新秀称号。1998年以来指导博士研究生7名，硕士研究生20余名。指导本科生参加全国首届机械创新设计大赛，获全国二等奖1项、三等奖1项，获中南地区一等奖2项。个人参编论著3部，发表教学论文6篇。

在做好教学工作的同时，他不忘潜心研究自动催芽技术及育苗设施、工厂化育苗配套的播种设备、蔬菜育苗技术及播种机械、轻型农业机械、水果加工机械如龙眼去核机等技术与设施设备。先后主持和主要负责了"农业机械化关键技术和设备研制——南方水稻机械化栽植配套技术与关键设备的应用""蔬菜播种技术及设备的研制""滚筒气吸式蔬菜育苗穴盘播种机""现代农业技术装备研制开发——甘蔗收获技术体系及装备的研究与开发""蔬菜播种育苗引进设备的试验""水稻钵苗生产技术与精密播种设备"等国家"九五"攻关项目子专题项目、国家"十五"攻关项目、国家自然科学基金项目、国家农业科技成果转化资金项目、国家星火计划项目、广东省科技创新百项工程项目、广东省科技成果推广计划项目、广东省农业科技攻关计划项目、广东省农业厅人大议案项目等共22项。发表科研论文40余篇，获实用新型专利5项、发明专利4项。2001年被国家科技部、财政部、计委和经贸委评为"九五"国家重点科技攻关计划先进个人。2002年负责的项目"电磁振动式水稻穴盘育秧精量联合播种设备"获得广东省科学技术奖二等奖（排名第2）；2006年负责水稻育秧技术与成套设备应用推广，获广东省农业技术推广奖一等奖（排名第2）；2009年负责的项目"水稻精量播种技术关键设备"获得教育部技术发明奖一等奖（排名第3）；2015年负责的项目"水稻生产机械化关键技术与装备创新团队"获农业部中华农业科技奖"优秀创新团队奖"（等同于科研成果一等奖，排名第14）；2017年主持的"岭南绿色农业职业教育星创天地"项目成功获广东省科技厅和国家科技部备案。2018年2月被聘为广东省农机化科技创新专家组副组长兼种植机械化专业组组长。2018年9月主持的项目"气力滚筒式穴盘播种技术与装备推广"获广东省农业技术推广奖一等奖。

稻花香
校友业绩录

扎根贫困山区高职教育

2008年李志伟任罗定职业技术学院负责人后，针对学校经济和地理条件较差等不足，不断探索具有激励机制的管理方法，充分发挥各级部门的作用，团结依靠广大教职员工，发扬"艰苦奋斗，务实创新"的办学精神，围绕建设具有鲜明山区特色的高职院校的奋斗目标，找准学校定位，发扬传统优势，坚持走内涵与外延式相结合发展的道路。他积极探索高职教育的办学理念，通过重内涵、强特色，设定做好、做强、做大的发展目标，不断优化组织机构，健全管理制度，注重培养干部队伍，强化教学团队，推行教学改革，培养应用型高技能人才，不断提高人才培养工作水平。通过积极探索经济欠发达地区高职教育人才培养的新模式，坚持以服务为宗旨，确立了面向中小企业和山区基础教育培养一专多能的高素质技能型人才的办学定位，确定了以教育类专业为基础，理工经管文综合发展，做优教育类，做强财经类，做大理工类的办学目标，凝练出"诚朴、勤学、砺能、求索"，反映学校办学理念与治校精神的校训。在教学改革方面，他提出了以就业为导向的观念对接、知识对接和信息对接的就业观，

以就业观中的知识对接为抓手来改革专业教学内容和方法。以培养一专多能人才为目标优化课程设置，他提出了基础教育与素质教育相结合、理论教育与实践教育相结合、专业教育与特色教育相结合的育人理念。在11年的时间里，在上级有关部门的支持和学校师生的共同努力下，学校在教学、科研、社会服务等方面均取得了较大进展，全日制在校生人数从2004年的3400多人发展到2016年的1万多人。

为了能够在欠发达山区留住人才，培养本地人才，他长期与当地政府合作举办5年一贯制大

专师范订单班，招收优秀初中毕业生，为山区基础教育培养高素质教师。同时与当地市委市政府合作，通过成人教育通道，从2013年起每年招收300~500名村干部开展大专学历教育，提高村干部素质和管理能力，为乡村振兴打下基础。

探索广东现代农业职业教育新模式

2016年5月，李志伟任广东科贸职业学院院长后，围绕立德树人的根本目标，坚持"突出特色、强化技能、服务社会"的办学理念，践行"砺志修德，强能善技"的校训精神，准确把握职业教育和社会经济发展形势，着眼建设"具有鲜明特色、国际视野"的高水平高职学院，顺应广东高职将迎来"扩容、提质、强服务"新局面新发展，积极构建"校企所协，深度融合"人才培养模式，不断探索广东现代农业职业教育新模式。发挥涉农办学、双创平台、办学模式三大优势，以人才培养方案为主线，以专业课程、实践教学为体系，实施办学质量提升、强化办学特色、加强教师队伍建设、产教融合发展、品牌文化创建、治理水平提升等六大攻坚行动，提升教书育人实效。近3年来，学校先后获批为国家教育部第三批现代学徒制试点单位、国家农业部首批全国新型职业农民培育示范基地、国家科技部第二批国家级"星创天地"项目单位、广东省大学生创新创业教育示范学校，为建设成为广东省示范性高职院校奠定基础。目前他担任了广东省高职教育农业类专业教学指导委员会主任委员、中国现代畜牧业职教集团副理事长、中国茶业职业教育集团副理事长、中国现代农业职业教育集团常务理事、全国农业职业教育教学指导委员会委员、广东省"一带一路"职业教育联盟副理事长、广东农业职教集团理事长。

广东科贸职业学院是广东省唯一一所省属涉农高职院校，李志伟作为学院院长，将一如既往地坚守农业高职教育阵地，发挥农业科技创新大有可为的优势，创建农业职业教育办学品牌，夯实农业的基础地位，为广东补齐农业职业教育的短板，为广东农业发展提供人才支持和技术支撑。

（文/彭伟）

问渠那得清如许　为有源头活水来

——记"广东特支计划"教学名师林丕源教授

　　林丕源，男，汉族，1963年7月生，四川蓬安人，"广东特支计划"教学名师，广东省高等学校教学名师。1984年本科毕业于成都电讯工程学院（现电子科技大学）计算机软件专业，获工学学士学位；1989年硕士研究生毕业于电子科技大学计算机软件专业，获工学硕士学位；1984年7月至1999年7月，在西南石油学院工作；1999年8月调入华南农业大学工作至今。2007年1月至2014年12月，任华南农业大学信息学院、软件学院副院长。2010年和2014年分别获广东省教学成果奖一等奖和二等奖各1项。

社会殊荣

仰望星空　向往未来

林丕源出生在一个书香之家,其祖父担任过民国时期教育局的督学,其父是20世纪50年代的中专毕业生,其母也受过一定教育,能读书看报。父亲的教育和良好的家庭环境给了林丕源积极向上的力量和向往美好生活的原动力。

林丕源小学和初中阶段恰好经历着国家的一个特殊时期,国家在探索中曲折前行,学校的教学也受到影响,学生有更多时间用于学农以及学习音乐、舞蹈和绘画等。林丕源也在此时迷上绘画,跟老师学画画、临摹、写美术字,并常为学校办黑板报和书写标语。在读初二时,他才真正转向系统的文化知识学习。初中毕业后,林丕源以高分考进四川蓬安中学高中重点班学习,两年后参加高考进入大学学习。

林丕源1984年从成都电讯工程学院毕业,工作两年后又考取电子科技大学微型计算机研究所硕士研究生,师从我国著名计算机专家刘锦德教授。

在大学和研究生期间他学习成绩优异,除专业学习之外,还喜爱跑步、健身、绘画、习字、集邮和古典音乐。这些在求学时养成的好习惯和爱好,一直保持至今。大学给了他广阔的空间,仰望星空,积蓄力量,林丕源对未来充满向往和希望,感受生活的美好,相信明天会更好,这使他在工作、学习和生活中能保持乐观向上的积极心态。他走上讲台执教几十年,也总能把乐观向上的精神传递给学生。

稻花香
校友业绩录

探索实践　收获快乐

1984年林丕源从成都电讯工程学院毕业后成为西南石油学院的一名教师，1999年调入华南农业大学，至今已在高校从事教育、科研工作36年。

来到华南农业大学后，林丕源积极组织、申请并先后获批了网络工程专业、软件工程专业、省级计算机科学与技术名牌专业、省级教学重点实验室、省级示范性软件学院、省级软件工程特色专业、省级专业综合改革试点、国家级和省级校外大学生实践教学基地、应用型人才培养基地等一大批本科、硕士专业和其他建设项目，为专业和学科建设做了大量艰辛和开创性的工作，取得了丰硕的成果。

尽管工作十分辛苦，但林丕源说他很快乐，因为能体现自己的价值，也能历练自己。为提高人才培养质量，他和刘财兴等带头人和骨干确立了高起点学习和探索实践路径。

林丕源作为华南农业大学最早的教练，鼓励、组织并亲自带领学生参加计算机学科最具影响力的学科竞赛ACM-ICPC（国际大学生程序设计竞赛），学校在该赛事中3次进入全球总决赛，最好名次为全球第19名；已获得众多洲际区域赛的金牌、银牌和铜牌。林丕源培养锻炼了一大批学生，同时为更多的学生指明了发展的方向，树立了学习的榜样，为人才培养探索了成功的路子，积累了经验。

人才培养是个系统的工作，林丕源在引企入教、产学结合培养人才中，选择知名度高、实力雄厚并愿意为教育提供优质服务的企业，联合建成国家级和省级大学生实践教学基地。通过狠抓培养质量，学校软件工程及计算机类专业毕业生的就业竞争力和薪资水平一直处于各专业前列。作为第一完成人，林丕源于2010年和2014年分别获广东省教学成果奖二等奖和一等奖各1项。

为重点解决办学过程与产业联系不密切、学生工程能力培养系统性不强和真实工程项目经验获得不容易等问题，林丕源探索形成一种贴近产业、立足本科层面、以系统培养工程能力和实施软件工程项目复现为特色的软件人才培养模式。作为负责人，他为学校建设了国家级大学生校外实践教育基地、广东省大学生实践教学基地和广东省应用型人才培养示范基地。至今，林丕源已主持质量工程和教改类等国家级和省级项目12项，指导10项国家级和省级大学生创新训练计划项目。

念念不忘，必有回响。林丕源2010年获华南农业大学教学名师称号，2014年获广东省高等学校教学名师称号，2018年入选2017年"广东特支计划"教学名师。教书育人最大的回报并不是荣誉，林丕源追求的是学生的成长成才及专业学科建设的不断进步发展，"收得桑榆归物外，种成桃李满人间"才是林丕源一直的追求。

教书育人　享受过程

梳理林丕源的成长历程和在人才培养中取得的成绩，能深切地感受到他乐观向上的精神和发自内心对教书育人的热爱。

他认为：教书育人，爱为源，德为先，育为本，法为重。爱是做好大学教师的原动力。他说："我爱大学校园的优美风光和文化气质；更爱学生们年轻而充满朝气的面孔。"德是做好大学教师的先决条件，有德方能服人，身教甚于言传。他乐观向上、敬业负责、言辞得当、为人和蔼的风貌，赢得了学生的信任和喜爱。育是做好大学教师的根本目标，教书贵在育人。他在传授专业知识的同时，注意培养学生形成遵纪守法的基本品质、善于学习的良好习惯、积极进取的健康心态、与人为善的处事风格，以期他们能坦荡和快乐地追求人生价值。法是做好大学教师的重要保证。教有良法，但无定法，贵在得法。他追求自如的教学方法永无止境。他勤于"台上一分钟台下十年功"的修炼。因为有爱，因为修德，因为能育人，因为求良法，所以林丕源成为一名好的大学教师，一名快乐的大学老师。

林丕源特别谈道，大学教师，在教书育人上要有大爱。"问渠那得清如许，为有源头活水来"，是他人生和从教的心得写照。

（文/刘继红）

广东省社工教育和实务的开拓者之一

——记中国优秀社工人物张兴杰教授

张兴杰，男，汉族，1962年4月生，四川省宣汉县人，1982年9月至1989年7月在兰州大学历史系学习，获历史学硕士学位。1989年7月开始在兰州大学行政管理系任教，1994年底破格晋升为副教授，1995年6月被评为硕士研究生导师。1999年4月调入华南农业大学人文科学学院工作，9月开始担任社会工作系首届系主任，是广东省首个社工系主任。2001年12月晋升为社会学教授，2001年5月至2005年5月任学院主管教学工作的副院长。2005年5月调任新组建的公共管理学院代院长，2006年12月至2010年12月任院长，2011年1月至2015年3月连任院长。现为公共管理学院社会工作系教授、华南农业大学社会工作与社会政策研究中心主任。

张兴杰是华农社会工作系和公共管理学院主要开拓者之一，也是广东省社工教育和实务的开拓者之一。曾荣获"华南农业大学教学名师""南粤优秀教师""广东省优秀社工导师""全省教育系统创先争优优秀共产党员""中国优秀社工人物"等荣誉称号。还荣获国家级科研成果奖三等奖1项、省级科研成果奖二等奖2项、省级教学成果奖一等奖2项，均为独立完成或排名第一。

社会殊荣

孜孜追求　科研成果显著

张兴杰科研能力强,在兰州大学期间,先后获得了两项重大科研成果。1997年,独著的31万字的专著《马克思主义的歌中之歌——〈共产党宣言〉研究》荣获甘肃省第五届社会科学"兴陇奖"二等奖(中共甘肃省委、省政府联合颁发);1998年,该书又荣获全国普通高等学校第二届人文社会科学研究成果奖三等奖(国家教育部颁发);1999年,独立主编(主要作者)的41万字的专著《跨世纪的忧患——影响中国稳定发展的主要社会问题》荣获甘肃省第六届社会科学"兴陇奖"二等奖(中共甘肃省委、省政府联合颁发)。

其2005年之后的科研项目和成果为公共管理学院公共管理一级学科硕士点和MPA、MSW两个专业学位硕士点的成功申报做出了重要贡献。自2005年公共管理学院建院至今,张兴杰共主持各类课题40余项,其中国家级和省部级10项,厅局级8项,行业委托20余项;共发表论文50余篇,其中独著或第一作者、通讯作者28篇,第二作者20余篇,大多发表在《光明日报》《人民日报》及其他中文核心期刊、CSSCI来源期刊等重要刊物上;还出版了10余部著作,其中社会学、社会工作方面的主要有7部(唯一主编、共同主编或署名第一):《农村社区建设与管理研究》,华南理工大学出版社,2007;《社会工作实务研究》,华南理工大学出版社,2008;《社会工作专业化探索》,华南理工大学出版社,2008;《广州市农村残疾人及残疾人事业调查研究》,华南理工大学出版社,2009;《探索中的中国本土社会工作服务实践》,暨南大学出版社,2014;《认识社会:定性与定量研究》,暨南大学出版社,2014;《农村社会工作发展策略》,科学出版社,2015。

致力教学　无私培养学生

张兴杰高度重视专业建设和教改研究，力图通过实习基地建设、课程建设、教材建设、教育质量工程项目建设、教育教学成果培育等方式，提高人才培养质量。

1999年9月，张兴杰牵头创办了社会工作系，并担任该系首届系主任；后来又参与创办了公共事业管理系、社会学系、劳动与社会保障系，曾兼任公共事业管理系主任；先后为社会工作等专业建立了10多个教学实习基地。主持承担了广东省高等教育教学改革重点研究项目"面向社会主义新农村建设的农业高等院校传统、优势学科专业改革研究与实践"，先后在《光明日报》《中国社会科学报》《社会工作》等重要刊物上发表了多篇教改论文（独著或第一作者），其中独著的《高校：个性化培养？类别化培养？》在2012年7月18日《光明日报（高等教育版）》发表后引起了很大的社会反响，被数十家媒体转载。2009年，主讲的"社会学概论"课程被广东省教育厅评定为广东省省级精品课程，2013年又被广东省教育厅评定为广东省省级精品资源共享课程。他建立了"社会学概论"课程网站、"社会调查"课程网站、"社会工作专业学习"网站，其中"社会学概论"课程网站累计访问人数已超过10万人次。2004年至今，张兴杰先后在中国农业大学出版社、中国农业出版社、南京大学出版社、北京大学出版社、科学出版社、华南理工大学出版社出版了8部教材：《现代社会学》（唯一主编），中国农业出版社，2004；《行政管理学》（第一主编），中国农业大学出版社，2004；《社区管理》（唯一主编），华南理工大学出版社，2007；《社会调查》（唯一主编），南京大学出版社，2008；《公共行政学》（第一主编），中国农业大学出版社，2008；《现代社会学新编》（唯一主编），北京大学出版社，2012；《社区管理》（第2版）（第一主编），科学出版社，2016；《社会工作导论》（唯一主编），科学出版社，2016。

张兴杰申请的省级教育质量工程项目有：2010年2月，主持完成"社会工作专业实践教学体系的建构与实践"，荣获"第六届广东省高等教育教学成果奖"（政府奖，四年一评）一等奖；2014年6月，主持完成"社会工作专业类别化、社会化、国际化人才培养模式的探索与实践"，荣获"第七届广东省高等教育教学成果奖"（政府奖，四年一评）一等奖，为社工系和学院争得了重大荣誉，为学院相关硕士点、博士点的申报奠定了重要基础；2014年负责的"社会学与社会调查教学团队"，被广东省教育厅评定为广东省省级教学团队；2015年负责的"社会工作专业核心课程教学团队"，被广东省教育厅评定为广东省省级教学团队。张兴杰十分关心学生成长，抽出大量时间和精力培养本科生、研究生的调查能力、科研能力、创新能力，先后指导10多组本科生、研究生申请或获得了国家级、省部级课题、奖项和荣誉称号，多次资助本科生、

研究生到省外参加学科竞赛和学术会议,从自己的课题经费中给他们报销相关费用,指导的硕士研究生中已有3人考上了中国农业大学、华东理工大学和厦门大学的博士研究生。

社会服务　知名度美誉度高

张兴杰通过相关学会、协会、研究会、智库等平台,积极参与行业评估、政策倡导等社会服务,在广东社会学和社会工作界有很大影响,也扩大了华农社会学和社会工作学科的社会知名度和美誉度。目前张兴杰在校外兼任了20多个学术和社会职务,其中主要包括:中国社会工作学会理事和学术委员会委员,《中国社会工作学刊》编委,广东省社会学学会副会长,广东省社会工作学会常务副会长,广东省社会工作协会副会长,广东省城市社区建设研究会副会长,广东省社会管理研究会副会长;广州市社会工作协会副会长,广州市社会工作学会副会长,广州市社区居家养老服务协会会长,广州市司法矫治协会会长,北斗星社会工作服务中心理事长兼总督导,广州市民政局智慧团常务副主席(市民政局,2016年),广州市突发事件应急管理专家库专家(市政府,2017年),广东省第六届学位委员会专业学位(社会工作)研究生教育指导委员会委员(广东省学位办,2016年),广东省本科高校社会工作专业教学指导委员会主任委员(广东省教育厅,2019年)。

(文/王茹)

致力于自主研发与产业推广的农机人

——记中国青年科技奖获得者王在满副研究员

王在满，男，1979年生，广东澄海人，现任华南农业大学工程学院副研究员、硕士生导师。2002年毕业于华南农业大学机械设计制造及其自动化专业，毕业后留校工作至今。2009年获华南农业大学现代农业装备与设施专业工学硕士学位，2016年获华南农业大学农业机械化工程专业工学博士学位。长期从事水稻精量穴直播技术与机具的理论基础及产业化应用研究，主持或参加了省部级和国家级项目30多项，发表论文60余篇，参编教材和专著2部，授权发明专利20余项，技术成果转化2项。获国家技术发明奖二等奖1项（排名第2）和省部级科技奖励5项。指导学生参加创新设计大赛获奖6项。2018年获第六届中国农业机械学会青年科技奖，2019年获第十五届中国青年科技奖。

社会殊荣

结缘农机　初心难忘

2002 年，王在满毕业于华南农业大学工程学院机械设计制造及其自动化本科专业，大学期间虽然学习了农业机械化方面的课程，但对农机专业知识仍懵懵懂懂。不同于其他同学考公务员或到企业工作，王在满毅然选择了留校在农机实验室当一名实验员，由于他有着进修学习专业知识的强烈愿望，从此便与农机教学科研事业结缘，一干就是 17 个年头。时任工程学院院长区颖刚教授对留校工作的几位老师只说了一句"希望你们干好每一天就行"，王在满一直牢记这句话，也一直没有辜负前辈的期望。

来自农村的学生和家长都希望可以借读书"脱农"，王在满大学毕业后反而开始天天与农业和农机打交道，父亲一开始不理解，开玩笑地说"我都不种田了，你反而跑去帮人种田"。"是的，这是我自己的选择"，他潜意识里就告诉自己"要干就干有意义有价值的事情"。

王在满从本科毕业论文设计到硕士和博士学位论文，都是做与水稻直播机有关的研究课题。本科期间在李志伟教授的指导下完成了毕业设计论文《水稻直播机行走轮机构的设计》，当时正值工程学院研究团队提出水稻直播机课题。留校工作后，先后参加了"甘蔗剥叶机""水田激光平地机"等课题的研究工作，直到 2006 年考取了硕士研究生，导师罗锡文教授建议他重点钻研水稻精量穴直播机的研究课题。从此，"水稻精量穴直播技术与机具"就成了他的主要研究方向。2009 年完成了硕士学位论文《型孔轮式水稻排种器的优化设计》，2016 年完成了博士学位论文《同步开沟起垄水稻机械化穴播技术研究》。经过 10 多年的学习积累，在水稻精量直播机械及关键技术方面奠定了较好的研究工作基础，具备一定的影响力。

扎根农机　实践创新

多年来的第一线科研工作经历让王在满对中国农机事业有了更深刻的认识和思考。中国水稻种植面积 4.5 亿亩，机械化种植率不到一半，大部分还是靠人工种植，因此，"中国水稻靠谁来种、靠什么来种"成为团队思考的问题，他的导师罗锡文院士经常说"再过 50 年或 100 年人们还要吃饭，所以肯定还需要种田"。他目睹了许多七八十岁的老人还在田里插秧干农活，每次看到这种场景都会坚定他的专业和工作选择。2009 年王在满第一次带着水稻直播机到新疆温宿做试验，第一天帮乡民播完了一块田，第二天乡民守在酒店门口说一定要帮忙把 100 亩左右的田播完，这就是农民真正的迫切需求。因此，王在满一直坚信中国农机事业意义重大，这也是他一路坚持不懈、扎根农机的动力。

稻花香

校友业绩录

众所周知,中国是世界上最早研究插秧机的国家之一,但目前在中国应用的水稻插秧机基本上是日本生产的。罗锡文院士从2006年开始就一直在呼吁"我们必须重视水稻直播机的研究工作,不能重走插秧机的老路"。王在满在导师的影响下,也坚信水稻精量穴直播机的研发必须走自主创新之路。为此,针对人工撒播稻无序生长、扎根浅、易倒伏等问题,王在满参与发明了三同步水稻精量穴直播技术,首创了水稻成行成穴和垄畦栽培机械化种植新模式;针对水稻种植区域广、品种多、精量播种要求高的特点,主要负责发明了一种播量可调的组合型孔排种器,采用"瓢形组合型孔+双充种室"充种方式和弹性随动护种方式,稻种破损率降至0.2%以下;针对不同区域、不同品种和不同播种要求,研发了普通型、同步施肥型、同步喷施型等水稻精量穴直播机系列机型,实现了播量可控、行距可选、穴距可调和仿形作业的目标;同时还重视农机农艺相融合,针对直播稻"苗难齐、草难除"的问题,深入研究了水稻机械化穴播技术的配套农艺及技术规程,为机具研发及应用提供了依据。

从2006年至今,王在满为了推广水稻精量穴直播技术与机具,足迹已遍布全国20多个省(市、自治区)以及泰国、老挝、越南等东南亚国家,最多时每年有6个月的时间在外地开展技术试验和推广应用工作,他也是我国第一个操作高速水稻精量穴直播机的机手。

功夫不负有心人。2012年开始,普通型水稻精量穴直播机和同步施肥型水稻精量穴直播机2项成果许可给上海世达尔现代农机有限公司批量生产,已累计推广机器1000多台,企业新增销售额1亿元以上,每年应用面积200万亩以上,培训机手和技术人员5000人以上。该成果荣获2017年度国家技术发明奖二等奖,"水稻精量穴直播机具"入选2017年中国农业农村十大新装备。在2016年水稻机械化直播技术国际研

讨会上，王在满获得由袁隆平、汪懋华、谢华安、陈温福、张洪程、宋宝安和罗锡文 7 名院士联合签名的"中国水稻机械化直播技术发展贡献奖"。2018 年获第六届中国农业机械学会青年科技奖，2019 年获第十五届中国青年科技奖。

情系农机　敬终如始

在每次的团队工作会议上，团队带头人罗锡文院士经常会说："我们要把每个研究方向都作为自己的事业来做。"在罗锡文院士的带领下，华南农业大学水稻生产机械化技术与装备创新团队带动了全国 20 多个省份的高等院校、科研院所和生产企业等单位参与水稻机械化直播领域的技术研究，引领了全国水稻机械化直播技术的发展。作为团队核心成员，王在满已立志将水稻机械化直播技术研究和产业化应用作为自己奋斗一生的事业，希望继续引领该技术在中国乃至全世界的发展。

首先，掌握核心关键技术。目前，华南农业大学研究团队在排种器创新设计和水稻机械化直播技术配套农艺研究方面具有较好的优势，但与日本相比，在配套动力、整机研发和制造工艺方面仍然存在较大差距。因此，在今后的科研工作中，王在满将以日本直播机为目标，重点在排种器和高效动力驱动两个方面开展理论基础和关键技术创新研究，进一步研发具有自主知识产权的水稻精量穴直播机。

其次，重视技术产学研推用。产业化推广应用是王在满从事农机科研工作的最终目标，发表论文仅仅是研究过程中的小结。在前期的工作基础上，王在满心中已有了近期的"双千计划"，即在 5～10 年内，争取实现每年销售自主研发直播机 1000 台以上和每年作业面积 1000 万亩以上。

最后，培养农机团队新生力量。中国农机事业需要更多的高层次人才，目前为止王在满已指导或协助指导直播机方面的博士 6 名和硕士 10 多名，着重培养学生的工作事业心，希望未来有更多的年轻新生力量为中国农机事业奋斗一生。

（文/南方农业机械与装备关键技术教育部重点实验室）

追逐繁星的"孩子"

——记国家天文台兴隆站科普主管袁凤芳

　　袁凤芳，女，2009年本科毕业于华南农业大学电子工程学院光电信息科学与工程专业，目前任国家天文台兴隆站科普主管，兼广州市天文爱好者协会秘书长、广东南十字星会秘书长。2009年3月20日发现永久编号为215080的小行星，并于8月7日被国际小行星中心命名为台湾"高雄星"。同组组员同期发现的另一颗小行星获得命名为"袁凤芳星"（263906）。

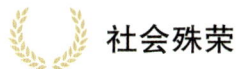

仰望星空　追逐繁星成为她持之以恒的梦

夏夜，竹床，数星星，这是许多人童年都曾有过的经历。但可能谁都不曾妄想我们所数的星星，其中一颗会以我们的名字命名。袁凤芳与星空结缘，也是在这样的一个夏夜。1990年，4岁的袁凤芳跟着家人回东莞老家探亲，那天晚上她和两个堂哥出门去买夜宵，走到外边一抬头看见满天繁星。在广州市区几乎看不到星星的她，看到这样的场景时非常震撼，看得入迷。从那时起，袁凤芳开始喜欢留意有关星星的资料，在大街上，任何有天文元素的东西，总会比别人先看到。读小学的时候，她常在自然课上追问老师：为什么月亮围绕地球转？为什么她不飞走，或者掉到地球上……之后，袁凤芳仿佛着了迷一般，不断收集天文方面的电影、书籍杂志等，甚至还用零花钱订阅了《天文爱好者》杂志。

每当看到杂志上的精彩文章时，袁凤芳总是特别渴望拥有一台自己的天文望远镜去观察奇妙的星空，尽管对天文的喜好遭到家人的反对，但她一直坚持了下去。

2001年，袁凤芳终于有了第一台望远镜，虽然说明书全是英文，还要亲自动手组装，但是这些困难并没有难倒她，在拿到望远镜前，袁凤芳就已经掌握了很多相关资料，没看说明书就组装好了。那天晚上，她第一次看到了闪烁在夜空中星星的面貌，火星上面有橙红色的东西，还有黑色的斑纹，当时袁凤芳很激动。那时家里还有一台坏了许久的天象仪，是一个赠品，灯不亮，遥控器也坏了，袁凤芳就自己动手拆螺丝，把马达拆下来，一试还能用。接着，她凭借着自己掌握的物理知识，一试再试，还差点触电（这或许跟她高考后选专业时倾向光电信息科学与工程有很大的关系）。最终所有的问题都被一一解决，从此家里有了星空有了银河，足不出户就能看到满天繁星。

袁凤芳拥有第一台电脑时，很快就学会了拨号上网，在网上看到哈勃望远镜拍摄的宇宙图片，她惊讶得下巴都快掉了。偶然的一天，她发现了广东南十字星会，在这里她结交了一群同样喜欢追星的同好。2002年，为了寻找更多的天文爱好者，加上学校也鼓励学生成立社团，袁凤芳就第一个申请成立了天文小组，在老师的帮助下，袁凤芳经常带着社员外出参加观星、讲座等活动。社团发展得很好，后来发展为广东实验中学天文社。2006年，袁凤芳考入华南农业大学，在这个象牙塔里，她和一群喜爱天文的同学共同组建了华南农业大学天文爱好者协会。2012年又发起创立广州市天文爱好者协会，作为协会秘书长，她的工作很琐碎，和开一家公司一样，各种手续繁琐。但她也很开心，让更多的人爱上星空、了解星空是她为之付出的动力。

夜以继日　追逐繁星的脚步从未停止

迷恋星空的袁凤芳，追逐繁星的脚步从未停止。

稻花香

[校友业绩录]

2009年3月，袁凤芳参加了由蔡元生牵头组织的天体搜寻计划。刚开始观测的3天，所有人都颗粒无收。第4天凌晨左右，另外3位队员都分别找到一颗未知小行星，并且上报了。而她还在艰难地前行，不知道如何突破。3月19日，袁凤芳一口气上报了5颗未知小行星。但没过几天，就陆续得知它们的数据都为别人所用了，全军覆没。当时她还大哭了一场。

后来袁凤芳改变了方法，用新学到的方法处理了照片。3月20日，袁凤芳上报了9颗未知小行星，其中就包括一颗新发现的小行星。5月9日，小行星得到了国际小行星中心的永久编号，随后蔡元生马上提出该星的命名申请。国际小行星中心有一个规定，不能以发现者自己的名字命名小行星。因为蔡元生是台湾省高雄市人，所以申请命名为"高雄星"，8月7日上午，国际小行星中心正式批准了该命名，这也是历史上广东省女天文爱好者首次发现小行星并获得命名。2013年与"高雄星"同期发现的另一颗小行星名字就叫"袁凤芳星"。迄今为止，袁凤芳已提交了70多颗未知名的小行星的材料。

实际中的观星并没有我们想象中的浪漫，为了得到最好的照片，袁凤芳的脚步几乎踏遍了国内外每一处最佳的观星地点。为了看英仙座流星雨，她曾两次到内蒙古，晚上整夜都在吹风沙，一张嘴，满嘴都是沙子。从西藏观星回来的路上，袁凤芳一行人经历了一次意外，那是白天，袁凤芳一行观星结束后，从珠峰大本营返程。经过1个小山坡时，刹车突然失灵，车辆翻了两圈滚下了山坡。幸好是个平缓的小山坡，袁凤芳坐在副驾驶处，系了安全带。车窗碎裂成一块块的，司机把车窗敲碎，她就从前面爬出来。翻车事件后，袁凤芳有半年时间再没有出远门，即使在广州坐车，也不太敢坐副驾驶位。

这件事也增强了袁凤芳外出的安全意识。现在，每当她跟同伴一起开车去户外观星，最少得两个人一辆车，不会赶时间开车，避免晚上开车，且日落之前就要到达观星的地方，如果晚上开车，司机也要休息好。

当梦想成为责任　拥有梦想的明天就是未来

在追逐繁星的路上，袁凤芳越走越远，2015年，袁凤芳决定去北欧追逐北极光。

太阳的活动周期是11年，当时（2015年2月）距离太阳周期极大年2013年过去了两年，如果再不去看极光，那就要错过了，起码要到9月才能看，4—8月不适合看北极光。就这样，袁凤芳将行程定在了3月16—27日。由于挪威使馆春节也放假，签证办理并没有那么顺利，幸运的是，袁凤芳在出发3天前拿到了签证。她看了大量的行程攻略，熬夜改了无数次行程。经历了漫长的飞行后，袁凤芳终于来到了被称为"极光之城"的特罗姆瑟，可接下来的几天特罗姆瑟的天气并不好，袁凤芳又改变行程

去了奥卢。

功夫不负有心人,袁凤芳终于看到了极光满天的景象,极光漫天飞舞,有些像随风飘动的丝带,有些像一团绿色的飞船飘过,有些像拱桥一样横跨在北边的天空。在奥卢,袁凤芳了却了她的一大心愿。2016年,袁凤芳还只身飞到印度尼西亚看日全食。

小时候的梦想是环游世界,看遍全世界的星空,现在的袁凤芳还有这个梦想。

如今的广州,和袁凤芳一样热爱天文的人越来越多,袁凤芳介绍到,广州市天文爱好者协会目前QQ群就有七八百人,各行各业的人都有,还有很多家长和学生。天文爱好者的圈子知识性、专业性比较强,大家学历也比较高,对于环境保护都会很自

觉,每次外出都会把产生的垃圾带走。袁凤芳在追逐梦想的过程中,不仅珍惜每次的观星经历,还乐于把经历分享给他人,在2009年发现小行星后,她开始在媒体上发表科普文章,还常受邀作为讲座嘉宾,为更多天文爱好者讲述发现小行星、天文摄影等内容。谈及未来,袁凤芳说,会把更多的精力用于国家天文台兴隆站的科普活动,希望能带给大众接触国家天文前沿的机会。

袁凤芳相信,未来天文科普会越来越受欢迎,而她也将天文科普视为自己的一份责任,传递给每一个人,传递到世界的每一个角落。

(文/ 袁凤芳　王越)

稻花香

校友业绩录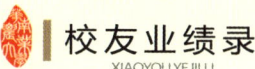

条目式介绍

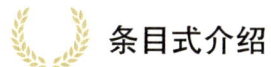

农学院

马 骏	男	1991年华南农业大学农学专业毕业，现为广东第二师范学院副校长。
马海峰	男	1991年华南农业大学作物遗传育种专业毕业，现为深圳市农业科技促进中心研究员。
王万山	男	1991年华南农业大学作物遗传育种专业毕业，现为九江学院副院长。
王少奎	女	2012年华南农业大学农学专业毕业，获博士学位，现为华南农业大学教授。
王州飞	男	2010年南京农业大学种子科学与技术专业毕业，获博士学位，现为华南农业大学教授。
王裕霞	女	1989年华南农业大学作物遗传育种专业毕业，获硕士学位，现为广东省林科院林业务研究所研究员。
王照红	女	1992年华南农业大学植物保护专业毕业，现为山东省烟台市省蚕业研究所研究员。
王新荣	女	2000年华南农业大学植物病理学专业毕业，获博士学位，现为华南农业大学教授。
王 慧	女	1991年华南农业大学作物遗传育种专业毕业，现为华南农业大学教授。
毛 东	男	1987年华南农业大学农业昆虫与害虫防治专业毕业，现为遵义地区农业局植保站研究员。
邓铭光	男	1987年华南农业大学植物病理学专业毕业，现为广东省农业科学院植物保护所研究员。
卢德城	男	1987年华南农业大学农学专业毕业，现为广东省农业科学院水稻研究所研究员。
叶春球	男	1987年华南农业大学农学专业毕业，现为河源市市委常委。
田亚南	男	1985年华南农业大学植物保护专业毕业，获硕士学位，教授（美国）。
付向东	男	1991年华南农业大学茶学专业毕业，现为广州市道明化学有限公司董事长。
冯 斗	男	1986年华南农业大学作物遗传育种专业毕业，现为广西农业大学农学院教授。
朱小源	男	1987年华南农业大学植物病理学专业毕业，现为广东省农业科学院植物保护所研究员。

稻花香
校友业绩录

朱景昌	男	1980年华南农业大学作物遗传育种专业毕业，原广东省广业轻化工业集团有限公司董事长。
任明见	男	1994年华南农业大学作物遗传育种专业毕业，现为贵州省贵阳市花溪区贵州农学院麦作研究中心教授。
刘 炜	男	1991年华南农业大学作物遗传育种专业毕业，现为广东省东莞市人民政府副市长。
刘承兰	男	2007年华南农业大学资源环境学院博士后出站，现为华南农业大学教授。
江奕君	女	1985年华南农业大学选种专业毕业，现为广东省农业科学院水稻研究所研究员。
许益镌	男	2007年华南农业大学农业昆虫与害虫防治专业毕业，获博士学位，现为华南农业大学教授。
阮 琳	女	1992年华南农业大学植物保护专业毕业，现为广州市园林科学研究所研究员。
李 伟	男	1985年华南农业大学选种专业毕业，现为广东海洋大学教授。
李 鹏	男	1993年华南农业大学植物保护专业毕业，现为海南省植保总站/农业厅种植业处研究员。
李小宁	男	1985年华南农业大学选种专业毕业，现为广东省农业科学院作物研究所研究员。
李开绵	男	1987年华南农业大学农学专业毕业，现为海南省儋州市中国热带农业科学院农牧研究所研究员。
李云锋	男	2002年华南农业大学植物病理学专业毕业，获博士学位，现为华南农业大学教授。
李文凤	女	1987年华南农业大学农业昆虫与害虫防治专业毕业，现为云南省甘蔗研究所研究员。
李敦松	男	1992年华南农业大学植物保护专业毕业，现为广东省农业科学院植物保护研究所研究员。
李新昌	男	1995年华南农业大学作物遗传育种专业毕业，现为广东省肇庆市农业科学研究所研究员。
李曙光	男	1992年华南农业大学作物遗传育种专业毕业，现为广东省农业科学院水稻研究所研究员。

杨存义	男	2001年华南农业大学农学专业毕业，获博士学位，现为华南农业大学教授。
杨进昌	男	1986年华南农业大学作物遗传育种专业毕业，现为广东省拉多美化肥有限公司总裁。
肖志扬	男	1986年华南农业大学作物遗传育种专业毕业，现为湖南省农业科学院纪委副书记。
吴佳教	男	1990年华南农业大学农业昆虫与害虫防治专业毕业，现为广州海关检验检疫技术中心研究员。
何　荣	男	1983年华南农学院农学专业毕业，现为广东省工业和信息化厅巡视员。
何可佳	男	1991年华南农业大学植物病理学专业毕业，获硕士学位，现为湖南农业大学植物保护学院教授。
何秀英	女	1995年华南农业大学农学专业毕业，获硕士学位，现为广东省农业科学院水稻研究所研究员。
何国威	男	1986年华南农业大学作物遗传育种专业毕业，现为广东省农业厅种子站研究员。
何雄钊	男	1989年华南农业大学植物病理学专业毕业，现为梅西大学农业与环境学院研究员。
何裕志	男	1988年华南农业大学农学专业毕业，现为广东省农科院蔬菜研究所研究员。
邹一平	男	1987年华南农业大学植物病理学专业毕业，现为江西省宜春农专教授。
沈万宽	男	2011年华南农业大学植物病理学专业毕业，获博士学位，现为华南农业大学研究员。
沈会芳	女	1996年华南农业大学植物保护专业毕业，现为广东省农业科学院植物保护研究所研究员。
张　林	女	1998年日本名古屋大学毕业，获博士学位，现为华南农业大学教授。
张志祥	男	2003年华南农业大学昆虫毒理学专业毕业，获博士学位，现为华南农业大学教授。
张克诚	男	1987年华南农业大学植物病理学专业毕业，现为中国农业科学院植物保护研究所研究员。
张泽民	男	2007年华南农业大学作物遗传育种专业毕业，获博士学位，现为华南农业大学研究员。

稻花香
校友业绩录

张绍龙	男	1994年华南农业大学农学专业毕业，现为汕头市农业科学研究所研究员。
张跃彬	男	1991年华南农业大学农学专业毕业，现为云南省农业科学院甘蔗研究所研究员。
张雄坚	男	1985年华南农业大学选种专业毕业，现为广东省农业科学院作物研究所研究员。
张翠翠	女	1992年华南农业大学作物遗传育种专业毕业，现为河南农业职业学院教授。
陆永跃	男	2001年华南农业大学农业昆虫与害虫防治专业毕业，获博士学位，现为华南农业大学教授。
陈　勇	男	2001年中国农业大学农学系杂草研究室毕业，获博士学位，现为华南农业大学教授。
陈少雄	男	1987年华南农业大学农学专业毕业，华南农业大学教授，现为华南农业大学党委副书记。
陈文丰	男	1998年华南农业大学作物遗传育种专业毕业，现为广东省农业科学院水稻研究所研究员。
陈仕军	男	2001年华南农业大学农学专业毕业，现为广东省江门市农业科学研究所研究员。
陈伟雄	男	1991年华南农业大学作物遗传育种专业毕业，现为广州市农业科学研究院研究员。
陈明周	男	1998年华南农业大学作物遗传育种专业毕业，现为广州甘蔗糖业研究所研究员。
陈建伟	男	1986年华南农业大学作物遗传育种专业毕业，现为广东省农业科学院水稻研究所研究员。
陈雄辉	男	1984年华南农业大学农学专业毕业，现为华南农业大学教授。
范芝兰	女	1998年华南农业大学作物遗传育种专业毕业，现为广东省农业科学院水稻研究所研究员。
林少杨	男	1984年华南农业大学农学专业毕业，教授（日本）。
林伟秋	男	1997年华南农业大学茶学专业毕业，现为广东省潮州市饶平县农业技术推广中心推广研究员，获得全国农业先进工作者表彰。
林青山	男	1986年华南农业大学作物遗传育种专业毕业，现为广东省农业厅种子站研究员。

林明江	男	1996年华南农业大学植物保护专业毕业，现为广州甘蔗糖业研究所研究员。
林春华	女	1988年华南农业大学作物遗传育种专业毕业，现为广东省农科院蔬菜研究所研究员。
卓　侃	男	2006年华南农业大学植物病理学专业毕业，获博士学位，现为华南农业大学教授。
金丰良	男	2002年华南农业大学农业昆虫与害虫防治专业毕业，获硕士学位，现为华南农业大学研究员。
郑海波	男	1991年华南农业大学农学专业毕业，现为广东省农业科学院水稻研究所研究员。
郑道序	男	1996年华南农业大学植物保护专业毕业，现为汕头市林业科学研究所研究员。
胡琼波	男	2006年华南农业大学农业昆虫与害虫防治专业毕业，获博士学位，现为华南农业大学教授。
钟国华	男	2002年华南农业大学农业昆虫与害虫防治专业毕业，获博士学位，现为华南农业大学教授。
钟俊鸿	男	1982年华南农业大学植物保护专业毕业，现为广东省昆虫研究所研究员。
段桂兰	女	1996年华南农业大学植物保护专业毕业，现为中国科学院生态环境研究中心研究员。
洪振全	男	1984年华南农业大学农学专业毕业，教授（澳大利亚）。
莫磊兴	男	1985年华南农业大学选种专业毕业，现为广西农业科学院种苗中心研究员。
晏庆九	男	1991年华南农业大学作物遗传育种专业毕业，现为重庆市三峡农业研究所研究员。
徐勋志	男	1992年华南农业大学作物遗传育种专业毕业，现为广州市农科所研究员。
高　云	男	1993年华南农业大学作物遗传育种专业毕业，现为广东省农业科学院水稻研究所研究员。
高冬瑞	女	1992年华南农业大学作物遗传育种专业毕业，获硕士学位，现为韶关市副市长。

稻花香
校友业绩录

郭少龙	男	1985年华南农业大学植物病理学专业毕业,现为广东省良种引进服务公司总经理。
郭志勇	男	1982年华南农学院植物保护专业毕业,现为广州市人力资源和社会保障局局长。
宾淑英	女	1988年华南农业大学植物病理学专业毕业,现为仲恺农业工程大学教授。
黄 丹	女	1987年华南农业大学农学专业毕业,现为国家统计局广东调查总队队长。
黄 洁	男	1990年华南农业大学农学专业毕业,现为海南省华南热带作物研究所研究员。
黄世文	男	1985年华南农业大学植物病理学专业毕业,现为杭州中国水稻研究所研究员。
黄江华	男	2009年华南农业大学植物病理学专业毕业,获博士学位,现为仲恺农业工程学院教授。
黄农荣	女	1987年华南农业大学农学专业毕业,现为广东省农业科学院水稻研究所研究员。
黄朝锋	男	2000年华南农业大学作物遗传育种专业毕业,现为中国科学院分子植物科学卓越创新中心(植物生理生态研究所)研究员。
黄斌民	男	1984年华南农业大学农学专业毕业,现为广东省农业农村厅党组成员、副厅长。
黄道强	男	1998年华南农业大学作物遗传育种专业毕业,现为广东省农业科学院水稻研究所研究员。
曹福祥	男	1989年华南农业大学植物病理学专业毕业,获硕士学位,现为湖南农业大学副校长。
曹潘荣	男	1985年华南农业大学茶学专业毕业,现为华南农业大学教授。
崔堂兵	男	1991年华南农业大学茶学专业毕业,现为华南理工大学生物科学与工程学院教授。
符学三	男	2004年华南农业大学植物保护专业毕业,获硕士学位,现为广东医科大学党委副书记。
梁 健	男	1985年华南农业大学植物病理学专业毕业,现为贵州六盘水市人大常委会副主任。

梁肇均	男	1985年华南农业大学选种专业毕业，现为广东省农科院蔬菜研究所研究员。
董习华	男	1990年华南农业大学植物病理学专业毕业，现为安徽省安庆市农业科学研究所植保所教授。
董云松	男	1988年华南农业大学农学专业毕业，现为云南省农业科学院油料作物研究所研究员。
程式华	男	1986年华南农业大学作物遗传育种专业毕业，获硕士学位，现为中国农业科学院中国水稻研究所所长。
傅雪琳	女	2006年华南农业大学作物遗传育种专业毕业，获博士学位，现为华南农业大学教授。
温朝晖	男	1990年华南农业大学植物病理学专业毕业，现为广州市文化广电新闻出版局副巡视员。
谢庆军	男	2006年华南农业大学农学专业毕业，获硕士学位，现为珠江人才计划青年拔尖人才。
蔡芷荷	女	1993年华南农业大学植物保护专业毕业，现为广东省微生物研究所研究员。
廖耀平	男	1982年春华南农学院植物保护专业毕业，现为广东省农业科学院水稻研究所研究员。
谭　青	女	1978年华南农学院农学专业毕业，现为广东省农业科学院研究员。
潘剑辉	男	1988年华南农业大学茶学专业毕业，现为广东省茶叶行业协会副会长。
潘慧鹏	男	2012年中国农业科学院研究生院/蔬菜花卉研究所毕业，获博士学位，现为华南农业大学教授。
操君喜	男	1991年华南农业大学作物遗传育种专业毕业，现为广东省农业科学院茶叶研究所研究员。
Dong ke	女	美国康奈尔大学获博士学位，现为华南农业大学丁颖讲座教授。
万方浩	男	1989年中国农业科学院获博士学位，现为华南农业大学丁颖讲座教授。
马国辉	男	1999年中国农业大学获博士学位，现为华南农业大学丁颖讲座教授。
欧阳颖	女	现为华南农业大学丁颖讲座教授。
顾兴友	男	1997年华南农业大学作物遗传育种专业毕业，获博士学位，现为华南农业大学丁颖讲座教授。
奚志勇	男	美国密歇根州立大学教授，现为华南农业大学丁颖讲座教授。

稻花香
校友业绩录

康 乐	男	1990年中国科学院动物研究所获博士学位，现为华南农业大学丁颖讲座教授。
傅向东	男	2000年浙江大学和John Innes Centre联合培养获博士学位，现为华南农业大学丁颖讲座教授。
J. Scott McElroy	男	现为华南农业大学客座教授。
小松崎将一	男	1996年筑波大学获博士学位，现为华南农业大学客座教授。
李淑娴	女	现为华南农业大学客座教授。
应继锋	男	1997年中国水稻研究所获博士学位，现为华南农业大学客座教授。
陈建军	男	美国佛罗里达大学教授，现为华南农业大学客座教授。
曾赞安	男	现为华南农业大学客座教授。
刘爱民	男	1986年华中农业大学毕业，现为华南农业大学兼职教授。
雷 宏	男	美国亚利桑那大学研究员，现为华南农业大学兼职教授。

林学与风景园林学院

陈晓阳	男	1994年北京林业大学林木遗传育种专业研究生毕业，获博士学位，获2018年国家教学成果奖一等奖，现为华南农业大学教授。
李建明	男	1995年美国弗吉尼亚大学毕业，获博士学位，现为华南农业大学教授。
吴永彬	男	1996年华南农业大学林学专业毕业，获博士学位，现为华南农业大学副教授，获2013年广东省农业技术推广奖三等奖、2018年广东省农业技术推广奖二等奖。
林元震	男	2006年北京林业大学林木遗传育种专业研究生毕业，获博士学位，获2016年第六届梁希青年论文奖三等奖，现为华南农业大学副教授。
林敏慧	女	2015年中山大学人文地理专业研究生毕业，获博士学位，获2018年文化和旅游部优秀研究成果奖（旅游类）一等奖，现为华南农业大学副教授。
彭昌操	男	2006年中国农业大学果树学专业研究生毕业，获博士学位，现为华南农业大学教授。
张文英	女	2010年华南理工大学城市规划专业研究生毕业，现为华南农业大学教授。

余义勋	男	2003年华中农业大学园林植物与观赏园艺专业研究生毕业，获博士学位，现为华南农业大学教授。
林 同	男	2001年东北林业大学森林保护专业研究生毕业，获博士学位，现为华南农业大学教授。
赵 凤	女	2005年华南农业大学农业推广专业毕业，获硕士学位，现为华南农业大学研究员。
张巨明	男	2013年华南农业大学土壤学专业毕业，获博士学位，现为华南农业大学教授。
何少云	男	2008年华南农业大学植物学专业毕业，获博士学位，现为华南农业大学教授。
孙 晔	男	2004年香港中文大学生物化学专业毕业，获博士学位，现为华南农业大学研究员。

园艺学院

曹藩荣	男	1985年华南农业大学茶学专业毕业，现为华南农业大学教授，获2013年农业技术推广奖二等奖、2015年广东省科学技术奖二等奖。
陈建业	男	2005年中国农业大学食品科学与工程专业博士毕业，现为华南农业大学教授。
池柏良	男	1978年华南农业大学果树学专业毕业，现为广州市天河区人大常委会副主任。
黄国滋	男	1987年华南农业大学茶学专业毕业，现为广东省农业科学院茶叶研究所研究员。
邝健飞	男	2005年华南农业大学园艺专业毕业，广东省特支计划青年拔尖人才，广东省高等学校珠江学者岗位计划青年学者。
李雪萍	女	1988年华南农业大学植物生理与生物化学专业毕业，现为华南农业大学教授。
林道平	男	1988年华南农业大学茶学专业毕业，现为广州市天河区区委书记、区长。
凌彩金	女	2000年华南农业大学茶学专业毕业，现为广东省农业科学院茶叶研究所研究员。
潘剑飞	男	1988年华南农业大学茶学专业毕业，现为广东省茶叶行业协会副会长。

稻花香
校友业绩录

刘厚诚	男	1991年华南农业大学蔬菜专业毕业，现为华南农业大学教授，获2009年广东省农业技术推广奖二等奖。
罗龙新	男	1982年华南农业大学茶学专业毕业，现为中国农业科学院茶叶研究所客座教授。
苗爱清	女	1989年华南农业大学茶学专业毕业，现为广东省农业科学院茶叶研究所研究员。
秦永华	男	2005年浙江大学园艺系果树学专业博士毕业，现为华南农业大学教授。
王惠聪	女	1995年华南农业大学果树专业毕业，现为华南农业大学教授，获"广东省五一劳动奖章"。
王泽槐	男	1978年华南农业大学果树专业毕业，现为华南农业大学教授。
吴辉文	男	1986年华南农业大学蔬菜专业毕业，现为广州市荔湾区区委常委、组织部部长。
吴振先	男	1992年华南农业大学贮藏与加工专业毕业，现为华南农业大学教授，广东省政协委员。
徐春香	女	1998年华南农业大学果树学专业硕士毕业，现为华南农业大学教授。
叶正文	男	1986年华南农业大学果树专业毕业，现为上海市农科院园艺研究所所长。
尹北晖	男	1985年华南农业大学茶学专业毕业，现为广州体育学院党委副书记、纪委书记。
余雄辉	男	1987年华南农业大学茶学专业毕业，现为广东省茶叶学会副理事长，广东农垦上茗轩茶叶有限公司董事长。
朱孝扬	男	2013年华南农业大学果树学专业硕士毕业，珠江人才计划青年拔尖人才。
朱世江	男	2001年华南农业大学果树学专业博士毕业，现为华南农业大学教授，获2016年广东省农业技术推广奖二等奖。

兽医学院

孙 坚	男	2012年华南农业大学基础兽医学专业博士毕业，现为华南农业大学青年教授、博士生导师。
粟 硕	男	2015年华南农业大学预防兽医学院专业博士毕业，现为南京农业大学动物医学院教授、博士生导师。

动物科学学院

王秀娟	女	1997年华南农业大学畜牧专业毕业,现为广州风行发展集团有限公司总经理。
刘平祥	男	2002年华南农业大学动物营养专业研究生毕业,获博士学位,现为广东三行集团董事长。
刘铭域	男	1988年华南农业大学畜牧专业毕业,现为汇海国际副董事长。
劳全林	男	2001年华南农业大学动物营养专业研究生毕业,获硕士学位,现为江苏立华股份有限公司常务副总裁。
辜垂鹏	男	1987年华南农业大学动物营养专业研究生毕业,获硕士学位,现为澳华集团名誉董事长、创始人。
习欠云	男	2006年中山大学生物化学与分子生物学专业研究生毕业,获博士学位,现为华南农业大学教授。
马静云	女	2003年华南农业大学预防兽医学专业研究生毕业,获博士学位,现为华南农业大学教授。
王松波	男	2007年中国农业大学生理学专业研究生毕业,获博士学位,现为华南农业大学教授,广东省特支计划青年拔尖人才。
邓近平	男	2007年湖南农业大学动物营养专业研究生毕业,获博士学位,现为华南农业大学教授。
田 铃	女	2008年南京林业大学森林保护专业研究生毕业,获博士学位,现为华南农业大学教授。
任文凯	男	2018年中国科学院生态学专业研究生毕业,获博士学位,现为华南农业大学教授,广东省高等学校珠江学者岗位计划青年学者。
刘吉平	男	2005年华南农业大学农业昆虫与害虫防治专业研究生毕业,获博士学位,现为华南农业大学教授。
闫文龙	男	2006年华南农业大学动物遗传育种与繁殖专业研究生毕业,获博士学位,现为韶关学院教授。
孙京臣	男	2004年中山大学生物物理专业研究生毕业,获博士学位,现为华南农业大学教授。
严会超	男	1998年华南农业大学蚕桑学专业研究生毕业,获硕士学位,现为华南农业大学研究员。

稻花香
校友业绩录

杜红丽	女	2005年华南农业大学动物遗传育种与繁殖专业研究生毕业，获博士学位，现为华南理工大学教授。
李紫聪	男	2011年美国夏威夷大学分子生物科学与生物工程专业研究生毕业，获博士学位，现为华南农业大学教授。
束 刚	男	2013年华南农业大学动物生理专业研究生毕业，获博士学位，现为华南农业大学教授。
吴银宝	男	2003年华南农业大学植物学专业研究生毕业，获博士学位，现为华南农业大学教授。。
何镜新	男	1985年华南农业大学蚕桑专业毕业，现任阳山县兴达蚕业有限公司董事长，广东省人大代表。
沈水宝	男	2002年华南农业大学动物营养专业毕业，获博士学位，现为广西大学动物科学学院教授。
宋长绪	男	1996年华南农业大学禽病学专业研究生毕业，获博士学位，现为华南农业大学教授。
张 丽	女	2013级华南农业大学畜牧学博士后，现为广东海洋大学教授。
张 哲	男	2011年中国农业大学动物遗传育种与繁殖专业研究生毕业，获博士学位，现为华南农业大学教授，广东省特支计划青年拔尖人才。
张 豪	男	2002年中国农业大学动物遗传育种专业研究生毕业，获博士学位，现为华南农业大学教授。
陈 峰	男	1997年华南农业大学动物生产专业研究生毕业，获硕士学位，现为华南农业大学教授。
周 敏	女	2007年华南农业大学动物遗传育种与繁殖专业研究生毕业，获博士学位，现为南昌师范学院教授。
钟仰进	男	1986年华南农业大学蚕桑专业研究生毕业，获硕士学位，华南农业大学教授，现任华南农业大学党委副书记，广东省蚕桑产业技术体系首席专家。
吕建秋	男	1991年华南农业大学蚕桑专业研究生毕业，获硕士学位，现为华南农业大学新农村发展研究院研究员。
饶友生	男	2006年华南农业大学动物遗传育种与繁殖专业研究生毕业，获博士学位，现为南昌师范学院教授。
唐胜球	男	2008年华南农业大学动物营养专业研究生毕业，获博士学位，现为韶关学院教授。

黄燕华	女	2004年华南农业大学动物营养专业研究生毕业，获博士学位，现为广东省农业科学院动物科学研究所研究员。
蔡更元	男	2006年华南农业大学动物遗传育种与繁殖专业研究生毕业，获博士学位，现为华南农业大学教授。
瞿 浩	男	2008年华南农业大学动物遗传育种与繁殖专业研究生毕业，获博士学位，现为广东省农业科学院动物科学研究所研究员。

资源环境学院

蔡昆争	男	1992年华南农业大学农学专业毕业，现为华南农业大学教授，广东省"千百十"人才工程省级培养对象。
黎华寿	男	1986年华南农业大学农学专业毕业，现为华南农业大学教授。
温 洋	男	1986年华南农业大学农业生态学专业毕业，获硕士学位，九三学社第十二届中央委员、广东省第六届副主委、广东省第十届政协常委。
陈小山	男	1983年华南农业大学土壤农化专业毕业，现为广东省退伍军人事务厅厅长。
黄炎和	男	1983年华南农学院土壤农化专业毕业，现为福建农林大学副校长、中国水土保持学会常务理事、南方水土保持研究会理事、福建水土保持学会副理事长。
梁翠月	女	2003年华南农业大学农学专业毕业，现为华南农业大学研究员，广东省特支计划青年拔尖人才、广东省自然科学基金杰出青年项目获得者。
梁瑜海	男	2016年北京工业大学土木工程专业毕业，获博士学位，现为华南农业大学首聘副教授，珠江人才计划青年拔尖人才。
李芳柏	男	1996年华南农业大学环境工程专业毕业，获硕士学位，现为广东省生态环境技术研究所所长。
郑惠典	男	1985年华南农业大学土壤农化专业毕业，现为广东省农业农村厅副厅长。
朱耀忠	男	1984年华南农业大学土壤农化专业毕业，现为广东省地方铁路投资集团书记、董事长。
姚奕生	男	1987年华南农业大学土壤农化专业毕业，现为广东省珠海市市委副书记，市政府市长、党组书记。
曾晓舵	女	1992年华南农业大学土壤农化专业毕业，现为广东省生态环境技术研究所党委书记。

稻花香
校友业绩录

陈桂葵	女	2013年华南农业大学生态学专业毕业，获博士学位，现为华南农业大学教授。
蔡燕飞	女	2002年华南农业大学生态学专业毕业，获博士学位，现为华南农业大学教授。
姚丽贤	女	1993年华南农业大学土壤农化专业毕业，现为华南农业大学研究员。
沈 宏	男	1996年中科院南京土壤研究所植物营养专业毕业，获博士学位，2001年华南农业大学作物学博士后出站，现为华南农业大学教授，广东省"千百十"人才工程省级培养对象。
张承林	男	1997年华南农业大学果树生理学专业毕业，获博士学位，现为华南农业大学推广教授。
王秀荣	女	1997年华南农业大学作物营养与施肥专业毕业，获硕士学位，现为华南农业大学研究员，广东省高等学校"千百十工程"第七批省级培养对象。
卢 瑛	男	2000年中国科学院南京土壤所土壤学专业毕业，获博士学位，现为华南农业大学教授。
颜 健	男	2007年中国科学院昆明植物研究所天然药物化学专业毕业，获博士学位，现为华南农业大学首聘教授。
隆少秋	男	2004年中山大学人文地理学专业毕业，获博士学位，现为华南农业大学教授级高工。
种云霄	女	2004年清华大学环境科学与工程专业毕业，获博士学位，现为华南农业大学教授。
毛小云	男	2002年华南农业大学土壤学专业毕业，获硕士学位，现为华南农业大学教授。
孙少龙	男	2017年北京林业大学林产化学加工工程专业毕业，获博士学位，现为华南农业大学首聘教授。

丁颖讲座教授

翁莉萍	女	2002年荷兰瓦格宁根大学环境科学专业毕业，获博士学位，现为华南农业大学丁颖讲座教授，荷兰瓦格宁根大学副教授。
朱阿兴	男	1994年加拿大多伦多大学地理学专业毕业，获博士学位，现为华南农业大学丁颖讲座教授，美国威斯康星大学麦迪逊分校地理系教授。
欧阳颖	男	1982年华南农学院土壤农化专业毕业，现为华南农业大学丁颖讲座教授，美国农业部林务局南方林业研究站教授。

客座教授

许振成	男	1980年毕业于中山大学地理系水文专业，华南农业大学客座教授，华南环境科学研究所研究员，已退休。
谭正喜	男	1998年美国佛罗里达大学土壤和水科学专业毕业，获博士学位，现为华南农业大学客座教授，美国地质调查局陆地资源观察与科学中心资深科学家。
王广兴	男	1996年芬兰赫尔辛基大学森林资源管理系森林资源遥感专业毕业，获博士学位，现为华南农业大学客座教授，美国南伊利偌伊大学地理和环境资源系终身正教授。
安 军	男	2014年武汉大学国际软件学院软件工程专业毕业，获硕士学位，现为华南农业大学客座教授，中国科学院遥感卫星应用创新研究院副院长。

兼职教授

黄培钊	男	2006年华南农业大学植物营养学专业毕业，获博士学位，现为华南农业大学兼职教授，深圳市芭田生态工程股份有限公司董事长兼总裁。
高祥照	男	2000年中国农业大学植物营养学专业毕业，获博士学位，现为华南农业大学兼职教授，全国农业技术推广服务中心节水农业技术处处长、研究员。

海洋学院

李远友	男	1998年中山大学水生生物学专业研究生毕业，获博士学位，现为华南农业大学教授。
邹记兴	男	2003年上海水产大学水产养殖专业研究生毕业，获博士学位，现为华南农业大学教授。
刘 丽	女	1997年中国科学院昆明动物所动物学专业研究生毕业，获博士学位，现为华南农业大学教授。
刘文生	男	2008年华南农业大学动物遗传育种专业研究生毕业，获博士学位，现为华南农业大学教授。
但学明	男	2006年暨南大学水生生物学专业研究生毕业，获博士学位，现为华南农业大学教授。
王 俊	男	2008年中国科学院广州地球化学研究所环境科学专业研究生毕业，获博士学位，现为华南农业大学教授。

稻花香
校友业绩录

余祥勇	男	2004年中国科学院水生生物研究所遗传学专业研究生毕业，获博士学位，现为华南农业大学教授。
王梅芳	女	2002年中国海洋大学水产养殖专业研究生毕业，获硕士学位，现为华南农业大学教授。
黄晓红	女	2006年中国科学院水生生物研究所水生生物学专业研究生毕业，获博士学位，现为华南农业大学教授。
潘　庆	女	1997年中山大学动物学专业研究生毕业，获博士学位，现为华南农业大学教授。
杨慧荣	女	2013年中山大学海洋生物学专业研究生毕业，获博士学位，现为华南农业大学教授。
陈　骁	男	2008年厦门大学海洋生物学专业研究生毕业，获博士学位，现为华南农业大学教授。
黄友华	男	2007年中国科学院水生生物研究所水生生物学研究生毕业，获博士学位，现为华南农业大学首聘教授。
魏京广	男	2010年中山大学海洋生物学专业研究生毕业，获博士学位，现为华南农业大学首聘教授。
桂建芳	男	中国科学院院士，发展中国家科学院院士，现为华南农业大学丁颖讲座教授。
麦康森	男	中国工程院院士，现为华南农业大学丁颖讲座教授。
何增国	男	美国Bioantai科技公司董事长，现为华南农业大学客座教授。
易敢峰	男	大北农神爽水产科技集团总裁，现为华南农业大学兼职教授。

生命科学学院

王艇	男	1994年中山大学植物学专业研究生毕业，获理学博士学位，现为华南农业大学教授。
耿世磊	男	2004年广州中医药大学中药学专业毕业，获博士学位，现为华南农业大学教授。
王海洋	男	1998年美国密执根大学生物学专业研究生毕业，获博士学位，现为华南农业大学教授。
王　浩	男	2010年毕业于香港中文大学，获博士学位，现为华南农业大学教授。
文继开	男	2010年英国伯明翰大学生命科学系研究生毕业，获博士学位，现为华南农业大学教授。

郭晶心	女	2001年中国农业科学院研究生院蔬菜专业博士毕业，获博士学位，现为华南农业大学研究员。
张玲华	女	2007年华南理工大学发酵工程专业研究生毕业，获博士学位，现为华南农业大学教授。
周 海	男	2012年华南农业大学生物化学与分子生物学专业毕业，获博士学位，现为华南农业大学研究员。
朱国辉	男	2004年华南农业大学植物学专业研究生毕业，获博士学位，现为华南农业大学教授。
李发强	男	2008年纽约城市大学生物化学研究生毕业，获哲学博士学位，现为华南农业大学教授。
孙 峪	男	2005年中山大学本科毕业，2013年瑞典乌普萨拉大学毕业，获博士学位，现为华南农业大学教授。

工程学院

钟 强	男	1995年华南农业大学农业机械化专业毕业，现任华南农业大学党委办公室（统战部）主任（部长），第十一届、第十二届广东省政协委员。
马瑞峻	男	2000年华南农业大学农业机械化工程专业研究生毕业，获博士学位，华南农业大学教授。
王红军	女	2003年广东工业大学机械电子工程专业研究生毕业，获博士学位，现为华南农业大学教授。
王 强	男	1990年华南农业大学农业机械设计与制造专业本科毕业，现任北京市发展和改革委员会党组成员、副主任。
尹卓君	女	2012年华南农业大学生态学专业研究生毕业，获硕士学位，获广东省辅导员职业能力大赛一等奖、广东省辅导员职业能力大赛十佳笔试、广东省辅导员职业能力大赛十佳主题班会、广东省学生工作先进个人。
孔莲芳	女	2006年华南理工大学控制理论与控制工程专业研究生毕业，获博士学位，获广东省第二届高校青年教师教学竞赛二等奖，广东省经济技术创新能手。
邓继忠	男	2007年华南农业大学农业机械化工程专业研究生毕业，获博士学位，现为华南农业大学教授。
朱立学	男	2007年华南农业大学农业机械化工程专业博士后出站，现任仲恺农业工程学院副校长。

稻花香
校友业绩录

刘庆庭	男	2004年华南农业大学农业机械化工程专业研究生毕业，获博士学位，现为华南农业大学教授。
齐　龙	男	2009年吉林大学农业电气化与自动化专业研究生毕业，获博士学位，现为华南农业大学研究员。
李　君	男	2007年华南理工大学车辆工程专业研究生毕业，获博士学位，现为华南农业大学教授。
杨丹彤	男	2002年华南农业大学农业机械化工程专业研究生毕业，获硕士学位，省农业技术推广奖二等奖。
吴伟斌	男	2007年华南农业大学农业机械化工程专业研究生毕业，获博士学位，现为华南农业大学教授。
陆华忠	男	1996年华南农业大学车辆工程专业研究生毕业，获博士学位，现任广东省农业科学院院长。
武　涛	男	2015年华南农业大学农业机械化工程专业研究生毕业，获博士学位，获广东省第一届高校青年教师教学基本功大赛二等奖/最佳教案奖、广东省职工经济技术创新能手。
周志艳	男	2011年华南农业大学农业电气化与自动化专业研究生毕业，获博士学位，现为华南农业大学教授。
周学成	男	2008年华南农业大学农业机械化工程专业研究生毕业，获博士学位，现为华南农业大学教授。
高锐涛	男	2005年江南大学设计艺术学专业毕业，获硕士学位，获全国高等学校中青年教师图学与机械课程创新教学法观摩竞赛二等奖，全国休闲农业创意精品大赛中南赛区设计创意银奖。
郭　涵	女	2018年北京理工大学工业设计专业毕业，获博士学位，获第六届省长杯工业大赛三等奖及广东省"巾帼建功"先进个人、广东省技术能手荣誉称号，广东省2012年度十大工业设计师。
黄耿诚	男	1984年华南农业大学农业机械化本科毕业，获学士学位，现任广东省台办主任。
曹玉华	女	2009年华南农业大学现代农业装备与设施工程专业研究生毕业，获博士学位，现为华南农业大学教授。
臧　英	女	2003年中国农业大学农业机械化工程专业研究生毕业，获博士学位，现为华南农业大学教授。

Blackmore Simon	男	英国 Harper Adams 大学教授，现为华南农业大学丁颖讲座教授。
Noboru Noguchi	男	日本 HoKKaido University 大学教授，现为华南农业大学丁颖讲座教授。
张 勤	男	美国 Washington State University 大学教授，现为华南农业大学丁颖讲座教授。

食品学院

王 杰	女	2007 年华南农业大学植物学专业毕业，获博士学位，现为华南农业大学教授。
方 祥	男	2007 年华南农业大学植物学专业毕业，获博士学位，现为华南农业大学教授。
吴雪辉	女	1999 年华南理工大学食品与轻工学院毕业，获博士学位，现为华南农业大学教授。
沈玉栋	男	2005 年中山大学有机化学专业毕业，获博士学位，现为华南农业大学教授。
周爱梅	女	2005 年华南理工大学食品科学专业毕业，获博士学位，现为华南农业大学教授。
柳春红	女	2008 年华中科技大学食品、药品安全与管理学专业毕业，获博士学位，现为华南农业大学教授。
莫美华	女	1997 年华南农业大学资源环境学院毕业，获博士学位，现为华南农业大学教授。
高向阳	女	2005 年华南理工大学发酵工程专业毕业，获博士学位，现为华南农业大学教授。
黄 苇	女	1995 年华南农业大学农产品贮藏与加工专业毕业，现为华南农业大学教授。
解新安	男	2000 年华南理工大学化工专业毕业，获博士学位，现为华南农业大学教授。
杜 冰	男	2001 年华南理工大学毕业，获博士学位，现为华南农业大学教授。

兼职教授

| 罗龙新 | 男 | 1982 年华南农业大学农学系茶学专业毕业，现为华南农业大学兼职教授。 |

稻花香
校友业绩录

周朝辉	男	1991年湖南农业大学获硕士学位,现为华南农业大学兼职教授。
张 聪	男	1989年华南理工大学机械设计及制造专业毕业,现为华南农业大学兼职教授。
徐 勇	男	2011年华南农业大学食品科学专业毕业,获博士学位,现为华南农业大学兼职教授。
张延杰	男	1989年武汉工学院机械制造工艺及设备专业毕业,现为华南农业大学兼职教授。
孔令会	男	1982年哈尔滨商业大学商业机械专业毕业,现为华南农业大学兼职教授。
余永建	男	2014年江南大学获博士学位,现为华南农业大学兼职教授。
秦垂新	男	2013年美国普林斯顿大学获博士学位,现为华南农业大学兼职教授。
魏 泓	男	1996年第三军医大学获博士学位,现为华南农业大学兼职教授。
杨新泉	男	2004年中国农业大学获博士学位,现为华南农业大学兼职教授。

丁颖讲座教授

陈明造	男	现为台湾大叶大学教授,华南农业大学丁颖讲座教授。
戴德丰	男	现为香港四洲集团董事长,华南农业大学客座教授。
黄庆荣	男	1998年内布拉斯加大学林肯分校化学系专业毕业,现为美国新泽西州罗格斯大学教授、华南农业大学丁颖讲座教授。
孙大文	男	1988年华南理工大学获博士学位,现为华南理工大学教授、爱尔兰国立都柏林大学食品和生物系统工程终身教授、华南农业大学丁颖讲座教授。
应旦阳	男	1992年浙江大学化学工程系毕业,现为华南农业大学丁颖讲座教授。
毛传斌	男	1997年东北大学获博士学位,现为华南农业大学丁颖讲座教授。
高文通	男	1989年华南农业大学农学院农学科学专业毕业,现为加拿大食品检验署食品安全高级专家、华南农业大学丁颖讲座教授。
肖 航	男	威斯康星大学麦迪逊分校食品科学专业毕业,现为美国麻省大学教授、华南农业大学丁颖讲座教授。

水利与土木工程学院

刘爱华	男	1992年法国国立巴黎高等矿业学校工程地质专业毕业,获博士学位,现为华南农业大学教授。

张伟锋	男	2011年中国地质大学工程学院地质工程专业研究生毕业，获博士学位，现为华南农业大学教授。
王红旗	男	2012年武汉大学土建学院岩土工程专业研究生毕业，获博士学位，现为华南农业大学教授。
李庚英	女	2007年同济大学材料科学与工程学院材料学专业研究生毕业，获博士学位，现为华南农业大学教授。
张玉成	男	2007武汉大学土木建筑工程学院岩土工程专业研究生毕业，获博士学位，现为华南农业大学教授级高工。
李俞谕	女	2014年湖南大学土木工程学院结构工程专业研究生毕业，获博士学位，现为华南农业大学教授级高工。
李德吉	男	2002年清华大学水利与土木工程学院岩土工程专业研究生毕业，获硕士学位，现为华南农业大学教授级高工。
童光毅	男	武汉大学经济学博士，现任国家能源局综合司司长，2009年6月—2013年6月受聘为华南农业大学客座教授。
赵军明	男	1990年武汉水利电力学院河流与泥沙治理工程专业硕士研究生毕业，现任广州市白云区区委书记，2014年5月—2018年5月受聘为华南农业大学兼职教授。

材料与能源学院

周 岭	女	2009年华南农业大学农业机械化工程专业研究生毕业，获博士学位，现为塔里木大学教授。
蒋恩臣	男	1996年东北农业大学农业工程专业研究生毕业，获博士学位，现为华南农业大学教授、南粤优秀教师。
钟新华	男	2002年新加坡国立大学化学系研究生毕业，获博士学位，现为华南农业大学教授。
刘柏平	男	1996年浙江大学化工系毕业，获博士学位，现为华南农业大学教授。
梁业如	男	2013年中山大学材料物理与化学专业研究生毕业，获博士学位，现为华南农业大学教授、广东省青年珠江学者、广东省特支计划青年拔尖人才。
刘英菊	女	2005年湖南大学分析化学专业研究生毕业，获博士学位，现为华南农业大学教授、广东省特支计划青年拔尖人才。
刘应亮	男	1994年中山大学无机化学专业研究生毕业，获博士学位，现为华南农业大学二级岗教授。

潘振晓	男	2015年华东理工大学应用化学专业研究生毕业，获博士学位，现为华南农业大学教授、广东省高等学校珠江学者岗位计划青年学者。
张超群	男	2014年美国爱荷华州立大学材料科学与工程专业研究生毕业，获博士学位，现为华南农业大学教授、广东省杰出青年基金获得者。
胡传双	男	2004年日本鸟取大学生物生产专业研究生毕业，获博士学位，现为华南农业大学教授。
王正辉	男	1997年中山大学高分子化学与物理专业研究生毕业，获博士学位，现为华南农业大学教授。
乐学义	男	1996年中山大学无机化学专业研究生毕业，获博士学位，现为华南农业大学教授。
汤日元	男	2014年湖南大学有机化学专业研究生毕业，获博士学位，现为华南农业大学教授。
杨卓鸿	男	2001年南开大学有机化学专业研究生毕业，获博士学位，现为华南农业大学教授。
禹筱元	女	2005年中南大学冶金科学与工程专业研究生毕业，获博士学位，现为华南农业大学教授。
高振忠	男	2001年华南理工大学材料学专业研究生毕业，获博士学位，现为华南农业大学教授。
孙　瑾	女	2003年华南农业大学植物学专业研究生毕业，获博士学位，现为华南农业大学教授。
周武艺	男	2005年湖南大学材料学专业研究生毕业，获博士学位，现为华南农业大学教授。
倪春林	男	2004年南京大学无机化学专业研究生毕业，获博士学位，现为华南农业大学教授、广东省教学名师。
方岳平	男	2004年中山大学物理化学专业研究生毕业，获博士学位，现为华南农业大学教授。
李春远	男	2006年中山大学有机化学专业研究生毕业，获博士学位，现为华南农业大学教授。
周家容	女	2002年广东工业大学应用化学专业研究生毕业，获硕士学位，现为华南农业大学教授。
徐悦华	女	2001年华南理工大学环境工程专业研究生毕业，获博士学位，现为华南农业大学教授。

董先明	男	2004年中山大学高分子化学与物理专业研究生毕业，获博士学位，现为华南农业大学教授。
卢其明	男	2004年华南农业大学生态学专业研究生毕业，获博士学位，现为华南农业大学教授。
赵月春	女	2000年华南理工大学化学工程专业研究生毕业，获博士学位，现为华南农业大学教授。
蒋刚彪	男	2005年中山大学高分子化学与物理专业研究生毕业，获博士学位，现为华南农业大学教授。
刘晓塘	女	2005年东北师范大学无机化学专业研究生毕业，获博士学位，现为华南农业大学教授。
李丽萍	女	2007年东北林业大学林产化学加工工程专业研究生毕业，获博士学位，现为华南农业大学教授。
郭垂根	男	2007年东北林业大学生物材料工程专业研究生毕业，获博士学位，现为华南农业大学教授。
任永志	男	2017年华南农业大学农业生物环境与能源工程专业研究生毕业，获博士学位，现为华南农业大学研究员。

数学与信息学院、软件学院

方明亮	男	1999年中国科学院数学研究所基础数学专业研究生毕业，获博士学位，现为华南农业大学教授。获得2015年度广东省自然科学二等奖。
刘金山	男	2000年华东师范大学数学专业研究生毕业，获硕士学位，现为华南农业大学教授。
杨德贵	男	2000年芬兰约思苏大学数学专业研究生毕业，获博士学位，现为华南农业大学教授。
房少梅	女	2003年中国工程物理研究院数学专业研究生毕业，获博士学位，现为华南农业大学教授。
魏福义	男	1995年西安交大数学专业研究生毕业，获硕士学位，现为华南农业大学教授。
田绪红	男	2007年华南理工大学计算机应用技术专业研究生毕业，获博士学位，现为华南农业大学教授。
刘财兴	男	1985年南京大学计算机软件专业毕业，现为华南农业大学教授。广东省教学名师。

稻花香
校友业绩录

朱同林	男	1997年中山大学基础数学专业研究生毕业，获博士学位，现为华南农业大学教授。
李康顺	男	2006年武汉大学计算机软件与理论专业研究生毕业，获博士学位，现为华南农业大学教授。
肖德琴	女	2009年华南农业大学农业机械工程专业研究生毕业，获博士学位，现为华南农业大学教授。
陈建国	男	2007年中南大学管理科学与工程专业研究生毕业，获博士学位，现为华南农业大学教授。
宋鸿陟	男	2004年英国Ulster大学计算机科学与技术专业毕业，获博士学位，现为华南农业大学教授。
李吉平	男	1999年哈尔滨工业大学机械制造及其自动化专业研究生毕业，获博士学位，现为华南农业大学教授。
黄 琼	男	2010年香港城市大学计算机科学专业研究生毕业，获博士学位，现为华南农业大学教授。
夏 强	男	2015年中国人民大学统计学专业研究生毕业，获博士学位，现为华南农业大学教授。
俞守华	男	2004年华南农业大学农业机械化工程专业研究生毕业，获博士学位，现为华南农业大学教授。
张大斌	男	2007年武汉大学计算机软件与理论专业研究生毕业，获博士学位。2010年中国科学院数学与系统科学研究院管理科学与工程学科博士后出站，2013年中国科学院自动化研究所控制科学与工程学科二站博士后出站。现为华南农业大学教授。
郭子君	男	1990年中国纺织大学应用数学专业研究生毕业，获硕士学位。现为华南农业大学教授。
谌秋辉	男	1999年中国科学院数学研究所基础数学研究生毕业，获理学博士学位，现为华南农业大学教授。
朱克和	男	1986年美国纽约州立大学布法罗分校数学专业研究生毕业，获理学博士学位，华南农业大学2018—2022年柔性引进教授。

电子工程学院

王卫星	男	1995年沈阳农业大学农业机械化专业毕业，获博士学位，现为华南农业大学教授，中国农业工程学会电气化与信息化专业委员会副主任委员。

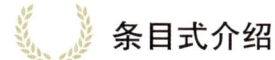

龙拥兵	男	2006年武汉大学光学专业毕业，获博士学位，现为华南农业大学教授，南粤优秀教师，广东省千百十工程省级培养对象，广东省自然科学杰出青年获得者。
宋淑然	女	2012年华南农业大学农业电气化与自动化专业毕业，获博士学位，现为华南农业大学教授、广东省高等学校电工技术研究会副理事长。
岳学军	女	2011年华南农业大学农业电气化与自动化专业毕业，获博士学位，现为华南农业大学教授、广东省政协委员、广东省"三八红旗手"。
郭子政	男	2004年内蒙古大学理论物理专业毕业，获博士学位，现为华南农业大学教授。
陈荣声	男	英国牛津大学医学科学部研究员，现为华南农业大学丁颖讲座教授。
Boris A. Malomed	男	以色列特拉维夫大学电子工程学院教授，现为华南农业大学丁颖讲座教授。

经济管理学院

文晓巍	男	2004年东南大学管理科学与工程专业研究生毕业，获博士学位，现为华南农业大学教授。
刘仁和	男	2000年复旦大学国民经济学专业研究生毕业，获博士学位，现为华南农业大学教授。
米运生	男	2004年北京大学政治经济学专业研究生毕业，获博士学位，现为华南农业大学教授。
易法敏	男	2004年中国人民大学企业管理专业研究生毕业，获博士学位，现为华南农业大学教授。
胡新艳	女	2011年华南农业大学农村产业经济与制度经济专业研究生毕业，获博士学位，现为华南农业大学教授。
柳 松	男	2004年中南财经政法大学统计学专业研究生毕业，获博士学位，现为华南农业大学教授。
商春荣	女	2009年华南农业大学农业经济管理专业研究生毕业，获博士学位，现为华南农业大学教授。
陈标金	男	2011年华南农业大学农业贸易与农村金融专业研究生毕业，获博士学位，现为华南农业大学教授。
傅国华	男	1999年华南农业大学农业经济管理专业研究生毕业，获博士学位，现为海南大学副校长。

稻花香
校友业绩录

唐拥军	男	2017年华南农业大学农业经济管理专业博士研究生毕业，现为广西百色学院党委书记、教授。
赵德余	男	2001年华南农业大学农业经济管理专业研究生毕业，获硕士学位，现为复旦大学社会发展与公共政策学院，教授。
尹北晖	男	2006年华南农业大学农业经济管理专业研究生毕业，获硕士学位，现为广州体育学院党委副书记、纪委书记。
李孔岳	男	1998年华南农业大学农业经济管理专业研究生毕业，获博士学位，现为中山大学管理学院教授。
蔡木灵	男	1984年华南农业大学农业经济管理专业本科毕业，获学士学位，现为广东省粮食和物资储备局局长。
尤玉平	男	1999年华南农业大学农业经济管理专业研究生毕业，获博士学位，现为惠州学院教授。
何 琳	女	2002年华南农业大学农业经济管理专业研究生毕业，获博士学位，现为仲恺农业工程学院管理学院教授。
胡瑞卿	男	2008年华南农业大学农业经济管理专业博士研究生毕业，现为惠州学院教授。
毛炳盛	男	2018年华南农业大学农业经济管理专业博士研究生毕业，获博士学位，现为广东省银行保险业监督管理局纪委副书记。
王华俊	男	1985年华南农业大学农业经济管理专业本科毕业，获学士学位，现为广州市广百股份有限公司董事长。
万俊毅	男	2004年暨南大学管理学院毕业，获经济学博士学位，现为华南农业大学教授。
刘宗静	女	1985年华南农业大学农业经济管理专业本科毕业，获学士学位，现为广州市从化区政协副主席。
郑红军	男	2008年华南农业大学农业经济管理专业博士研究生毕业，获博士学位，现广东省社会科学界联合会研究员。
郑庆顺	男	2005年华南农业大学农村发展领域专业研究生毕业，获硕士学位，现为广东省科协党组书记，省科协专职副主席，第十届广东省政协委员。
张 东	男	2012年华南农业大学林业经济管理专业博士研究生毕业，获博士学位，现为广州农商行副行长。
魏济章	男	1983年华南农业大学农业经济管理专业本科毕业，获学士学位，现为广东省发展和改革委员会副巡视员。

潘剑勇	男	2008年华南农业大学农业推广专业研究生，获学士学位，现为中共广东青年职业学院党委书记。
杨运东	男	2006年华南农业大学农村发展领域专业研究生毕业，获硕士学位，第十届广东省政协委员，现为华南农业大学副校长。
咸春龙	男	1999年华南农业大学农业经济管理专业研究生毕业，获博士学位，现为华南农业大学 副校长。
谈大军	男	2007年华南农业大学林业经济管理专业博士研究生毕业，获博士学位，现为华南师范大学经济管理学院副教授、硕导。
程 昆	男	1995年华南农业大学农业经济管理专业研究生毕业，获博士学位，第十一届广东省政协委员，现为中国民主同盟第十二届中央委员（广东省专职副主委）。
马 骏	男	2005年华南农业大学农业经济管理专业研究生毕业，获硕士学位，现为广东第二师范学院副校长。
刘棕会	男	1994年华南农业大学农业经济管理专业本科毕业，获学士学位，现为梅州市市委常委、副市长。
刘端雄	男	1994年华南农业大学农业经济管理专业本科毕业，获学士学位，现为揭阳市人民政府副市长。
陈伟东	男	1991年华南农业大学农业经济管理专业研究生毕业，获硕士学位，现为广东省纪委副书记。
刘连生	男	1994年华南农业大学农业经济管理专业研究生毕业，获硕士学位，现为广州市纪委书记。
林进雄	男	1989年华南农业大学农业经济管理专业本科毕业，获学士学位，现为广东省人大常委会农村农业委员会副主任。
谢 伟	男	2004年农业推广专业研究生，获硕士学位，现为中央广州市天河区委常委、统战部长。
韦家干	男	2007年华南农业大学农业推广专业研究生，获学士学位，现为广西农村信用社联合社理事长。
韦繁章	男	2007年华南农业大学农业推广专业研究生，获学士学位，现为广西北部湾银行副行长。
江 华	男	2000年华南农业大学农业经济管理专业研究生毕业，获博士学位，第十一届广东省政协委员，现为中国民主同盟华南农业大学委员会主委（2010—）。

稻花香
校友业绩录

蒋育燕	男	1991年华南农业大学农业经济管理专业研究生毕业，获硕士学位，现为华南农业大学党委委员、党委常委、总会计师。
李奇勇	男	2010年华南农业大学农业推广专业研究生毕业，获硕士学位，现为贵州省卫生健康委员会党组书记、主任，贵州省第十三届人民代表大会代表。
高国盛	男	2010年华南农业大学农业技术经济与项目管理专业研究生毕业，获博士学位，现为广东省市场监督管理局党组成员、副局长。
秦 雯	女	2011年华南农业大学农业经济管理专业研究生毕业，获博士学位，现为广东省揭阳市政协副主席，广东省十届人大代表，揭阳市四、五届政协委员，2008年9月—2012年6月在华南农业大学农业经济管理专业博士研究生课程进修班学习，博士研究生毕业。
王素君	女	2001年华南农业大学农业经济管理专业研究生毕业，获博士学位，现为河北省统计局副局长、教授。
鲁修禄	男	2010年华南农业大学农业经济管理专业博士研究生毕业，现为广东省生态环境厅厅长。
廖东声	男	2002年华南农业大学农业经济管理专业研究生毕业，获博士学位，现为广西民族大学中英学院书记、院长、教授。
石大立	男	2007年华南农业大学农业经济管理专业研究生毕业，获博士学位，现为广东科贸职业技术学院 副院长。
朱全涛	男	2006年武汉大学政治经济学专业研究生毕业，获博士学位，现为华南农业大学教授。
林家宝	男	2003年华中科技大学管理科学与工程专业研究生毕业，获博士学位，现为华南农业大学教授。
黄 松	男	2012年华中科技大学管理科学与工程专业研究生毕业，获博士学位，现为华南农业大学教授。
何勤英	女	2011年美国俄亥俄州立大学统计学专业研究生毕业，获博士学位，现为华南农业大学教授。
张 蓓	女	2010年暨南大学旅游管理专业研究生毕业，获博士学位，现为华南农业大学教授。
符少玲	女	2011年华南农业大学农村产业经济与制度经济专业研究生毕业，获博士学位，现为华南农业大学教授。

刘秀琴	女	2007年华南农业大学农业经济管理专业研究生毕业，获博士学位，中国民主建国会广东省青年与妇女委员会副主任，现为华南农业大学教授。
谭　莹	女	2010年华南农业大学农业技术经济与项目管理专业研究生毕业，获博士学位，现为华南农业大学教授。
陈有华	男	2012年暨南大学产业经济学专业研究生毕业，获博士学位，现为华南农业大学青年教授。
潘　江	男	1989年华南农业大学农业经济管理专业本科毕业，获学士学位，现为广东省人民代表大会常务委员会副秘书长。
陈德俊	男	1992年华南农业大学农业经济管理专业本科毕业，获学士学位，现为广州市番禺区区长。
刘洪盛	男	1986年华南农业大学农业经济管理专业本科毕业，获学士学位，现为广东省人民政府发展研究中心副主任。
林佩云	女	2008年获华南农业大学农业推广硕士学位，现为华南农业大学研究生院研究员，全国辅导员年度人物入围奖。
蔡茂华	男	2005年获华南农业大学农业推广硕士学位，现为华南农业大学后勤管理处研究员。
张家英	女	2006年华南农业大学农村发展领域专业研究生毕业，获硕士学位，现为华南农业大学档案馆研究馆员。
李国章	男	2004年华南农业大学农业经济管理专业研究生毕业，获硕士学位，现为华南农业大学招生就业处处长研究员。
Jeffery Alwang	男	1989年康奈尔大学获博士学位，现为弗吉尼亚理工大学农业和应用经济系教授、华南农业大学丁颖讲座教授。
姚树洁	男	1989年英国曼彻斯特大学获博士学位，现为英国诺丁汉大学教授、长江学者特聘教授、华南农业大学丁颖讲座教授。
公培臣	男	获瑞典农业大学博士学位，现为瑞典农业大学教授，华南农业大学丁颖讲座教授。
胡武阳	男	2004年加拿大阿尔伯塔大学获博士学位，现为美国俄亥俄州立大学AED经济系终身教授、华南农业大学丁颖讲座教授。
邱泽元	男	1996年美国密苏里哥伦比亚大学获博士学位，现为新泽西理工大学教授、华南农业大学丁颖讲座教授。

万广华	男	1990年新英格兰大学获博士学位，现为云南财经大学法政经济学首席教授、华南农业大学丁颖讲座教授。
游良志	男	1999年美国约翰霍普金斯大学获博士学位，现为国际粮食政策研究所（IFPRI）高级研究员、教育部长江学者客座教授、华南农业大学丁颖讲座教授。
贾丽虹	女	2007年华南农业大学农林经济管理博士后出站，现为华南师范大学经济与管理学院教授。

公共管理学院

马　华	男	2011年华中师范大学政治学理论专业研究生毕业，获博士学位，现为华南农业大学教授。
王建平	男	2004年南京大学法学专业研究生毕业，获博士学位，现为华南农业大学教授。
史传林	男	2015年兰州大学政府绩效管理专业研究生毕业，获博士学位，现为华南农业大学教授。
刘义强	男	2007年华中师范大学政治学理论专业研究生毕业，获博士学院，现为华南农业大学教授。
张开云	男	2006年中国社会科学院经济学专业研究生毕业，获博士学位，现为华南农业大学教授。
邹静琴	女	2010年华南师范大学法学专业研究生毕业，获博士学位，现为华南农业大学教授。
卓彩琴	女	2014年华东理工大学社会学专业研究生毕业，获博士学位，现为华南农业大学教授。
贾海薇	女	2013年华南农业大学农业贸易与农村金融专业研究生毕业，获博士学位，现为华南农业大学教授。
唐　斌	男	2013年中山大学行政管理专业研究生毕业，获博士学位，现为华南农业大学教授。
戴育滨	男	2005年华南农业大学农业经济管理专业研究生毕业，获硕士学位，现为华南农业大学研究员。

人文与法学学院

| 张翠君 | 女 | 2005年华南农业大学科学技术史专业研究生毕业，获硕士学位，现为广东教育出版社编审。 |

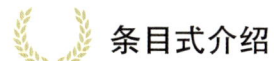

高诚苗	男	2016年华南农业大学科学技术史专业研究生毕业，获硕士学位，现任广东省惠州市副市长、惠州市公安局局长。
黄世瑞	男	1983年华南农业大学科学技术史专业研究生毕业，获硕士学位，现为华南师范大学教授、博导，中国墨子学会副会长、广东省农史学会副会长。
王瑛	女	2011年暨南大学毕业，获博士学位，现为华南农业大学教授。
王权典	男	1999年中国人民大学经济法环境法专业毕业，获硕士学位，现为华南农业大学教授。
王福昌	男	2006年上海师范大学中国近现代史专业毕业，获博士学位，现为华南农业大学教授。
刘玲娣	女	2005年华中师范大学历史学专业毕业，获博士学位，现为华南农业大学教授。
李艳梅	女	1994年广西师范大学马克思主义哲学专业毕业，获硕士学位，现为华南农业大学教授。
杨乃良	男	2001年华中师范大学思想政治教育专业研究生毕业，获博士学位，现为华南农业大学教授。
杨汤琛	女	2010年中山大学现当代文学专业毕业，获博士学位，现为华南农业大学教授。
欧仁山	男	2012年西南政法大学宪法与行政法专业毕业，获博士学位，现为华南农业大学教授。
袁建新	男	2004年复旦大学科技哲学专业毕业，获博士学位，现为华南农业大学教授。
徐燕琳	女	2005年中山大学古代文学专业毕业，获博士学位，现为华南农业大学教授。
衷海燕	女	2003年厦门大学历史学专业毕业，获博士学位，现为华南农业大学教授。
高列过	女	2003年浙江大学汉语言文学专业毕业，获博士学位，现为华南农业大学教授。
傅修海	男	2009年中山大学文艺学专业毕业，获博士学位，现为华南农业大学教授。

丁颖讲座教授

吴义熊	男	1999年中山大学获博士学位,现任中山大学教授,现为华南农业大学丁颖讲座教授。
葛洪义	男	2002年中国社会科学院研究生院获法学博士学位,现任浙江大学光华法学院特聘教授、博士生导师,现为华南农业大学丁颖讲座教授。

兼职教授

马建文	男	2008年武汉大学获博士学位,广东警官学院珠三角公共安全研究所所长、教授、博士生导师,广州市公共安全管理学会会长,现为华南农业大学兼职教授。
石佑启	男	2002年北京大学获博士学位,广东外语外贸大学校长、党委副书记,现为华南农业大学兼职教授。
刘森林	男	2001年中山大学获博士学位,山东大学哲学与社会发展学院院长、教授,现为华南农业大学兼职教授。
李仁武	男	中共广州市委党校(广州行政学院)教授,现为华南农业大学兼职教授。
李锐忠	男	2002年广东省社会科学院获硕士学位,民主与法制社广东记者站站长,广东省人民政府特约研究员,现为华南农业大学兼职教授。
杨 克	男	1982年毕业于广西民族大学,中国作家协会主席团委员,广东省作家协会副主席,曾获"剑桥徐志摩诗歌奖""中国百年新诗人物",现为华南农业大学兼职教授。
杨春荣	女	1990年毕业于上海戏剧学院,广东省戏剧家协会第十届副主席,曾获1999年获全国"梅花奖"、2000年荣获中国话剧表演"金狮奖",现为华南农业大学兼职教授。
宋连斌	男	1999年武汉大学获博士学位,中国政法大学教授、博士生导师,现为华南农业大学兼职教授。
蒋述卓	男	1988年华东师范大学获博士学位,暨南大学教授、博士生导师,广东省作家协会主席,广东省中国文学会会长,现为华南农业大学兼职教授。

外国语学院

李 践	女	2003年中山大学英语语言文学专业毕业,获博士学位,英国剑桥大学高级访问学者,现为华南农业大学教授。

李占喜	男	2005年广东外语外贸大学外国语言学及应用语言学专业研究生毕业，获博士学位，现为华南农业大学教授。
文 珊	女	2016年中山大学英语语言文学专业研究生毕业，获博士学位，现为华南农业大学教授。
陈 旸	女	2014年中山大学外国语言学及应用语言学专业研究生毕业，获博士学位，现为华南农业大学教授。
钟志英	女	2014年华南师范大学课程与教学论专业毕业，获博士学位，现为华南农业大学教授。

艺术学院

本院教授

刘红斌	男	2017年华南农业大学农业经济管理专业博士毕业，现为华南农业大学教授。
曾智林	女	2007年江南大学工业设计硕士毕业，现为华南农业大学教授。
范福军	男	1991年西北纺织工学院服装系（现服装设计与工程专业）硕士毕业，现为华南农业大学教授。
吴 俊	女	2002年俄罗斯伊万诺沃国立纺织大学服装工艺博士毕业，现为华南农业大学教授。
李美群	女	2005年乌克兰柴可夫斯基音乐学院声乐演唱硕士毕业，现为华南农业大学教授。
郑 欣	男	2008年武汉理工大学设计学硕士毕业，现为华南农业大学教授。
陈瑰丽	女	2006年广州美术学院设计学院平面设计硕士毕业，现为华南农业大学教授。
李俊良	男	1993年南昌大学物理学硕士毕业，现为华南农业大学教授。
张 帆	女	1991年华南农业大学植物遗传育种（农学系）本科毕业，现为华南农业大学教授。
邢成恩	男	韩国人，2006年韩国国立日本千叶大学人与环境地球工学系博士毕业，现为华南农业大学教授。

客座教授

| 陈汗青 | 男 | 1970年中央工艺美术学院（现清华大学美术学院）装潢设计系毕业，现为武汉理工大学艺术与设计学院院长，博士生导师，2015年聘为华南农业大学"丁颖讲座教授"。 |

稻花香
校友业绩录

马克思主义学院

张丰清	男	2005年中国人民大学中共党史研究生毕业，获博士学位，教授，现为华南农业大学马克思主义学院院长。
徐大兵	男	2010年华中师范大学中共党史研究生毕业，获博士学位，教授，现为华南农业大学马克思主义学院副院长。
练庆伟	男	2010年中山大学毕业，获博士学位，广东省特支计划青年文化英才，现为华南农业大学教授。
朱 斌	男	2013年华南师范大学毕业，获博士学位，广东省特支计划青年文化英才，现为华南农业大学教授。
唐土红	男	2007年中山大学毕业，获博士学位，现为华南农业大学教授。

体育教学研究部

陈华东	男	1995年北京体育大学体育教育专业毕业，2000年华南师范大学同等学力在职研究生，获得硕士学位，现为华南农业大学教授。
李 群	男	1998年西安交通大学国际贸易专业毕业，国家高级教练，现任东莞篮球学校校长，现为华南农业大学客座教授。
卢三妹	女	2006年华南师范大学体育专业在职研究生毕业，获硕士学位，现为华南农业大学教授。
区楚良	男	2011年上海体育学院运动训练专业研究生毕业，获硕士学位，亚足联职业级教练员，现任河南建业足球俱乐部技术总监，曾任国家男子足球队助理教练和领队，现为华南农业大学客座教授。
王 进	男	2003年广州体育学院体育专业研究生毕业，获硕士学位，现为华南农业大学教授。
王志威	男	1996年陕西师范大学毕业，现为华南农业大学教授。

测试中心

刘月秀	女	2008年南京林业大学森林培育专业研究生毕业，获博士学位，现为华南农业大学教授。
余让才	男	1994年华南师范大学植物学专业毕业，获博士学位，现为华南农业大学教授。
谢 君	男	2001年毕业于四川大学生命科学学院，获博士学位，现为华南农业大学教授。

图书馆

| 吕剑红 | 女 | 2006年中山大学法学院法律硕士毕业，获硕士学位，现为华南农业大学研究员。 |

群体微生物研究中心

陈少华	男	2013年华南农业大学农药学专业毕业，现为华南农业大学青年教授。
崔紫宁	男	2010年中国农业大学农药学专业毕业，现为华南农业大学青年教授。
邓懿祯	女	2011年新加坡国立大学生命科学专业毕业，现为华南农业大学教授。
E. Peter Greenberg	男	1977年美国爱荷华大学微生物学专业毕业，获博士学位，现为华南农业大学兼职教授、美国科学院院士。
刘定祥	男	1992年英国剑桥大学病毒学专业毕业，现为华南农业大学教授。
Matthew R. Parsek	男	1995年美国伊利诺大学微生物学专业毕业，获博士学位，现为华南农业大学兼职教授、美国微生物学院院士。
王建和	男	2006年华中科技大学生物化学与分子生物学专业毕业，获博士学位，现为华南农业大学教授。
徐领会	女	2002年中国农业科学院研究生院植物病理学专业毕业，获博士学位，现为华南农业大学教授。
周筱帆	男	2011年美国宾夕法尼亚州立大学细胞与发育生物学专业毕业，获博士学位，现为华南农业大学教授。

编后记

2019年是华南农业大学110周年校庆。为了颂扬广大优秀校友在各自工作岗位上取得的突出成绩，学校决定在90周年校庆《稻花香（校友业绩录第1、2辑）》及百年校庆《稻花香（校友业绩录特辑）》的基础上，继续出版《稻花香（校友业绩录）》。

自2019年3月启动《稻花香（校友业绩录）》征稿工作以来，我们不但得到了学校各学院、各部处、各单位、各地校友会和广大校友及教职工的积极响应与大力支持，还得到了兄弟院校的指导和支持。经过半年多的紧张工作，我们按照学校对编辑工作的要求，共整理编辑了几百位校友的业绩材料，全书共分为两大部分，第一部分是详写，共有110人，第二部分是条目式介绍，共有500多人（24个单位）。

由于各种原因，有一些符合编写条件与要求的优秀校友，因联系不上而未能入编。我们会继续努力联系，以期再版时补上，同时也希望广大校友与校友会保持密切联系，为我们提供更多的优秀校友的相关信息。

本次入编的校友分布广、人数多，而编写工作时间紧、任务重，在收集整理校友业绩材料过程中难免有不少遗漏、错误之处，敬请校友们多多包涵和批评指正。

由于学校领导高度重视，校内外各有关单位、各地校友会及广大校友的热情支持，我们得以最终完成预期的任务。本书得到江苏立华牧业股份有限公司董事长兼总裁、我校1991届动物营养学硕士研究生程立力校友资助出版，在此特别鸣谢！最后，对关心、支持和协助我们完成这次编辑整理出版工作的所有单位和个人表示衷心感谢！

编写组
2019年10月